自我体験と
独我論的体験

自明性の彼方へ

渡辺恒夫 著

北大路書房

On the "I-experience" and "Solipsistic Experience":
Beyond the Self-evidentness of My Self
WATANABE, Tsuneo

はしがき

　本書は，2つの謎を，心理学的に探究したものである。
　〈私〉という謎と，〈他人〉という謎を。
　「私という謎」などと言うと，世間一般でよく言われる「自分探し」「私探し」が連想されるかもしれない。けれども，筆者にとって「〈私〉という謎」とは，「なぜ私は私なのか」「なぜ私は今，ここにいるのか」「なぜ他の誰かが私ではなかったのか」といった一群の問いに代表される，あるタイプの問いに集約されるものであった。
　そしてまた，「〈他人〉という謎」は，「もしかしたら私だけに意識があり，他人という他人はすべて機械のようなもの，人形のようなものなのではないか」という，問いというより疑い，もしくは困惑へと収斂するのだった。
　本書では，前者のタイプの問いを「自我体験の問い」と名づけた。後者のタイプの問い（疑い，もしくは困惑）は，最初「独我論的懐疑」と名づけたが，のち，「独我論的体験」と改めた。
　両者は決して別個の問いではない。私と他者とが対をなす存在である以上，〈他人〉という謎を理解するには〈私〉という謎を理解しなければならないし，〈私〉という謎を解くには〈他人〉という謎を解かなければならない，ということになるからだ。
　個人的なことになるが，筆者は子どもの頃からこの2つの問いを抱いて生きてきたし，ある意味では今もなお抱いて生きていると言ってよい。「ある意味では」というのは，本書の内容をなす一連の研究に携わることによって，これらの問いは，ある意味では解決されてしまったからである。ここでふたたび，「ある意味では」というのは，問いの解決が，新たな問い，新たな謎を生み出しているからだ。
　いずれにしても，このような問いは，通常，哲学で扱われる問題だろう。けれども，このような問いが筆者の子どもの頃の心理に発している以上，心理学のテーマともなり得るはずだ。心理学のテーマとなり得るということは，心理学者であれば誰でも研究できるという意味で，普遍性を備えたテーマになり得るはずだ。——そんな可能性を思い巡らすようになったのは，20年近く前，理科系大学に移ってからのことだった。学生の間から，自我体験の問いや独我論的な懐疑に相当する奇妙なことを，子どもの頃は考えていたし，今でも心の底では納得できないでいる，といった報告が，いわば自然発生的に集まってくるようになったのだった。
　これら，哲学書とはあまり縁のなさそうな理科系の学生たちは，疑問への答えを，

より親しみやすくてより「科学的」に感じられる心理学に求めていたのだろう。けれども，心理学がこのような疑問に本格的に取り組んだことは，実のところ，いまだかつてなかったのだ。「それは宗教か哲学の問題だ」として，現代を生きる若者にとって必ずしもなじみがよいとはいえない宗教や哲学に追いやってきたのだから。その1つの例が，本書の序章と第9章で扱われる，オウム真理教元信徒の例だろう。

　本書は，これら，一見，個人的例外的と思われた問いを心理学のテーマとするために研究枠組みを作り，問いや疑いの「体験」としての実態を明らかにし，「事例テクスト」に基づいて体験の内的構造を解明し，体験としての意味をかいま見るにいたるまでの，研究の道程である。「物語」である。本書で用いている比喩によれば，ようやく，自我体験・独我論的体験研究という樹木の，根と幹の部分が形を成したのである。枝の部分について言えば，そもそも心理学の内部で完結するはずもない。発達心理や臨床心理だけでなく，精神病理，思想史，さらには宗教学・形而上学へと拡がってゆくテーマだからだ。これらの枝の部分が葉を茂らせて初めて，これらの問いと疑いと困惑の意味が完全に解明されるのだと思っている。そのような日がそもそも来るかどうかはわからない。本書では，枝の部分については，第9章と終章で展望を述べるにとどめておいた。

　本書は，2007年度に奈良女子大学に提出した博士論文『〈自我体験〉および〈独我論的体験とファンタジー〉の調査研究』を元にしている。奈良女子大学の麻生武氏，浜田寿美男氏，佐久間春夫氏には，立場や専門の相違を越えて適切なコメントをいただき，本書にも生かすことができた。この場を借りて謝意を表したい。また，北大路書房から出版するにあたっては，読みやすくなるようにかなりの手直しをした。自我体験・独我論的体験とは，一部の専門家の独占物ではなく，原理的には誰でもが体験できるはずだし，まだ体験していない人でも——たぶん——死を控えて体験できるはずだからだ。筆者としては，哲学や宗教学，さらには精神医学をはじめとする医療関係の読者や，教育学関係者にも読まれることを期待しているので，理解の妨げになりそうな，心理学論文特有の重箱の隅をつつくような煩瑣（はんさ）な方法論議や統計処理の類は，削除したり，あるいは「補論」として巻末にまとめることとした。

　本書の原型をさらにたどるならば，本書を構成する諸章は，この15年ほどの間に，いろいろな機会に，いろいろなスタイルによって書いた研究論文を土台としている。第1章と第2章は，探索的な考察と調査であって，大学の紀要以外に発表場所を念頭に置かず，比較的自由に，それこそ探索的に書いたものであるのに対し，第3章と第4章は実証主義が支配的であった時代の学会誌に適合させるべく苦心惨憺（きんたん）したその「産物」であり，第5章・第8章と第9章前半は，質的研究をいち早く受容した学会

誌向け，といった具合だ．これらを1冊の本にまとめるにあたっては，表現上もまた内容的にも大幅な変更を加えたとはいえ，現在の立場から方法論的統一を図ることはしなかった．いったん特定の方法に基づいて行った過去の研究を，別の方法によってやり直すことは不可能だからだ．

そもそも，本書のようにあまり前例のないテーマに取り組む場合，出来合いの研究方法があるわけでもなければ，最適の方法がはじめからわかるわけでもない．掲載可能な学術誌のあてすらもなかったのだった．試行錯誤の連続であり，しかも純粋の学問的試行錯誤とは必ずしも言いがたい部分を含む――「編集委員会」とのやりとりといった――「政治力学的試行錯誤」がかなりの部分を占めるという有様だったのだ．本書では，通常の「研究論文」ではおよそ表面に出ることのないそれらの「裏面」についても，脚注という形で暴露したところがある．本書が，個人的例外的（と当初は思っていた）体験を普遍性のあるテーマへと展開することを目指したものであり，そのような企てにはどんな困難が伴うかをも同時に示しておくことは，本書の理解にとって無駄ではなく，同じように個人的例外的体験を普遍性のあるテーマへと展開することを志す人々にとっても，参考になると考えたからである．

本書の第1章と第2章は渡辺（1992b）に，第3章は渡辺・小松（1999）に，第4章は渡辺（2002c）に，第5章は渡辺・金沢（2005）に，第6章は渡辺（2004）に，第8章は渡辺（2008a）に，第9章の前半は渡辺（2005）に，それぞれ基づいている．共同研究部分の引用を了解してくださった小松栄一氏と金沢創氏には，調査に協力していただいた柴谷篤弘，加藤義信，中村雅彦，今泉寿明の諸氏および，全国の1000名を越える学生諸君と併せて，心より感謝するしだいである．また，本書の元になった研究について，あるいは議論に応じ，あるいは適切なコメントをしてくださった，「心の科学の基礎論研究会」（世話人：石川幹人・水本正晴・小松明・荒川直哉の各氏）と「人文死生学研究会」（幹事：重久俊夫氏）の方々および，鯨岡峻，西條剛央の各氏にも御礼申し上げたい．さらに，本研究の「事例」を提供していただいた，文学史・思想史に名をとどめる古典の作家から今日の若い世代にいたるまでの多数の人々には，感謝の言葉も見つからない．筆者にとってこれらの「事例」は，決して研究対象といったものではなかった．何よりも筆者自身，これらの事例によって絶えず励まされ，「私という謎」「他人という困惑」を果てしなく追究していこうという，勇気をもらってきたからである．本書を，これらの事例に「一人称的」に登場してくるすべての人々に，捧げたい．

2009年2月

渡辺　恒夫

凡　例

　本書の表記法は，おおむね『心理学評論』誌のそれに準じた。ただし，外国人名に限っては，初出時にカタカナ表記とアルファベット表記を併記し，以後はカタカナで通した。本書で引用される文献が，文学者や自然科学者など，心理学圏内にいない著者による場合が多いからである。たとえば Heinlein や Schrödinger と表記することによって，SF の名作『夏への扉』の作者のハインラインであり，波動方程式のシュレーディンガーであることに即座に気づかないという場合が，万が一にでも読者の側に生じたならば損失だろう。「シュレーディンガー」のような例については，「事例」の名称としても用いているので，表記をカタカナで統一する必要もあった。

　事例紹介については，再掲載の場合は 再 を，また既載の事例に未掲載の記述部分を新たに追加して掲載している場合は ✚ を，それぞれ事例番号とともに表記した（例： 事例1-1 再 ， 事例1-1 ✚ ）。

　文献参照にあたっては，引用部分の長いもの，重要なもの，原文を参照して既存の邦訳を修正した場合，等には可能な限り該当頁を明記することとしたが，原則として文献名を挙げるにとどめた。なお，注は読者の便宜を配慮して脚注としたが，長い4つの注のみは，「補論」として巻末に掲載した。

目　次

はしがき　*i*
凡　例　*iv*

序　章　研究の目的と方法 ……………………………………… *1*
第1章　予備的考察―自我の発見から自我体験へ― ………… *25*
第2章　探索的調査 ……………………………………………… *39*
第3章　調査Ⅰ―自我体験の全体像を解明する― …………… *61*
第4章　調査Ⅱおよび，自我体験調査の総合的考察 ………… *91*
第5章　独我論的な体験とファンタジーの調査研究 ………… *105*
第6章　自我体験調査の展開と展望 …………………………… *139*
第7章　自発的事例に基づく自我体験の研究 ………………… *159*
第8章　独我論的体験と自我体験の統合的理解を目指して … *181*
第9章　自我形成と世界観発展―2つの試論― ……………… *215*
終　章　概括と展望―自明性の彼方へ― ……………………… *239*
補　論 …………………………………………………………… *273*

文　献　*289*
詳細目次　*297*
あとがき　*305*
English Title and Abstract　*309*

研究の目的と方法

1節　研究の目的

　本書の研究の目的は,「自我体験」および, その類縁的体験である「独我論的な体験とファンタジー」(以下,「独我論的体験」の語を略称として用いる) を, 心理学研究のテーマとして展開することを通じ, これらの体験の意味を明らかにすることである。そのための第一の目標は, これらの体験現象を心理学の方法で調査研究するための枠組みを作り, 実際に研究することである。すなわち, 組織的研究の方法論を整備しつつ, これら体験現象の実態を解明することである。第二の目標は, これら,「自我体験」「独我論的体験」という現象は何であるかを, 明らかにすることである。2つの目標は研究実践上では分離しがたいが, 概念的には区別されるものである。

　ここで, 研究目的について立ち入って議論する前に, まず, これら2種類の「体験」の実例を紹介しておこう。なぜなら, 自我体験は, 名称こそシャルロッテ・ビューラー (Bühler, 1923/1926) の"Ich-Erlebnis"に由来するとはいえ, 組織的な研究としては近年の日本でのみようやく発展しかけている,「準・国産」ともいうべき新しい研究テーマだからである。自我体験項目を掲載した事典 (高石, 1995) も現れているとはいえ,「自我体験」の語をタイトルに用いた学術誌掲載論文はといえば, 紀要類を除くならば, 2008年現在, いまだひとけたにとどまっているのである (田畑, 1986; 渡辺・小松, 1999; 天谷, 2002, 2004b, 2005; 渡辺, 2005)。「独我論的体験」にいたっては, そもそもこの語自体が筆者の造語であり, 筆者らの最近の論文 (渡辺・金沢, 2005; 渡辺, 2008a, 2008b) が, いまのところ学術論文のすべて, という状況である。そのように馴染みのないテーマゆえ, これら2種類の体験の実例を紹介することによって現象としてのイメージを象ることが, 第一に必要なことと思われるので

1

ある。

1 自我体験の実例
事例0-1（20歳 女）
　6歳か7歳くらいの頃，ある晴れた日の正午ちょっと前，2階の部屋にいて，窓からさしこむ日差しをぼーっと見ている時に，「私はどうして私なんだろう，私はどうしてここにいるんだろう」と思った。

2 独我論的体験の実例
事例0-2（19歳 女）
　小学校低学年時。授業を受けているときなど自分ひとりで物が考えられる時ふと思ったりした。周りの人達は人間なのか，今こうして考えることをしているのは自分ひとりだけだろうかと。

3 研究の基本的特徴
　ところで，「これらの現象は何であるか」という問いに対しては，3種類の答え方が考えられるだろう。1つ目は，これらの名前を聞いたことのない人に対して，それがどんなものであるかを描写してみせることである。それには，これらの現象の実態を提示しつつ，記述的現象的定義を与えることが適切だろう。この課題は実のところ，本研究の第一の目標を達成した結果として，おのずと答えられることである。
　2つ目と3つ目は，これらの現象を理解することと説明することである。両者は，これまた研究実践上は区別しがたいが，概念的には区別されるものである。理解と説明の違いを理解し説明する（！）ことは決してたやすいことではないが，ここでは，ディルタイ（Dilthey, 1894）をふまえて，「理解（Verstehen）」とは出来事の意味的な構造連関を明示化することであり，「説明（Erklären）」とは出来事を因果的一般法則で包摂することである，と理解し説明しておきたい。本研究でのテーマに即して述べるならば，「体験を理解する」とは，体験の構造を分析し明示化することによって，

注1　以下，自我体験の例として掲げる **事例0-1** は，最初の自我体験調査（第2章参照。渡辺，1992bに初出）の中で得られた例。独我論的体験の **事例0-2** は，第3章の調査I（渡辺・小松，1999に初出）で得られた例である。なお，本研究に関連する調査はすべて匿名（無記名）で実施され，かつ，学術的目的にのみ使用する旨，事前に納得説明を行った。「自発的事例」に属する学生の自発的報告の場合，趣旨を変えない範囲で私的な要素を変更した。

注2　理解（Verstehen）には，日本では精神医学を中心に「了解」の訳語が当てられてきたが（たとえば，Jaspers, 1913/1959），社会学や科学哲学を中心に「理解」の語を使う傾向が強まっている。とりわけ，刊行中のディルタイ全集（塚本，2003；大野・丸山，2003）が「理解」で統一していることに鑑み，本研究でも原則として「理解」の語を使うが，「了解可能性」のように術語として定まっている場合は，それを採用した。

これらの現象において何が生じているのかを明確にすることである。「説明する」とは、これらの体験現象が精神発達の過程でどのようにして生じ、発達上どのような影響を及ぼすのかについて、発達論的もしくは病理論的な仮説を作ることである。

本研究でとる立場は、理解を優先させることである。「何（what）の問いを主とし、いかに（how）の問いは従とする」といってもよい。[注3] このような、理解優先の立場は、しかしながら、これまでの自我体験研究の流れの中では、はっきりとは打ち出されてはこなかった立場である。たとえば、自我体験研究の先行者として、本書でもしばしば引用している臨床心理学者の高石恭子は言う──。

> 筆者は、「私とは何か」「なぜ私は私なのか」「私という謎」等と表される「自我体験の問い」（渡辺、プロローグ）に、答えを見いだすことに関心があったのではない。自我体験を想起する人々が、それぞれどのような論理的・哲学的解決を得たのかを知りたかったのでもない。それよりも一貫して筆者が関心を向けてきたのは、生き方すら大きく変わらざるを得ないような、個人の内面における心理的解体と再構成の危機的体験が、いつ頃、どのようにして、どのような人に起こり、どんなふうにその後の人格形成に影響を及ぼすかという、変容の体験過程に対してであった。（高石、2004a、p.46）

心理学の、特に臨床系の研究者としては、高石の、臨床実践的・病理学的・発達論的な関心の向け方は、至極当然かもしれない。しかし筆者には、体験の明確な理解なしには的を射た心理学研究も成立しがたいところに、自我体験・独我論的体験の、心理学上のテーマとしての特異性があると思われたのだった。

たとえば、質量保存や速度の概念の発達についての研究であれば、心理学者は、質量や速度とは何かについて、自分でわざわざ研究をする必要はないであろう。物理学がすでに解を与えてくれているからである。けれども、「私とは何か」の問いをめぐっては、すでに確固とした解を与えている専門分野があるわけではない。研究者が自ら考え、解決を見いだそうとしなければならないのである。自ら考え、解決を見いだそうとすることなしに、自我体験・独我論的体験の精神発達上の意義を研究することは、物理学に無知のまま、質量保存や速度の概念の発達についての心理学研究を行

注3　「何」と「いかに」の対比については、現象学的精神医学者ブランケンブルグが引用している、ノーバート・ウィーナーの次の言葉から学んだ。「……科学的な──すなわち個別科学に属する──問題として必要欠くべからざる『いかにしてかを知ること』（to know how）に向けられた研究にかまけるあまり、『何であるかを知ること』（to know what）を怠ってはならない」（Blankenburg, 1971 訳書, p.12)。なお、ブランケンブルグについては、第8章で「自明性」概念の導入のくだりで、もう一度言及がなされる。

うようなものであろう。そして，自ら考える際に，最も参考になりそうな分野は，近代科学としての発展の中で自己とは何かの探求を——例外はあるとはいえ——ほぼ欠落させてしまった心理学ではないのである。

4 研究の4段階の中の「根」と「幹」

さらに言えば，自我体験・独我論的体験研究の特異性は，決して「自己」というテーマの特異性だけにあるのではない。ここで，1960年代に，哲学者でありながら，"私は私だ"体験（'I-am-me' experience）という名のもとに自我体験についての先駆的な質問紙調査を行った，現象学者シュピーゲルベルグ（Spiegelberg, 1964）の論文冒頭の言葉を紹介しよう。

> この研究は，奇妙にも哲学と心理学の双方から無視されてきたのであるが，個人的経験の中に長い間続いてきた関心にその起源を有している。この経験の最も自然発生的な表現は，"私は私だ"という，一見してどうでもよい文章である。……本研究の目的は，この体験の存在を経験的に確立し，心理学的でも哲学的でもあろう更なる研究のために役立てんとするところにある。(p.3. 傍点引用者)

そしてシュピーゲルベルグは，サルトルのボードレール論（Sartre, 1947）を導きの糸としつつ，何人かの著名な文学者の自発的な自我体験回想事例を検討したのち，心理学者や教育関係者の協力も得て，素朴ながら質問紙調査を大学生と高校生に対して実施するのである。結論としてシュピーゲルベルグは，この体験が，何らかの異常な例外的体験でなく，ある程度普遍的なものであるという「経験的存在証明」（empirical establishment）が成れば，哲学的解明を始めることができる，と言う。

> これら謎めいた表現の背後にある，体験の注意深い現象学的考察が，明らかに，哲学的に求められる。存在論的または形而上学的な解釈が次に続くことになる。(Spiegelberg, 1964, p.20)

シュピーゲルベルグの期待に反して（この論文の載った『実存的心理学・精神医学評論』が5年後に廃刊になったということもあろうが），直接この論文を受け継ぐ研究は現れず，忘却の中に埋もれてしまい，それとはまったく関係なく，ビューラーを継ぐ青年心理学・臨床心理学という文脈で，日本において組織的な調査研究が，自我体験の名のもとに開始されることになったのだった（渡辺・高石，2004，参照）。

奇妙にも日本の自我体験研究者には知られないままでいたシュピーゲルベルグ論文の検討が示唆するところは，自我体験研究とは本来，哲学者と心理学者の共同研究で

なければならないということであろう。何歳頃に定位されて回想されるか，回想の報告率は何パーセントか，文化の違いが体験の違いに反映されるか——こういったことをも含めて体験の「経験的存在証明」を行うのは，確かに心理学者の仕事である。また，「謎めいた表現の背後にある体験の注意深い現象学的考察」とあるが，これには，多数の体験を比較考察して類型化し，類型ごとに体験の構造を明確にし，さらに類型相互の意味的な連関を考察する，といった作業が含まれるだろう（あとに本研究の方法論を論じるところで触れるが，シュピーゲルベルグが「現象学的考察」の名のもとに実行しかけた作業を，本研究では，特に現象学的諸概念に訴えることなく，「テクストの一人称的読み」によって実行している）。シュピーゲルベルグ論文でも素朴ながら類型化が試みられているが，このような経験的に根気のいる体験解明の作業には，哲学者の協力を仰ぎつつも，むしろ心理学者が中心になるのがよいと思われる。さらに，「存在論的または形而上学的な解釈」となると，哲学者の領分である。また，シュピーゲルベルグが論文の他のところ（Spiegelberg, 1964, p.10）で，サルトルを下敷きにして示唆しているような[注5]，幼児期のトラウマに関係づけるといった発達論的病理論的仮説との関わりは，臨床系の心理学者や精神病理学者の仕事であろう。

　かくして，シュピーゲルベルグが描き出した自我体験研究の4つの局面，すなわち，①体験の存在証明，②体験の現象学的考察，③体験の存在論的解釈，④体験の発達論的病理論的説明，の中で，第一の局面が本研究での第一の目標に対応し，第二の局面が本研究での，体験の構造を分析し明示化することによってこれらの現象において何が生じているのかを明確にすること，という第二の目標に対応することになる。この2つの局面が研究プログラムの基盤と中核，言ってみれば根と幹との部分をなし，その後，いわば二股に枝分かれするのである。本研究は，この，根と幹をなす部分を主として扱おうとするものである。

　もっとも，これら4局面は概念的には区別されるが，実際には，4つの領域での作業は，相互参照しつつ循環的に進行する他はないであろう。とりわけ，シュピーゲルベルグが「哲学的解明」の第一歩としての「現象学的考察」と呼んだ部分を，心理学的な体験構造分析として，一介の心理学研究者である筆者の単著として公表すること

注4　筆者もまた，つい最近にいたるまでその存在を知らず，ために，本研究の主要部分をなす調査研究に生かすことができなかった。貴重な情報を提供してくださったジオルジ（Giorgi, A.）教授に感謝したい。

注5　参考までにサルトル（Sartre, 1947, p.22）から，次の部分を引用しておく。「多くの子供は，（私＝私の自己同一性の発見を）大急ぎで忘れてしまう。けれども，絶望や怒りや妬みの中で自分自身に出会った子供は，自己の形式的独自性（私＝私）という澱んだ思索をめぐって，その生涯を展開する」（括弧内，引用者による補足）

は，心理学と哲学との関係についての特別な緊張関係をもたらす可能性がある。これについては，本章でも末尾近くで注意を促すことになるだろう。

2節 研究の動機
——偶発的な出会いと個人的経験

以上述べてきたところからも明らかなように，本研究は，既成の問題領域の中で仮説を検証するタイプどころか，既成の問題領域の中で仮説を生成するタイプの研究ですらなく，問題領域自体を開拓する研究である。テーマ発見型研究といってもよい。そのような本研究の性質からいって，研究動機をまず明らかにしておくことが必要になる（研究動機を明らかにすることの意義については，本節3でより詳しく述べる）。以下に，「研究のきっかけ」「認識関心」「社会的意義」に分けて述べる。

1 自我体験研究のきっかけ

筆者が自我体験研究に踏み込んだ直接のきっかけは，次のような事例にめぐりあったことによる。

> **事例0-3** （20歳 男）**自我体験研究誘発例**
> ぼくは昔から，ここに自分がいる，ということが不思議でした。ぼくの家族の中に自分が存在しなくとも，他の誰かでもよかったのではないかとも思っていて，じゃあなぜ自分が存在して生きているのか，何か生きている目的があるのではないかと考え……

これは，筆者が十数年前，理科系大学で教え始めた頃に，教養心理学の授業レポートの中に発見した「自発的事例（spontaneous case）」である。略して「自発例」と称する。自発例とは，特にそのような体験例を調査収集する目的ではない場面で記録された例，という意味である。「偶（然遭遇した自）発的事例」という意味を込めて，「偶発的事例」と称していたこともある（渡辺・金沢，2005）。また，「理科系」大学と特に強調するのは，哲学科を擁するような学部で教えていたのであれば，このような事例を哲学徒に固有のものと考え，心理学的調査にまで広げようとは思わなかっただろうと思うからである。ちなみに，**事例0-3** のやや舌足らずの表現を補うと，次のようになる（なお，以下の文章で，「X.Y」には読者は自身の名前を入れて読んでいただきたい。なぜなら，のちに詳しく述べるが，この問いは他人について問うことができず，自分自身の問いとしてしか理解することができないという「一人称的な問い」

であって,「一人称的な読み」を必要とするからである)。

——私は「X」家の子の「X.Y」としてここに生きているのが不思議だ。「X.Y」は自分ではなく他人であってもよかったのではないか。その場合,私は,「X.Y」でない,他の町か他の国かの誰かとして生まれていたかもしれないが(あるいはまったく生まれていなかったかもしれないが),そうはならなかった理由も原因もわからない。だから,自分が他の誰かではなく他ならぬ「X.Y」に生まれたことに,何か目的があるのではないかと考えるようになった……

この種の問いかけに,筆者はそれまで,作家,稲垣足穂と川上宗薫の自伝的エッセイ,SF作家スタニスワフ・レムの『完全なる真空 (*Doskonala Proznia*)』(Lem, 1971)という作品,神経生理学者エックルスの『脳と実在 (*Facing Reality*)』(Eccles, 1970)という自伝などで出会ってきた(これらの自発的事例の詳細については,第7〜8章および第9章を参照。また,渡辺,2002bも参照のこと)。これらの問いかけを青年期やそれ以前に体験することは,文学や科学上の創造におけるユニークさの原動力となるかもしれないと考えてきた。だから, 事例0-3 という自発例の発見は,この問いが,限られた特別な人々のものではなく,より普遍的な体験である可能性を示唆するものと思われたのだった。さっそく,手探りながら質問紙調査を始め,結果の一部を「対自的自己意識」の名で学会発表したのだった(渡辺, 1992a)。

その後,筆者は,古典的青年心理学における「青年期における自我の発見」のテーマの中に,この事例と似た例が「自我体験」の名のもとに取り上げられているのを知り(第1章 事例1-2 「ルディ・デリウス」参照),また,西村(1978)や高石(1989a)によって,古典的青年心理学の主題を蘇らせる形で自我体験の研究が始められていることを知った。そこで筆者も,自我体験の名のもとに調査研究を進めることとしたのだった(「対自的自己意識」の名称を用いなくなった理由の詳細は,第1章の脚注13に述べられている)。それが,本書の第1〜4章を成すことになった。

2 独我論的体験研究のきっかけ

独我論的体験研究について言えば,最初は自我体験研究の副産物的な扱いであった。すなわち,予備的探索的な調査の中で, 事例0-2 に類似した例がいくつか出現するという,予期せぬ発見をしたのだった(第3章での本調査が始まる前の段階で,5例の事例を得ていた)。そのため,第3〜4章の調査Ⅰ・Ⅱでは,自我体験の下位側面という扱いになっている。独立した調査研究の可能性と必要性に気づかされたのは,筆

者の教養ゼミ「夢の科学（脳波を用いた夢の実験）」に履修者数の制限があるため提出させている「履修希望理由書」というまったく偶発的な場で，次のような文章に出会ってからのことだった．

> 事例0-4 （2年生　男）**独我論的体験研究誘発例**
> ……余白がだいぶあるので，昔思ったことのあることですが，多分心理学的なことだと思うので書かせて下さい．いつだったかは忘れましたが，本当に人が存在するのかということです．自分は認識できるので存在はしているのですが，他人は外見しか見ることができないのだから，自分と同じようなのか中身は空なのかわからなくなったのです．結局出した仮定は，自分以外の物事はすべて自分のために存在しているのではないかというものでした．まわりの人には自分勝手で自己中心的な考えだと言われましたが，人がいて自分がいるという考え方は，常識ですが誰も絶対に知ることはできないで納得してしまっていることです．今の自分も結局「納得」してしまっているわけですが……というより，どんな答えをもってしても「理解」することはできないので，「納得」するしか仕方なかったのです．ひさしぶりに思い出したので書いてみましたが，あまりうまく書けなかったようです．

　この事例との邂逅（かいこう）は，自我体験例の 事例0-3 以上に筆者を驚かせることになった． 事例0-4 の表現を補うと，その核心部分は次のようになるだろう．

　――他人は本当に存在するのだろうか．自分の存在は自分で認識できるが，他人は外見しか見ることができないので，自分と同じように意識があるのかそれとも中身は空なのかわからない．多くの意識を備えた人間たちの中の，意識を備えた1人の人間として自分がいるという考え方は常識であるが，それは絶対に知ることができないままに，単に『納得』してしまっているだけである．というより，この『常識』はどのように考えても『理解』不可能なので，『納得』するより仕方がなかったのだ……

　これはまさに，根源的に懐疑することを旨とする哲学者が，懐疑を他者の存在に向け，答えの見いだせぬままに，すなわち他者の存在を本当に理解できないままに，日常生活を生きている自己のあり方を省みて「納得」と名づけて述懐している――そんな趣（おもむき）の文章ではないだろうか．筆者自身のそれまでの10年ほどの理科系大学での教育経験を通じての印象からあえて言えば，哲学書にさして縁のあるとも思えぬ現代の

注6　とりわけ，この事例における「理解」と「納得」の対比を，本書では1つのキー概念として後半部の随所に生かしている．

理科系学部の学生の間から，このような「事例報告」が自発的に寄せられるとは，まったく思いもかけないことであった。このような独我論的な思いは，ひと握りの哲学者の考えすぎたあげくの妄説といったものでは決してなく，意外に多くの「普通の人々」が，人生の初期に体験するものであって，したがって，何らかの心的現実にも裏づけられていて，心理学的にも意味のあるものではないかと思われたのだった。

3　認識関心──個人的経験の役割

　自我体験例の 事例0-3 にせよ，独我論的体験例の 事例0-4 にせよ，それに接した筆者自身に，あらかじめ「認識関心」が醸成されていなかったならば，単に見過ごされていたか，それとも「適当な」解釈によって説明し去っていたかであっただろう。

(1) 異領域化と退行論的説明

　「適当な」解釈によって説明し去る例としては，「異領域化」「退行論的説明」──と仮に名づけておく──が挙げられるであろう。異領域化とは，精神病理や宗教現象といった特殊な領域へとこれらの事例を囲い込んでしまい，いわば「普通の」人々から切り離すことである。たとえば，筆者自身，自我体験についてある研究会で発表したところ，紹介した事例について，列席していた精神科医から，「離人症ではないか」という指摘を受けたことがある。また，『臨床心理大事典』では，「神秘体験」という項目に，自我体験の問いが載せられている。[注7]

　また，退行論的説明とは，特に独我論的体験の場合に問題になるのであるが，そこから脱却すべき子どもっぽい自己中心性の名残として説明し去ることである。たとえば臨床心理学の石川（2001）は，第5章のクライアントの事例（本書 p.110, 136 参照）について，「……『他人にも自分と同じような意識があるのか？』ということを真剣に問わねばならないのも，自己＝世界という前個的な自己中心性，自己と対象表象の未分化を示している」と，典型的に退行論的な解釈を示し，それ以上この事例の考察を深めることをしなかったのだった（なお，退行論的説明も異領域化の一種とみなすことができるので，以後の議論では「異領域化」でもって代表させることにする）。

　もちろん，筆者は，自我体験・独我論的体験と，病理や宗教心理，幼児期の心理との類縁性を否定するものでない。それどころか，（第5〜8章としだいに明らかにさ

注7　参考までに引用しておく。「……神秘的な出来事は，人間の一生にいくつもあるであろう。例えば，出産，死などはその最たるものである。出産の仕組みは科学的に説明されても，あるいは死が脳死，心臓が止まれば死などと医学的に説明されても，「なぜ，この両親の間に私が生まれたか」，「今の時代に，日本になぜ生まれたか」，「なぜ彼は若くしてガンで死んだのか」などの説明はできない。ここに，人間の力では及ばないものがあると感じられる。また，そのようなもの（神）が存在すると感じられる時，説明できない体験は神秘体験となるであろう。……」（岡田，1992）

れるように，)「体験」を「異領域にある現象」との連続性の相をもって見ることこそ，本研究の基本的姿勢といってもよい。けれども，「体験」をはじめから異領域化して見ることは，「普通の人が想起する体験」としてテクスト・データを収集し，体験それ自体の諸相を明らかにし，それ自体の意味を問うという作業を，手抜きすることになりかねない。

(2) 認識関心としての個人的経験

さて，筆者にあらかじめ醸成されていた「認識関心」とは，筆者自身が児童期にまでさかのぼることのできる自我体験と独我論的体験の「体験者」(個人的経験者)であることに基づいているのである。従来の客観性を旨とする実証主義的な心理学研究においては，他の条件が同じであれば誰がいつどこで行っても同じ結果が出るような研究こそが，よき研究とされていたのであって，テーマと研究者の関係性を示すことは，一般向きの単行本の「あとがき」に個人的な感慨として出てくる程度の「蛇足」だっただろう。それどころか客観主義的かつ実証主義的なパラダイムでは，たとえば同性愛の研究の冒頭で自ら同性愛者として「カミングアウト」することは，研究の客観性に疑いをかけられる危険を冒すという意味で，蛇足どころか「藪蛇」にもなりかねない危うい行為であろう。にもかかわらず，最初に個人的経験の有無を述べることは，本研究の方法論に深く関係している。

(3) 質的研究法における個人的経験の役割

第一に，本研究が全体として，広い意味でのいわゆる「質的研究方法」をとっていることである。統計的検定などの数量的手続きによる検証のプロセスの望めない質的研究方法においては，研究者と研究テーマの関係性を明らかにすることは，「決定に至る軌跡」(Sandelowski, 1986)を残すという点で重要である。決定に至る軌跡とは，ハロウェイとホウィーラー(Holloway & Wheeler, 1996)の解説によると，「読者が研究の理論と発展の道筋を理解するのを助けるような，その研究者の考えと行動のプロセスの詳しい説明」とされる。質的研究法ではまた，「理論的感受性」という考え方も用いられる。これは，データに含まれる意味を見いだす，研究者の敏感さと気づきである。「……個人的な経験によっても研究者は敏感になる」(同訳書, p.107)のである。

これを要するに，「特に著しく宗教的でもなくまた重大な精神疾患に被患したことがないという意味では現代人として自己を『普通』とみなしていた筆者は，個人的な経験によって自我体験・独我論的体験に敏感であったがために，同様の『普通』と思われる人々からたまたま得られた自発的事例を，『異領域化』して説明し去ることができず，これを『普通』の心理現象として調査研究の対象とするという研究動機を与えられた」，とまとめることができよう。

(4) 本研究の依拠する認識論における個人的経験の意義

　個人的経験の有無を明らかにする第二の意義は，質的研究法一般を超えて，本研究が依拠する「一人称的」な認識論と，それに基づいた「体験事例判定法」に関わっている。

　 事例0-3 の説明で，「……以下の文章で，「X.Y」には読者は自身の名前を入れて読んでいただきたい。なぜなら，のちに詳しく述べるが，この問いは他人について問うことができず，自分自身の問いとしてしか理解することができないという『一人称の問い』であって『一人称的な読み』を必要とするからである」という補足を入れておいたのだった。つまり「テクスト」の読み方として，「自分自身の体験として読む」という読み方を勧めているのである。そのような一人称的な読み方をとる以上，個人的経験（自己体験）の有無は，収集されたテクスト・データが自我体験・独我論的体験に相当するかを判定するという「事例判定」にも，違いをもたらさずにはおかないことを予想しなければならない。ただし，一人称的読みについては3節で詳しく述べ，事例判定法については第3～5章で具体例に即して説明がなされるので，ここでは詳細は省略する。

　なお，前記（p.4）のシュピーゲルベルグ論文（Spiegelberg, 1964）もまた，引用のように，「この研究は，……，個人的経験の中に長い間続いてきた関心にその起源を有している」（傍点引用者）という文章によって始まっていることに，すなわち個人的体験の有無を開示することで始まっていることに，注意を喚起しておきたい。

(5) 自己体験の実例

　以上，個人的経験を開示する意義について述べてきたところに従って，筆者の児童期にさかのぼると回想される「自己事例」を開示しよう。自己事例の提示に当たっては，後に「方法の問題」で述べる理由によって，本書では「生の」体験を直接述べることを避け，公刊物からの引用に徹することとした。また，すでに触れたように，読者の「一人称的読み」を促すために，事例の名称も含め，原文の自己事例中の「渡辺恒夫」はすべて「W.T」に置き換えた。読者は自分自身の姓名を「W.T」に代入して読むよう，努めていただきたい。

　 事例0-5 　W.T 自己体験 No.1
　　夜だった。私は裏庭の大きな木に登って，買ってもらったばかりの双眼鏡で星空を見ていた（当時は，天文学者になるつもりだったのだ）。
　　たまたま，地平線近くに双眼鏡を向けてみた。すると，遠方の家の窓明りが，思わぬ大きさで視野に入ってきた。その家では夕食の最中らしかった。私と同じ齢くらいの子供の姿もあった。夜の闇の中で明るい窓の中は，そこだけ別の世界，別の宇宙の

ように思われた。……
　私はその窓の中で，自分のとはまったく違う生活の時間が流れていることを思った。そして，地球上のいたるところで，私には未知の何十億という生活が展開されていることを思った。そして，「なぜ何十億という人間のうち，よりによってW.Tというこの人間が自分なのか。たとえば双眼鏡の中のあの子が自分ではなかったのか」という，いつもの問いが，頭をもたげた。
　同時に，もう一つの昏（くら）い疑いが頭をもたげた。──ひょっしてあの子は，内部が空洞になった立木のように「からっぽ」ではないか。あるいは芯の芯まで機械人形ではないか。
　なぜならば，私は，ある存在に心がある，という事態を，その存在が私である，という仕方でしか理解できなかったから。
　私は愛犬のペスに心がある，と思う。そのとき私は，自分がペスとして生きている事態を想像しているのである。私は母や父や兄や友達に心がある，と思う。そのとき私は，自分が母や父や兄や友達として生きている事態を想像しているのである。ところがそれは想像であって現実ではない。私はW.Tなのだ。
　ゆえに，私がW.Tであるかぎり，それ以外の，母や父や兄や友達や愛犬を含めたあらゆる生き物には心がない……。そんなことを，いつからか，ボンヤリと夢のように考えてきたのだった。
　双眼鏡の中のあの子も，心のないからっぽ。地球上の何十億の人間みな，からっぽ。私は孤絶感と恐怖で身も縮む思いだった。(渡辺，1996c，p.126f．傍点引用者)

　これまで引用してきた事例と異なり，この事例には，自我体験と独我論的体験が2つながら出現しているようにみえる。ただし，全体の基調は独我論的体験にあり，自我体験が，傍点をふった部分に，いわば挿入されている印象を受ける。「体験事例」の意味を厳密にとり，「いつ」と「どこ」がある程度特定されるエピソード記憶に限定するならば，独我論的体験としてなら，この事例は体験事例としての要件をみたすだろう。けれども，自我体験としては，エピソードとしての独我論的体験に挿入された小エピソード，といった程度のものでしかないように思われる。少なくとも，この事例テクストを，傍点の部分を省略して独我論的体験単独のテクストとして提示することは可能だが，逆は可能ではない。
　このように，独立の体験事例として引用し得る自己体験例の有無は，自我体験研究（第1～4章）と独我論的体験研究（第5章）の間の，構成上・方法論上の違いにも影響を与えることとなった。すなわち，前者では自己体験へ言及せずもっぱら先行する研究例を参照するという構成と方法論をとり，後者では自己体験への言及を必要とする構成と方法論がとられることとなったのである。

4　認識関心──社会的歴史的状況

　個人的経験に基づく認識関心は，当然のことであるが個人的なものにとどまらざるを得ない。けれども，筆者は，社会的歴史的に何らかの意味のありそうな自我体験の実例を，ある手記の中でたまたま発見する機会に遭遇したのだった（すでに自我体験の最初の調査を始めたあとのことであった）。

　その手記の題名は『オウムからの帰還』（高橋，1996）という。著者は天文学専攻の若手研究者だったが，大学院を中退してオウム真理教に入信する。1995年の地下鉄サリン事件の直後に教団を脱退し，その1年後にこの手記を出版したのだった。冒頭部分に述べられているのが，後年オウム真理教に惹かれていく遠因をなした幼年時代のエピソードである。

　まだ小学校に上がる前の頃，幼い日のこの著者は，同じ形をしたたくさんの建物が立ち並ぶ団地の中で「冒険」を試みて迷い，自分の家がわからなくなってしまったことがあった。やっと自分の家を見つけたと思った彼が，「ただいま！」と言って家に入ったとき，「別のお母さん」が出てきたのである。「このとき以来，僕のなかに不思議な感覚が生まれた」（p.18）と，彼は書いている。

> **事例0-6**　**オウム真理教元信徒の回想**
> 　……なぜ，僕はあの団地のあの女の人の子どもではなかったのか。なぜ，この団地のこの母さんの子どもだったのか。母さんが僕の母親でなければならなかった理由とは何だろうか……。考えれば考えるほど，母さんが僕の母親である必然性がわからなくなっていった。（中略）もちろん，まだ幼かった僕がこんなふうに明確に意識していたわけではないが，自分の存在が「必然」ではなく「偶然」でしかないということを，感覚としてかかえこんでしまったのだ。自分の存在に対する漠然とした不安というものを初めて感じたのが，この時のことだったと思う。この不安感はその後もずっと消えることなく，僕の意識の奥底にこびりついてしまうのである。[注8]

　高橋が言うように，この体験がオウム真理教入信の遠因であったのなら，もしもこの種の体験が，「自我体験」として市民権を得ていて学校や友人間で話しあう場が与えられていたならば，彼の運命もかなり違っていたのではないかと，想像してみることは無駄ではないだろう。その意味で，高橋の語る自我体験は，社会的歴史的な状況において浮上したと考えられるのである。にもかかわらず，筆者の知る限り，心理学

注8　幼い日のこの著者が感じた疑問を明確に表現すると，「なぜ自分はこの家族の一員であるX.Yとして生まれ，他の誰かとして生まれなかったのか」ということになろう。ここで，他の誰かは，日本の誰かでなくとも，また時代が違っていてもよいのである。これは，**事例0-3**と，論理的に同型に帰す問いである。なお，この事例は，第9章でも考察されている。

畑はもとより，哲学，宗教学を通じても，高橋のこの体験を論じるという試みは，筆者自身の目立たない発言（渡辺，1996c；渡辺・中村，1998）を除いては，今にいたるまで皆無のままなのである。

他方，独我論的体験のほうには，これに匹敵するような社会的背景を備えた事例を見いだしているわけではない。ただし，文芸作品『麦笛』（増田，1986）の付録対談の中に，自我体験や独我論的体験の調査を開始するはるか以前に発見した次の例を，筆者が，自己の独我論的体験をも，何らかの「時代精神」の兆しではないかと感じ始めたきっかけとして，ここで引用しておく（「時代精神」については終章で再論する）。

事例0-7　増田みず子
増田　子供の頃から，生命というのは何だろうなあと，自分が生きているということ，人間であるということが，なんかとても不思議な気がしまして，それを知りたいがために生物学をやったようなところもありまして……。
河野　なにかきっかけがあったの。
増田　きっかけということではなくて，なんていうのか，子供のときに，非常に傲慢な子供だったと思うんですけれどもね。自分は意識というものを持ってますでしょう。それでいろんなものを見ている。だけど他の人たちのことは何もわからない。もしかしてこの世に生きているのは自分だけじゃないかというような，それで周りで動いている人間たちは，ほんとは何も考えていないロボットみたいなものじゃないか。そういう孤独感がありまして（笑）。というのは，周りとなかなか意気投合とか，すごく気心が知れるとか，あんまりそういうことがなかったような気がするんですね。そのためだと思うんですけれども。
河野　まあ小説を書きたい衝動てのは，自分は特殊だという感じがあって……。
増田　そうですね。

ちなみに『麦笛』は，障害児の施設で働く人々の内面を描いた小説作品であり，作者の増田みず子は，生物学研究者としての経歴をへている。めざましい発展を続ける生物学に惹かれることと，小説を書きたいという衝動との遠因が，独我論的な思いに求められているのである。障害児施設を描いたことも，「普通」でない人々への自己投影と見ることができるだろう。

3節　方法の問題
——本研究の方法論についての反省

1　方法論的探求における外部的要因と内部的要因

次に，本研究の方法論の説明に入るが，これに，「方法論についての反省」と副題

をつけたのには理由がある。本研究の方法論について，筆者自身，全体を把握し，理解するにいたったのは，具体的な調査研究をほぼ終え，事後的に反省することによってであったのだ。

そもそも，本研究のような，経験的心理学的研究としてほとんど前例のないテーマを開拓しようという研究にあっては，事前に最適な方法が見つかるわけではない。少しでも関係のありそうな先行研究を探し出しては学びつつ，手探りで進み，幾多の失敗を重ねながら，研究が終りに近づく頃にようやく，事後的に方法論的な洞察を得るにいたるのである。先に方法論的な規則や手続きありきだったなら，その方法に適合したテーマしか扱えないことになり，テーマそれ自体の意義は，二の次三の次になるであろう。本研究のようなテーマ発見型研究の場合，方法論は事後的反省によって得られるのが，むしろ自然なのではないだろうか。

加えて，方法論的選択は，必ずしも研究自体の展開の上での内的必然性をもってなされたわけではなかったのだった。現代の科学史研究では，科学の歴史を，内的必然性をもった学説の発展・交代の歴史として理解するという内部的（internal）アプローチではなく，社会的な制度や状況によって左右されるものとみなすという外部的（external）アプローチが，主流であるという（Kuhn, 1977参照）。本研究でも，実際に生じたことは，研究方法の選択が，筆者の研究歴の背景や投稿予定の学会誌の性格，査読者とのやり取りといった，外部的要因にしばしば左右されたことであった[注9]。

本書では，もともとは独立した論文であった各章の具体的な調査研究方法の記述については，なるべく調査発表当時の原型を残すという方針を取った。そして，現在の方法論的な立場から見て問題点があれば，注などで注意を喚起するにとどめておいた。ある方法で行われた研究を，事後的に別な方法論的立場でもって書き直すことは，不可能だからである。

次に，本研究の方法を，研究方法，方法論，テクストの一人称的読み，科学と哲学の境界設定，の順に説明していく。

2 研究方法——質的研究

本研究で用いる研究方法は，すでに述べたように，「広い意味での質的研究法」を

注9 自我体験・独我論的体験のようなテーマにあっては，査読のある学会誌への掲載が大きな障壁になるが，心理学研究としての共有財産とするためには，やはり突破しなければならない障壁である。実際，自我体験の最初の組織的研究である高石（1989a）の論文は，学会誌ではなく紀要に発表されたため，筆者はすぐにはその存在に気づかず，そのため，第2章の原型となった調査研究（渡辺，1992b）では，参照することができなかったのである。

中心としたものである。「質的研究法」とは,「データ」を,「反応」とみなして数量化して処理するのではなく,「体験を記述したテクスト」として扱い,その意味を理解し,複数のテクストを比較し解釈する,という方法を指すのである。この意味で,ここでいう質的研究法は,ディルタイに発する解釈学的方法の流れ(Martin, & Sugarman, 2001; Martin, & Thompson, 1997; Teo, 2005 参照)を汲むものである(ただし,解釈学的なパラダイムを自覚的反省的に取り入れるようになったのは,第7章以降,自発的事例の研究にいたってからだった)。

また,「広い意味での」というのは,特定の既成の研究法にはよらないからである。たとえば,近年日本に紹介されている質的研究法の概論書(たとえば, Holloway & Wheeler, 1996; Flick, 1995; Willig, 2001)には,代表的な質的研究法としてグラウンデッド・セオリー,現象学,フーコー派言説分析と,実にさまざまな方法が紹介されているが,本研究はそのどれにも意識的には拠らない。研究方法とは,具体的な研究テーマに即してこそ編み出されるものであって,本研究のような問題領域開拓型研究の場合,他の問題領域のために編み出された諸々の研究方法から,よく言えば「学ぶ」,悪く言えば部分的に利用・活用したりする,ということはあっても,それらに依拠することは考えられないからである。

そもそも,最初から自覚的に質的研究を目指していたわけではなかったのだった。第3・4章の自我体験調査では,先行の高石(1989a)のかなりオーソドックスな質問紙法に基づいた研究に影響され,また,「外部的」な事情もあって数量的方法も取り入れている。[注10] つまり研究の4段階中の「根」の部分,体験の存在証明の部分では,ある程度数量的実証主義的な方法にも拠っているのである。

ただし,第4章から第5章への,すなわち自我体験から独我論的体験への,テーマとしての重点の推移の過程で,「一人称的読み」に関してようやく自覚的になり,のちに説明する「回想誘発的質問紙法」や「主体変様の方法」といった主要な方法論的キーワードを抽出するにいたった。それらの方法論的概念が,数量的実証主義的方法とは両立しがたいため,そこで初めて,全体を質的研究として構成するという自覚的な方法論的指針が確立したのだった。

3 方法論——理解と解釈

質的研究法をメタ理論的水準で支えるのが,「解釈」という方法である。方法論的

注10 自我体験研究は,現在でもかなり数量的実証主義的な方法で研究され(たとえば,天谷, 2002, 2005),それなりに意義ある成果をあげている。けれども,本書の第3・4章での数量的方法は,因子分析の使用などいささか問題の部分もあるので,その多くを巻末の補論にまとめた。

概念としての「解釈」の源は，19世紀末にディルタイが，自然科学の方法としての「説明」に対して，精神科学（Geisteswissenshaften）固有の方法として「理解」を提唱したことに求められる。「我々は自然を説明し，生を理解する」とは，ディルタイ（Dilthey,1894/2003）の主張を要約した有名な言葉である（訳書，p.643）。

もっとも，人間科学の方法論的原理としての「理解」というアイデアは，今日では，「解釈」に取って代わられた感がある。そもそも，理解可能な，すなわち追体験可能な他者の個々の内的世界であっても，私の追体験が他者の体験と合致するか否かは直接には確かめることができず，「解釈」する他ない以上，「理解」とは「解釈」の一種でしかない。その意味で，「理解」ではなく「解釈」をもって「説明」に対置するのは，一般的には妥当に思われる。

本書では，理解から解釈への歴史的変遷については関わらないが，最低限明らかにしておきたいのは，「理解」と「解釈」の，本書での用法の区別である。すなわち，本書では，「複数の事例の比較と解釈によって，自我体験・独我論的体験というものの理解に達する」という言い方をするのである。解釈とは，複数のテクストの比較考察であれ，単一事例に対する複数の読み手の考察であれ，複数の理解可能性の統合の技術である。これに対して理解が目指すのは，体験が自我体験・独我論的体験として成立していることに特有の内的構造連関の同定である。この意味で，理解は解釈の目標であって，本研究では，より基本的なものとして位置づけられるのである。

4 テクストの一人称的読み

本書にあって，事例テクストの意味を理解するための最低限の方法論的要請は，テクストを一人称的に読むことである。

ここで，「共感的に読む」といった，よりありふれた表現をせず，「一人称的に読む」と言うのには理由がある。たとえば前述の 事例0-5 での，「なぜ何十億という人間のうち，よりによってW.Tというこの人間が自分なのか」という自我体験のくだりを読むのに，「W.T」に自分の姓名を代入し，「自分」を文字通り自分自身のこととして読むのが，一人称的読みなのである。なぜなら自我体験の問いとは，第3章でも具体的事例に即して述べるように，「他の人称に変換不可能」な問いだからである。

たとえば，アメリカ合衆国第43代大統領ジョージ・ブッシュが「なぜジョージ・ブッシュが私なのか」「なぜ私は私なのか」という自我体験の問いを発したとして，ブッシュ大統領が他人だからといって「なぜジョージ・ブッシュが彼なのか」「なぜジョージ・ブッシュがジョージ・ブッシュなのか」という文には変換できない。意味がまったく違ってしまうし，なによりも無意味にしか感じられないだろう。自我体験

とは，自分自身の問いとして体験し直すことが，有意味性の条件となるような体験なのである．

同様に，ジョージ・ブッシュが，「私以外の人間は存在しないのかもしれない」と呟いたとしても，この文を「彼（＝ジョージ・ブッシュ）以外の人間は存在しないのかもしれない」などと人称変換することはできない．世界は夢まぼろしかもしれないと考える人のところに行って「オレは夢でも幻でもない」と抗議するというジョークを聞いたことがあるが，これはもちろん，独我論的体験の意味を取り違えているからこそジョークになる．独我論的体験を有意味なものとして理解するための要件は，自分自身のこととして「世界は夢かもしれない」「他人は存在しないのかもしれない」と，問い直すよう努めることである．

もちろん，一人称的読みが常に自我体験・独我論的体験事例の理解を，保証するわけではない．けれども，その際の理解の困難は経験的なものであるのに対し，一人称的に読まなければ理解は原理的に不可能になってしまうのである．

2節でも指摘したが，独我論的体験が，これまで散発的に報告されることがあったにもかかわらず，テーマ化されることがなかった原因の1つは，報告者が，独我論的体験を一人称的に再体験しようと努めることを怠ったため，体験に含まれている主張内容それ自体が間違いであり，従って異常であるとする前提に立ってしまい，発達段階上の退行や病理といった領域へと「異領域化」してきたからと思われるのである．

テクスト・データの一人称的な読みこそが，本研究の，もっとも基本的な方法論的原則である．これを，「テクストの一人称的再体験法」と称することもできよう．ただし，これとても，筆者として，最初から意識的に自覚して実行していたのではない．研究の途中で，自分がそのようなテクストの読みを無自覚裡にしていたことに，気づいたのである．正確に言えば，そのような読み方をしない人もいることに気づいたことがきっかけで，自分の読みが一人称的読みであると気づいたのだった．[注11]

5　科学と哲学の境界設定

読者は，あるいはいぶかるかもしれない．「自己の体験」として体験することが要

注11　一人称的な読みは，本研究の鉄則であると同時に，読者にも，本研究で引用されるテクストの読み方として要求されるものである．たとえば，「事例　渡辺恒夫」を読むのに，「ハハァ，渡辺という人物は，こんなことを考えていたのだナ」などという読み方をされたのでは，本研究の意図はまったく理解されないことになってしまう（それゆえ，すでに述べたように，イニシャル化して「W.T」と表記して，読者が自分の姓名を入れて読むようにと，一人称的読みの促進を図ることとしたのである）．また，一人称的再体験法などと名づけると，自我体験・独我論的体験に無縁の人は研究には参加できないことになってしまうようであるが，筆者は——たとえまったく無縁であると自分で思っている人でも——研究に参加できると考える．第5章4節を参照のこと．

求されるような自我体験・独我論的体験の研究とは，心理学というよりも哲学や文学に近いのではないかと。あるいはシュピーゲルベルグならば，言うかもしれない——「それこそが現象学的考察というものであって哲学者の仕事なのだ」と。

これに対しては，本研究が哲学，もしくは哲学的心理学の類ではなく，人間科学としての心理学であるゆえんは，公共的にアクセス可能なテクスト・データに全面的に基づいている点にある，と答えたい。私が自分自身の生（なま）の体験に基づいて考察を展開しても，あなたは私の体験に直接アクセスできない以上，対等な議論には入れない。けれども本書のように，私自身の体験事例をも公刊物からの引用テクストに限定し，他者の手になるテクスト事例と対等に並べて扱うなら，私の一人称的読みに基づいた解釈と，あなたの一人称的読みに基づいた解釈とは，原理的に対等な立場で優劣を競い合うことが可能となる。この意味でのデータの公共性こそが，科学と哲学の岐路とみなすのである。本研究で，第3章と第5章でみるように共同調査作業が成立し得たのも，この意味でのデータの公共性に基づいているためと考えることができる。

本研究が，テーマとして哲学の領域に踏み込んでいるように見えても，人間科学としての心理学研究であることを主張できる根拠は，研究としてテクスト・データに基づいている，という点にある。テクスト・データを収集し，それに基づいて自我体験・独我論的体験を考察すること。これが本研究の，当初からの最も基本的な研究方法であった。

ただし，そうは言っても，本書のような性格の研究は，心理学界からは哲学的すぎるとして非難され，哲学専門家の側からは，素人が哲学に口を出したとして無視される，ということにもなりかねない。実際，本書は心理学研究であっても哲学についていろいろな形で言及せざるを得ないのであるが，哲学の専門家から見て不正確な言及が多くなれば，本研究の学術的価値に疑問符を付けられてしまう恐れが出てくるだろう。そこで，本書での哲学に対する関わり方を4種類にまとめて，基本的な態度をあらかじめ明確にしておくこととした。すなわち，暗黙の参照軸としての哲学，参照軸を概念的に明示化する働きとしての哲学，哲学者の言説のテクスト化，心理学研究の成果を土台として哲学的理解に進むこと，の4つであるが，煩瑣（はんさ）なので巻末の補論に掲載する。[補論1]

6　要約

以上，本研究の方法をそのエッセンスにおいてまとめるならば，「自我体験・独我論的体験のテクスト・データを収集し，一人称的に読むことで再体験し，その意味的

内的な構造連関を明確化することで理解する」，ということになるだろう。これ以外の具体的な研究方法は，多かれ少なかれ外部的なものに左右されており，必ずしも本質的とはいえない。そして，このような形でまとめられた本研究の方法論的エッセンスは，本研究の「目標」と，すでにある程度一致しているのである。

4節 本研究の構成と研究方法上のその他の問題

1 研究問題の構成と研究の流れ

以上の研究動機と方法論に従って，研究問題が構成され，研究全体の流れ図が示される（図0-1）。

ただし，この図0-1の図解の通りの構成が研究の出発点からあったわけでもなく，図中の矢印・流れ図の通りに研究が進行したわけでもない。研究の途上で徐々に本研究についての方法論的自覚を深め，事後に整理して再構成したのである。この意味で，研究問題の構成とは，「発見の文脈」とは区別される意味での，事後的な「正当化の文脈」に属する。そもそも，本研究のようなテーマ発見型研究においては，仮説の検証や反証や確証ではなく，テーマの発見・テーマ化の過程自体の構造を明確化することこそが，「正当化」に当たるといってよい。すなわち，「発見の文脈」を事後的に整理して構造を明確にすることこそが，「正当化」であると考えられるのである。

ちなみに，図0-1で見るように，先行研究を参照できたか否かの違いが，自我体験調査を扱った諸章（第1〜4章）と，独我論的体験調査にあてられた第5章の，構成の違いとなっている。すなわち，自我体験調査の諸章では，先行研究の検討から始めて調査問題を構成するという通常の伝統的構成が用いられているのに対し，独我論的体験をテーマとした第5章では，個人的例外的体験を心理学研究のテーマとし得る現象へと展開するという，本研究全体の構成モチーフが，より明確な形で反復されるのである。

2 研究方法上のその他の問題
（1）共同研究者の採用

本研究は，質的研究法に加え，一人称的読みを基本とするため，どのようにして研究の信用性，再現可能性，共通了解性[注12]を保障すべきかが問題となる。質的研究一般にとって，「決定にいたる軌跡」を残すことの重要性は，3節3ですでに述べた通りであるが，本研究では，それに加え，調査研究の中心となる第3章の自我体験の研究，

序章　研究の目的と方法

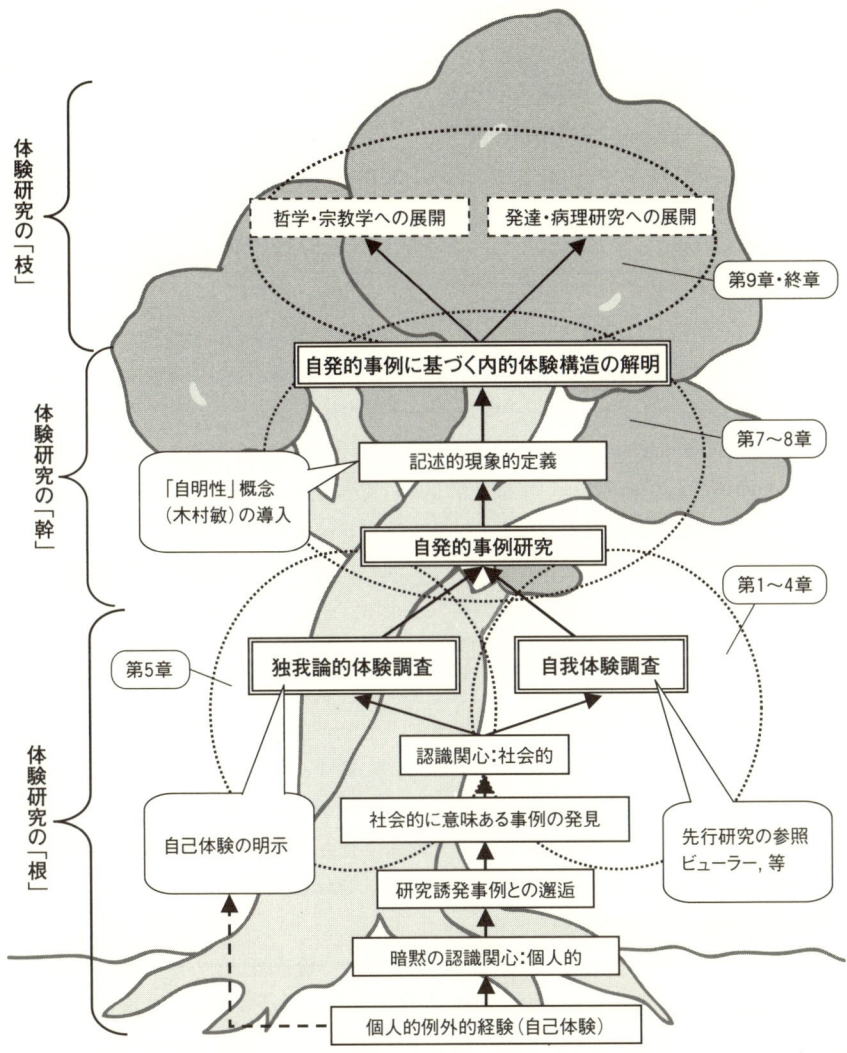

図０−１　自我体験・独我論的体験研究の流れ図
シュピーゲルベルグによる研究段階論に想を得た，体験研究の「根」「幹」「枝」の区分。

第5章の独我論的体験の研究のそれぞれに，異なる研究者を選んで共同研究を行うこととした。

本研究のような主観的一人称的方法に立脚する場合，共同研究はとりわけ，恣意性

21

を避けてより普遍性ある結果を目指すために有用である。複数の主観をつき合わせて一致度を算出しつつ進むことによって，決定にいたる軌跡を残すことができるからである（具体的には，第3～5章の中で詳しく述べられる）。

(2) 回想誘発的質問紙法と自発的事例研究

本研究の認識動機となった自発的事例は，比較的短い，時に断片的でもある自己記述記録（テクスト・データ）であった。したがって調査においても，同質のテクスト・データを収集することを目指した。これは，広義の質問紙法を用いることを意味する。各種のインタヴュー法が開拓されつつある現在，質問紙法は，質的研究のためのデータの収集法としてはサーベイ的補足的役割にとどまるとされるが（Flick, 1995），本研究で用いる質問紙法は，量的研究におけるような尺度化を目指すものではなく，質問項目を体験の回想を誘発しやすいという観点から選ぶ，「回想誘発的質問紙法（recollection-inducing questionnaire method）」と呼ぶべき技法である。回想誘発的質問紙法の詳細とその利点については，第5章に述べられている。また，一人称的な読み方という本書での読み方からしても，インタヴュー記録などの対話型データよりも，調査協力者が自身の体験を匿名のまま書く質問紙法に，親和性がある。すなわち，一人称的読みにとっては，匿名化された質問紙上の記述や，非人格化された公刊物上のテクストのほうが，二人称的な対話相手の顔が見えないぶんだけ，心理的抵抗が少ないと思われるのである。

なお，本書でのもう1つのタイプのテクスト・データである自発的事例の研究方法上の問題については，第7章で述べる。また，すでにふれたように本書では，筆者自身の体験を記録した「自己事例テクスト・データ」をも，自発的事例の一例として，他の事例と同列に扱う。他者の手になるテクストをも一人称的に読む以上，両者の間にデータの性格上の差異を設ける必要もないからである。

(3) 図解の多用——構造図解的方法

自発的事例の研究方法上の工夫として，第7章で「構造図解的方法」と名づけてより詳しく論じるが，体験事例の意味的構造連関の明示化のため図解を多用したことを，あらかじめ一言しておきたい。建物の構造を理解させるのに百万言を尽くすより，一

注12　通常，このような場合，研究における「客観性」の保証，ということが言われる。けれども，本研究の立場は一人称的読みを基本とするため，「客観性」の語を避け，西條（2003）から示唆を受けた「共通了解性」の語を用いた。質的研究一般が，研究の品質評価としての「客観性」を避ける傾向にあることは，フリック（Flick, 1995），ウィリッグ（Willig, 2001）等の質的研究のテキストからもうかがい知れる。なお，質的研究の品質保証としての信用性（credibility）とは，ウィリッグによれば，「他人（例：同僚，研究参加者，他の研究者）のデータ解釈に言及したり，同じ主題に対して他の分析方法（例：他の質的視点，量的データ）を適用しながら，自分の説明の信用性をチェックする」ことである（Willig, 2001 訳書, p.195）。

枚の図面が役に立つのと同様，図解は補助手段というより，体験世界の構造理解のためには必須の方法とみなされるのである。的確な図解ができたことは，的確な理解ができたことの指標とさえいえよう。

さらに，図面において平屋と2階建ての違いが，「類型」の違いとして図解されるように，図解は個別事例の個別的理解を超えて，「類型」としてより普遍的な理解をもたらすのである。たとえば，全100軒の家からなる町で1軒のみが2階建てで，残りが平屋だと考えてみよう。その町のことしか知らない建築研究家にとって，99対1の分類は，床面積や建材の重量や価格で分けるような数量的アプローチからは出てこないかもしれない。けれども図解によって，2階建ては個別事例を超え，たった1つの例であっても2階建てという類型の意味を，より容易に獲得できるのである。

3　本書の概観

本書の冒頭にくるのは，自我体験についての予備的考察（第1章）と探索的調査（第2章）である。第1章では，「自我の発見」というテーマを手がかりとして予備的な考察がなされて自我体験という概念にたどりつく。第2章の探索的調査では，数多くの，考察に値する事例報告が得られ，自我体験の質問紙調査が可能であり，価値もあることの確信が与えられる。これらは文字通り，手探りの考察，手探りの調査の記録であるが，第1章は，自我体験研究全体の史的背景にさかのぼる導入部があること，第2章では，後続の「本調査」を質的に上回る多くの興味深い事例報告が得られたことによって，本書の冒頭に位置するにふさわしいものとなっている。第3～4章では，筆者の研究と平行して進み始めた日本における自我体験研究を新たにふまえて，（数量的方法を交えたという意味で）より「標準的」な形に近い大規模質問紙調査が行われ，自我体験の実態が明らかにされる。また，第3～4章の考察では，「自己の自明性」をキーワードとした自我体験の記述的現象の定義が指向されると共に，回想誘発的質問紙法，自我体験事例判定基準，主体変様的方法といった，主要な方法論的道具立てが抽出されるにいたっている。

第5章「独我論的な体験とファンタジーの調査研究」は，ある意味で，本研究全体の凝縮版，エッセンス版である。すでに述べたように，個人的例外的体験を心理学研究のテーマへと展開するという，本研究全体の構成モチーフが，テーマを独我論的体験に限定することによって，より明確かつ典型的な形で反復されているからである。そのため，他の諸章とはある程度独立を保ち，第5章の原型が発表された当時の形（渡辺・金沢，2005）をなるべく保存して提示することとした。

第6章は，日本における現在進行形の自我体験研究の概観を含めて，本研究前半の

「調査研究」の総合的考察の役目を果たしている部分である（独我論的体験研究への言及がほとんどないのは，先行研究が皆無であるという単純な理由による）。概観の結果は以下である。

① 8～10歳という認知発達上の転換点が，自我体験の発生と関連づけられるという示唆が得られた。

② 独我論的体験における「独我論」に相当するような概念的参照軸の必要性が自我体験研究においても認識され，意識研究と心の哲学における「意識の超難問」と，科学認識論における「自己認識のアポリア」が，概念的参照軸の候補に挙げられた。

③ 自我体験・独我論的体験の全体は，認識論・認知発達論と，自我形成論・アイデンティティ論という，2つの領域にまたがることが示唆された。

　第7～8章は，調査研究によって得られた知見を，主に自発的事例の検討を通じて，さらに深めていく章である。本書前半を形成するこれまでの章が，「体験」の存在証明であり，研究の「根」の部分であるとしたら，これらの諸章は「幹」の部分にあたる。すなわち，第7章では，自発的事例に基づき，自我体験の体験構造の解明に向けての考察を行う。第8章では，独我論的体験と自我体験との統合的理解を，自発的事例に基づいて推し進める。そこでは，統合的理解をさらに進めるために，木村敏の日常的自明性についての議論が導入され，自我体験と独我論的体験は，「自己の自明性の破れ」をキーワードとした記述的現象的定義を受ける。そして，内的体験構造図解の方法により，自己の自明性の破れのよってくる所が体験構造上に同定され，2つの体験は構造上のコインの両面として統合的に理解されるにいたる。

　第9章と終章は，図0-1での「研究の枝」の部分に当たる。第9章の1節「自我形成論と主体変様的論理」では，これまで積み残してきた課題である，自我体験とアイデンティティ形成という発達論的問題を，主体変様という方法論的認識論的アイデアによって取り扱った。後半の2節「自我体験・独我論的体験と世界観発展」では，独自の世界観を形成するにいたった自伝的・半自伝的事例を考察した。自我体験・独我論的体験という，「自明性の亀裂」を恐る恐る覗き込むことから始まった本研究は，自明性の亀裂を押しひろげてついにその彼方を望み見ようとするところでひとまず幕を下ろす。それが，自伝的・半自伝的事例の考察の意義である。そこで新たに開けた展望と課題，研究の枝に当たる部分の全体像については，本研究全体への概括と反省とを兼ねてエッセイ風に書いた終章の中で，デッサンを描くことにとどめざるを得なかった。

第1章

予備的考察
―自我の発見から自我体験へ―

　本章は，第2～4章の内容をなす3つの自我体験調査全体の導入である。
　序章で述べたように，筆者は，[事例0-3]との邂逅（かいこう）によって，その深い自我の自覚に感銘を受けると同時に，大学生を対象とした組織的調査研究の可能性に思いいたったのだった。ところで，組織的調査研究を始めるにあたっては，研究史をかえりみるのが通例であろう。しかしながら，[事例0-3]を手がかりとした筆者の研究にあっては，研究史といっても，研究を始めた1990年当時は，自我体験という語そのものをいまだ知らず，「自我の発見」「自我の自覚」といった，思想史や青年心理学でかつて論じられたものの，現在ではかえりみられなくなってしまったテーマに，ひょっとしたら類似の事例や手がかりが埋もれているのではないかといった漠然たる期待のみを持って，調査研究への手がかりを求める旅へと出発したのだった。[注13]
　その結果，自我体験という概念にたどりつき，自我体験の3つのタイプを認めるにいたり，探索的調査を構想するまでが，本章の内容をなしている。そして，第2章の探索的調査をへて，第3～4章では，筆者の研究と平行して進み始めた日本における自我体験研究をふまえて，（数量的実証主義的方法を交えたという意味での）より「標準的」な形での調査が行われ，自我体験の実態が明らかにされるのである。

注13　「自我体験」という語がいかに知られていなかったかについては，本章の原型となった筆者の紀要論文（渡辺，1992b）が出た直後とおぼしい頃を回顧した，天谷（2004a）の次の証言を挙げておこう。
　――「……このような，短絡的ともいえる，『これだ！』という直観で選んだ『自我体験』という研究テーマが，実はほとんど知られていないもので，研究もなされていないという事実を知ったのは，授業で発表したときであった。当時の指導教官からも『自我体験とは何ですか。もしそのようなものがあるのならば，実際にまわりの人にインタヴューして，体験を集めてみなさい』と指導された。／それまで行われてきた自我体験の調査研究は，宮脇(2)，渡辺(3)のものがあった。……」ちなみに「宮脇(2)」とは，高石（1989a）の原型となった学会発表を高石が旧姓宮脇で発表したもので，「渡辺(3)」が，渡辺（1992b）に当たる。

1節 思想史上の自我の発見
――デカルト・パスカル・「ウパニシャッド」

まず，思想史・精神史のうえで，「自我の発見」「自我の自覚」「自我のめざめ」といわれるテーマの原典を瞥見してみよう。

1 デカルトとパスカル

哲学思想史では一般に，近代的自我の発見・自覚は，デカルト（Descartes, R.）著『方法序説（*Discours de la méthode*）』の有名な「われ思う，故にわれ在り」に始まるとされる。

> 私は，それまでに私の精神に入りきたったすべてのものは，私の夢の幻想と同様に，真ならぬものである，と仮想しようと決心した。しかしながら，そうするとただちに，私は気づいた。私がこのように，すべては偽である，と考えている間も，そう考えている私は，必然的に何ものかでなければならぬ，と。そして「私は考える，ゆえに私はある（Je pense, donc je suis）」というこの真理は，懐疑論者のどのような法外な想定によってもゆり動かしえぬほど，堅固な確実なものであることを，私は認めたから，私はこの真理を，私の求めていた哲学の第一原理として，もはや安心して受け入れることができる，と判断した。（野田，1967, p. 188f）

また，デカルトの同時代人のパスカル（Pascal, B.）の『パンセ（*Pensées*）』中の次のテクスト（194節）もまた，深い自我の自覚を示しているといえるだろう。ただし，デカルトの近代合理主義的な自我の自覚に対して，パスカルの自我の自覚は実存主義へと連なっていく。

> 私は，私を閉じこめている宇宙の恐ろしい空間を見る。そして自分がこの広大な広がりの中の一隅につながれているのを見るが，なぜほかの処でなく，この処に置かれているか，また私が生きるべく与えられたこのわずかな時が，なぜ私よりも前にあった永遠と私よりも後に来る永遠の中のほかの点でなく，この点に割り当てられたのであるかということを知らない。私はあらゆる方面に無限しか見ない。……私の知っていることのすべては，私がやがて死ななければならないということであり，しかもこのどうしても避けることのできない死こそ，私の最も知らないことなのである。（前田，1966）

もっとも，デカルトの自我の自覚も，理性的・合理主義的な面のみではない。思索を体系的に跡づけた『方法序説』とは異なり，思索の現場を生々しく物語った『省察（*Meditations de prima philosophia*）』のほうには，次のような，懐疑の不安を赤裸々に告白した一節も見られるのである。

第1章 予備的考察—自我の発見から自我体験へ—

　昨日の省察によって私は実に多くの疑いの中になげこまれたので、もはやそれらを忘れることはできない。しかもまた、どのようにすればそれらの疑いを解くことができるかもわからないのである。まったく私は、あたかも突然、うずまく深みに落ち込んで、ひどくうろたえ、足を底につけることも、泳いで表面に浮かび上がることもできない、といったありさまなのである。（野田、1967, p. 244）

2　ウパニシャッド

　それにしても、近代的自我の発見・自覚が、自我の発見・自覚そのものに同一視され、それがデカルトに始まるという通俗的言説がなされるとき、それは根拠なき西洋中心主義となってしまう恐れがあろう。原始仏教の非我の説や大乗仏教の無我の説[注14]も、インド哲学の「梵我一如」も、自我（ātman）の自覚をめぐって発展してきた思想であることは、少しでもインド思想にふれた者には、容易に理解できるところである（たとえば、中村、1962, 1980 ; Paranjpe, 1998 などを参照）。

　そのような、インド思想における自我の自覚の原点をなしたと思われる一節を、インドの聖典「ウパニシャッド」の文献中の最初期に属し、人類最古の哲学的思索の記録といわれる「ブリハッド・アーラニャカ・ウパニシャッド（Bṛhadāraṇyaka Upanishad）」の中から、賢者ヤージニャヴァルキャ（Yājñavalkya）の言葉として紹介しておこう。[注15]

　　「貴方は見るという作用の［主体たる］見る者を見ることはできません。貴方は聞くという作用の［主体たる］聞く者を聞くことはできません。貴方は考えるという作用の［主体たる］考える者を考えることはできません。貴方は識るという作用の［主体たる］識る者を識ることはできません。それが貴方のアートマンです」
　　（Bṛhadāraṇyaka Upanishad Ⅲ. 4.2）
　　「それによって万物が認識されるところのものを、何によって認識できるだろうか。これを、『ではない（nēti）、ではない（nēti）、のアートマン』というのである」
　　（Bṛhadāraṇyaka Upanishad Ⅳ. 5.15）

　ここには、絶対に対象化できない主体としての自我の発見が、力強く明晰な言葉で述べられている。なお、「ではない（nēti）、ではない（nēti）、のアートマン」とは、

注14　ちなみに、仏陀本来の教え（原始仏教）とは、「自分はない」、という無我説ではなく、「何を自分と思ってもそれは真の自分ではない」、という「非我説」なのだという（中村、1986）。
注15　ウパニシャッドの引用は佐保田（1979）の訳を、Müller（1962）、Hume（1931）、Radhakrishnan（1953）、Lal（1974）の各英訳を参照して平易に改めた。なお、最初期のウパニシャッドは紀元前6世紀頃成立し、Yājñavalkyaは紀元前700〜600年頃の人物と推定される（針貝、2000 ; 前田、2000などを参照）。

ウパニシャッドに引用されるよりもはるか以前に成立していたと推測される畳句であり，元来の意味には佐保田（1979）が紹介しているように諸説がある。しかしながら，この文脈では，「アートマンとは……である」と肯定形で述べれば，それは認識主体ではなく対象になってしまい，アートマン（真の自己）ではなくなってしまうので，否定形を重ねてしか言及できない，という解釈が可能と思われる（Radhakrishnan, 1953; 服部，1979; 針貝，2000 などを参照）。

2節 心理学における自己・自己意識研究

思想史上の自我の自覚の例を3つ挙げたが，心理学において自我の発見や自覚はどのように研究されてきただろうか。まず，現代の自己・自己意識研究の源流であるウィリアム・ジェームズの『心理学（*Psychology, The Briefer Course*）』（James, 1892/1961）から，一節を引こう。

> 私が何かを考えているときには，いつでもそれと同時に，私自身を，私の個人的存在を多かれ少なかれ意識している。またここで意識しているのも私に他ならない。したがって私の全自我はいわば二重であって，一部は被知者であって一部は知者であり，一部は客体であり一部は主体である。自己の中にこれら二側面を区別しなければならないが，これを簡単に言い表すために，一方を客我（Me），他方を主我（I）と呼ぶことにしたい。（訳書，p.48）

ジェームズは続けて，主我は「哲学者のいう純粋自我」であるとし，経験的研究の対象としては――つまり心理学の対象としては，これを客我に限定したのだった。今日さかんな，自己概念，自尊感情，自己受容度，現実自己・理想自己，自意識，さらには自我同一性といったテーマにわたる「自己」に関する数量的研究は，このジェームズや，ミード（Mead, 1934）によって水路づけられた，客我研究の流れを汲むといってよい（もっとも，ジェームズの思想は，西田幾多郎の「純粋経験」（西田，1950/1979）にも影響を与えたように，主我ではなく客我のほうに心理学研究を水路づけたといった言説では汲み尽くされない豊かさを備える。ここでは，現代の自己心理学への影響，という観点からの引用にとどめざるを得ない）。

しかしながら，この流れの中に，事例0-3 や思想史上の原典に匹敵するような，深い自我の自覚を見いだすことは難しい。ただ，この流れの中でも例外的に，梶田の『自己意識の心理学』（梶田，1978）に，次のような大学生の事例が挙げられているので紹介する。

第1章　予備的考察—自我の発見から自我体験へ—

事例1-1　三浦裕子（仮名）
　私が初めて自分で自分を意識したのは，私の記憶の中から探し出すとすれば，小学校5，6年の頃であったと思う。この場合の"自分で自分を意識する"というのは，どちらかといえば，自分で自分の中にいる自分という存在に気づいたと言ったほうがいいかもしれないそのような意識の仕方であった。……私は次のように考えたこともある。「私は本当に三浦裕子なのだろうか？　確かに人は私のことを"裕子ちゃん"とは呼ぶけれど，私は本当に三浦裕子なのだろうか？　私のまわりの人は，私の中に三浦裕子という人間の存在を認めているかもしれないけれど，私は自分の中に私という存在を感じることはできても，三浦裕子の存在を感じることはできない。私は私であり，その私は確かに三浦裕子である。それは確かにそうなのだけれど，しかし，私が私であると感じる"私が"の私と，三浦裕子であるということとはどうしても結びつかない。なんだか変だな」と。そして今でも，あの頃考えた"私と三浦裕子"との関係についての考え方は，ほとんど進展せずにいる。

　この事例で，「私」が，「結びつかない」と感じていた「三浦裕子」とは，特定の名前と特定の特徴を持った具体的経験的な自己像・自己概念のことを指しているのだと考えられる。梶田はこの事例を，「最も明確な形をとった自己対象化＝自己意識化の欲求」とする。そして「対自的自己意識」と呼び，「即自的自己意識」と区別している。[注16]

3節　シャルロッテ・ビューラーの「自我体験」

　ところで，日本における一時代前の青年心理学のテキストには，定番のように「青年期における自我の発見」という項目があったものである。たまたま目についたものだけでも，牛島（1954），宮川（1955），松村・西平（1962），津留（1965）と，そのような項目をのせた例を挙げることができる。これは，文学などの世界で「自我に目覚める頃」「青年期における自我の確立」といった表現で親しまれていたテーマとも，相通じるものがある。注目すべきは，これらの古い青年心理学書の1つに（牛島，1954），ドイツ・ワイマール期の青年心理学者シャルロッテ・ビューラー（Bühler, C.）からの孫引きとして，ルディ・デリウスという人物が「自我体験（Ich-Erlebnis）」を

注16　対自，即自とは，ヘーゲル（Hegel）哲学に由来する語である。実存主義の哲学者サルトル（Sartre, 1943）は，対自を，それが在るところのものではあらず，それらぬところのものであるような存在様式として定義し，「意識」がそうであるとした。つまり，通常のX＝Xという自己同一律が成り立たないような存在様式ということになる。これに対して，通常の物的な存在は，即自的な存在であるとされる。即自的／対自的という自己意識の区別は，「私はXである」「私は私である」という自己同一性の意識と，「私＝X」「私＝私」という自己同一性そのものを反省の対象とする意識の違いと，ひとまず理解しておきたい。

29

報告している自伝的事例が引用されていることである。

興味深い事例なので，原文を参照しながら引用しよう。

> 事例1-2 **ルディ・デリウス**
> 　夏の盛りであった。私はおよそ12才になっていた。私は非常に早くめざめた。……私は起き上がり，ふり向いて膝をついたまま外の樹々の葉を見た。この瞬間に私は自我体験（Ich-Erlebnis）をした。すべてが私から離れ去り，私は突然孤立したように感じた。妙な浮かんでいるような感じであった。そして同時に自分自身に対する不思議な問いが生じた。お前はルディ・デリウスか，お前は友達がそう呼んでいるのと同じ人間か，学校で特定の名で呼ばれ特定の評価を受けているその同じ人間なのか。――お前はそれと同一人物か。私の中の第二の私が，この別の私（ここではまったく客観的に名前としてはたらいている）と対峙した。それは，今まで無意識的にそれと一体をなして生きてきた私の周囲の世界からの，ほとんど肉体的な分離のごときものであった。私は突然自分を個体として，取り出されたものとして感じた。私はそのとき，何か永遠に意味深いことが私の内部に起こったのをぼんやり予感した。(Bühler, 1923/1926 訳書, pp. 92-93. なお，原文を参照して訳文を変更した部分がある)

この事例の詳しい分析は第3章にまわすとして，その特徴が， 事例1-1 「三浦裕子」の場合と同じく，ルディ・デリウスといった特定の名と特定の特徴を持った具体的経験的個人としての自己に対する違和の経験にあることを，指摘しておこう。

この事例「ルディ・デリウス」は，また，ディルタイ門下で了解心理学を称したシュプランガーの『青年の心理（*Psychologie des Jugendalters*）』でも，「私はその後私の見た自我の覚醒に関する多くの自己告白のうち，ルドルフ・フォン・デリウスのきわめて特色ある言葉（『創造性』イェーナ，1918年，pp.13-14）を報告せざるを得ない」と，改訂版への追加として引用されている（Spranger, 1924/1953）。

4節　自我体験の諸様相
――いぶかり・問い・驚き

1　自我体験の特徴

ビューラー（Bühler, 1923/1926）は自我体験を，「自我を突如その孤立性と局限性に置いて経験すること」と定義している。シュプランガー（Spranger, 1924/1953）によれば，自我の発見とは，「個性化の形而上学的根本体験」である。また，梶田（1978）は， 事例1-1 「三浦裕子」を，「最も明確な形をとった自己対象化＝自己意識化の欲求」とする。しかしながら，これらの，まさに「形而上学的」ともいうべき問いかけの意味するところについて，十分に考察がなされているわけではない。また，

第1章　予備的考察―自我の発見から自我体験へ―

これらの諸家の言説を見てみると，これらの例がいわば極限的な例として引用されているという印象を受けるが，本当に極限的，例外的な事例なのか，いったいどの程度の割合でみられるものか，その出現のきっかけは何か，年齢は本当に思春期（前期青年期）に限られるのか，といった問題について，資料が提供されているわけではない。そもそも，自我体験という概念が，心理学において研究テーマとして発展した形跡は，ドイツ語圏においても英米語圏においても，筆者の調べた限り，ないのである（序章で紹介したシュピーゲルベルグ論文は，自我体験研究の流れとはまったく独立しており，つい最近筆者が発見するまでは，お互いの存在に気づいていた形跡さえない）。

再び 事例1-2 「ルディ・デリウス」を取り上げ，考察をしたのは，臨床心理学の西村（1978）だった。期せずして梶田の『自己意識の心理学』と同年に出版された書の中で，西村は，単に理性的な理解である自我の認識とは区別される「啓示的で情緒的」な自我の確立の意識化を自我体験と呼んだ。そして，「ルディ・デリウス」から出発していくつかの自発例を概観・考察し，次のようにまとめている。

①自我体験とは基本的に自分が自分であるという，内なる自己との出会いの体験である。その他自然体験とか，空想とか自分の世界が開けるという体験であることもある。
②自我体験は一種の啓示的体験であり，時には特別の感情につつまれる気分体験であることもある。
③自我体験は自分を自分自身に深く基礎づけるものであり，反面世界との隔絶を生じ，孤立感を伴うこともある。自己の内面への沈潜が起こっていると思われる。
④自我体験は自我の確立を示すよい例であるので，しばしば青年心理学の中心テーマになりがちであるが，先に述べたような体験の性質から考えて，一般には起こりにくく，いくつかの経験の積み重ねを通じて次第に形成され，それが完了してから意識されるものと思われる。
⑤したがって急激な自我体験は客観的な態度を取り得る知性的な強い自我をもった人によって経験されるものであり，時には自殺や離人体験にもなり得るような危険を伴うものである。

そして，著名な精神分析家，土居健郎（1967）の自己報告である，次の事例を挙げている。

事例1-3 **土居健郎**

　私自身，数え年九才の頃に起きた最初の自我意識の体験を思い出す。たしか或る日，小学校からの帰り道のことだったと思うが，私は突如，自分というものは他の誰ともことなる存在であることを理解した。それは，何か電光のように私の幼い心を震撼し

31

たことを覚えている。私がどんなに努力したところで、自分と別の存在になることはできず、自分であることをやめることができないという痛切な自覚が、その瞬間私の心に誕生したのである。

2　自我体験と自己同一性

　序章で取り上げたシュピーゲルベルグの論文にもまた、自己発見の事例がいくつか載っている。中でも、「次の証言は私がこれまで収集した中で最も驚くべき例である」としている、ドイツロマン派の作家ジャン・パウル（Jean Paul 1763-1825年）の例を、紹介しておこう。

> **事例1-4**　ジャン・パウル
> 　自己意識（Selbstbewusstsein）の誕生に伴った現象は、今まで誰にも打ち明けたことがなかったのだが、絶対に忘れることができない。いつ、どこで、ということまで、特定することができるのである。ある朝、大変小さい子どもだった私は、正面玄関に立って、左手に薪の山ごしに視線をさまよわせていた。そのときのことだった。突然、「僕は僕なんだ」（Ich bin ein Ich）という内的な洞察が、あたかも空からの稲妻のように、私の前に閃いたのだ。そのとき以来、この洞察は、明るく点り続けている。その瞬間から今に至るまで、私の自我（Ich）が出現し存続しているのだ。この際、記憶の間違いは、ほとんど考える余地がない。なぜなら、秘密の中の秘密として秘匿されてきたこの回想に、他のいかなる別の回想も紛れ込むはずはないから。それに、まさにその新奇で独自的な特徴が、薪の山のような日常的な光景に、記憶としての恒久性を付与しているのだから。（Spiegelberg, 1964, pp.3-4）

　ちなみに、シュピーゲルベルグは、他の資料から、この体験は少なくともジャン・パウルの13歳以前に生じたに違いないと推定している。ともあれ、ここでこの事例を紹介したのは、この事例や事例「土居健郎」が、同じ深い自我の自覚・発見を記述していても、先の事例「三浦裕子」や「ルディ・デリウス」とは、一見、対極にあるように思われたからである。すなわち、事例「ジャン・パウル」と「土居健郎」が、自我の自己同一性の体験であるのに対し、先の2つの事例は、なにやら自我の分裂を暗示しているように感じられるのである。

3　自同律の不快

　もっとも、自我の自己同一性の体験、自分が自分である体験というものも、考えてみれば不思議なものではないだろうか。目の前の石が石である、といった意味で「自分は自分だ」ということに気づいたからといって、「心を震撼」させられたり、「稲妻のよう」な体験にはならないであろう。「私は私である」という自我の自己同一性とは、単に $X = X$ という自同律の公式に「私」を当てはめた一例というには汲みつく

し得ない，もっと複雑な事態を含んでいるのである。ここで筆者は，日本の戦後文学の極北と称される，埴谷雄高（1909-1997年）の『死霊』を思い浮かべるのである。「私は」と言って「私である」と続けるのにためらいと滞りを覚えてしまうという，主人公である三輪与志の「自同律の不快」が，この，ドストエフスキー風長編小説の思想的主旋律になっているからである。

> **事例1-5** 三輪与志
>
> 　彼が少年から青年へ成長するにつれて，少年期の彼を襲った異常感覚は次第に論理的な形をとってきた。彼にとって，あらゆる知識の吸収は彼自身の異常感覚に適応する説明を求める過程に他ならなかった。それは一般的に云って愚かしいことに違いなかったが，「俺は──」と呟きはじめた彼は，「──俺である」と呟き続けることがどうしても出来なかったのである。敢えてそう呟くことは名状しがたい不快なのである。／……「不快が，俺の原理だ」と，深夜まで起きつづけている彼は絶えず自身に呟きつづけた。「他の領域における原理が何であれ，自身を自身と云いきってしまいたい思惟に関する限り，この原理に誤りはない。おお，私は私である，という表白は，如何に怖ろしく忌まわしい不快に支えられていることだろう！この私とその私の間に開いた深淵は，如何に目眩むような深さと拡がりを持っていることだろう！」（埴谷，1976，pp.113-114. 傍点引用者）

　「自分が自分である」「自分はX．Yである」[注17]という体験というものも，事例「三輪与志」のように「この私とその私」の間の違和感や，事例「ルディ・デリウス」や「三浦裕子」のように「自分は本当にXか」といった問いかけを，内に秘めているからこそ，驚くべき事実になるのではないだろうか。ここで必要なことは，さまざまな自我の発見・自覚の事例を収集し，その間の連関を考察することによって，これらの体験の構造を明らかにすることであろう。[注18]

4　自我体験構造の表と裏

　ところで筆者は，事例「ルディ・デリウス」や「三浦裕子」における自我の体験の

注17　序章で述べたように，"X．Y"には自分の名前を入れて読んでいただきたい。
注18　なお，「私は私である」という命題が，「X = X」という自同律の一例として理解しきれないことの説明として，木村（1982）の説く，主語的自己と述語的自己の区別，あるいは「ものとしての自己」と「こととしての自己」の区別を挙げておきたい。それによると，「私は私である」という命題は，単なる同語反復ではない。「私は……である」という言表の主語になりうる私は，「私がこれまであり続けてきたもの，これまでつねに私とみなし続けてきたもの」であるのに対し，もう一方の私は，「……は私である」というように述語的に指定される私である。「しかしこの述語的な私の正体は，主語的な私のように単純ではない。主語的な私は一応はものとして対象的に捉えうるように思われるのに対し，述語的な私は単なる『私』ではなくて『私である』という形をとり，その限りにおいてもの的な対象としては捉えられないからである」（木村，pp.80-81）

構造を，いわば裏面から照らし出すような例を，いくつか知っている。

> **事例1-6** ジェニングス
> 　人類を構成する巨大なネットワークの中で，ひとつの特別な結節である私の自己と，現存する他の諸結節との関係は，いったい何なのか。何故私は，ただひとつの結節とだけ同定されることになるのか。そのネットから離れて立っている観察者には，さまざまの結節は多様な鎖の組み合わせから成り立っているのだから，それらがさまざまの特殊性，さまざまの特徴を持つのは，驚くにはあたらないことと思われよう。しかし，観察者自身が，無限の過去に由来する鎖のネットにおける何百万もの結節の，たったひとつに結びつけられているという事実が，観察者を驚かせ，混乱させるのである。……この結節をなす特定の組み合わせが形成されなければ，私は絶対に存在しなかったであろうか。(Jennings, 1930)

　著名な神経科学者エックルス（Eccles, 1970）が紹介している，生物学者ジェニングスの著作の一節である。エックルス自身の事例（18歳時の体験）については，第7章と第9章で論じる。

　これでは意味が不明瞭だという読者は，序章の **事例0-3** を見ていただきたい。便宜のため，煩を厭わず再掲しよう。

> **事例0-3** **再** （20歳　男）**自我体験研究誘発例**
> 　ぼくは昔から，ここに自分がいる，ということが不思議でした。ぼくの家族の中に自分が存在しなくとも，他の誰かでもよかったのではないかとも思っていて，じゃあなぜ自分が存在して生きているのか，何か生きている目的があるのではないかと考え……

　上記の2例に共通する問いの構造が，次のようになることは，序章での **事例0-3** についての説明からも明らかだろう。

　私は，特定の「X.Y」という名と特定の属性を備えた経験的具体的個人として，ここに生きているのが不思議だ。「X.Y」は自分ではなく他人であってもよかったのではないか。その場合，私は，「X.Y」でない，他の誰かとして生まれていたかもしれないが（あるいはまったく生まれていなかったかもしれないが），そうはならずに，「X.Y」が自分となった理由も原因もわからない——。

　これが，事例「三浦裕子」や「ルディ・デリウス」と表裏の関係にあるというのは，「なぜ私はX.Yであって他の誰かではないのか」ということを不思議がるためには，「私が私であると感じる"私が"の私と，X.Yであるということとはどうしても結びつかない」という，違和感が必要だからである。あるいは，逆に，「他の誰かに生まれた」事態を想像することも，この違和感をもたらす契機になったのかもしれない。

いずれにしても，「私はX.Yである」「私は私である」という，それまで自明であった自己像・自己概念が，自明さを失い，一方では「本当に私はX.Yなのだろうか」という違和感やいぶかり（ 事例1-1 ， 事例1-2 ），「私は私である」ことの「不快」（ 事例1-5 ）となり，他方では「なぜ私はX.Yであって他の誰かではないのか」（ 事例1-6 ）という不思議さ，問い，になったと考えられるのである。さらに，「私はX.Yである」「私は私である」の自明さが自明さを失ったがゆえに，「私はX.Yである」「私は私である」ことが，「電光のように」（ 事例1-3 ），または「稲妻のように」（ 事例1-4 ），驚くべきこととして改めて感じられたのではないだろうか。

ともあれ，ここで，自我体験の3つのタイプが出揃ったといえよう。すなわち，「私は本当にX.Yなのか」「私は本当に私なのか」といういぶかり。「私はなぜX.Yなのか」「私はなぜ私なのか」という問い。そして，「私は私なのだ！」という驚き，である。

注19

5節　調査への展望と用語法

以上，いくつかの自発的事例の考察から，「自分」というものを経験的具体的な個人としての自己との同一性が自明（obvious, self-evident）ではないものとして経験し，自問するという，「自同律の不快」的事態をこれらの事例の中に観取し，これを，「自我の発見・めざめ・自覚」といわれている現象の核となる体験とみなすこととする。また，以下に単に「自我体験」という場合，この核体験とその周辺の体験群を指すこととする。前節（p.31）で西村の挙げている自然体験といったものも，それ自体興味深い体験ではあるが，本研究の範囲外とした。

また， 事例0-3 や 事例1-1 が，大学生からの報告であることからして，自我体験は，一部の傑出した科学者や文学者だけが体験するものではなく，一般の学生を対象として調査を行って組織的に事例を収集することは，不可能ではないと考えられた。

こうして，自我体験の実像を明らかにし，その意味を解明すべく，調査が開始されたのだった。

注19　ここで，思想史上の自我の発見（本章1節）の諸原典を改めてふり返ってみると，デカルトの最初のテクストが「驚き」に，パスカルの一節は「問い」に，そしてウパニシャッドのテクストが「いぶかり」に，類似していると言えないだろうか。これらの原典テクストに驚きやいぶかりといった感情的要素が明瞭に現れているわけではない。しかしながら，上記の3タイプにまとめられた諸事例と，これらの原典の間には，何らかの認識構造上の共通性が見て取れるのではないだろうか。思想史上の原典との関係については，第3章で再び取り上げることになる。

35

ここで，なぜいったんは採用した「対自的自己意識」（渡辺，1992a）ではなく，「自我体験」という語を研究題目として用いたのかについて，一言しておきたい。第一には，「対自」や「即自」のようなヘーゲル＝サルトル流の哲学術語がなじみにくくなっているという，時代背景への配慮も確かにあった。けれども，最も大きな理由は，「自我体験」に比べると，「対自的自己意識」は，すでに記述概念を越えて説明のほうに一歩踏み出した概念だからである。それも，自我体験そのものを説明する概念というより，体験生起の条件を指す概念と考えられるのである。第二に，上記の自発例の大部分に，年齢や状況の特定があり，「エピソード記憶」の形をして回想がなされていることからして，自我体験には，意識のある「形式」としてよりも，「体験」として捉えることに，より妥当性があったのである。上述の事例の中では，事例1-6 はエピソード記憶の形をしてはいない。けれども，「観察者を驚かせ，混乱させる」という表現にみるように，情動を伴った体験が底にあることを想像するのはたやすいであろう。第3章にもみるように，情動的な表現の有無は，自我体験判定基準を作成する時に重視した要素である。また，本研究の調査の姿勢としても，できるだけ情動的要素をも含めた体験の回想を誘発することを目指したのである。なお，第7章での自我体験の生起条件の議論では，対自的自己意識に相当する語として，「内省的自己意識」の語を用いたが，これは，「対自的」よりも「内省的」のほうが精神医学や哲学をも含めて一般に用いられる語であるからである（たとえば，現象学的精神医学の長井（1991）による「内省の構造」という論文名など）。

　次に，「自我体験（Ich-Erlebnis）」という訳語についても，一言しておく。自己意識と自我意識という語があり，文脈や研究者により定義がまちまちなので注意を要するが，ビューラー（Bühler, 1923/1926）は，対象化された自分への気づきを「自己意識（selbstbewustsein）」，対象化するはたらきの主体への気づきを「自我意識（ich-bewustsein）」と呼んで区別し，自我体験は自我意識の成立によって可能になる性質の経験であると捉えている（高石，2004a も参照）。この区別にみられる自我（Ich）と自己（Selbst）の違いは，ジェームズの主我（I）と客我（Me）の違いに相当すると考えてよいだろう。日本における古典的労作である北村（1965）の『自我の心理』でも，この区別は受け継がれ，「主体的自我」と「客体的自己」という対語が用いられている。しかしながら，「自我体験」という訳語には，「自我」という語の一種のいかめしさや，日本文化の中で「我」の語が「我欲」「我執」といった否定的意味を担わされてきたという経緯もあって，どうしても，ドイツ語の"Ich-Erlebnis"に込められた，いわば無色透明な認識論的ニュアンスから背馳してしまうように感じられる。より直訳的に，「〈私〉という体験」という語を用いることも考えたが，一応，定着し

つつある訳語なので，それに従った。

　また，"Ich-Erlebnis"の英訳は，これまで日本では，"Ego-experience"が使われていたが（高石，1995），筆者はジオルジ教授の示唆により（Giorgi, 2004），"I-experience"の語を使うことにしている（Watanabe, 2004）。そのほうが，精神分析系の，認識主体よりも作動主体を指す概念である"Ego"との区別がしやすく，「〈私〉という体験」という日本語により近いと考えたからである。

第2章

探索的調査

1節 問題
―― 自我体験をよみがえらせるには

　自我体験について，大学生を対象として組織的な調査を進めるには，どのような方法が適切だろうか。「自分は本当に自分か，と考えたことがありますか」といった質問をいくつか並べ，肯定的な答えの場合にその体験を自由記述してもらう方法や，いくつかの自我体験事例を提示して「過去にこのようなことを考えたことがありますか」と質問して自由記述してもらうといった方法が，まず考えられる。しかしながら，これまでの自我体験の，例外的極限的な体験としての扱われ方からしても，自我体験事例を回想報告する率は高くはないと思われた。その場合，調査協力者（調査対象者）の多くにとって，この調査自体が退屈で自分とは無関係のものとして受け取られる恐れがあった。それゆえ，体験の有無にかかわらず調査協力者が自らの意見を述べることができるような形式が，望ましく思われた。また，自我体験事例の提示の方法にしても，能動的主体的に，すなわち一人称的に，事例に入り込むことができるよう，工夫をこらさねばならないと思われた。

　また，この探索的調査では，筆者が教養心理学の授業を担当していた理科系大学の学生を，最初の対象に想定していたため，理科系の学生にも――それも，自我体験の有無にかかわらず――関心のある質問方法が望ましかった。

　第1章で挙げられた事例中，もっとも理科系の学生の関心を引き，かつ，似たような自己体験がなくても，考えたり意見を述べたりしやすいのは，生物学者ジェニングスの事例（事例1-6）であると思われた。そこで，事例「ジェニングス」にヒントを得た文章を複数作成し，じっくりと読んで考えてもらい，最も共感する文章を選択してもらったうえで，これと同じようなことを考えたことがあるかを質問して自由記述

してもらうこととした。さらに，文章が提示する問いかけを，テクストの作者の問題ではなく自分自身の問題として考えてもらうため，「一人称的な読み方」を指示した。一人称的な読み方の指示とは，たとえば，提示された事例の文章中の「私は本当に三浦裕子なのか」という表現を，「私は本当に□□□□なのか」と表記し，□□□□に自分の姓名を入れて読むよう指示することである。

　文章の複数作成にあたっては，以下のような仮説に基づいた。「自分」というものを，経験的具体的な個人としての自己との同一性が自明ではないものとして感じたり自問したりするという「自同律の不快」的事態を，（第1章末尾では）自我体験の作業仮説としたのであった。ところが，西村（1978）のいうように，青年期を通じて自我が確立され，自分は自分であるという自我の自己同一性の感覚が打ち立てられるのであれば，深い自我の体験をへた人であっても，「この私とその私」（事例1-5）の間に，何らかの折り合いをつけてきた，と考えられないだろうか。その場合，理科系の大学生の場合，自然科学的世界観に調和的な形で，「この私」と「その私」の間に同一性を打ち立てた，という折り合いのつけ方が，まず考えられた。次に自然科学的世界観に必ずしも調和的でない形で，同一性を打ち立てた，という場合が考えられた。さらに，同一性を確立しておらず，「この私」と「その私」との間の関係は偶然的に感じられる，という場合が考えられた。

　以上のような工夫を凝らすことによって，単に見本事例を並べる方法や，多数の質問項目を並べる方法に比べて，調査協力者は，自分自身の問題として質問紙の中に主体的に入り込み，意見を述べることが期待でき，その結果，忘却されていた自我体験も蘇りやすくなるのではないかと期待したのだった。

　とにかく，前例のない調査だけに，やってみなければわからない，というのが正直なところであった[注20]。また，そのような探索的性質の調査であるため，結果に対する統計的処理は最小限にとどめた。

注20　すでに高石（1989a）の調査が発表されていたが，序章の脚注でも触れたように，学会誌ではなく紀要に掲載された論文であったため，本章の原型となった調査（渡辺，1992b）を行う数年後まで，その存在を知る機会がなかったのである。なお，高石（2004a）がのちに回顧しているように，「回想法の持つ実証性の不十分さ」を批判されたことが，学会誌への掲載機会を見いだすことができなかった一因のようである。

2節 方法
── 自己の起源についての4つの文章より

1 質問紙

事例1-6 「ジェニングス」にヒントを得て，自己の起源について意見を述べた4つの文章（問題文）を用意した（表2－1）。

表2－1で，文章A，Bは，共に自然科学的世界観に調和的な意見であるが，最初の調査協力者に理科系の学生を想定していたため，現代の自然観における決定論と確率論の存在を考慮して，Aを自然・必然型，Bを自然・偶然型として2つに分けた。Cは，「この私」と「その私」との間の関係は偶然的に感じられる，という場合に対応し，仮に「実存型」と名づけた。Dは，自然科学的世界観に必ずしも調和的でない形で同一性を打ち立てた，という場合に対応すると想定され，仮に「超越型」と名づけておいた。

このABCDの4つの文章は，下線のみの空白部分＿＿＿＿に自分の姓名を記入しながら読むように，教示がなされた。読んだあと，以下の問1～問4に答えてもらった。

表2－1 探索的調査で用いたABCD4つの問題文

A 私が＿＿＿＿として生まれたのは必然であると思う。なぜなら，＿＿＿＿のこの世への誕生は，＿＿＿＿を構成する特定の遺伝子パターンが両親の遺伝子パターンの組み合わせによって成立したことに原因があり，さらに両親の両親の遺伝子パターンの組み合わせに原因があり……というように，原因をどこまでもさかのぼることができるからである。つまり，私である＿＿＿＿の誕生は，大昔に物理的に決定されていたのである。

B 私が＿＿＿＿として生まれたのは偶然であると思う。なぜなら，＿＿＿＿のこの世への誕生は，＿＿＿＿を構成する特定の遺伝子パターンが両親の遺伝子パターンの組み合わせによって成立したことに原因があり，さらに両親の両親の遺伝子パターンの組み合わせに原因があり……というように，原因をどこまでもさかのぼることができるように思われるが，その間，宇宙線の干渉による突然変異のような出来事が生じた可能性があり，この種の出来事はミクロな量子的過程であって物理的に非決定であるとすると，私である＿＿＿＿の誕生は，大昔に物理的に決定されていたとは言えなくなり，偶然ということになるからである。

C 私が＿＿＿＿として生まれたのは偶然であると思う。なぜなら，私はたとえば隣町に住む誰か他の人間として生まれずに，他ならぬこの＿＿＿＿として生まれたことを不思議に思うことがあるが，その原因もしくは理由を考えつかないので，偶然だろうと思うのである。

D 私が＿＿＿＿として生まれたのは必然であると思う。なぜなら，私はたとえば隣町に住む誰か他の人間として生まれずに，他ならぬこの＿＿＿＿として生まれたことを不思議に思うことがあるが，それにはきっと隠れた理由，人知を超えた大いなる力とか摂理のようなものがあると思うからである。

問1 ABCDの4つの文章中，最も共感する文章に○をつけてください。○は2つまでつけてかまいませんが，決まらない場合は保留，ない場合はナシと記入してください。
問2 問1でその文章に○をつけた理由を（保留やナシの場合を含めて），記述してください。
問3 過去にこのようなことを考えたことがありますか。
問4 問3で「考えたことがある」と回答した場合，何歳の頃，どのようにしてかをできるだけ詳しく記述してください。

2 調査の実施

私立T大学理科系男女153名（理学部1～3年生）と，私立A大学文科系女子74名（英文科2年生）に，1991年度の教養心理学の授業中に実施した。なお，この調査の質問紙は，すでに述べたように，もともと理科系の学生を対象とすることを念頭において作成されたが，T大学での実施の結果，多くの興味深い自由記述例が得られたため，そのままの形で，文科系のA大学でも実施したものである。

3節 結果

1 問1の分析

複数回答例を0.5とみなし，A, B, C, D, 保留, ナシ, に配分し，分布を理科系文科系の2群に分けて例数を算出した（図2-1）。自然科学的世界観に調和的な

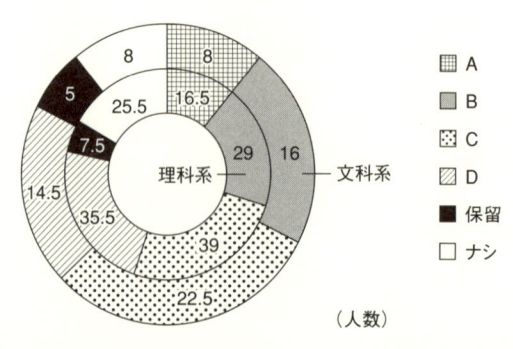

図2-1 問1「ABCD中最も共感する文章は？」の，理科系文科系に分けた回答数
複数回答例は0.5とみなして配分した。理科系文科系両群の間に分布の有意差は見られない（$\chi^2(5, N=227)=2.47$）。

「A」「B」回答が，理科系ではより多くなることが予想されたからである。
　図2−1に見るとおり，理科文科両群の間に分布の有意な差は見られない。理科系だからといって自然型（A，B）の回答が多くなるといった傾向が現れなかったのは，それ自体興味深い結果であるが，ここではこれ以上立ち入らない（なお，以後はA，Bを合併させ，「自然型（A＋B）」と表記して考察することとする）。

2　問3の分布

　やはり理科系文科系に分け，回答数の分布を図示した（図2−2）。
　ここでも，理科系文科系に有意な差のない結果であった。それゆえ，以下の考察は，両群を区別せずに進めることにする。
　ところで，問3の回答分布（図2−2）がそのまま，自我体験の有無の分布を表すわけではない。この質問紙調査は，そのままで自我体験の有無の統計的な検討が可能になるように作成されたわけではなく，自我体験として具体的に考察するに足る記述内容が現れているテクストをできるだけ多く見いだすことが，第一の目的であった。そのためには，問3の「ある」回答者の中からさらに，問4（および，関連して問2）への回答として述べられた具体的な自由記述の内容を検討し，自我体験の名に値するかを判定しなければならないのである。

3　問4および問2（自由記述）の分析と自我体験判定

　自由記述の検討の結果，明確な自我体験と判定されたものが45例，境界例が14例であった。

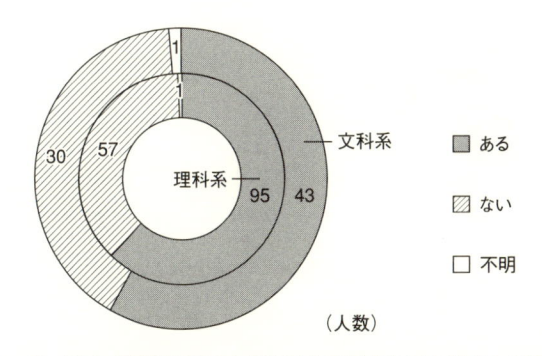

図2−2　問3「過去にこのようなことを考えたことは？」の回答数
理科系文科系の間に分布の有意差は見られない（$\chi^2(2, N=227) = 0.55$）。

4　「体験群」と「非体験群」の間の，問1への回答の違い

　ここで，明確な自我体験を報告した45名を「体験群」，それ以外の182名を「非体験群」と分類し，問1への回答を新たに分析してみた（複数回答例は少数なので独立に扱わず0.5とみなして，「A＋B」「C」「D」「保留」「ナシ」にそれぞれ配分した）。

　図2－3で見ると，自然型（A＋B）の割合は非体験群が多く体験群が少ない一方，超越型（D）は体験群が多く非体験群が少なく，実存型（C）はその中間である，といった大体の傾向がつかめる。この表に現れた「自然型」と「超越型」の間の対照的な差異については，次の4節5で考察する。

5　自我体験判定の問題点――明確ではない判定基準

　ここで問題となるのは，何をもって自我体験と判定すべきかという，明確な基準が用いられたわけではないことである。なるほど，質問紙の作成も「『自分』というものを，経験的具体的な個人としての自己との同一性が自明ではないものとして感じたり自問したりするという事態」を，自我体験の作業仮説とすることによってなされたのであった。けれども，そのような「事態」が回答記述の中でどのような現れ方をするかを，私たちはいまだ具体的には知らないのである。

　それゆえ，出発点では，第1章（予備的考察）で挙げた事例に類似したものを自我体験とみなすこととし，典型例を示すことおよび，自我体験に似ているが境界例とした例を示すことによって，暗黙の基準を形成していく。そのようにして，いろいろな実例から学びながら，自我体験の概念を明確化していき，次の，より本格的な調査に備える他にないと思われた。

　以下に，そのようにして抽出された45例を，①自我体験のタイプ，②自我体験と

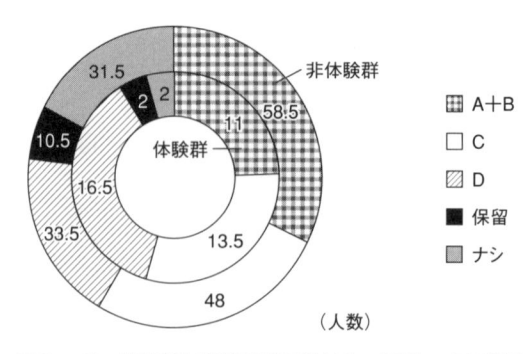

図2－3　体験群と非体験群に分けた，問1への回答数

複数回答例は0.5とみなして配分した。両群の分布の差は有意（$\chi^2(4, N=227)=9.85, p<.05$）。

境界例，③自我体験のきっかけ，④体験初発年齢，⑤解決への試み，の順に考察してゆく。

なお，以下での分類ごとの引用例は，煩わしさを避けて2〜3例以内にとどめた（ちなみに，渡辺，1992bには45例の大部分が掲載されている）。

4節 事例の分析と考察
——体験のタイプ・年齢・きっかけ・解決

1 自我体験のタイプ

45例のすべてが，「問いかけの体験回想」形式の記述であった。これら問いかけの体験回想は，次の4タイプに分類された。

タイプⅠ：「自同律の不快」的な問い

「なぜ自分は自分なのか」形式の問いであり，5事例あった。なお，以下の引用事例において，A，B，C，D，保留，ナシの表記は，問1（ABCDの4つの文章中，最も共感する文章は？）での選択項目（複数選択可）を表す。

また，「問2：……」「問4：……」の表記は，それぞれ，問2（共感する理由）と問4（過去にこのようなことを考えたことがあれば記述せよ）の両方の箇所に自我体験と判定される記述が現れている場合の区別であり，1箇所のみの場合は省略した。

　事例2-1 （20歳 男）保留
　たぶん小学生の高学年くらい。なぜ自分は自分なのだろう。なぜ自分になったのだろう。これからもこのままの自分なのだろうか。考えるとわけがわからない。どうしてそのようなことを考えるにいたったのかはよく覚えていない。

　事例2-2 （21歳 女）B，C
　だいたい中学生の頃よく考えました。どうして私は私なのだろうか，どうして人間に生まれたのだろう。何のために……。いろいろ考えました。私の友人も同じように考えていたのでよく話し合ったものでした。なんだか，なつかしいです。

なお，序章で紹介した 事例0-1 もこの調査で得られた事例であるが，タイプⅠにタイプⅢ（時と場所の問い）の要素の混じった混合例である。

タイプⅡ：「なぜ他の人間ではないのか」の問い

　事例0-3 （自我体験研究誘発例）タイプの問いである。これは17例と多いが，質問文C，Dが，もともと 事例0-3 に類似しているという点を割り引かねばならないので，数量的比較にあまり意味はないと思われる。

事例2-3 （20歳 男）B，D
　小学校高学年のとき，なぜ僕が生まれたのだろう。僕がもし友人に生まれたら僕は誰なのだろうと思ったことがある。中学生のときも思った。自分はこう思うが，自分がもし他人だったらどう考えるだろうかと思った。

　次の例では，この疑問が自己のみならず世界の現実性への不安にまで発展している様子がよく示されている。

事例2-4 （21歳 男）C
　問2：自分という1つの意識がこの世に存在することに対して，よく疑問に思う。何も，自分でなく他の人間に生まれてもよかったのではないか？　なぜ自分に生まれてきたのかと思う。そう思うと，自分の存在に対してひどく不安になり，自分という意識は実は存在しないのではなかろうか，この世というものは本当に存在しているのだろうかという考えにまで達し，よく頭が混乱してしまい，わからなくなってしまう。……
　問4：小学校-高学年あたりから，今まで，時どき考えることである。ふと何の気なしに頭に浮かんでくるような感じである。結局頭が混乱してしまい，結論はでない。

タイプⅢ：時と場所への問い

　「なぜ，ここ，この家，この親，この日本なのか」という，場所や環境への問い，「なぜ今なのか，この時代なのか」という，時への問いの形をとった問いかけであり，14例を数えた。ただし，「この家，この親」への問いは，タイプⅡと区別しがたいことがあり，記述の上でも混合タイプが見られたが，便宜上，重点が置かれていると思われるタイプにふり分けた。

事例2-5 （19歳 女）D
　問4：小学校の高学年くらいのとき，自分はどうしてここにいるのかなぁ，この広い宇宙の中の銀河系の地球という惑星のこの日本の国の中のこの地でどうして生きているのだろうかと漠然と考えた。（問2の記述を4節5に掲載した）

事例2-6 （20歳 女）D
　問4：保育園から小学校低学年（4～7歳ぐらい）の頃，私はどーしてここにいるのかなどを何回も何回も思っていた記憶がある。その頃はわからなかったが，今は運命というか……（略）と思う。（問2の記述を4節5に掲載した）

　考えるという使命にめざめた印象的な例もある。

事例2-7 （21歳 女）B，D
　15歳くらいのとき。まず，私は人だと思ったときに，なぜ今，ここにいるのだろ

うと考えた。生きていることはなんだろうとも思った。なんでこの両親の子どもなのだろうと考えた。そして生命の起源をテーマにしたTV番組を見て，地球の誕生，宇宙の誕生，生物の誕生，進化のことを知ると，なんて神秘的なんだろうと思い，偶然に生まれた生命の中の1つであることに喜んだ。が，あまりの偶然さゆえに，この偶然という状態も必然的に用意されていたものではないかと思い悩んだ。／それから，人間はこういうことを考えるために生まれたと思いはじめた。

この事例には，第1章でも引用したパスカルの著作『パンセ』の，いくつかの節を思わせるところがある[注21]。ちなみにこの事例の学生は，生命科学専攻である。

タイプⅣ：その他

9例を数えた。「私はなぜ生まれたのか」「自分とはいったい何か」といった問いにも，やや漠然としてはいるが，自我体験の範疇に入れることができる事例がある。

事例2-8 （20歳 女）A
小学生の頃。10歳くらいだと思うが，何で私が生まれたのか不思議に思われて，結論も出ぬままこの疑問は忘れられた。

事例2-9 （19歳 男）D
小学校にあがる頃，もしくはもっと前から現在にいたるまで，自分の存在に疑問を持ったことがある。今，ここに生きて，このようなことを考えている存在は，いったい何なのか？

事例2-9 はやや解釈が難しいが，事例1-2 「ルディ・デリウス」との共通点を認めることが可能かもしれない。

2　自我体験と境界例

次のような例がいくつかあったが，すべて「境界例」とした。境界例とは，自我体

注21　以下に掲げるパスカルのテクストは前半は第1章で引用済みであるが，念のためもう一度掲げる。
「私は，私を閉じこめている宇宙の恐ろしい空間を見る。そして自分がこの広大な広がりの中の一隅につながれているのを見るが，なぜほかの処でなく，この処に置かれているか，また私が生きるべく与えられたこのわずかな時が，なぜ私よりも前にあった永遠と私よりも後に来る永遠の中のほかの点でなく，この点に割り当てられたのであるかということを知らない。私はあらゆる方面に無限しか見ない。…… 私の知っていることのすべては，私がやがて死ななければならないということであり，しかもこのどうしても避けることのできない死こそ，私の最も知らないことなのである」（『パンセ』194節）
「人間は一本の葦にすぎない。自然の中で最も弱いものである。だが，それは，考える葦である。彼を押しつぶすために，宇宙が武装するに及ばない。蒸気や一滴の水でも彼を殺すに充分である。だが，たとえ宇宙が彼を押しつぶしても，人間は彼を殺すものよりも尊いだろう。なぜなら，彼は自分が死ぬこと，宇宙の自分に対する優勢とを知っているからである。宇宙は何も知らない。だから，われわれの尊厳のすべては考えることの中にある。……」（『パンセ』347節）（以上，前田，1966より）

験と判定すべきか否か境界線上にあるが，この調査では自我体験には算入しなかった例である。

> **境界例1** （21歳 女）D
> 小学生の低学年の頃。家が自営業なので，他の家庭に比べるとかなり手伝いをさせられ（……）すごくイヤな頃があった。どうしてこの家に生まれたんだろうと悲しくなった頃です。そのときはただ漠然と"C"［引用者注：表２－１での問題文Ｃのこと］のように考えていた。中学の頃になって，なんとなく何かやっぱり"縁"みたいなものがあって，この家に生まれたのかな，と思うようになった。

> **境界例2** （19歳 女）D
> よく，よその子が欲しい物を何でも買ってもらっていたりすると，どうして，私はこの家の子に生まれたんだろ〜？　と漠然と考えていた。そんなことからはじまって，自分の存在している意味を考えたりもするようになった。うちは姉が２人生まれてすぐに亡くなっているので，私は，両親の支えになるべく生まれてきたのだろうと考える今日この頃である。

これらの例は，一見，自我体験のタイプⅠ，タイプⅡに似ている。しかしながら，これらの例での「私」の問いかけが，具体的経験的な自己像への違和や疑問にまで達しているとは考えにくい。なぜなら，これらの例では，「私」の問いには，「自営業でない家の子」や，「欲しい物を何でも買ってもらえる家の子」といった，あって欲しかった具体的経験的自己という「解」があり，具体的経験的な自己像そのものが疑問視されているわけではないからである。この種の「他の家に生まれたかった」という生まれ違い願望は，精神医学でいう「貰い子妄想」を持ち出すまでもなく，この調査でも少なからず見いだされたのであるが，いまだ自我体験以前の段階にあると考えられる。ただし，自我体験へのきっかけになることがあり得ることは，次の「自我体験のきっかけ」に見る通りである。[注22]

これら境界例と形式上類似しているタイプⅡ，タイプⅢの中のいくつかの例と，これら境界例を比較することで，逆に自我体験の特徴を明確にすることができる。

たとえば，タイプⅢに入れた，次の 事例2-10 は，「国」と「家」のスケールの違いはあるが，上述の境界例と形式が似ている。

> **事例2-10** （20歳 男）D
> 小学校の低学年／テレビで外国の情勢を見ていて／少し違うのですが，「自分はなぜ日本に生まれたのだろう」と思い，考えれば考えるほど，不安になった憶えがあります。

境界例と形式が似ているにもかかわらず，なぜこれを自我体験と判定したのだろう

か。それは，もしこれが境界例と同じく自我体験以前のものであれば，「テレビで外国のきれいな風景を見ていて，自分も外国に生まれたかったな，と思った」という表現をとっただろうと思われるからである。ところがこの例では，「願望」ではなく「不安」が生じているのである。つまり，生まれ違い願望のように願望に動機づけられるのではなく，それどころか，不安（ 事例2-10 ）や混乱（ 事例2-4 ）や神秘感（ 事例2-7 ）のような，非日常的な感覚を伴うところに，自我体験の現象的な特徴があると思われるのである。先走りになるが，非日常的感覚という現象的特徴への着目が，第3章での自我体験判定基準の作成時に活かされることになり，さらに，「常識的日常的世界の自明性の破れ」（第8章参照）という，自我体験・独我論的体験全体の記述的現象的特徴づけへと，つながっていくのである。

3 自我体験のきっかけ

(1) 漠然たる観想・観照

これまでの事例には，きっかけが述べられていないか，事例0-1 のように「窓からさしこむ日差しをぼーっと見ているときに」といった漠然たるものが少なくなかった。けれども，考えてみれば，「日差しをぼーっと見ている」という状況は，事例1-2 「ルディ・デリウス」の，「私は起き上がり，ふり向いて膝をついたまま外の樹々の葉を見た」という状況と，観想的態度という点で，共通点があるといえないだろうか。つまり，自我体験のきっかけの1つは，漠然たる観想・観照であるといえるのである。

注22 精神病理としての「貰い子妄想」については，木村（1970/1978）参照。なお，木村によると，本当の両親ではないのではないかという疑惑は，精神病の場合だけではない。「比較的多くの子どもが，児童期から思春期にかけてのある期間，これと同じ内容の空想を抱くことはよく知られており，精神分析家たちはこの空想に『ファミリー・ロマンス』という特別の名称を与えて児童心理の研究の手がかりにしている」（p.26）という。この点をさらに具体的に語っているのが児童精神医学の小倉（1996）である。それによると，「小学校三・四年生の人は自分がもらい子ではないかという幻想をもつ。これは万人誰しもがもつ幻想である」この幻想は，この年齢の子どもが，「自分とはいったい何かという問いかけ」を，「すでにこの年齢で強く意識することになる」ことに由来する。「小学校三・四年生の人にしては，これはいかにも過大で重すぎる質問である。そしてその直接そのような形の質問になるとは思えない。ではどんな形になるのか。それはいくつかの幻想という形をとるものと考えられるのである。そういう幻想を通じてこの年齢の人々は，自分とは何かを問うのである」。小倉はまた，続けて言う「小学校三・四年生の人が実際，この『自分』について，ある日突然，まるで雷にでもうたれたように実感するというのは，ごく一般的なことである。誰でもが体験するのであるが，成人してしまってからは，もうこれが記憶から消えてしまうのである。（……）そういう記憶をいつまでも鮮明に持ち続けることができるのは，恐らく小説家なり芸術家なり，特に心理的な事柄に興味をもって，その筋の仕事をしている人などに限られるのであろう」（p.183f）。ここで小倉が，まるで雷にでもうたれたように実感すると言っているのは，まさに自我体験に他ならないと思われる。小倉の主張には曖昧な部分もあるが，あえて整理すると，自我体験は多くの人々が小学校三・四年の頃に経験するが，記憶を持ち続けるのは一部の人々にとどまり，多くの人々はそれを，貰い子妄想のような幻想として体験したり記憶したりしている，ということになろう。

49

(2) 死への思い

死への思いがきっかけとなった例が数例ある。

> **事例2-11**　(20歳 女) C, D
> 問2：自分の体だけが生まれて存在するということは特に不思議ではないと思うが、精神や心というものがどこからくるのか、なぜこの私のからだにこの精神が宿ったのかがわからない。……
> 問4：中学生の頃、ぼーっとしていたときに、死んだら私の心はどうなってしまうのかしら、と思った。深く考えるとわけがわかんなくなってしまうので、考えないようにしていた。

> **事例2-12**　(19歳 女) B, C
> 初めに考えたのは、たぶん、小学校3～4年の頃だったと思う。死んだらどうなるんだろう、と考えたときに、〈自分〉は、どこに行ってしまうのだろうと考えた。どこにも行かないで、なくなってしまうものなら、なぜ〈自分〉は、この体の中に在るのだろうと思った。その後中学の頃に、『親は選べないからなぁ』と思ったときにも考えたし、よく考えれば小さい頃、隣の家の子になりたいと思ったことが初めだったかもしれない。

なお、上の例では生まれ違い願望もきっかけの1つとして捉えられているが、記述の流れの中では主要なきっかけではないので、特に生まれ違い願望をきっかけの1項目として立てることはしない。

(3) 人間関係の葛藤

孤立やいじめなど、人間関係の葛藤がきっかけになったと回想されている例も多い。

> **事例2-13**　(20歳 女) D
> 小学校の5～6年生くらいの頃、友達が少なく、孤独だったので、私がいなくなっても誰も気にしないのではと考えたりした。そのときにどうして私が今ここにいるんだろうとふと心によぎった。自分の知らぬ間になぜかこの両親の娘になっていて、この家に住んでいることが不思議でたまらなかった。これは運命なのか単なる偶然なのかいまだに悩む。別に生きているのが嫌なのではないけれど。

> **事例2-14**　(21歳 女) ナシ
> 問2：……私は女性でなく男性として誕生していたのかもしれないのだ。……
> 問4：中学生（14～15歳）の頃、クラスのいじめに巻き込まれた。それまでも自分は他の人と少し違うと思っていたが、この時に、何で同じ年頃の少女たちは明るく、楽しそうに友人と話をしたりしているのに、自分はできないのかと思った。同じことをしていても、皆とは考えることが違う。もし私があいった『普通の』女の子に生まれていたら、きっと、もっと人生は楽しかったろうなぁ、生まれ違ったのではないかと思った。

事例2-14 は，生まれ違い願望からくる境界例と区別のつきにくい事例であるが，問2への回答をあわせて考察すると，具体的経験的自己像への願望だけではなく，今の自分であることの不思議さの感覚も伴っていると思われるので，あえて自我体験に算入した。[注23]

(4) 出生の特異さ

母親の流産の事実を知ったり，双子だったりといった特異な事実が自我体験を誘発したと思われる例もある。

事例2-15 （19歳 女）C
問2：私は長女ですが，実は，私が生まれる前に母は2回流産してしまいました。もし，母が流産せずに最初の子を生んだ場合，その子は現在の私なのでしょうか？ それとも違う誰かであって，私はこの世に存在しないのでしょうか？……
問4：中学のとき保健体育で人間の誕生を学んだときに，もし遺伝子の組み合わせが違っていたら私は存在したのか？ などと考えた。

事例2-16 （20歳 女）D
問2：自分がこの世に存在していることを不思議に思うことがある。私は二卵性双生児であるが，なぜ自分と似た顔と性格の子がもう1人いるのかと思うと不思議で仕方ない。……私の母方の祖母の姉妹が双子であった……。小さい頃に亡くなったといっていたが，それを聞くと，まるでその人達の生まれ変わりのような気がしてならない。
問4：中学生の頃よく眠れないときにふと考えることがある。みんなは一個人なのに，どうして自分には似た境遇の人間がいるのかと考えたことがある。

(5) 受精や出生の仕組みについて習うこと

事例2-17 （20歳 女）A, C
問2：C—もしかすると，両親が結婚しなかった場合，私という人間は，今，生まれて，生きていないわけだし，もし両親が結婚したとしても，私は生まれてこなかったかもしれない。別の家の子として"佐藤めぐみ"［引用者注：仮名］ではない私が生まれていたのかもしれない。A—父親の精子と母親の卵子が結びついて私が生まれたのだから，両親が結婚するということが大昔から決定されていたとすれば，私という人間が生まれてきたのは必然であり，決定されていたと思う。
問4：C—中学の頃から保健体育というものを習うが，その中で考えた。もし私が違う家の子どもとして生まれたならば——とか，隣の家の子どもとして生まれたならば——とかです。だから今の家の子どもとして生まれたのは偶然かと考えた。

注23 判定方法が確立せず，判定の主観性・恣意性を避けることができなかった。この反省が，調査Ⅰ（第3章）での，判定基準の作成と，複数判定者による独立の判定という方法へとつながっていく。

(6) 視野の急激な拡大

すでに引用した 事例2-10 「テレビで外国の情勢を見ていて……」の場合，視野が急激に拡大したことが，きっかけになったと考えられる。事例2-7 の場合も，最初のきっかけとしてではないが，「そして生命の起源をテーマにしたTV番組を見て，……」ということが，自我体験の反復と持続に役割を果たしていると思われる。

4　体験初発年齢

図2-4に，45例の記述から判断できる初発年齢分布を掲げた（考察には事例数が少なすぎるが，本節1でのタイプごとに分けてある）。体験が初発した（と回想された）年齢として多いのは小学校高学年～中学であるが，小学校低学年も少なくなく，就学以前にさかのぼった記述も3例あった。すでに序章で注意を促しておいたが，本調査が回想法をとっている以上，ここでの「体験初発年齢」とは，「初めて体験したと回想された年齢」という意味であって，この調査では実際に想起された通りにその年齢で体験したと，保証することはできない。とはいえ，年齢に関する議論が無意味になるというわけでもない。[注24]

ビューラー（Bühler, 1923/1926）や西村（1978）は，自我体験を，思春期（青年期前期）を中心とした青年期に主として生じるものとしている。しかしながら，この調査で得た結果は，自我体験初発時期が，就学以前から高校にいたるまで幅広く分布していることを示唆するものであった。回答者の年齢が20歳前後であり，私たちの記憶が通常，3歳以前にさかのぼれないことを考え合わせるならば，この結果はほぼ，回想可能なあらゆる年齢にわたっているといえないであろうか。また，第1章で紹介した自発例を見ても，小学校5～6年（事例1-1），12歳（事例1-2），数え年9歳（事例1-3），13歳以前（事例1-4）となっており，第7章で本格的に紹介される 事例7-4 「エックルス」の18歳まで含めると，思春期に限られることなく幅広い年齢に分布していることがわかる。また，前記（注22参照）の小倉（1996）も，小学校3～4年を，自我体験に相当する体験の生じる年齢としているのである。

注24　1980年代に研究発表を始めた高石は，すでにふれたように「回想法のもつ実証性の不十分さ」という批判に直面したというが（高石，2004a），自我体験研究で扱っている「体験」とは，「事件の目撃証言」とは違って客観的対応物があるわけではない。筆者自身の自己体験でさえ，記憶どおりの時と場所において記憶どおりの意味内容をもって本当に生じたのかと問われれば，実証のしようがない。「現実にその年齢で現実にそのような体験をしたかどうかは証明できない」という実証主義的な批判は，主観的現象が客観的に実在しているという，無理を含んだ信念に基づいているのである。本研究で重視するのは，さまざまな回想法によって得られた年齢に関するデータにどの程度共通性が見られるかであるが，これは，序章4節2（1）で述べた，研究の品質保証としての「信用性（credibility）」に関わることである。

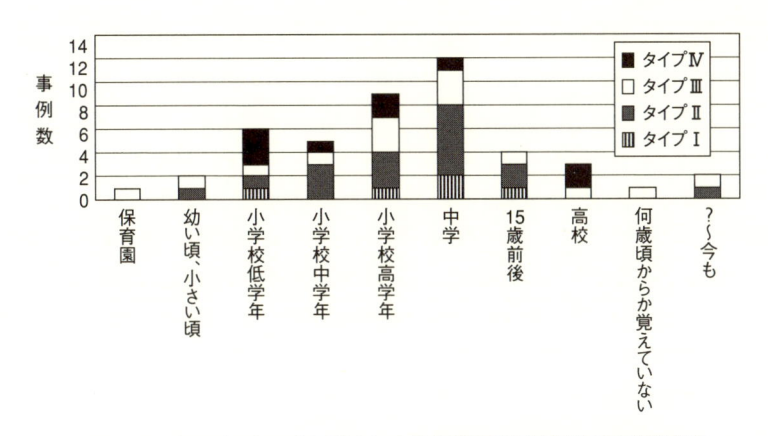

図2-4 タイプごとの自己推定による自我体験初発年齢の事例数分布

　初発の年齢に関しては，次章以降の調査でも取り上げる予定なので，詳しい考察はその後にゆだねるとして，今は次のことを指摘するにとどめておく。それは，自我体験のような高次な精神的現象を，思春期や青年期のような，（第二次性徴の発現や学校教育など）生理的社会的に規定されるという意味で共通性・普遍性を持つ年齢段階に対応させるのは，もともと無理があるのではないか，ということである。自我体験の初発する年齢を問うことは，「性に目覚める頃」よりは「文学に目覚める頃」の年齢を問うのといくぶん似ている，と言ってよいかもしれない。読書好きの子どもなら幼い頃から児童文学に親しんでいても不思議ではないし，逆に，文学には生涯無縁であっても価値ある人生を送る人々も多いであろう。
　もし，普遍的な年齢を求めるのであれば，自我体験が実際に初発する年齢を求めるよりは，自我体験が可能になる年齢を求めるほうが適切なのではないだろうか。たとえその年齢になっても，自我体験が実際に生起するか否かは，また別の条件に依存するのかもしれないし，あるいは西村（1978）の指摘するように，意識されずに自我の確立がなされる場合も少なくないであろう。そして，実際に児童期のような早期に生起する場合と，青年期に生起する場合，さらには，意識されずに自我の確立がなされた場合で，それぞれ精神形成や世界観形成にとって別の意味を持つのかもしれない。

5　解決への試み

　自我体験的問いの解決の試みは，調査項目に直接入れられているわけではない。また，この調査の4つの問題文は，もともと，自我体験的問いへの3種類の折り合いのつけ方という点から発想された（2節参照）とはいえ，問1でAやB（自然型）を選

んだから「自然主義型解決」，C（実存型）を選んだから「実存型解決」，D（超越型）は「超越型解決」，というようにおのおのふさわしい自由記述内容が，自我体験事例の中に常に現れているというわけではない。事実，後述するが，想定された3種の折り合いのつけ方の枠内には当てはめることのできない，「実践的解決」というべき種類の解決の試みを示した事例も，少数ながら得られたのだった。

とはいえ，問1でのAやBの回答者には「自然主義的解決」，またD回答者には「超越的解決」，と分類するにふさわしい自由記述内容が，ある程度対応しているのも事実である。とりわけ後者には多くの超越的解決事例が見いだされたので，まず超越的解決から検討する。

(1) 超越的解決

この解決に分類されるのは11例を数えた。

〈神の存在〉

まず，「神の存在」で自我体験的問いを納得しようとした例が，D回答者には3例見られた。既載の事例であるが未掲載の記述部分を新たに紹介する。

> 事例2-5 再 （19歳 女）D （ 事例2-5 に問4への回答記述を既載）
> 問2：人間の誕生というのは，遺伝子とか物理的・生物的に説明のつくこと以上にもっと神秘的な力が働いていると思う。その力は神の意志であるかもしれない。
>
> 事例2-6 ✚ （20歳 女）D （ 事例2-6 に問4への回答記述を既載）
> 問2：私が私として生まれたのは，もちろん，母親と父親がいてのことだが，この私として現在ここに存在するのは，運命や神や，他に何か幾多の力が関係してのことだと思われる。

〈輪廻転生〉

次に，何らかの「輪廻転生観」に思い及んでいる例が，4例あった。すでに， 事例2-16 で，双子に生まれた理由として「生まれ変わり」に言及している例を見たが，次の例は，「時と場所への問い」（タイプⅢ）から輪廻転生の考察に及んでいる例として，興味深い。

> 事例2-18 （21歳 女）C, D
> 何歳頃かは覚えていないけど，よく思ったのは，なぜ今なのかということ。何千年も前から人間は生活していたはずである。……"りんね転生"ということがあるが，誰かの生まれ変わりだとしたら自分が死んだ後，また誰かに生まれ変わるのだろうか。よく心霊の本などで前世を覚えている人というのが出てくるが，その人が確かにその本人だったなんて証拠はないのだ……

〈その他〉

　その他の例が 4 例認められ，すべて D を含む回答者であった。「人知を超えた大きな力」が 2 例，「誰かの必要」「運命」が各 1 例，であった。

(2) 自然主義的解決

　明白な例を 2 例のみ認めることができた。次の例は，いわば自然主義的な解決をすること自体が，「自分＝魂」というそれまでの自明な自己概念を崩壊させ，一種の自我体験的な感動を呼び起こした例である。

> 事例2-19 （20 歳　女）B
> 　小学校の頃は，絶対的に，魂を信じていたように思うが，中学で，どうやら，このような自分を（形や質を）決定する物質があることを知って衝撃を受けた。生命の誕生に関して，いくつもの考えをめぐらしはじめたのは高校に入ってからで，17 歳のときに，物理学に誕生の秘密はあると，目から鱗が落ちる思いで，物理という明確なものへと生物と結びつけようとした。／話が前にもどるが，小学中学の頃は，自分という実体のないものについて，考えあぐねていた。それを徐々に，むしろ心理を無視する方向へ私は動いたと思う。すべてに実体はあるのだ，と。今，思い出したのだが，急に私の物事を考える姿勢を科学的にさせたのは，13 歳のとき知った，光と色についての事実であった。色は，色というそのものではなく，ある化学物質で，その反射を，我々人間がたとえば青だという。そのとき，突然，自分は，自然の中に埋没してしまったような気がした。何だか自己分析のようになってしまったが，その時以来，私は，考え方としてだが，とても謙虚になった。

　第 1 章と本章では，「自分というものを，経験的具体的な個人としての自己との同一性が自明ではないものとして経験する」ことを，自我体験とみなしたのであった。けれども，この 事例2-19 では，「自分＝魂」というそれまでの自己概念が崩壊し，一種の感動が呼び起こされた例が，自我体験と判定されている。「それまでの自明な自己概念」とは，必ずしも身体的存在としての「経験的具体的な個人としての自己」でなくともよいのである。この体験者にとって，「魂」は，ある意味で経験的具体的な自明性をもって，自己と同一視されていたと考えられよう。

　なお，自然主義的解決の例が 2 例と少ないのは，図 2 − 3 でも明らかなように，もともと，自我体験群の中に，自然型（A, B 回答者）が少ないことの直接の反映と考えられる。非体験群では自然型（A ＋ B）が全体の 32.1 ％を占めるのに，体験群となると 24.5 ％に減る。これが，超越型（D）となると非体験群では 18.4 ％にすぎないが，体験群では 36.7 ％を占め，自然型とは正反対の傾向を示す。そして，超越型の体験者中，11 例が，超越型解決と分類されたのであった。本調査の結果を見る限り，自我体験は超越型に親和的であって自然型には違和的，といえよう（これについては

第 7 章で再び言及する）。

(3) 実践的解決

2例を認めた。

> **事例2-20** （19歳 女）A
> 中学の頃，いじめにあって，なぜ私がここにいるのかなやんだことがある。その時，Dの意見に近いが，なぜ私が生まれたか，その原因より，これから私がどう生きていくかが大切だと気づいて，立ち直ることができた。

何らかの世界観形成によって解決を図るというより，実践的に解決を図った明らかな例である。他に， **事例2-7** の「それから，人間はこういうことを考えるために生まれたと思いはじめた」も，すでに指摘したように，パスカルの「考える葦」を思わせる感動的な結語であるが，これも実践的解決の例とみなすことができよう。

(4) 未解決

未解決には，「忘却」「意図的忘却」「今でも考えることがある」の 3 種に分類される。

〈忘却〉

「忘却」は，「何で私が生まれたのか不思議に思われて，結論も出ぬままこの疑問は忘れられた」（ **事例2-8** ）のように，単に「忘れられた」といった言葉が現れる場合であり，1 例のみであった。しかしながら，そのような言葉が用いられていない場合でも， **事例2-2** の「なんだか，なつかしいです」をはじめとして，質問紙を見て思い出したという意が言外に読み取られる事例も数例あった。

〈意図的忘却〉

次の 2 例を数えた。

> **事例2-21** （20歳 女）C
> 小学校 6 年頃，私はなんでここにいて，この親なのか，とか不思議に思ったことがある。……死んだらどこにいって，私のたましいはどこにいくのだろうか。今いる状況について考えたが結論は出せなくて，胸の奥にこの悩みはしまっておいた。

> **事例2-22** （20歳 女）C，D
> 中学もしくは小学校高学年の頃から。私はいったい何なのだろうと思いはじめた。子ども心にも，私はどうして心を持っていて，人格があって，私は何のために唯野真理［引用者注：仮名］として生きているのだろうと思いはじめた。……死んだらどうなるか，この考えを考えるようになって死に対する恐怖心を感じはじめたのも，小学校中学年～高学年にかけてであった。結局，何もかも，どうしてなのかなんてわからず，わりきって，こうして生きている。

〈今でも考えることあり〉

 事例2-4 など4例を数えた。その中で次の例は，自我体験が，身体とは別個の実体としての自己，または「魂」といった概念を生じる契機になりうるのかもしれないことを，考えさせる一例である。仮に未解決例に算入したが，「魂」という観念の創造による解決として，「超越的解決」に算入してもおかしくはない例といえよう。

> 事例2-23 （19歳 男）C，D
> 考えはじめたのは，中学1年からで，今でもときどき考えることがある。あるとき母を見て，どうしてこの人は私の母なのだろうか。父を見ても姉を見ても同じことを考え，そして，自分はどうして自分なのだろうかと思った。このとき自分というものが魂のようなものに感じられ，自分はこの自分の体をコントロールしている魂のような何かなんだという思いが頭の中に現れたことを覚えている。

 ちなみに未解決例は，実存型（C）をとることが多い。
 以上，大まかな対応関係として，自然主義的解決には自然型（A，B）が多く，超越的解決には超越型（D）が多いのは当然として，未解決には実存型（C）が多く，そして実践的解決は，本来の4種の質問文による示唆とは独立の解決である，と言うことができよう。

5節　課題と展望

 全227名からすればおよそ19.8％という45例であるが，自己の起源に関する4つの文章を読み，考え，回想を自由記述してもらうという方法によって，自我体験と判定し得る事例を見いだすことができたのは，大きな収穫であった。 事例0-1 や 事例2-10 の簡潔な記述の中に込められた深い思いや，不安が自己や世界の実在性にまで拡大する 事例2-4 ，パスカルの『パンセ』をも連想させる 事例2-7 の雄大さ， 事例2-20 の自己洞察の深さ，など，いずれも，記述は短くても，第1章で考察した自発的事例に劣らぬ深さと豊かさを備えるといえよう。明るさと軽さ，「ノリの良さ」が重んじられ，深遠な哲学的問題などとは無縁のところで享楽的に生きているというイメージのある現代の若者の，隠された一面をかいま見る思いがして，筆者はほとんど感動さえ覚えたのであった。
 いずれにしても，自我体験の実態をより詳細に明らかにすべく，より本格的な調査へと向うための動機づけは十分に与えられた。しかしながら，方法論的な課題も山積している。

1 質問紙の構成

　自我体験質問紙の構成にあたって，本調査では1つの作業仮説を用いたのだった。すなわち，自我体験とは「自分というものを，経験的具体的な個人としての自己との同一性が自明ではないものとして体験し，あるいは自問する」経験である，という仮説に基づき，最も理科系の学生の関心を引き，かつ，似たような体験がなくとも考えたり意見を述べたりしやすい 事例1-6 「ジェニングス」にヒントを得た文章を，複数作成したのだった。

　けれども，その結果は——いわば当然の結果なのであるが——第1章4節でおのずと浮かび上がってきた自我体験の3タイプ（「私は本当にXなのか」，「私はなぜXなのか」，「私は私なのだ！」）のうち， 事例1-6 「ジェニングス」が属する「私はなぜXなのか」という問い，すなわち，本章での分類によれば「なぜ私はこの人間であって他の人間ではないのか」という「タイプⅠの問い」が，17例と多数を占める結果となったのだった。さらに，タイプⅠと往々にして区別しがたい，タイプⅢの「時・場所・環境への問い」の14例を加えれば，全45例中，31例を占める結果となったのだった。これに対して，「私は本当にルディ・デリウスなのか」というタイプの，自我体験という研究テーマのそもそもの出発点となったタイプの問いは，45例中，独立の分類としてさえ立てられないという，不均衡が生じてしまったのであった。

　大学生対象の回想法によって自我体験の採集が可能であることが確認された以上は，第1章で示唆された3タイプの体験をある程度まんべんなく採集するため，質問項目の数を増やし，3タイプの体験をある程度カヴァーできるようにすることが望ましいと思われるのである。[注25]

2 判定基準と判定方法の確立

　自我体験とは何かについての，本章の冒頭で論じたような何らかの説明的な要素を

注25　以上の質問紙構成上の反省に基づき，第3章での調査Ⅰでは，よりオーソドックスな多項目主義の質問紙の作成へと向かうことになった。そのため，本章（探索的調査）で用いた独自の質問紙法は，それ以上，発展させられることなく終わってしまった。この方向転換は，確かにより実証的な調査研究の促進になってはいる。けれども，本章の調査では， 事例0-1 や 事例2-18 のように，本研究を通じてくり返し引用されるような印象的な事例が得られており，誘発された回想の質から見ると，本章の質問紙が第3章のそれを上回っているのである。自我体験調査では，記述が曖昧になりがちな質問紙法より面接法のほうが適当であるという意見がある（天谷，2004a；高井，2004b）。けれども，本研究では，序章で述べたように，事例の一人称的読みを貫徹するために，対話型データを避け，調査対象者の匿名性が保障されやすい質問紙法を選択したのだった。本章での，空白部分に自分の姓名を記入して読むことによって一人称的かつ主体的に見本事例に入り込むことを促すという質問紙法には，このような質問紙法の利点を保持しつつ，記述が曖昧で浅くなりがちという欠点を補う方向への発展の可能性があったのではないかと，本書をまとめる時点で反省されたのであった。

含んだ仮説から出発して自我体験質問紙を作成することは，本来ならば調査の結果に基づいて説明すべきことを，あらかじめ提示してしまうことになりかねないであろう。むしろ，質問紙は，自我体験ではない回想記述をも多く誘発することを覚悟のうえで，なるべく広範囲をカヴァーするものを作成する。そして，第1章で紹介された自我体験自発事例に基づき，その記述上の現象的特徴を捉えた「判定基準」を作成し，誘発された多様な自由記述テクストの中から自我体験事例を抽出する。——おおよそこのような方法が望ましく思われるのである。とりわけ，本研究のテーマを，「対自的自己意識」でも「自同律の不快」でもなく「自我体験」と銘打った以上，この用語の出発点である 事例1-2 「ルディ・デリウス」の再検討が，記述上の現象的特徴を捉えるためには肝要と思われる。

また，判定基準を含めて判定方法が確立していなかったため，判定にあたって迷いが生じることが多く，「境界例」といった，いささか扱いに困る分類をももたらすことになった。

さらに，この調査では数量的処理は最低限にとどめたが，それは，いまだ妥当性の十分でない質問紙，信頼性に欠ける判定法がもたらす結果が，数値化されて一人歩きするのを警戒したからであった。しかしながら，ある程度の妥当性と信頼性のある調査結果であれば，数量的方法とのトライアンギュレーションを否定する理由はないと思われる。

6節 要約

第1章での，自我の発見・自我の自覚の歴史的文献の検討や自発的事例の考察を通じ，「自分というものを，経験的具体的な個人としての自己との同一性が自明ではないものとして，初めて感じたり自問したりするという経験」ということを，自我体験の作業仮説とした。自我体験が，一部の科学者や芸術家の特異で例外的な体験ではなく，いわば「普通の」人々からもその回想を引き出し得るものであるか否かを知るために，大学生への探索的な調査を実施した。調査対象として当初想定していた理科系大学生の関心を最も引きやすいと思われる，第1章での 事例1-6 「ジェニングス」にヒントを得た文章を4例作成し，「一人称的な読み方」を指示して考えさせ，最も共感する文章を選択させた上，これと同じようなことを考えたことがあるかを質問して自由記述をしてもらった。男女大学生227名に実施したところ，自由記述の中から45の事例を，自我体験回想事例として判定することができた。それらの事例は，タ

イプⅠ「なぜ自分は自分なのか」形式の問い，タイプⅡ「なぜ他の人間ではないのか」の問い，タイプⅢ「時・場所・環境への問い」，タイプⅣ「その他」，に分類された。自我体験のきっかけとしては，①漠然たる観想・観照，②死への思い，③人間関係の葛藤，④出生の特異さ，⑤受精や出生の仕組みについて習うこと，⑥視野の急激な拡大，が認められた。体験が初発したと回想された年齢は，多いのは中学と小学校高学年であるが，小学校低学年も少なくなく，就学以前にさかのぼるという報告も2例あった。自我体験的問いの解決の試みは，①超越的解決，②自然主義的解決，③実践的解決，④未解決，の4タイプが認められた。このように数多くの興味深い回想事例を発見することによって，自我体験の実態を明らかにするための本格的な調査への，動機づけが与えられた。

第3章

調査 I
―自我体験の全体像を解明する―

1節 問題
——自我体験研究史

　自我体験の本格的な調査を始めるにあたって，部分的に第1章のくり返しになるが，問題点を整理するために改めて自我・自己研究史を，自我体験研究史としてふり返ることとする。

1　事例「ルディ・デリウス」再見
　自我体験とは，ビューラーが，『青年の精神生活』（Bühler, 1923/1926）の中で考察している現象である。この本は，多くの青年の日記を集めてその内容から青年の精神生活を分析したものであるが，事例1-2 「ルディ・デリウス」とは，その中で引用されているルドルフ・フォン・デリウスという人物の自己記述である。この事例はまた，自我の発見を「個性化の形而上学的根本体験」と特徴づけたシュプランガーの『青年の心理』（Spranger, 1924/1953）でも引用されている。また，牛島（1954）等，日本の一時代前の青年心理学テキストにも，引かれている。第1章にそれを引用したが，今一度，その特徴を考察することとする。[注26]

　筆者がここで改めて問題としたいのは，この事例が，「青年期における自我の発見」の語のもとにふつう想像されるような，「自分はかけがえのないものであることがわかった」といった自覚や，「本当の自分とは何か」といった漠然とした問いに比べると，常識的に了解困難なところがある点である。ルディ・デリウスの問いは，「親に言われて法律家になる勉強をしていたが，文学こそ真の自分として生きる道だとわかった」といった，具体的経験的自己理解の範囲内での自己探究によっては，そもそ

も解答がむずかしいと感じられないだろうか。ここにあるのは，自我の発見の，啓示的非日常的ともいうべき体験的表現である。すなわち，自我体験とは，唐突に訪れる，普段の生活とは連続しない体験であって，孤独の自覚と周囲からの隔絶感を伴って，（名前や心身の特徴といった）具体的経験的な自己像・自己概念に基づく自己理解への，違和や疑問が表明されているのである。シュプランガーが自我の発見を，「形而上学的」と形容したその真意は，独特の文学的表現に隠れて正確にはつかめないとはいえ，もし，当時の実証主義的科学哲学における「負の」意味，「検証不可能」であって経験的理解を超えているといった意味が込められていたのだとしたら，ルディ・デリウスの問いはまさしく，経験的な自己理解を超えた形而上学的な問いである，と言えるのではないだろうか。

ちなみに，シュプランガー『青年の心理』の初版は1924年である。ヴィトゲンシュタインの『論理哲学論考』が1922年に発表され，台頭しつつあった論理実証主義者のグループ（当初はマッハ協会と称していた）に大きな影響を与えつつあった時代であった。周知のとおり，論理実証主義では，形而上学的な言明は検証不可能であるが故に端的に無意味とされたのである（石垣，1994参照）。

さて，事例「ルディ・デリウス」の検討についてはいずれ立ち戻ることにして，日本におけるひと昔前の青年心理学書には，定番のように「青年期における自我の発見」の項目が載せられ，ビューラーの自我体験にも触れられていたことについては，第1章でも述べた。これは，当時のドイツ心理学の影響を，さらに言えばドイツ文化の影響を窺わせて興味深いものがあるし，また，文学などの世界で「自我に目覚める頃」「青年期における自我の確立」といった表現で親しまれていたテーマとも，相通じるものがある。しかしながら，問題は，「自我の発見」「自我体験」に関する心理学的な実態が，まったくといってよいほど調査研究の対象とはならず，なんとなく情緒的文学的な理解で済まされてきたことにある。そして，ここ数十年，心理学におけるドイツ文化の影響が薄らぐにつれて，「青年期における自我の発見」というテーマは，教

注26 読者の便宜のため，脚注として再掲しておく。

　事例1-2　再　ルディ・デリウス　夏の盛りであった。私はおよそ12才になっていた。私は非常に早くめざめた。……私は起き上がり，ふり向いて膝をついたまま外の樹々の葉を見た。この瞬間に私は自我体験（Ich-Erlebnis）をした。すべてが私から離れ去り，私は突然孤立したように感じた。妙な浮かんでいるような感じであった。そして同時に自分自身に対する不思議な問いが生じた。お前はルディ・デリウスか，お前は友達がそう呼んでいるのと同じ人間か，学校で特定の名で呼ばれ特定の評価を受けているのと同じ人間なのか。――お前はそれと同一人物か。私の中の第二の私，この別の私（ここではまったく客観的に名前としてはたらいている）と対峙した。それは，今まで無意識的にそれと一体をなして生きてきた私の周囲の世界からの，ほとんど肉体的な分離のごときものであった。私は突然自分を個体として，取り出されたものとして感じた。私はそのとき，何か永遠に意味深いことが私の内部に起こったのをぼんやり予感した。

第3章　調査Ⅰ―自我体験の全体像を解明する―

科書の水準でも，アメリカ由来の「青年期におけるアイデンティティの危機・混乱」に取って代わられてしまうのである（たとえば，西平・久世，1988）。

　この点は，筆者の調べた限り欧米においても同様である。高石（1988a）によると，精神分析学サイドから自我体験に類似した体験を俎上に載せた例としてはブロス（Blos, 1962）の「自己意識の体験」，ロロ・メイ（May, 1958）の"I-am" experience（「われ在り」体験），ユング（Jung, 1963）の「人格 No.1 と No.2 の体験」が挙げられるという。これらの事例は，臨床例（メイ），自伝（ユング），小説作品からの引用（ブロス）等，単発の自発例であり，組織的な研究には発展せずに終ってしまっているのである。また，現象学的哲学のシュピーゲルベルグ（Spiegelberg, 1964）による「私は私だ」体験の調査も，継承されないまま埋もれてしまっていることは，くり返し言及している通りである。

　筆者は，かつて，自我体験研究が組織的に発展せずに終っている理由として，自我体験の研究には方法論上と概念規定上の2つの困難があると論じた（渡辺，1995a）。ジェームズ（James, 1892/1961）の自己意識論では自己は主我と客我に分けられ，主我が哲学にゆだねられる一方，自己の客体的側面である客我のみが経験科学としての心理学の対象とされた。現在盛んな自己概念研究は，この流れを汲む。これに対して，自我体験という概念の提唱は，主我への気づきを「体験」として研究する道を指し示したといえるもので，事例「ルディ・デリウス」に2つの「私」が出現しているのは，客我主我双方への気づきという体験自体を示唆しているとみることができるのである。けれども，「体験」であるため組織的研究が困難で，主として臨床家の著述の中に散発的に現れるに限られたのだった。

　以上が方法論上の困難であるが，概念規定上の問題として筆者が指摘したのは，ビューラー，シュプランガーら古典的青年心理学の，暗黙の歴史哲学的背景である。生物学者のグールド（Gould, 1977）は，青年心理学という学問領域が形成されるにあたって，ヘッケル（E. Heckel 1834-1919 年）の個体発生は系統発生を反復するという説が当時のヨーロッパを風靡していたという事情が，何らかの影響を与えていたと示唆している。これに着想を得て筆者は，青年期における自我の発見という自己意識発達上の不連続点自体が，ヘッケルの反復説の暗黙の影響下に，思想史・哲学史から持ち込まれたのではないかと考えたのだった。近代西欧精神史上の「青年期」に当

注27　調査研究は正確には皆無ではない。東北帝国大学心理学研究室卒業論文リストを東北大学アーカイヴホームページで見ると，昭和10年代に，「表象生活における自我体験」（北村晴朗，1935）と，「自我体験としての青年期」（桜井時代，1936）という2本が，リストアップされている。ただし，東北大学では現在は所蔵していないとのことで，筆者には閲覧することは不可能であった。

たるルネサンスを代表するデカルトの近代的自我の発見に相当する現象が，個人的精神発達の領域でも探し求められ，同定されたのではないだろうか……。しかしながら，このような問題意識が明確にされることもないままに，自己意識発達上の不連続点というテーマは，古典的ドイツ青年心理学の影響の衰微と共に，エリクソン（Erikson, 1959）の「青年期におけるアイデンティティ危機／混乱」の枠組みに取って代わられてしまった。それゆえ，ドイツ青年心理学本来の構想を生かすのであれば，思想史上の「自我の自覚」の例を，概念規定を明確にするため検討する必要があると，指摘したのだった。

このような困難が，挑戦され，組織的な研究の展開が始まるのは，近年の日本においてだったのである。

2　日本における自我体験研究の復興

最初に自我体験研究を日本に導入したのは，第 1 章でも紹介した臨床心理学の西村（1978）だった[注28]。すなわち，事例「ルディ・デリウス」に他の自伝的事例を加え，「自我体験は基本的には『自分』が自分であるという，内なる自己との出会いの体験」であり，「一種の啓示的体験」であり，「外界との隔絶を生じ，孤立感を伴うこともある」と，主要な特徴を指摘した。「宗教体験や離人体験とも近縁である」とも述べている。また，「エリクソンの心理学において自我同一性が重視されているが，それは自我体験そのものとしてではなく，役割行動をとり得る可能性の重要な基礎として問題にされているのである」と，アイデンティティ論との差異化を図っている。

西村は，「自我体験は精神的な思春期の始まりである，12 〜 13 歳頃に起こる……」とする。ところが，彼が「自我体験」として引用している例の中で，年齢の明記されている 6 例中 3 例までが，「小学校 3 〜 4 年」「4 年生」「数え年 9 歳」と，むしろ前思春期というべき時期に属しているのが問題である。年齢の問題は，アイデンティティ論とも関連するものとして，次の高石の研究において自覚的に取り上げられることになった。

同じ臨床心理学の田畑（1986）は，「小学校 2 年生のときに，入浴時，突然"お前は誰だ！"という声が聞こえてきて，それ以来，自分がここにいて意味があるだろう

注28　日本においてのみ自我体験研究が発展したのは，一時代前までのドイツ心理学の影響の「遺産」が，いわば時をへて開花したものと考えることができる。西村（2004）の次の言葉は，そのような「遺産」の存在の証言ともいえるものである。「自我体験とは古い言葉である。私がこの言葉に出会ったのは，牛島義友の『青年心理学』であった。心理学を学び始めた昭和 39 年代の後半で，すでに古い心理学の本であった」

かとか，社会にとってお前は何であるのかとか，常に頭にかかっていた」という女子高校生の登校拒否の事例を報告した。そして，「あまりに早い時期の自我体験は，思春期にいたり心理的危機をもたらす」と結論している。ただし，田畑のこの結論は，「自我体験＝思春期」という，ビューラー以来の固定観念をふまえたものだろう。
事例1-3 「土居健郎」が「数え年9歳」であり，また，第2章の探索的調査でも，小学校低学年以下に定位される回想は9名を数える結果でもあり，「あまりに早い」と言えるかどうかは問題である。

ついで，最初の自我体験の組織的調査が，やはり臨床心理学の高石（1989a）によって試みられた。彼女は，事例「ルディ・デリウス」の考察をめぐるビューラー（Bühler, 1923/1926）の，自我体験を自我意識の誕生の体験と捉えるという構想を受け継ぎながらも，また，ビューラーが，「自我が自我そのものとして意識されることなく，ただその中に捉えられた内容，すなわち気分として意識される」感情的体験を，青年の自我体験の最も多くみられる形であろう，と述べていることにも着目した（高石，2004aも参照）。そして，自我体験は特別な体験というより，誰にでも起こり得ると仮定し，西村の考察をもふまえ，自我体験の下位概念として，①孤独性（自我を外界から分離・隔絶されたものとして感じること），②独自性（自我を単一・独自の有限な個体として認識すること），③自我意識（自我の対象的把握あるいは自我と自己の分離の意識），④自律性（内的権威の発見とその重視），⑤変化の意識（過去との断絶感および未来への展望），⑥空想傾向（内界への集中的関心と，ひとりで空想に耽ることへの嗜好），⑦自然体験（自己の気分の外界への投影として，自然を幸福と美として意識すること），を設定した。そして，34項目からなる「自我体験度尺度」を作成し，女子中・高生622名に施行し，各項目について「はい」「いいえ」の2件法で回答を求めた。さらに，「はい」回答項目について，最初の体験と最も印象深かった体験を自由記述させたところ，ほとんどが何らかの部分体験を想起し，また最初の体験は10歳頃に生起したと答えた者が最も多かった。

高石の研究には，想起例の質的な分析・考察があまりなされていないこと，「空想傾向」や「自然体験」尺度などの質問項目中に，自我体験というには周辺的と思われるものも見受けられ，概念規定上に問題を残したこと等の問題点がある（この点についての反省は，高石，2004aを参照のこと）。また，尺度化についても，「作成された尺度については下位尺度の因子的妥当性が十分には得られず，今後の改良の努力が望まれるが，"体験"という多次元の複合的な概念を扱ったものであるという性質上，各下位尺度の独立性を完全に達成することは困難な作業と言わざるを得ないだろう」（高石，1989a）と，研究の最後に反省を述べている。数量的実証主義的方法が全盛

だった時代に，数量的実証主義的研究に自我体験を乗せようとした高石の努力には敬意を表するが，期せずして，数量的実証主義的方法が自我体験研究にとって適合的であるか否か，疑念を持たせる結果となっている。

ただし，彼女の方法の工夫は，「はい」回答項目について，最初の体験と最印象体験を自由記述させ，推定年齢，きっかけ，その後どうなったか，をも記述させたところにある。「自由記述では，TSTや作文・手記法によるよりも濃縮された深い内容の資料が多数得られ，本研究の方法の有効性が示唆された」（高石，1989a）。事実，この方法は，のちに筆者による，「回想誘発的質問紙法」の原型となったのである。

もともと高石は，自我同一性（アイデンティティ）という概念は青年期後期から成人期への移行期（10代後半から20歳過ぎ）の社会的役割取得の達成に重点を置いたものであって，前青年期から青年期初期への自我変容の問題を扱うには限界があるとして，自我体験に着目したのだった。けれども，10歳頃がピークという結果は，「心理学の伝統に従って，『私』の探究を青年期の問題としてのみ捉えていた」彼女にとって予想外であったらしい。「こうして私は，子どもの自我体験へと探索の手を遡らせることとなった」と，彼女はエッセイ（高石，1989b）の中で述べている。

筆者（渡辺，1992b）は，ジェームズ（James，1892/1961）の自己意識論に基づき，主我・客我の分裂と両者の同時的意識化が自我体験の根源にあるとする立場から，男女大学生227名に質問紙調査を行った。すなわち，自己の起源に関する4つの文章を体験の見本例として提示し，類似の体験を自由記述させ，年齢，きっかけ，解決法の記述も求めた。結果は第2章にほぼ再録されているので，ここではくり返さない。

また筆者（渡辺，1995b）は，類似の方法で大学生の親にも調査を行い，その結果を，「自我体験は青年期に特有なのではなく，児童期前半から青年期にかけての広い期間に見いだされ，さらには結婚・出産がきっかけという例もあることから，生涯にわたり人生の転機や葛藤をきっかけとしてくり返し生ずる」とまとめた。けれども，これらの調査で筆者の用いた質問紙は，第2章5節でも指摘したように，体験の見本例としては少なすぎて，特定のタイプに偏りすぎ，いかに見本例項目をそろえるかという方法論上の問題と共に，見本例＝典型例とは何かを知るためには自我体験を概念的に把握していなければならないという，概念規定上の問題をも残した。

天谷（1997a）は，25の項目の見本例からなる質問紙調査を男女大学生160名に実施し，自我体験とみなせる自由記述を報告した50名中，22名に半構造化面接を行った。また，自我体験を「視点が主我・客我二つの存在に分化し，（主我が）自分という存在に対して問いかけたり，強烈に意識したりする体験全体」と定義してチェックシートを作成し，2名の判定者によって面接記録を判定し，17名に自我体験を認め

た。また下位側面を以下のようにあらかじめ分けて記録を分類した。
　Ⅰ　自分というものへの問いかけ：①自分自身の本質的な実在への探索・疑問，②自分のものであると同定しているもの（名前・体）への違和感・疑問，③自分の起源・場所への疑問
　Ⅱ　自分というものへの意識・自分なりの確立：①独自性，②自分の本質的実在の実感，③自分と周囲の関係性への意味づけ，④自分の人間性についての一貫性，⑤自律性

　結果は，自我体験には下位側面Ⅰが主として見られ，下位側面ⅡはⅠの結果見られる場合がある，と位置づけられた。初発年齢は8～12歳が多かった。次いで天谷(1997b)は，中学生18名に半構造化面接を行い，質問紙調査によるスクリーニングをへなかったにもかかわらず約65％に自我体験を見いだした。体験年齢，内容とも，中学生と大学生でほぼ同様であった。

3　調査の方針

　以上の先行諸研究を批判的に参照しながら，調査Ⅰが以下の方針で進められた。

(1) 自我体験の仮定義――「自己の自明性への違和・懐疑」

　自我体験を，「それまでの自己の自明性への違和・懐疑に関わる体験であって，自己についてのさまざまな問いや思索や感情を伴うこともある」と仮に定義した。従来の，「自我意識の誕生の体験」「『自分』が自分であるという，内なる自己との出会いの体験」「主我・客我の分裂と両者の同時的意識化」「最も明確な形を取った自己対象化＝自己意識化の欲求」[注29]といった定義・特徴づけが，多かれ少なかれ説明的な要素を含んだ定義・特徴づけであったのに対し，なるべく記述的現象的定義となることを指向したものである。ここでキーワードとなっている「それまでの自己の自明性への違和・懐疑」は，事例「ルディ・デリウス」をはじめとして，これまでの研究において暗黙裡に自我体験例の中核となっていた要素を，明示化したものである。

　なお，ここで出てきた「自己の自明性」とは，「自己の自明性の破れ」として第8章で考察されるように，本研究全体のキーワードへと育っていく概念なので，説明を加えておく。――私たちは，自己についてのいろいろな知識を持ち，それを自明としている。「私は存在する。世界の中に無数の人間が存在し，その中の1人が私である。私は特定の名と性別を持ち，身体的精神的特徴を備える。鏡に映せば私は自分の外面

注29　最後のものは梶田(1978)の「対自的自己意識」に関する特徴づけであるが，自我体験への特徴づけとみなしてここに並べておいた。

を見ることができる。私は私であり，特に多重人格者でもない限り，昨日も私だったし，死なない限り明日も私であり続けるだろう」など。あえて確認する必要もないこれら自然な自己理解のありかたを，自己の自明性（sense of obviousness）[注30]と呼ぶことにするのである（小松，2004 も参照）。

(2) 予備調査——自我体験の3タイプ

第2章の探索的調査では，第1章4節でおのずと浮かび上がってきた自我体験の3タイプ（「私は本当にXなのか」といういぶかり，「私はなぜXなのか」という問い，「私は私なのだ！」という驚き）のうち，事例1-2「ジェニングス」が属する「私はなぜXなのか」という問いの要素のみが，クローズアップされる結果になったのだった。そこで，これら3タイプにまたがる回想事例テクストを得るために，項目数を増やし，探索的調査での質問紙にこだわることなく，前述の高石（1989a）の成果をも受けて，よりオーソドックスな多項目主義の質問紙を作成することとした。すなわち，第1章の予備的考察で検討された自発的事例，探索的調査で得られた事例，高石の調査における質問項目を参考にしつつ，仮定義に関わりのあると思われる質問項目を仮に選定し，項目開発のための予備調査をまず行うこととする。その際，青年心理学でいう「自我の発見・自覚」とはもともと思想史から持ち込まれた概念である，という筆者（渡辺，1995a）の示唆を生かすため，思想史上の「自我の発見・自覚」例の主要な原典も参考にすべく努めた。自我をめぐる深い思索の痕をとどめた思想史を参照せずに自我の発見の心理学研究を行うのは，物理学を知らずして子どもの「質量の保存」や「速度」の概念の心理学研究を行うようなものだからである。

(3) 本調査の質問紙——「回想誘発的質問紙法」

質問項目は，体験の回想を誘発しやすいという観点から，生成質問（generative question）（Flick, 1995）として選ばれる。生成質問とは，回答をコード変換して数値化・尺度化することよりも，本来の研究テーマにかなった語り（narrative）を引き出すことを目的としてなされる質問，という意味であり，のちに筆者によって，「回想誘発的質問紙法」として位置づけられることになる。

注30　「自己の自明性への違和」ということで，直ちに，ブランケンブルク（Blankenburg, 1971）の「自然な自明性の喪失」や，木村（1973）の日常的自明性をめぐる議論が連想されるであろう。仮定義にあたって，それら先行の議論を直接に念頭に置いていたわけではないが，暗黙の影響は認めなければならない。ただし，本研究では序章で述べたように，「異領域化」を避けることを旨としており，精神病理との関連については正面から扱うことには慎重を期した。木村の言う自明性と，本研究での自我体験・独我論的体験との関係については，第8章で詳しく論じられる。なお，「自明性」の英訳であるが，シュピーゲルベルグ（Spiegelberg, 1972）が「自然な自明性の喪失」を，"loss of the sense of obviousness" と訳していることをふまえて "sense of obviousness" と訳すこととしたが，"self-evidentness" あるいは単に "self-evidence" も可能かと思われる。

(4) 調査結果
　調査結果は判定基準を作成したうえで，数量的観点と内容的観点の2つの観点から分析される。
(5) 判定基準の作成
　探索的調査（第2章）において自我体験であるか否かの判定が曖昧であったという反省に基づき，判定基準を作成したうえで，自由記述例を複数の判定者によって独立に判定し，自我体験例を抽出する。判定基準の作成にあたっては，仮定義を参照しつつ，事例「ルディ・デリウス」を中心としたこれまでの事例の記述上の特徴を参考にする。
(6) 数量的観点からの分析
　高石（1989a）にならって質問項目の回答パターンの因子分析によって，自我体験を分類する。ただし，尺度化を目的とするものではなく，あくまでも，分類の一手段であって質的な考察の補助にすぎないという立場をとったので，詳細は巻末の補論に回した。
(7) 内容的観点からの分析
　抽出された自我体験事例について質的な考察を通じてその全体像を明らかにし，自己意識発達上に位置づけるべく努める。

2節　方法
——思想史上の原典をも参考にして

1　質問紙の作成
　第1章の予備的考察に基づき，自我体験を分類する作業仮説として，次の3類型を仮に立てた。
　　類型A：自覚された自我の独自性，自存性。これは，第1章において浮かび上がってきた自我体験の3類型中，「私は私なのだ！という驚き」に相当。
　　類型B：世界における自己の位置づけの自明性への違和，自我の偶然性，無根拠さ，孤立性。これは，同じく第1章での「私はなぜXなのかという問い」に相当。
　　類型C：内省的自己意識における自己の自明性の否定，自己の分裂と捉えがたさ，内面性。これは，同じく第1章での「私は本当にXなのかといういぶかり」に相当。
　3類型の特徴づけに当たっては，第1章末尾での示唆に従って，すでに引用済みのデカルト，パスカル，ウパニシャッドという，思想史上の「自我の発見・自覚」例の

基本的原典も参考にした（表3-1）。

　これらの原典を基本的とみなすのは，これらがインド文明圏と近代西欧文明圏の精神史的な形成期において，自我意識をめぐる諸問題を根源的に論じ，またそれぞれが異質の背景と伝統の中に位置づけられ，東洋的叡知（ウパニシャッド）／西欧キリスト教思想（デカルト＆パスカル），科学的合理主義（デカルト）／神秘的宗教思想（パスカル＆ウパニシャッド），実存的苦悩（パスカル）／理知的内省（デカルト＆ウパニシャッド）という区分軸によって相互に対比できるものになっているからである。事実，これらの3類型はそれぞれが，仮定義のキーワード「自己の自明性への違和・懐疑」を，より論理的に明晰な形で語っているとみなすこともできる（表3-1）。それゆえ，自我体験が自我の発見の体験面としての名に値するためには，普通の人々のそれであろうと，3類型のいずれかを萌芽的・断片的・不明瞭・混乱した形であっても含むはずであるという，規範的意義をこれらに想定することとした。なお，思想史上の原典をもとに調査項目を作成することには，本研究とは異なるテーマと方法論に基づいてはいるが，サボツキー（Subbotsky, 1996）が，同じくデカルトの『省察』の記述をもとに，子どもへの調査項目を作成した例がある。[注31]

　ともあれ，3類型のおのおのにほぼ均等に配置されるよう，まず16の質問項目を仮選定した。項目の作成にあたっては，高石（1989a）の自我体験度尺度の項目の一部，ならびに，筆者（渡辺，1992b）の調査結果の自由記述例も，表現上の参考にした。

　この16項目により，理科系T大学および文科系A大学の学生277名（男子41名，

注31　本章は渡辺・小松（1999）に基づいているが，学位論文の形にまとめるにあたって，いったん，思想史上の原典を参照する部分を本文から全面的に削除して巻末の補注に回さざるを得なくなってしまった。理由は，事前に目を通していただいた哲学と宗教学の専門家から，これらの思想史上の原典を歴史的文脈から切り離して自我体験の文脈で解釈するという企てには，はなはだしい違和感を覚える，少なくとも自分の学生にはこの種の文献学的に恣意的な取り扱いをしないように日頃から指導している，といった趣旨の強い批判が寄せられたからだった。

　しかしながら，本書では，以下の理由から，削除した部分を全面的に復活することにした。ディルタイ（Dilthey, 1898）は，詩人の作品を作者自身よりも深く理解すべきことを説いたが，これは，作品が生まれた時代の意義が，後世から見たほうがより深く認識できる場合があることに基づいている。同じように，自我体験・独我論的体験という文脈に拠る私たちのほうが，そのような文脈の認識されていなかった時代の作者の自己認識よりも，体験解釈に関してより深い，と言い得る場合もありえよう。

　そもそも，他の学問分野による思想史上の文献の活用を，文献学的恣意性のゆえに批判するというのでは，学際的研究というものが不可能になってしまわないだろうか。思想史上の文献は専門家にしか扱えないというのであれば，思想史の専門家が，研究に基づいて原典を一般向きに翻訳・解説するという営み自体，自己矛盾したものになってしまわないだろうか。いずれにしても，心理学内部の科学主義・実証主義の陣営からの批判（あるいは黙殺）のみを想定していた筆者にとって，哲学・宗教学畑からも実証主義（文献実証主義）的な批判があったことは予想外のことであり，興味深くも思ったことであった。さらなる批判を乞いたい。

第3章 調査Ⅰ—自我体験の全体像を解明する—

表3-1 自我体験分類の作業仮説

類型A	世界および自己の自明性への懐疑と不安, 自覚された自我の独自性, 自存性	……天も, 空気も, 地も, 色も, 形も, 音も, その他いっさいの外的事物は, 悪い霊が私の信じやすい心をわなにかけるために用いている, 夢の計略にほかならない, と考えよう。(『省察』野田, 1967, p.243)／昨日の省察によって私は実に多くの疑いの中になげこまれたので, もはやそれらを忘れることはできない。しかもまた, どのようにすればそれらの疑いを解くことができるかもわからないのである。まったく私は, あたかも突然, うずまく深みに落ち込んで, ひどくうろたえ, 足を底につけることも, 泳いで表面に浮かび上がることもできない, といったありさまなのである。(p.244)／……私は, 世にはまったく何ものもないと, みずからを説得したのである。それならば, 私もまたない, と説得したのではなかったか。(p.245) ……私は, それまでに私の精神に入りきたったすべてのものは, 私の夢の幻想と同様に, 真ならぬものである, と仮想しようと決心した。しかしながら, そうするとただちに, 私は気づいた。私がこのように, すべては偽である, と考えている間も, そう考えている私は, 必然的に何ものかでなければならぬ, と。そして「私は考える, ゆえに私はある」Je pense, donc je suis. というこの真理は, 懐疑論者のどのような法外な想定によってもゆり動かしえぬほど, 堅固な確実なものであることを, 私は認めたから, 私はこの真理を, 私の求めていた哲学の第一原理として, もはや安心して受け入れることができる, と判断した。(『方法序説』野田, 1967)
類型B	世界における自己の位置づけの自明性への違和, 自我の偶然性, 無根拠さ, 孤立性	……私は, 私を閉じこめている宇宙の恐ろしい空間を見る。そして自分がこの広大な広がりの中の一隅につながれているのを見るが, なぜほかの処でなく, この処に置かれているか, また私が生きるべく与えられたこのわずかな時が, なぜ私よりも前にあった永遠と私よりも後に来る永遠の中のほかの点でなく, この点に割り当てられたのであるかということを知らない。私はあらゆる方面に無限しか見ない。……私の知っていることのすべては, 私がやがて死ななければならないということであり, しかもこのどうしても避けることのできない死こそ, 私の最も知らないことなのである。(『パンセ』前田, 1996)
類型C	内省的自己意識における自己の自明性の否定, 自己の分裂と捉えがたさ, 内面性	……貴方は見るという作用の［主体たる］見る者を見ることはできません。貴方は聞くという作用の［主体たる］聞く者を聞くことはできません。貴方は考えるという作用の［主体たる］考える者を考えることはできません。貴方は識るという作用の［主体たる］識る者を識ることはできません。それが貴方のアートマンです。(Bṛhadāraṇyaka Upaniṣad Ⅲ.4.2) ……万物を認識する認識主体を, どうして認識できるでしょうか。これを,「ではない (neti), ではない (neti), のアートマン」というのです。……認識主体をば, 何によって認識することができるでしょう。(Bṛhadāraṇyaka Upaniṣad Ⅲ.4.5)

女子236名）を対象に予備調査を実施し，誘発された自由記述の内容を検討したところ，2類型ないし3類型の混成と思われる記述例が多数みられた（予備調査の詳細は，渡辺，1996b 参照）。このため，予備調査で得られた記述例を参考に多義的な項目を分割するなどして項目を選定し直し，各項目の回想誘発数の多寡を考慮しつつ，最終的に19項目からなる自我体験質問紙を作成した（19項目については後述の表3－3参照）。

2　回答方法

各項目には「はい」「いいえ」の2件法で回答を求めた。また，質問項目で1つでも「はい」と回答した者を対象に，「はい」と答えた項目のうちで最も早くから考えたり体験したりした項目（初発体験項目），ならびに，その考えや体験が最も印象に残っている項目（最印象体験項目）について，それぞれ，①最初に起こった年齢（「小学校入学以前」「小学校低学年」「小学校中学年」「小学校高学年」「中学」「高校」「高校卒業以降の数年」より選択），②きっかけ，状況，具体的な内容，その後どうなったか，についての自由記述，を求めた（以上の方法は，高石，1989a を参考とした）。

3　調査協力者と調査の実施

調査協力者（調査対象者）は，理科系私立T大学，文科系私立A大学，および国立総合系E大学の学生345名（男子102名，女子243名）。1996年度の教養心理学の授業中に実施した。なお，「普通」の青年・学生の間にどれくらい「体験」が見いだされるかをまず知りたいという本研究の趣旨からして，調査協力者にはいわゆる哲学専攻の学生は含まれていない（これは，本研究の各調査に共通の方針である）。また，文科系と理科系の学生の配分のバランスにも，留意がなされている。

3節　結果
——自我体験の判定基準など

自我体験の判定基準，自由記述例から判定・抽出された自我体験事例の一般的傾向（初発年齢ときっかけ），因子分析による項目の分類，の順に結果を整理していくこととする。

第3章　調査Ⅰ―自我体験の全体像を解明する―

1　自我体験の判定基準

　自由記述中で報告された事例について筆者自身を含む2名の判定者により，自我体験とみなし得るかどうかを，独立に判定した。判定にあたっては，仮定義を参照しつつ予備調査の自由記述例を検討して，5項目からなるチェックシートを作成した。

　以下に判定基準とその適用例を提示する。なお，基準①は全体の前提条件をなすものであり，基準②と③は，典型的な自我体験の例として取り上げた事例「ルディ・デリウス」にみられる「啓示的非日常的」側面をはじめとする体験形式としての特徴に，基準④，⑤は，体験の認識内容に着目するものである。

基準①：自己が何らかの形で主題となっていること。
基準②：突発性―普段の生活とは連続しない特殊なエピソードとして回顧されていること。具体的には，「ふと」「突然」「瞬間」などの表現によって，その体験が生じたときの「唐突さ」や「脈絡のなさ」が記述されていること。たとえば，「突然ふとした瞬間に，私は何なのだろうかとか，私もいつかは死ぬんだとか考えることがある」「小さい頃，朝目がさめて，ふと思ってよく考えていた」「静かな部屋でぼおっとしているときにふとそのことが疑問に出てきた」といった事例に適用された。
基準③：違和感―何か理解しがたいことが生じている，あるいは，その体験が普通ではない，という独特の感じが伴うこと。表現例は「考えれば考えるほどわからなくなった」「不思議な感じ」「怖くなった」「自分を見失いかけた」などである。
基準④：孤立と隔絶―自分という存在が，すべての他者，さらには世界全体と対置され，自己の孤立性や例外性が強く意識されていること。具体的には「自分ひとりだけが」「自分以外のものはすべて」「他人も自分と同じように～なのだろうか」などの表現を含む事例に適用された。
基準⑤：自己の分離―自分という存在が2つに分離して感じられたり考えられたりしていること。表現としては「いつもの自分」「他人が見ている自分」「鏡に映った自分」あるいは「身体」「肉体」などに対して，これらとは異質なものとして「本当の自分」「本体」「魂」などが対置されていること。なお，この基準の適用に際しては，仮定義に基づき，それまでの自己の自明性に対する違和や懐疑が認められるかどうかをチェックした。たとえば「勝手に人にあなたはこういう人でしょうという具合に決められてしまっていた。その人が知っているのは私の一部分であってすべてではない。本当の私を知らないと思った」や「他の人からまじめな人だと思われていたようだが，自分では他人が評価するほどまじめな奴じゃないのにと思った」といった事例の場合，自身の自己概念そのものには疑いの目が向けられていないた

め，この基準の適用からは除外された。

　チェックシート中の特徴はいずれも，事例「ルディ・デリウス」にも認められるものであり，自我体験を判定する基準として十分な識別力を持つものと考えられた。表3－2に，各基準と事例「ルディ・デリウス」における特徴的な表現例との関連を示した。
　全回答（調査協力者345名全員の回答）のうち，記述がないもの，記述が不十分なものを除外したうえで，チェックシートの基準①を含む2つ以上を満たしていることを判定の目安とした（以下，「全回答」「全回答者」とは，因子分析に用いた333名ではなく，345名全員を指すものとする）。判定者間の一致率は93.0％であった。判定の異なる28例については，最終的には協議により判定を一致させた。
　なお，判定者は，多数の自我体験の報告例に接して，自我体験とみなされる体験の内容について十分に知悉（ちしつ）しているものと想定した。これは，熟練した精神科医が真正の統合失調症（分裂病）を鑑別する際に「プレコックス感」を診断基準として用いるという方法（Rümke, 1958；松尾・宮本，1995）にならったもので，対象について知悉している判定者は明示的には記述できないとしてもその現象の特異性を十分に識別することができるという考え方に基づいている。研究の現段階では，判定基準を完全に明示化するには限界があり，時期尚早でもあると考えての方法である。[注32]
　以上の手続きにより，自我体験と判定された自由記述は，初発体験項目について95例（記述なし88例を含む全回答者の27.5％，男子27例，女子68例），最印象体験項目について45例（記述なし202例を含む全回答者の13.0％，男子11例，女子34例）であった。[注33]どちらの項目でも，自我体験出現率に性差は見られなかった。また，初発と最印象とを問わず体験している者の数を算出すると103名となり，全回答者の29.9％を占めた。このうちのさらに35.9％（37名）が，初発体験と最印象体験との双方に異なる年齢で回想を報告している「複数回体験者」であった。
　各質問項目によって誘発された自我体験の事例数（初発事例，最印象事例）は表3－3に示した。

注32　この調査が最初に発表された当時（渡辺・小松，1999）は「時期尚早」と考えたが，第5章では，判定基準を完全に明示化できないことが自我体験・独我論的体験の「本来の特徴」であるという考えが，「主体変様」という方法論的概念と共に打ち出されている。

注33　最印象体験で「記述なし」が増えているのは，初発体験項目と最印象体験項目で多くの回答者（142名）が同じ項目を選択したことによる。

表3－2　各判定基準と事例「ルディ・デリウス」中の表現との対応関係

基準①：	（省略）
基準②：突発性	「この瞬間に」「私は突然孤立……」「私は突然自分を……」
基準③：違和感	「妙な浮かんでいるような感じ」「不思議な問い」
基準④：孤立と隔絶	「すべてが私から離れ去り」「自分を個体として，取り出されたものとして感じた。」
基準⑤：自己の分離	「私の中の第二の私が，この別の私と対峙した。」

「　」内は事例中の表現例。基準④だけは，ルディ・デリウス事例との関連性が他の基準ほど強くなく，従って表現例も完全に基準④と合致していると言いがたいが，一応表中に示しておいた。基準④の異質性については第4章の後半で議論され，この基準に関わる「独我論的懐疑」が，自我体験から分離独立するという結果となる。

2　自我体験の初発時期

自我体験と判定された事例のうち，初発事例95例について，初発時期の分布を図3－1に示した。小学校低学年に想起された初発体験のピークが見られ，10歳前後に体験時期が集中するという先行諸研究（高石，1989aなど）での結果より，さらにいくぶん低年齢の結果となった。これにより，自我体験は決してビューラーら初期の研究で想定されたような思春期に特有のものではないこと，むしろ学童期あるいは学童期以前に初発したと回想されることが確かめられた。

3　体験の状況ときっかけ

自我体験と判定された事例のうち，体験の生じた状況について明確な記述のある62例を，他者との相互作用の有無により「一人でいるとき」「人のいる場所で」「人と話していて」の3つのカテゴリーに分類し，図3－2として示した。カテゴリーの比には有意差が認められた。また，体験のきっかけとなった出来事や考えについて言及のある51例を，その内容により「人間関係の葛藤」「死について考えて」「宇宙のことを考えて」「自分を観察して」「他人や生き物を観察して」の5つのカテゴリーに分類し，図3－3として示した。カテゴリーの比に有意差は認められなかった。これらの結果は，他者との相互作用がない状況で自我体験が生じやすいこと，ただし，体験のきっかけには日常の社会生活上の出来事を含むさまざまな内容があり得ることを，示唆している。

表3-3 質問項目ごとの自我体験と判定された事例の誘発数

項　目	自我体験事例	初発事例	最印象事例
因子1「自己の根拠への問い」			
19. 自分は本当は存在しないのではないか，と思って不安になったことがある。…A/C	7	4	3
18. なぜ私は私なのか，不思議に思ったことがある。…B	17	14	3
15. 私はなぜ生まれたのか，不思議に思ったことがある。…B	8	6	2
04. 私はいったいどこから来たのだろうかと，考えたことがある。…B	7	4	3
02. 自分はいったい何者なのか分からなくなったことがある。…C	4	2	2
13. 果てしない時間と空間の中で，なぜ，いま，ここにいるのか？と考えたことがある。…B	11	7	4
16. ほんとうの自分とは何か，ということを考えたことがある。…C	1	0	1
01. この世界はなぜあるのか，と考えたことがある。…B	10	6	4
07. いま，夢の中にいるのかもしれないと思って，不安になったことがある。…A/C	15	10	5
17. なぜ，他の国や他の時代に生まれずこの国のこの時代に生まれたのか，不思議に思ったことがある。…B	7	6	1
因子2「自己の独一性の自覚」			
11. 生きているというだけで，私にはかけがえのない価値がある，と思ったことがある。…A	2	1	1
06. ある日，ふと，「自分は人間だ」とか，「自分というものが存在している」といったことを，強く感じたことがある。…A	3	3	0
14. 自分は他の誰でもない自分なのだ，ということを強く感じたことがある。…A	4	3	1
05. 宇宙は巨大で人間はちっぽけだが，その巨大な宇宙について考えることのできる人間は偉大である，と思ったことがある。…A/B	1	0	1
因子3「主我と客我の分離」			
09. 鏡に映る自分とか，人の目に見える自分，人にそう思われている自分といったものは，本当の自分ではない，と思ったことがある。…C	9	2	7
03. 私と他人とは島のように切り離されていて，他人のことは決して分からない，と思ったことがある。…B/A	0	0	0
10. 自分のことを考えたり観察したりしていると，自分が観察されている自己と観察している自己に分裂して感じられる，と思ったことがある。…C	6	5	1
因子4「独我論的懐疑」			
12. 他人も自分と同じようにものを考えたり感じたりするのだろうかとか，私だけが本当に生きていて他人はみんな機械のようなものではないかとか，と思ったことがある。	17	14	3
08. 私が死ねば世界も消滅するのではないか，とか，見えない先は無になっているのではないか，といったことを考えたことがある。	11	8	3
計	140	95	45

注　項目の後の記号は作業仮説での類型を示す。
　　A：類型A（驚き），B：類型B（問い），C：類型C（いぶかり）
19項目を因子分析の結果に基づき4因子（＝下位側面）に分類してある。実際の質問紙では，質問項目は項目番号順に配列されているが，ここでは因子負荷量の順とした。

第3章 調査Ⅰ―自我体験の全体像を解明する―

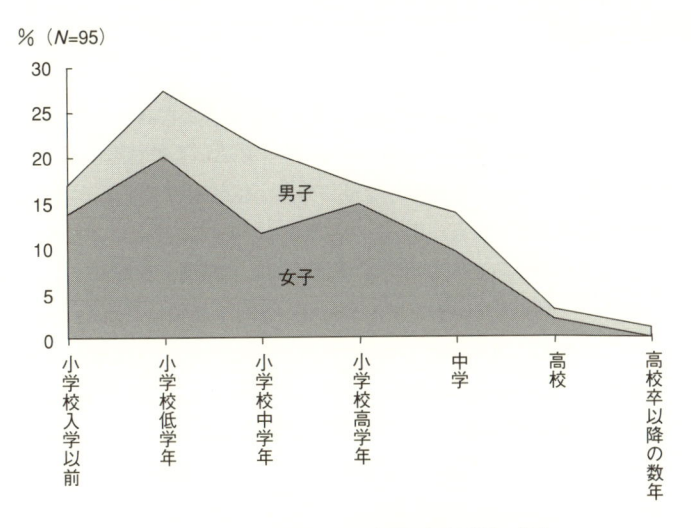

%（N=95）

図3-1 自己推定による初発体験時期の分布

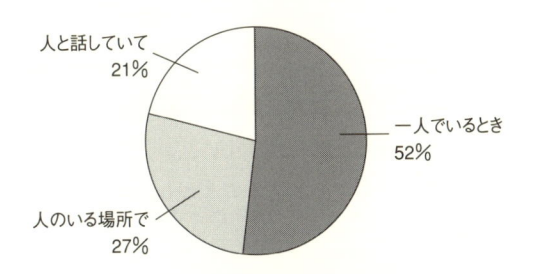

（横軸：小学校入学以前、小学校低学年、小学校中学年、小学校高学年、中学、高校、高校卒以降の数年／男子・女子）

図3-2 自我体験の生起した状況

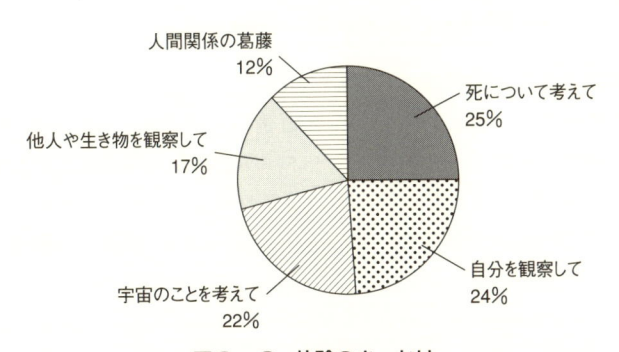

- 一人でいるとき 52%
- 人のいる場所で 27%
- 人と話していて 21%

図3-3 体験のきっかけ

- 死について考えて 25%
- 自分を観察して 24%
- 宇宙のことを考えて 22%
- 他人や生き物を観察して 17%
- 人間関係の葛藤 12%

4 事例の分類結果

　因子分析の結果，自我体験を構成する4つの下位側面――「因子1：自己の根拠への問い」「因子2：自己の独一性の自覚」「因子3：主我と客我の分離」「因子4：独我論的懐疑」――が抽出された。因子分析に関して詳しくは巻末の補論で述べるが[補論2]，作業仮説では3類型であったものが，なぜ4つの下位側面（＝4因子）になったのだろうか。表3−3を見ると，A，B，Cの3類型がそのまま別々の下位側面に対応するのではないことがわかる。すなわち，下位側面2＝類型A（驚き），下位側面3＝類型C（いぶかり）とほぼ対応するが，下位側面1は3類型に共通する因子となっている。すなわち，共通の因子に近いものとして「自己の根拠への問い（因子1）」が抽出され，しかも，この因子に属する9項目のうち6項目までが類型B（問い）に帰属されたので，類型Bが共通因子に最も近く位置することになる。なお，下位側面4に分類された項目08と12は，予備調査項目にはもともとなかった項目であるが，予備調査への回答として出現した自由記述を参考に追加したのである。自我体験に伴う懐疑，孤立，不安の要素が分凝したものと解されよう。このような孤立と不安の要素は，表3−1のデカルトのテキストにもパスカルのテキストにも認められるところである。

　以下に，4つの側面ごとに，事例（自由記述例）の考察を通じて，自我体験を構成する4つの側面の特徴および，自我体験群の全体像を検討していく。自我体験という現象自体が今日の心理学界になじみがうすいという現状にかんがみ，できるだけ多くの事例を紹介し，質的考察を中心とすることとし，因子分析の結果は事例の分類に利用するにとどめた。

4節　事例の考察
――問い・自覚・分離・懐疑

1　下位側面1：自己の根拠への問い

　この下位側面には，初発体験について59例（自我体験と判定された全95例の62.1％），最印象体験について28例（全45例の62.2％）が含まれる。この下位側面に属する10の質問項目には，体験事例の誘発力の高いものも低いものもあったが，誘発力の高い質問項目に共通しているのは「あらゆる人間，時間，場所の中で，なぜ，この特定の1つだけが，私，いま，ここ，として存在しているのか」という疑問の形式をとっている点である。特に項目18の「なぜ私は私なのか」は最多の17例を誘発しており，質問内容も簡潔な表現によって自分という存在の根拠を問うものであり，

この項目の表現に「自己の根拠への問い」の特徴が集約されていると考えられる。
　まず指摘できることは、この「なぜ私は私なのか」の疑問の中では、同じ「私」という語が2つの異なる意味で使われている点である。一方の「私」は特定の人物を指す人称代名詞であり、固有名に置き換えることができる「私」である。これに対し、もう一方の「私」は、ある1人の人間が他のすべての人間とは違って「現に自分として存在している」という事実を意味し、固有名には置き換えることができない。本章の冒頭に引用した事例「ルディ・デリウス」にも顕著に認められるのが、この2つの「私」の区別に対する明確な自覚であり、さらに、普段は自明視されている2つの「私」の結合関係（「特定の名前を持ち特定の評価を受けている」人物が「私」であること）の根拠に向けられた疑いの念である。用法を異にする「私」の2つの意味が分化し、2つの「私」の結合の根拠に疑いの目が向けられることは、自我体験の第一の下位側面における最も基本的な特徴である。

　事例3-1　（21歳　女）高校
　　なぜ自分がこのような顔や、性格なのだろうか？　と思った。もし私自身は変わらずに、まったく違う顔、性格を持っていたらどうなっていたのか？　と考えたことがある。考えているうちに不思議な感覚になって、自分の存在すら疑問に思った。
　事例3-2　（19歳　女）中学－高校
　　突然ふとした瞬間に、「私は何なのだろうか」とか、「私もいつかは死ぬんだ」とか考えることがある。また、もしお母さんがお父さんと別の人と結婚したら、また今の私が生まれてきて、魂は同じだけど、顔とかは別の「私」が生まれるのかなぁと思ったことがあった。

　これらの事例では、固有名に置き換え可能な「私」と、その人物が現に自分であるという意味での「私」とが区別され、他の人物が自分である可能性の想定を通じて、2つの「私」の結合関係の根拠が疑われている。この一見無意味とも思える「なぜ私は私なのか」の問いの有意味性をめぐる議論は、現代哲学におけるトピックスの1つでもある。[注34]
　この「なぜ私は私なのか」の問いの中には、「他の人間が私であることもあり得たのに」という仮定が前提として含まれている。このため、次に挙げる例のように、他

注34　たとえば、シューメーカーとスウィンバーン（Shoemaker & Swinburn, 1984）、ネーゲル（Nagel, 1986）、永井（1986）、三浦（2002）などを参照。また、この哲学上の問題は、第6章では、自我体験の概念的参照軸の1つとして「意識の超難問」という名を与えられて論じられている。さらに、第1章脚注18で紹介した木村（1982）の、主語的自己と述語的自己の区別、または、「ものとしての自己」と「こととしての自己」の区別も、おおよそここで議論をしている「私」の2つの異なる意味に対応すると考えられる。

の人間や他の存在に注意を向けることが，自我体験的な疑問のきっかけとなる場合がある。

> **事例3-3**　（20歳　女）小学校高学年
> スピーチしている友人をじっと見つめていて，どうしてこの人は○○さんなんだろうと思ったとき，どうして自分は自分なんだろう，他の人にも生まれることができたのではないだろうかと考えたことがありました。その時は，まばたきもしないで，その友人を見つめていました。その後は，長い間，そのことについて考えていましたが，自分にもどるのが大変でした。（後略）

> **事例3-4**　（20歳　女）小学校入学以前－小学校低学年
> 小さい頃，母に植物や虫などにも命があると教えられたとき，では，なぜ，私は，雑草でもなく，たんぽぽでもなく，電柱でもなく……私なんだろうか，と考えた。そのようなことを考えたときは，体と心が別々になり，心だけが浮かび上がるような，そんな感じがした。（うまく表現できないが）まるで，自分が人間であってはいけないような気もした。母に，なんとかこの気持ちを伝えたかったが，相手にされず，とりあえず，「そんなことは考えてはいけないこと」と教えられた。

また，次の例のように「いじめ」という具体的な出来事をきっかけとして「他の人間が自分である可能性」の想定から「なぜ私は私なのか」の問いが出現する事例も見られた。

> **事例3-5**　（21歳　女）小学校低学年
> 小学校1～3年の間，いじめを受けていて，「他の子だったら，いじめられないのに」と思ったら，「なぜ私は私なんだろう」とか「なぜ，ここに生まれてしまったんだろう」と考えるようになった。（略）

次の2つの事例では「死」をめぐる考えが，自分が存在しない世界についての想像をもたらし，情動的な色彩の強い体験を出現させている。なお，これらの事例での問いかけは，「なぜ私は私なのか」という明確な形ではなく，より未分化な，「自分とは何か」といった形をとっている。**事例3-2**もまた，「私は何なのだろうか」という未分化な問いが先におかれている。これらの問いは，事例「ルディ・デリウス」や**事例1-1**「三浦裕子」（p.29）の，「私は本当に私なのか」という問いに近いものといえよう。[注35]

注35　第1章でも論じたように，「なぜ私は私なのか」の問いと「私は本当に私なのか」の問いとは，裏表の関係にあると考えられる。第2章の探索的調査に続いて本調査でも，明確な形で後者の問いが事例として出現しなかったのは，前者の問いが直接に質問紙項目の表現に表れているのに対し，後者の問いが直接には表れていないことの影響によると考えられる。

> **事例3-6** （20歳 女）**小学校低学年**
> 祖母が亡くなったとき，小さいながらも"死"というものを考えた。自分が死んだらどうなるのだろうと考えているうちに，自分というものがよくわからなくなって，恐くなってよく泣いていた。しばらく，ひとりになるといつもそういうことを考えて泣いていた。（略）

> **事例3-7** （19歳 女）**小学校以前－小学校低学年**
> 小さい頃，姉から原子爆弾のことを聞いて，どんなに厚い壁をしていても死んでしまうんだと言われて何だかすごく恐ろしくなった。それから自分ってもの，人間に生まれてきた自分が本当に存在するのだろうかとか，自分って何だろうって考えるようになった。

このように「いじめ」「死」など，はっきりとしたきっかけを持つ事例の場合には，日常の生活体験の文脈の中で理解できるため，自我体験としての特徴を見過ごされかねないが，それまでの自己の自明性が疑われ，答えのない問いに直面するという体験の性質は「自己の根拠への問い」に含められるものである（なお，**事例3-5**にはいじめに発して「生まれ違い願望」が認められる。第2章で触れたように生まれ違い願望自体は自我体験以前のものであるが，この事例ではそれは，自我体験へのきっかけとなったにすぎないと考え，自我体験と判定した）。

さらに，「なぜ私は私なのか」の問いは，自分自身に問いかけるときにのみ意味をもち，対話の相手のある・役割行動としての・コミュニケーションの文脈の中では，本来の意味を喪失する。この点が，類似の表現で語られる「私が私自身であること」「私らしさとは何か」などのいわゆるアイデンティティをめぐる問いとの相違である。アイデンティティの危機・混乱の問題は，固有名に置き換え可能な「私」の属性に関わるもので，人称を変換して「あなたがあなた自身であること」「彼女の彼女らしさ」と言い換えても本来の意味が損なわれることはない。すでに引用した西村（1978）の言葉を借りるならば，これらの問いでは「私であること」が，「自我体験そのものとしてではなく，役割行動をとり得る可能性の重要な基礎として」の限りにおいて問題にされているのである。これに対して自我体験の問いの中では，固有名や他の人称に置き換え不可能な「私である」という事実の唯一性・例外性が，驚きをもって問われているのである。

こうした問いが出現するためには，次に挙げる事例のように，ひとりきりで内言や空想に没入し，対象との相互作用的な接触をもたないという状況が，1つの条件として必要とされると思われる。

> **事例3-8** （18歳 男）**中学**
> 静かな部屋でぼおっとしているときにふとそのことが疑問に出てきた。その後も，

自分の頭の中で考えごとをしていると,時にそのことについて考えたりしてみた。しかし,考えても全然わからなかったので,あまり深くは考えなかった。

次の事例も,「ひとり」という条件が体験を誘発した例である。この事例では,自己の根拠への問いが,自己客観視に進んでいるが,これは,下位側面3である「主我と客我の分離」へといたる道筋でもあろう。

> **事例3-9** (18歳 女)年齢無記
> 夜,普段は親と寝てたのに,たまたま1人で寝てて,ねむれなくてふと思った。その後こわくなって何度も起きあがってみたり,親のいる居間に行ったりした。考えれば考えるほど,その考えている自分を客観的に見て,どうして私はこんなことを考えてるんだろうと思っていた。

この下位側面に属する事例のもう1つの重要な特徴は,独特の気分や感覚,さらに,不安,恐怖,自分を見失うなど,ネガティブな色合いをもった強い情動的体験が伴うことである。また,多くの事例において「いくら考えてもさっぱりわからなかった」と記述されており,情動的体験のネガティブな性質とあいまって,解決を与えられないまま放置されたり忘れられたりするのが,この体験のその後の経過の最も一般的な傾向であると思われる。

しかし,体験の中の問題意識が,自覚的にせよ無自覚的にせよ,個人の人生観や世界観に影響を及ぼしている可能性は考えられる。たとえば,自己の独自性・唯一性が強く意識されることで「かけがえのない自分」という積極的・肯定的な自己像が構成され,さらにこれを人間一般に拡張することで他者の存在の尊重や肯定的配慮が生まれることもあるだろう。まったく逆に,この体験の本質的に孤独な性質が,自分と自分以外のすべての人間を先鋭に対立させるような世界観に引き継がれ,日常の生活態度としての自己中心主義や自閉傾向と結びついたり,場合によっては「病理的」とみなされかねない特異な空想体系の形成に寄与している可能性も想定できる。また,2つの「私」の結合の根拠に向けられた疑いは,「身体」と「魂」という2つの対立する実体概念に引き継がれて,「死後の魂の存続」や「生まれ変わり」などの「宗教的」な信念体系の形成に寄与することも想定される。次に考察していくことになる他の3つの下位側面が,このような,自我体験の中の問いや思いがある種の人生観や世界観へと発展していく過程を,表現することもあり得るだろう。

2　下位側面2:自己の独一性の自覚

この下位側面に分類される事例は,初発体験が7例(全初発事例の7.4%),最印

象体験が3例（全最印象事例の6.7％）である。事例数は4つの下位側面の中で最も少ないが，因子分析では4項目がこの側面に分類される安定した第2因子として抽出された。

 事例3-10 の特徴は，問いかけの形式をとることの多い下位側面1とは異なり，自分という存在の独一性（すなわち独自性・唯一性）や孤立性が厳然たる事実として強く意識されていることである。次の事例には，自分の身体が自分のものであるという，普段は自明のこととして了解されている事実に，突如，違和が発生する様子が描かれている。

> 事例3-10 （21歳 女）小学校入学以前－小学校低学年
> 自分の声を自分で聞いて，自分がコントロールできる唯一の人間の姿を鏡で見て変な感じがした。いつもは私が映っていてあたりまえすぎて考えなかったけど，私が手を動かそうとすると動くし，声を出すと自分の声がでるし，自分の目をみつめて，他人なような，自分なような変な感じがした。もしかして鏡の中の自分は本当に生きているのかも，とか思ってじーっととまっていきなりすばやく動いたら，油断して私だけが動くんじゃないか，とか思ってやってみたりした。

次に挙げる 事例3-11 では，他者との社会的な関係をへて，他の人間とは決して交換することのできない一個の存在として自己の独一性が自覚されている。突発的なエピソードではないが，他者との関係の中で自我を発見し確立していくという点で，発達過程において重要な意義を持つ体験である。

> 事例3-11 （― 女）小学校高学年
> 小学生の頃に徐々に幼い頃とちがって人間関係が少し複雑になってきたとき。他人と自分がはっきりとわかれていて自分はいつまでたってもずっと自分であり，他人もずっと他人だと思った。友人の本当の気持ちが知りたくても，それが絶対にできないのだとわかったことが実際のきっかけだったと思う。

また，次の 事例3-12 のように，ある意味で日常の自明の事実となってしまった自己の孤立性が，あるきっかけから，再度，懐疑の対象となり，かけがえのない自分という存在の価値が喜びの感情を伴って肯定的に自覚される例も見られた。自我体験の積極的な一面が表現された例であり，同時に，下位側面1から下位側面2への人生観上の発展を示唆する例でもあろう。

> 事例3-12 （22歳 女）高校
> （略）小さい頃から病弱で入院することが多く，孤独な気持ちを持つことが多かった。なぜ私は生きているのだろう，どうして……という気持ちがよくあったが，高校

生のとき，予備校で受けた倫理の授業などをきっかけに，なぜ，どうしてというギモンはあまり意味を感じなくなり，自分が今生きていて意志や希望を持つこと自体になによりも価値があると考えるようになり，とても気持ちがよく，泣けるうれしさを感じたことがある。

3 下位側面3：主我と客我の分離

この下位側面に分類される事例は，初発体験が7例（全初発事例の7.4％），最印象体験が8例（全最印象事例の17.8％）であり，事例数は多くないが，しかし他の側面に分類された事例の中にも明らかに「主我と客我の分離」の主題が認められる場合があり，この下位側面の重要性を軽視することはできない。事例「ルディ・デリウス」は，前半は，私は本当に私なのか，という「自己の根拠への問い」から始まっているが，後半に出てくる「私の中の第二の私が，この別の私（ここではまったく客観的に名前としてはたらいている）と対峙した」という表現は，主我と客我の分離の状態を典型的に示しているものといえる。

次に典型的と思われる事例を挙げておく。

> **事例3-13** （19歳 女）中学
> ある日，鏡を見たとき「私はこんな顔をしていたのか？」という疑問から始まった。今でも本当の自分ではなく，肉体という殻の中に，別の本当の魂のようなものが入っているだけだ，今鏡に映っている自分はその殻を映しているにすぎないという感覚がある。
>
> **事例3-14** （18歳 男）小学校入学以前
> 幼稚園時，鏡や写真に写っている自分がやけにウサンくさく感じてならなかった。自分の心はこの形として見える人間の中にあるわけで心と体がやけに遠く感じたこともある。

これらの事例において特徴的な点は，「私」の存在が「心－体」「魂－身体」「見る自分－見られる自分」といった分離可能な2つの実体の結合として考えられたり感じられたりしていること，さらに前者の「心」「魂」などの実体に「本当の自分」としての優位性が与えられ，後者の実体には「肉体という殻」「魂を入れる器」といった二次的な地位が与えられていること，などである。2つの「私」の区別という特徴は，すでに述べた「自己の根拠への問い」の下位側面における最も基本的な特徴でもあった。

ただし「自己の根拠への問い」の中で問題になっていたのは「私」という1つの語の中の2つの用法であり，この2つの用法をそれぞれ主部と述部に配置することで「なぜ私は私なのか」すなわち「なぜこの特定の人物が私であるのか」という疑問が

成立していた。これに対して「主我と客我の分離」の体験の中では，本来なら対象として指示することのできない「私である」という述部そのものが，まとまりをもった1個の対象として実体化されている。こうして「私である」を実体化することにより，「なぜ私は私なのか」の問いに「それはこの身体の中に心・魂・意識が入っているからである」という形の解決案が与えられることになる。前述の 事例3-4 ， 事例3-9 ，次の 事例3-15 は，ともに「自己の根拠への問い」に分類される例であるが，事例「ルディ・デリウス」と同様，「自己の根拠への問い」への「答え」として，主我・客我分離が生じかけている現場ともみることができる（同じような移行的事例は，他に2例認められた）。

> 事例3-15 （19歳 女）小学校以前
> ある朝，保育園に一番早く来てしまって，教室にひとりでいるときに，すずめが止まっているのを見て，なぜ自分は人間として生まれてきたのだろう，と不思議に思ったのがきっかけです。その時，もし自分が人間以外のものに生まれてきていたらどうだったろうとか，自分の体と心はもしかしたら離れることが可能なのではないか，など，いろいろなことを考えてしまいました。

この主我と客我の分離の体験のもう1つの特徴は「本当の私」とこれに対置される「体・身体・見られる自分」との間の距離の感覚であり，後者がよそよそしい存在として違和感を持って感じ取られることである。こうした特徴は特に「離人症」として知られる現象（たとえば，藤縄，1981参照）と一致する。また，次の例のように主我と客我の分離が視覚的な印象を伴って体験される事例もあった。

> 事例3-16 （19歳 女）小学校低学年
> あまりはっきりとは覚えていません。きっかけなどもあったかどうかもわかりません。でも，気がつくと，友だちと遊んでいて自分もその中にいるはずなのに遠い場所からその光景を眺めているような気分になりました。またその逆もあったように記憶しています。

4　下位側面4：独我論的懐疑

この下位側面には，初発体験事例中の22例（23.2％），最印象体験事例中の6例（13.3％）が分類された。因子分析の結果では2項目のみが属し，寄与率も小さく，安定した因子とはみなし難いが，内容的に際立った特徴が認められるため1つの下位側面として独立させた。

事例の特徴は，「私」の孤立性・唯一性・例外性が強く意識され，さらにこうした「私」の性質と整合するように「私」を中心とした独特な世界観が形成されているこ

とである。「私」の孤立性への自覚は，事例「ルディ・デリウス」の，「すべてが私から離れ去り，私は突然孤立したように感じた」という記述にも表されている自我体験の中核に位置する特徴であるが，それにとどまらず，自己の特殊性・例外性が意識されるところに特徴がある。序章に挙げた 事例0-2 を再掲し，その特徴を考察しよう。

> **事例0-2 再** （19歳 女）**小学校低学年**
> 授業を受けているときなど自分ひとりで物が考えられる時ふと思ったりした。周りの人達は人間なのか，今こうして考えることをしているのは自分ひとりだけだろうかと。

すでに述べたように「自己の根拠への問い」は他の人称への変換が不可能なため，「こんなことを考えている」のは常に「私だけ」である，という思いへと結びつきやすい。この論理の独特の性質が，他者の心の中がわからないという経験的な事実と結びつくことで，自分と自分以外のすべての人間との本質的な相違を強く意識させることになると考えられる。次の 事例3-17 は，下位側面1の「自己の根拠への問い」に分類される事例であるが，「自我」をめぐる問いが「他我」の存在をめぐる問いに引き継がれて下位側面4の「独我論的懐疑」へと発展していく過程が表現されている。2つの下位側面が，論理的に連続性を示す場合があることを示すものといえる（同様の連続性が比較的明瞭に示されている例を，他に2例認めることができた）。

> **事例3-17** （20歳 女）**小学校中学年**
> 自分の意識はここにあって，友だちの意識はどこにあるんだろう，と考えたのがきっかけ。私だけがこんなことを考えているのかと思ったら，私だけが特別な存在（あまりいい意味ではなく否定的に）に感じられた。今でも疑問に思っている。

「本当に存在するのは自我とその意識だけで，自我以外のものはすべて自我の所産にすぎないのではないか」という独我論的懐疑は，次の 事例3-18 のように，他者というよりも世界全体へと向けられることがある。

> **事例3-18** （19歳 男）**小学校低学年**
> 自分の視界に存在しないものは実際はなくて，自分が移動するたびに新しいものができると考えたことがある。たとえば，今自分がこうして教室にいると，教室と外の景色（自分の視界）以外は存在しなくなるというふうに考えたことがある。

この下位側面に属する事例には，次の 事例3-19 のように，ある超越的な存在が「私」以外の世界の事物を操作し，何らかの意図をもって「私」と対峙している，といった

構図が見られる場合がある。

> 事例3-19 （20歳　女）小学校入学以前－小学校低学年
> 別にただなんとなく，自分以外のものはすべて，自分のために用意されたもので，それらが決まった動きをする中で，自分はどう生きていくのか誰かにためされているような気がしてた。

これらの体験は，その著しく非常識な内容とあいまって，たいていの場合，成長と共に消失し，幼い頃の思い出の1つとして処理されるようである。しかし，調査の結果には現れないとしても，秘かな信念として独我論が維持されることは当然考えられることである。もしこのような信念が他者の前で表明されるなら，事実上，病理的な妄想と区別できないであろう（たとえば，藤縄，1981参照）。次の 事例3-20 は，幼児期の自我体験と思春期以降の妄想との関連をうかがわせるという意味で興味深い。

> 事例3-20 （20歳　男）小学校低学年－小学校中学年－小学校高学年
> きっかけ，状況などは特になく，ただ学校，都市，国，世界の中の自分ひとりというものを見たとき，自分以外の人間はすべてグル（仲間というか，自分以外の人間たちはすべて顔見知り）と感じ，さらに自分は自分以外のすべての人に行動を監視されているのではないか，とも感じた。これは今もごくまれに感じることがある。

5節　調査Ⅰにおける下位側面のまとめと自我体験の定義

以上，考察してきた自我体験の4つの下位側面の特徴を図3－4に整理した。
これら下位側面間の連関は，移行事例（ 事例3-4 　事例3-9 　事例3-15 　事例3-17 など）の中で，問いに対する答えの創出という形での心理－論理（psycho-logic）的な連関が見られたことに主として基づくものであり，必ずしも，別個の体験同士の時間的順序を示すものではないことを，断っておかなければならない。また，「下位側面4：独我論的懐疑」に関しては，「下位側面1：自己の根拠への問い」からの移行例と解釈できる例が自己の根拠への問いに分類された1例をも含めて3例ほど見られたとはい

注36　「心理－論理」とは，理論心理学者スメズランド（Smedslund, 1991）の唱える「psycho-logic」に想を得た語であるが，ここでは，体験構造連関の中で，「問い→答え」というように論理的な形をとった意味的連関を指すものとする。単一事例を個性記述する立場からは了解可能な発達連関とみなしうるが，発達連関として単一事例を越えた普遍性を備えるか否かは，また別の問題となろう。なお，第9章では，この心理－論理が，「主体変様的論理」「体験の諸特徴間のダイナミックな相互作用」などとして，より具体的に考察されている。

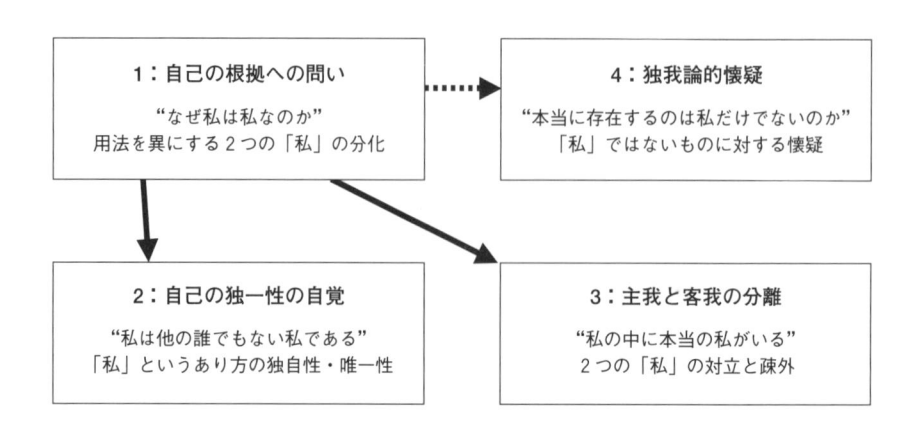

```
┌─────────────────────────────┐         ┌─────────────────────────────┐
│ 1：自己の根拠への問い          │ ┄┄┄▶ │ 4：独我論的懐疑              │
│ "なぜ私は私なのか"            │         │ "本当に存在するのは私だけでないのか" │
│ 用法を異にする2つの「私」の分化 │         │ 「私」ではないものに対する懐疑 │
└─────┬───────────────┬───────┘         └─────────────────────────────┘
      │               │
      ▼               ▼
┌─────────────────────────────┐         ┌─────────────────────────────┐
│ 2：自己の独一性の自覚          │         │ 3：主我と客我の分離          │
│ "私は他の誰でもない私である"   │         │ "私の中に本当の私がいる"     │
│ 「私」というあり方の独自性・唯一性│         │ 2つの「私」の対立と疎外      │
└─────────────────────────────┘         └─────────────────────────────┘
```

図3－4　自我体験の4側面の仮説的な構造連関
矢印は，移行的事例の考察に基づく「心理－論理的連関」を示す。

表3－4　自我体験の自己推定による初発年齢

下位側面	平均	標準偏差	人数
1	9.8	3.30	60
2	9.0	2.28	6
3	10.0	4.05	7
4	8.18	2.00	22
全平均	9.39	3.09	95

下位側面1，2，3をまとめて（$N:73, M=9.75, SD=3.27$）下位側面4（独我論的懐疑）と比較すると，下位側面4の初発年齢が有意に低くなる（$t(93)=2.745, p<.005$, 両側）。

え，28例というこの分類例の多さと比較して少数であり，しかも，表3－4に見るように初発年齢が他の下位側面より低いこともあり，下位側面1との関係は，点線矢印で表示するにとどめた。

また，表3－4は，もともとこの質問紙では平均年齢を数値的に算出できるようにはなっていないところ，後述の調査Ⅱとの比較の便宜のためもあり，仮に回答カテゴリーを年齢に換算して各側面に分けて平均値を算出したものである（小学校入学以前：5歳，小学校低学年：7歳，小学校中学年：9歳，小学校高学年：11歳，中学：13歳，高校：16歳，高校卒業以降の数年：19歳，として換算した）。4つの下位側面の年齢平均同士には分散分析によると有意な差は認められないが，下位側面1，

第3章 調査Ⅰ―自我体験の全体像を解明する―

2,3をまとめて下位側面4と比較すると,下位側面4の初発年齢が有意に低くなることがわかる。

ここで,自我体験群の全体像に簡略な定義を与えるとするなら,「なぜ私は私なのかという問いを中心に,それまでの自己の自明性が疑問視される体験,および,この疑問に解決を与えようとする思索の試みであって,自己の独自性・唯一性の強い意識を伴うこともある」となるであろうか。この思索の試みからは,考えるのをやめて忘れてしまうという解決も含めて,個人としての人生観の確立,さらに,哲学,宗教,文学,科学,あるいは「妄想」の形をとったさまざまな解決が生まれてくることも考えられる(第9章では,そのような,体験から世界観への発展が考察される)。本調査でかいま見ることができたのは,哲学や宗教あるいは病理としての具体化ではない,「普通」の人々が発達過程の初期に経験したと想定される,自我体験の純粋な様相である。

第4章

調査Ⅱおよび，自我体験調査の総合的考察

　自我体験の全体像を初めて明らかにし得た調査Ⅰ（第3章）を土台とし，結果に再現性があるか否かの検討を兼ね，さらなる資料を収集して自我体験の実態解明を進める目的で，調査Ⅱを行った。ただし，調査Ⅰにも増して数量的データ処理が多くなるので，数量的処理にあまり関心のない本書の読者には煩瑣（はんさ）と感じられるかもしれない。そこで本章では，1節で調査Ⅱの結果を調査Ⅰと比較しつつ簡単にまとめて考察するにとどめ，2節で調査Ⅱの最も重要な成果である自我体験判定基準の精緻化について述べ，3節でこれまでの3つの自我体験調査の総合的考察を行うという構成にした。調査Ⅱの詳細については，巻末補論に掲載した。[補論3]

1節　調査Ⅱの概要と考察

1　方法

(1) 質問紙の改定

　調査Ⅰにおいて導き出された自我体験の4つの下位側面（=類型）について，自我体験質問紙第2版（表4-1）を作成した。なお，「下位側面」とは因子分析を前提とした名称なので，因子分析を用いない以後の研究では「類型」に統一することとした。

　第3章の図3-4では，「自己の根拠への問い」「自己の独一性の自覚」「主我と客我の分離」「独我論的懐疑」という，自我体験の4つの類型の間の関係を，矢印で示した。ただしこれは，移行例の考察のみに基づいた，心理-論理的な連関の模式化であったのに対し，この第2版では，4つの類型のおのおのごとに初発体験が誘発され，同時に初発の推定年齢も記入されるならば，個々の体験者ごとに類型の間の実際の時間的順序関係も明らかになるだろうと期待したのだった。

表4-1 自我体験質問紙第2版(抜粋)

質問1：1-a　あなたはこれまでに、「イ.なぜ私は私なのだろう」「ロ.なぜ私は，いま，ここにいるのだろう」「ハ.なぜ他の時代や他の国に生まれなかったのだろう」「ニ.自分はいったい何なのだろう」といったことを考えて，不思議に思ったり，不安になったりしたことがありますか？

質問2：2-a　あなたはこれまでに、「イ.自分は人間だ」「ロ.自分というものが存在している」「ハ.自分は他の誰でもない自分なのだ」「ニ.私は単に私であるというだけでもう，特別な存在だ」といったことを強く感じたことがありますか？

質問3：3-a　あなたはこれまでに、「イ.鏡に映る自分とか人の目に見える自分は本当の自分ではない」「ロ.自分のことを観察していると，観察されている自分と観察している自分が別々に分かれる」「ハ.自分の心と自分の体はまったく別のものだ」「ニ.もうひとりの自分が自分を見ている」といったことを感じたことがありますか？

質問4：4-a　あなたはこれまでに、「イ.他人と自分とは全く異質な存在ではないだろうか」「ロ.私だけが本当に生きていて，他人はみんな，ものを考えない機械や人形のようなものではないか」「ハ.私が死ねば世界も消滅するのではないか」「ニ.私が見ていないところは無になっているのではないか」といったことを考えたり，疑問に思ったりしたことがありますか？

(2) 調査対象者と手続き

調査対象者は専門学校の学生（105名）を含む414名（男95名,女319名）。自由記述例を，調査Ｉと同様に2人の判定者が，自我体験であるか否かを独立に判定した。判定基準は第3章のものに準拠し，自我体験の定義も参照した。

2　結果および，調査Ｉとの比較と考察

まず，体験の発生頻度に関しては，少なくとも1度は体験している「体験者」は全体で21.0％を占めた（巻末の補論表2参照）。ところが，大学生群に限ると27.2％あるのに対し，専門学校生群の体験者が2.9％と，両群で著しく差のある結果となった。これには，以下の要因が考えられる。

①質問紙が大学生への調査の中から生まれたためであるか（質問紙の普遍性の問題）。
②実学志向の専門学校生にはもともと自我体験はなじみにくいところがあるのか（体験そのものの普遍性の問題）。
③調査が授業中に行われたため，大学の教養科目という比較的自由な場と，全科目が職業に直結する専門学校，という調査の場の違いが，無記名であっても作用したか（調査の場の普遍性の問題）。

「大学生の想起する自我体験の研究」を「青年の想起する自我体験の研究」に普遍化するためには，これらの要因を改めて検討することが必要と思われる。[注37]

少なくとも大学生群に関しては，調査Ｉでは「体験者」が29.9％であるから，調

査Ⅱでも，発生頻度が再現されたといえる。ただし個々の類型については，発生頻度の増減が質問項目の増減によって左右されるふしがあるなど，自我体験回想誘発方法については改良の余地があると思われる。

　また，自由記述を最初から4類型に分けてしまう方法にも疑問が残った。質的研究法としては，調査Ⅰのように因子分析を用いたり，調査Ⅱのように最初から質問項目を4つに区分したりするよりは，誘発された自由記述の内容を分析しつつ分類する方法が望ましく思われる。この点の反省は，次の第5章で，独我論的体験事例の分類方針に生かされることになる。

　初発と回想された体験年齢に関しては，調査Ⅰでは8～10歳という児童期後半から前思春期にピークがあったのに対し，本調査では10～12歳という前思春期から青年期前期と，全体として1歳半～2歳ほど高めの結果が出た（巻末の補論表3参照）。他に，天谷（1997a,大学生対象；1997b,中学生対象）では，8～12歳という結果がある。これらの結果をもたらしたそれぞれの質問紙の形式に違いがある以上，小さな相違よりもむしろ，8～12歳という年齢範囲内に収まることを重視すべきと思われる。また，類型4（独我論的懐疑）が他の3類型の平均よりも有意に低年齢という構造については，調査Ⅰの結果が再現された。これは類型4の，他の類型との異質性を示唆するものと思われる。

3　各類型の体験順序

　第3章の図3－4での，「（類型）1：自己の根拠への問い」が中核であってそこから他の類型が派生するという連関構造モデルについては，実際の時間的体験順序として直接支持できるデータは見いだせなかった。むしろ，実際の時間的順序として先になる傾向があったのは，「（類型）4：独我論的懐疑」のほうであり，このことは，自己推定年齢では類型4が他の3類型の平均よりも低年齢という結果と，何らかの整合性があると思われる（類型4が低年齢であることの意味については，第8章で改めて取り上げる）。

4　移行事例の考察

　そもそも，この図3－4での意味的連関構造モデルは，単一事例の中に2つの類型間の移行が認められる場合を基にしたものであった。調査Ⅱの質問紙（表4－1）のように，最初から類型ごとに別の体験として記述し，その時間的先後関係を問うとい

注37　これについてはさらに，第5章4節を参照のこと。

う方法によって，このモデルを検証できるとは限らないのである。むしろ，調査Ⅱにおいても単一事例の中に2つの類型間の移行が認められる事例があったことに注目すべきと思われる。次の2例は，類型1（自己根拠への問い）→類型2（自己の独一性の自覚）の移行事例である。

> **事例4-1** （20歳 女）**11歳頃**
> なんとなく，世の中にたくさんいる人の中で，なぜ私は私なんだろうというふうに考えてしまった。その後，それでも私は私で他の人とは違い他の人にはなれないのだというふうに解釈した。
>
> **事例4-2** （19歳 女）**13歳頃**
> どうして私は○○さんじゃないんだろうと思った時，あー，私は私なんだと思う。動物を見て観察したりするとき，私は人間だと思う。

また，次は，類型1から類型3（主我と客我の分離）への移行事例と考えられる。

> **事例4-3** （22歳 男）**7歳頃**
> ある日突然，どうして自分はここにいて，生きているのか，と一瞬，たましいが自分から，その位置を30cm程ずれた感じがした。どうして，このコップやこの植物でなく，人間で，しかも生きているのか，……と。そんなことが，幼年期に7〜8回ほど。

このように，類型1（問い）→類型2（自覚），類型1→類型3（分離）というタイプの移行事例が，調査Ⅰに続き調査Ⅱでも見いだされたのだった。問いに対する答えの創出という心理－論理的関係（図3－4）に基づく意味的連関構造モデルに，当てはまるような事例といえるだろう。

2節　自我体験判定基準の精緻化

　心理学研究者ならば原理的に誰でもたずさわることができる，という域にまで自我体験研究の共通了解性・再現性を高めるためには，自我体験判定のための基準を精緻化する必要がある。第3章での判定基準の作成は，そのための第一歩にすぎず，まだまだ不十分なものであった。おそらく，自我体験の事例に精通している研究者でなければ，この判定基準を充分に活用することは困難であろう。
　そこで，調査Ⅱでは，新たに見いだされた自我体験事例を基に，4つの類型ごとに判定例と除外例を付し，各判定基準と対応する表現を判定例テクストの中で明示化することによって，より精緻な判定基準へと歩みを進めることを目指した。

1 4類型ごとの判定の具体例・除外例・基準との対応関係

　以下，各類型ごとに判定例を2つ，似ているが自我体験ではない除外例1つを例示し，第3章での自我体験判定基準を参照しつつ比較考察することによって，各判定基準との対応関係を明示化し，自我体験判定基準の精緻化をはかった。
　まず，便宜のため第3章での判定基準の簡略版を表4－2として掲載しておく。
　以下に挙げる事例で，表4－2（判定基準）の共通の前提である基準①を除く他の各基準に対応する部分には，<u>下線</u>を施し，その基準の番号を添付した（基準④に対応する表現のみ，あとに示される理由により，<u>二重線</u>とした）。また，各類型の「解説」の中では，表4－2中の「定義」に対応させられる部分には波線を施した。

(1) 類型1（自己の根拠への問い）

事例4-4（20歳　男）5歳
　<u>ふと</u>②思いついた。落ち着いた状況や寝る前にふとんの中で。なぜ私は私なんだろう。なぜ意識があるのだろう，なぜこの親から生まれたのだろう，と思った。答えはまだ出ていない。

事例4-5（20歳　女）8歳
　きっかけなどはよくわからないが，1人でぼんやりと何かを考えたりしているときに，自分の存在について考えたことがよくあった。漠然としたものなので具体的内容は，はっきりわからないが，「どうして私が私という存在でここにいるのか，何なのか」といったようなことを考えていた気がする。その時は<u>変な不安感</u>③があったが，その後は普通でどうなってもいない。

表4－2　自我体験の定義と判定基準（第3章3節1で述べられたものの抜粋・要約）

<u>自我体験の定義</u>：なぜ私は私なのかという問いを中心に，それまでの自己の自明性が疑問視される体験，および，この疑問に解決を与えようとする思索の試みであって，自己の独自性・唯一性の強い意識を伴うこともある。

判定基準：①を含む2つ以上の基準を満たしていること。基準②以下の完全詳細は第3章参照のこと。
<u>基準①</u>：自己が何らかの形で主題となっていること。
<u>基準②</u>：突発性―普段の生活とは連続しない特殊なエピソードとして回顧されていること。具体的には，「ふと」「突然」「瞬間」などの表現によって，その体験が生じたときの「唐突さ」や「脈絡のなさ」が記述されていること。
<u>基準③</u>：違和感―何か理解しがたいことが生じている，あるいは，その体験が普通でない，という独特の感じが伴うこと。
<u>基準④</u>：孤立と隔絶―自分という存在が，すべての他者，さらには世界全体と対置され，自己の孤立性や例外性が強く意識されていること。
<u>基準⑤</u>：自己の分離―自分という存在が2つに分離して感じられたり考えられたりしていること。……なおこの基準の適用に際しては，定義に基づき，それまでの自己の自明性に対する違和や懐疑が認められるかどうかをチェックした。

注　「自我体験の定義」に波下線，判定基準の②，③，⑤に一重下線，④に二重下線が施してある意味は，本文で述べる。

除外例1　（19歳　女）**15歳**
　　高校受験で，公立の第1志望がダメで，私立高校の，しかも第2志望の学校に通わなくてはいけなくなった頃。高校に入学してからもしばらく，「なぜ？　ここにいるんだろう？」と思っていました。1年間は，どんなにトップに立っても，ずっと「なぜここに？……」と思っていた気がします。そう思わなくなったのは，自分の進路を考えだした頃だったと思います。

【解説】
　事例4-4は，定義に正しくかなっていると同時に，基準②をもみたす，典型例である。**事例4-5**と**除外例1**は，ともに「なぜ自分はここにいるのか？」という問いかけ表現を含みながらも，前者は「変な不安感」の箇所で基準③がみたされるが，後者はそうではない。これは，前者では，「なぜここにいるのか」の問いに特定の理由や答えを見いだすのが困難であるところに「不安」が生じているのに対し，後者では「第2志望校という，来るべき場所でない（＝自己にふさわしくない）場所に来たから」と特定の理由を挙げることができ，自己概念の自明性が揺らいでいるわけではないからと考えられる。

(2) 類型2（自己の独一性の自覚）

　事例4-6　（20歳　男）**9歳**
　　鏡を見ていてふと②自分がいるというのを考えた。その後は自分がいるというのはどういうことなのかがとても不思議であり，また不安にも思って③，それ以上鏡を見れなくなってしまった。

　事例4-7　（21歳　女）**10歳**
　　小学校低学年の頃は自分に起こる出来事などまで他人事のように感じていた。高学年になってふと②今こうしている自分は自分であることに気づいた。これは自分自身の人生なんだと。やり直しができない一度きりの人生なんだと。

　除外例2　（20歳　女）**19歳**
　　個性が強くなってきて，みんながみんな同じに見えてきて，その中に私も入りそうになったけど，でも自分は自分だと言いきかせ，自分のしたいこと，意見をしっかり持つようになった。

【解説】
　事例4-6は類型1との中間型だが，明確な問いを形成するよりは，自分への気づきそのものが「不思議」感や「不安」を喚起しているところに特徴がある。**事例4-7**と**除外例2**は，「自分は自分だ」という表現をともに含むが，前者は基準②にかない（「ふと」という表現の出現），後者は基準に達しない。この違いは，前者は，それまで自明だった自己のあり方（自己がないゆえに他人事のように感じるというあり方）が崩壊し，「自分は自分であることに気づいた」という自己の新たなあり方の出現が

突発性として捉えられているのに対し，後者は，すでに具体的経験的な個性として捉えられている自己が疑問視されているわけではない，というところに由来すると考えられる。

(3) 類型3（主我と客我の分離）

事例4-8（21歳 女）**13歳**

いつからかわからないけれど，目をつぶって何かを考えているときに，ふと②，自分の考えている「ココロ」は自分の体とは別なもの⑤で「体」という入れ物の中に「心」というモノがコロンと⑤入っているような感じがあった時もあった。不思議な③カンカクだった。

事例4-9（21歳 女）**16歳**

特にきっかけはないと思う。学校の帰り道，自分をふと②冷静に見て以来，「冷静に自分を見ているもう1人の⑤自分」の存在が大きくなっていったのを覚えている。今では，それが当たり前になっていて特に意識しないが，少し前までは心と体が別々に⑤感じることが時どきあった。今でもたまにある。特に目的がない無気力なときにあるような気がする。

除外例3（21歳 女）**14歳**

特に中学生の頃は，学校の友人（クラスメイト程度の人）が私をおとなしいとかまじめだと見ているように思えた。しかし自分としては活発で，いいかげんな部分が多々あると信じていたので，人にそう思われることで自分の行動や発言が制限されるようでいやだった。そしてみんな本当の私がどんな人物であるか理解していないと感じていたが，今では，どちらも私自身であると思う。

【解説】

事例4-8 **事例4-9** とも，基準⑤に加え基準②をみたす。**除外例3** は，2つの自己の分離という点で基準⑤にかなうかにみえるが，他者の眼に映る自己の個性と自分で思っている個性の2つとも，自明なものとして捉えられているので，基準に達しない。結局，**事例4-8** **事例4-9** とも，自覚されたもう1つの自己に，自明性がいまだ欠けているところが，「ふと」という突発感（＝基準②）が生じる土壌といえよう。

(4) 類型4（独我論的懐疑）

事例4-10（20歳 男）**7歳**

小学校の通り道。ふと②，自分が死んだら自分の見ているこの世界はどうなるのかと思い，世界が消えるのかと思った④がそんなことはないと考えなおし，自分が見ているとはどういうことなのか，自分が死んだらどうなるのかを考え続けたがわからず，他の人に相談しようとしてもうまく言葉で説明できなかった③（今回も）。

事例4-11（20歳 女）**5歳**

人間がそれぞれ個々に考えていることが見えないのがとても不思議③だった。自分はいつもたくさんのことを考えているのに，他の人は何を考えているのかまったくわからなくて，実は自分以外は何も考えないような存在なのではないか④と本気で思っ

ていた。

除外例4（21歳 女）**14歳**
　あまりに友人たちが人をもの扱いしているように感じたので，彼女たちは私（たち）に感情があることを知っているのか，と思い，かえって，自分のほうが彼女たちにも感情があることを忘れていたことに気づいた。又，店（書店など）の店員たちを機械のように感じていて，自分がバイトをしてみて，初めて，店員も客に対して何らかの感情を持つことを知った。

【解説】
　事例4-10 **事例4-11** とも，基準③と④をみたす典型例である。他方，**事例4-11** と似たところのある **除外例4** は，自他の相互の感じ方に互換性があり，基準④のように「自分という存在がすべての他者，さらには世界全体と対置される」までにいたっていない。それが，「違和感」（基準③）がみられない原因ともなっていると考えられる。

2　残された問題──解釈学的循環と記述的現象的定義

　この判定基準には原理的な問題がつきまとっている。いくら判定基準の精緻化を進めても，そもそもなぜそのような判定基準が作られたかは明示化できないのである。ここには，一種の循環があるように見える。判定基準を作るためには自我体験とは何かが，あらかじめわかっていなければならない。暗黙にせよ定義がなくてはならない。けれども，定義が形成されるためには，定義のもとになる体験事例がすでに収集されていなければならないが，それらの事例が自我体験として収集されるためには，暗黙にせよ判定基準がそこに働いていなければならない……。本章では，この，定義と判定基準の間の循環的関係が，一種の解釈学的循環（heremeneutic circle）とみなせることを指摘するにとどめておき，改めて主体変様的方法という方法論的概念の導入と共に，再論する。

　いずれにせよ，判定基準の信頼性を増すためには，自我体験の定義と特徴づけをより明確なものにすることが必要である。それも，ビューラー（Bühler, C.）以来の自我体験研究における定義や特徴づけが，ともすれば文学的表現に依存した発達論的擬似説明とでもいうべきものにとどまっていたのに対し，より明確に記述的現象的定義を志向することが必要であると思われる。第3章の調査Iでは，思想史上の原典を参照することによって，自我体験の概念規定を明確にすることを試みたが，それと並行して，現象的記述の特徴づけをも推し進めるべきである。

　第3章で見てきたように，原典による自我体験の3類型と，実際に分類過程で析出した4類型とは，必ずしも1対1に対応するわけではなく，概念的な明確化は容易で

はないことが明らかになってきた。そもそも，すべての類型に共通する記述的現象的特徴を抽出できなくては，類型の違いを越えて「自我体験」という単一の領域を確保するのは難しいだろう。次節で，このことを試みてみよう。

また，以上の考察の中では，類型1，2，3では「定義」を土台とし，自己の自明性への疑問を中心に論じられているのに対し（波線部分），類型4（懐疑）では「定義」でなく基準④が土台となっている感を受ける（二重線部分）。これは，調査Ⅰに基づいた「定義」が，類型1，2，3のみを包摂し，類型4を十分に包摂できなかったことを示すものと思われる。あるいは，類型4の「定義」に相当するのが基準④である，とも言えよう。類型4の，こうした他の類型に対する異質性，基準④を中心とした新たな定義の必要性についても，次節で再論する。

3節　自我体験調査の総合的考察と展望

1　自我体験群の記述的現象的定義と特徴づけ

自我体験調査を閉じるにあたって，予備的考察（第1章），探索的調査（第2章），調査Ⅰ（第3章），調査Ⅱ（第4章）の結果をもとに，第3章で暫定的になされた「自我体験の定義」の問題点を指摘しつつ，より明確な記述的現象的定義と特徴づけを試みる。

第一に，第3章5節での「定義」は，もともと，類型1（自己の根拠への問い）が中核であって，あとの3類型はそこから派生したという，説明的な——しかも調査Ⅱの方法では十分実証できなかった——モデルを前提としたものであった。また，定義の中心に「なぜ私は私なのか」という表現形式のみをおくことも，極端かと思われる。

第二に，第3章4節における事例の考察から，「自己の自明性が疑問視される体験」の具体的な徴候が，判定基準（表4－2を参照のこと）の中の基準②「突発性」と基準③「違和感」にあることが示唆されたことは，自我体験の現象的特徴として，「定義」の中での明示化に値するであろう。

第三に，表4－2を見ると，類型2（自己の独一性の自覚）に直接関わる「自己の独自性・唯一性の強い意識」が「定義」に含まれ，類型3（主我と客我の分離）に直接関わる「自己の分離」が，基準⑤としての「基準」扱いという，アンバランスが存在するので，是正する必要がある。また，他の類型との異質性が指摘されている類型4（独我論的懐疑）は，基準④を中心にして独立に定義したほうがよいであろう。

以上を勘案すれば，記述的現象的水準でのより進んだ「定義」，もしくは，回想の

定位される年齢をも併せて記述すれば「定義と特徴づけ」が可能となると思われる。

(1) 自我体験

それまでの自己の自明性への違和や疑問が生じる体験。「なぜ私は私なのか」「なぜ，今，ここにいるのか」「なぜ他の誰かではないのか」「私は本当に私なのか」「私は他の誰でもない私である」「私の中に本当の私がいる」がその代表的な表現形式であり，普段の生活とは連続しない特殊なエピソードとして回顧されるという「突発性」か，何か理解しがたいことが生じている，あるいはその体験が普通でないという独特の感じが伴う「違和感」が，その体験様式である。初発体験時期は8〜12歳という，前青年期を中心としてその前後の児童期中期や青年期前期に多いが，児童期前期からさらには就学期以前にまでさかのぼって体験が回想されることもある。

(2) 独我論的体験

自分という存在が，すべての他者，さらには世界全体と対置され，自己の孤立性や例外性が強く意識される体験。具体的には「自分ひとりだけが」「自分以外のものはすべて」「他人も自分と同じように○○なのだろうか」などの表現を含む。その体験が普通でない，という独特の感じを含んだ「違和感」を伴うことが多い。初発体験時期は自我体験より1〜2歳低く，児童期中盤から前思春期に多いが，児童期前期からさらには就学期以前にまでさかのぼって体験が回想されることもまれではない。

(3) 自我体験群

自我体験と独我論的体験をあわせて，自我体験群と呼ぶこととする。独我論的体験も，世界の中の人々の1人であるという類的な自己理解，他者と対称性・互換性をなす自己という自明な自己理解への疑問・違和として捉えることが可能であり，それまでの自己の自明性への違和・疑問を含むところに自我体験と共通項があるからである。ただし，独我論的体験が，主として，他者・世界の自明性への疑念として生じているのに対し，自我体験は自己そのものへと焦点づけられた体験であるところに，違いがあるといえよう。

自我体験群の発生頻度は大学生で25〜30％であり，うち，独我論的体験は7〜9％程度，（狭義の）自我体験が20％前後，と見積もられる。

2　自我体験には準普遍性があること

3つの調査によって明らかにされた自我体験の実態の特徴に，まず，自我体験の普遍性——より正確にいえば準普遍性——がある。自我体験と判定された事例は，探索的調査では19.8％，調査Ⅰの初発体験だけをとっても全回答者の27.5％，最印象体験をも入れると29.9％，調査Ⅱでも21.0％に達した。自由記述なし回答者の中にも

自我体験の記憶を持つ者がいること，体験したが記憶に残っていない場合もあることを想定すれば，実際の体験率はさらに高まると思われる。天谷（1997b）の，中学生への面接によると体験率がおよそ65％に達するという結果も，この想定を裏づけるだろう。

第3章で引用したメイ（May, 1958）や田畑（1986）らの臨床事例報告の中や，宗教的神秘的体験を扱った文献（たとえば，岡田,1992）には，自我体験としても捉えられる例が散見され，西村（1978）や調査Ⅰの例でも，病理や宗教心理との関連が言及されている。しかしながら本調査の結果は，ビューラー，シュプランガー（Spranger, E.）らが，自我体験を病理や宗教心理としてではなく青年心理という普遍性の相のもとに見ようとした方向性は，基本的に正しいことを示唆するであろう。病理・宗教との関連を明らかにするためにも，まず普遍性の相のもとに捉えなければならないのである。

3 自我体験は青年心理には限定されないこと

しかしながら，自我体験は「青年」心理の枠組みでは捉えきれないこともまた，強く示唆されたのだった。想起された初発体験のピークが小学校低学年にあるという調査Ⅰの結果や，平均11.0歳という調査Ⅱの結果は，自我体験は青年期に固有というビューラー以来の伝統的な青年心理学の考えよりも，9〜12歳の前青年期に関連づけようとした高石（1989a, 1989b）の説を支持するものである。また，自我体験は多くの人々が小学校3〜4年の頃に経験するが，記憶を持ち続けるのは一部の人々にとどまり，多くの人々はそれを，もらい子幻想のような幻想として体験したり記憶したりしている，という小倉（1996）の説も，（自我体験という言葉こそ使っていないが）示唆的である。

そもそも，第2章でも論じたように，自我体験を，青年期のような特定の年齢時期に結びつけようとするのは適切なアプローチとは思われない。むしろ「何歳から可能になるか」という問題と，どのような条件下で実際に生起して記憶にとどめられるかという「きっかけ」の問題とを，分けて考えていくべきかもしれない。前者はいわば必要条件，後者は十分条件といってよいであろう。

前者の問いは，自我体験の研究だけで答えることは困難であろう。生起の可能性を，生起したという事実によってのみ判断することはできないからである。むしろ，他の領域に関する認知発達的研究や自我形成論と結びつけて，自我体験が可能になる認知構造・自己意識の構造がどのようなものであって，それは何歳頃，いかにして形成されるか，という方向で検討するのがよいかもしれない。現在までのところ，そのよう

な方向性を示しているのは，風景構成法の質的転換点が9歳頃にあることと，自我体験が可能になる年齢とを結びつけた，高石（1988b）の説がある。また，筆者ら（渡辺・小松，1999）は，就学期以前に生じたと回想される例があることから，自己の5つの種類について論じているナイサー（Neisser, 1988, 1993）の，「私秘的自己（private self）は表象的心の理論が成立する5歳以後に形成される」とした説に，注意を促している。いずれにしてもこの問題については，次の「きっかけ」の問題ともからめて，第6章で再論されることになる。

ちなみに，哲学者のマシューズ（Matthews, 1994）は，3〜7歳までの子どもは，それ以後の年齢においてよりもむしろ深く「哲学する」ことを，子どもとの日常的な対話を通して見いだしている。本調査の結果との年齢的な近似もさることながら，回想データのみに基づいて初発年齢を論じるには限界がある以上，補完的な研究法のあり方を示唆するものとしても興味深い。

4　自我体験のきっかけ

どのような条件下で実際に生起して記憶にとどめられるかという，「きっかけ」の問題も，同様に難問を提起する。かつて筆者（渡辺，1995b）は，学生の親世代に対し，調査Ⅰで用いた自我体験質問紙の調査を行ったが，結婚や出産をきっかけとした体験が見られることから，「自我は，生涯にわたり，人生の転機・葛藤・反省的態度をきっかけとして，再発見され続けるのであろう」と述べた。これは，ある意味で，岡本（1997）のアイデンティティ螺旋状発達説とも通じるアイデアである。すなわち，アイデンティティには最終的な確立というものはなく，一般に青年期に危機と再編成をへて確立されて以後も，いくたびか危機を迎えては拡散し，再編成をへて確立することをくり返すのである。岡本は，図式的に40歳前後と60歳前後に，危機の時期を想定しているが，これとても万人に当てはまるアイデンティティ発達の道筋というわけではなく，単に今の日本社会におけるライフサイクルのあり方からして，この年代に最もアイデンティティ危機を招きやすい条件があるからであろう。

ただし，自我体験の場合，問題は，「人生の転機・葛藤・反省的態度」のみがきっかけとは必ずしもいえないことである。第2章「探索的調査」で，漠然たる観照がきっかけとして挙げられているように，たんにひとりでぼんやりしている状況でも，自我体験は起こり得るのである。「ひとりでぼんやりしている」とはどのような事態なのだろうか。これもまた，第6章以降の課題となるところである。

5　3つの調査の要約と展望

　個人的な認識関心に導かれ，偶発的に出会った事例の中に深い自我の自覚を見いだしつつ，ワイマール期のドイツ古典青年心理学に発する「自我体験」という研究テーマに出会ったのだった。大学生を中心とした3つの調査を通じて，自我体験の実態をある程度まで明らかにすることに成功し，また，その記述的現象的な定義と特徴づけをも試みたのだった。とりわけ，回想誘発的質問紙法によるテクストデータの収集と，自我体験か否かを判定するための判定基準の精緻化によって，自我体験というテーマを心理学の研究テーマとして確立するという，第一の目標は達せられたかに思われる。

　けれども，第二の目標である，自我体験において何が生じているかを明確にするという，より本質的ともいえる問題が，手つかずのまま残されている。そもそも，自我体験（Ich-Erlebnis）という体験においては，いったい何が体験されているのであろうか。体験されているところのものは，自我（Ich），つまり〈私（Ich）〉である，と答えることもできるかもしれない。けれども，そもそも〈私〉とは何であろうか。この際，従来の心理学の中に，「自我」「自己」とは何かの答えを求めることは，しないでおこう。なぜならば，第一に，そもそも，「自我」「自己」が，従来の心理学の中で明確に答えられてきたかが，問題だからである。本研究で，たとえば「自我体験とは自我意識の誕生の体験である」といった説明を，発達論的擬似説明として退けてきたのも，自我体験というわからないものを，自我意識というもうひとつのよくわからないものによって説明するという意味での，擬似説明に陥ることを警戒したからに他ならない。

　第二に，たとえ心理学史上，「よくわかる」自我・自己の定義があったと仮定しても，自我体験とは，「自己の自明性への違和・懐疑」であって，要するに自己の自明性の破れなのである。「自明性の破れ」という現象に対して，よくわかる，つまり自明な定義に基づいて説明を与えるというのでは，序章でも指摘したことであるが，自我体験を病理や退行の方面へと追いやって「異領域化」することになりかねない。

　また調査Ⅰでは，思想史上の自我の自覚の代表的な3種の原典に3タイプの自我体験を結びつけて，自我体験分類の作業仮説としたが，それら3種の原典がそのまま，自我体験の概念的説明になるわけではないことは，表3-3に見るように，新たに見いだされた自我体験の4タイプが，3つの原典に必ずしも対応していないことからも明らかである。もっとも，これらの原典は，何らかの意味で，自我体験の概念的参照軸として活用できる可能性はあると思われる（第6章と第9章でこの点が追求される）。

　では，自我体験という体験において何が生じているのかという問題に対しては，ど

のように接近すべきであろうか。これが第6章以降の課題となる。シュピーゲルベルグ（Spiegelberg, 1964）の示唆した自我体験研究の4部分のうちでは，第二段階，「幹」の部分にあたる課題である。この問題に対しては新たに方法論を模索しながら臨むことになる。その方法論については，「構造図解法」としてあらかじめ紹介しておいたが，これが第7章で導入されることになる。

　これまでの自我体験調査を通じて新たに浮上してきた問題として，調査の中で析出してきた「独我論的体験」が，自我体験とは別個の体験現象，しかも自己の自明性の亀裂という体験的な核心を共有する体験として，新たに定義されたことがあった。そこで次の第5章では，この独我論的体験をテーマとして中心的に取り上げることとする。なぜならば，独我論的体験は自我体験にくらべて，「自明性の破れ」がより明確に輪郭づけられ得る体験であるかもしれないからである。独我論的体験における自明性の亀裂の構造を明らかにすることによって，より曖昧で捉えがたい自我体験という現象の理解が，いくらかでも進むことが期待され，第6章以降の自我体験の考察にも役立つことが予想されるのである。

第5章

独我論的な体験とファンタジーの調査研究

　本章は,本研究のもう1つのテーマである,「独我論的な体験とファンタジー」についての調査研究である。略して「独我論的体験」と称する。自我体験に「ファンタジー」が付かず,独我論的体験のみに付く理由については,このあとで説明する。

　第1～4章の自我体験調査を通じて,最初は自我体験の「下位側面」として,次いで自我体験の「類型」として,「独我論的懐疑」が析出したのだった。やがて他の3類型との異質性が指摘され,最終的に「独我論的体験」として,自我体験とは別の独立した定義づけにいたるのであるが,それまでの自己の自明性への違和・疑問という点で自我体験と共通性があり,「自我体験群」として包括できることは,第4章で述べた通りである。

　なぜ,筆者の自我体験調査研究の中で,独我論的体験が析出し,分離独立するにいたったのだろうか。これは,他の研究者による自我体験研究では,見られないことである。たとえば,高石が最近発表した調査では（高石,2003）,「自我体験」事例として紹介している8例中,実に3例までが,本研究でいう独我論的体験にあたる事例であった（第8章参照）。だからといって彼女の立てた自我体験の5つの下位側面の中に,独我論的体験といった独立の側面があるわけではない。本研究において独我論的体験が析出・分離・独立するにいたったのは,決して集められたデータの側からのみ読み取れることではなく,研究主体の側の認識関心に関わることとわかるのである。

　本書ではすでに序章において,独我論的体験に関わる認識関心を明らかにしたが,本章においても,それについては再度触れることとする。なぜなら本章は,ある意味で,本研究全体の凝縮版・エッセンス版であり,序章でも予告したように,個人的例外的（と思われた）体験を心理学研究のテーマへと展開するという,本研究全体の構成モチーフが,より明確かつ典型的な形で反復されているからである。そのため,本書のこれまでの自我体験を扱った章とはある程度独立を保ち,本章の原型が発表され

た当時の形(渡辺・金沢,2005)を,なるべく保持して提示することとする。

1節 本章の趣旨・方法・目的

　本章の目標の第一は,「独我論的体験」が心理学研究のテーマとなり得るし,その価値もあることを示すことである。第二は,独我論的体験の構造を解明し,その意味の理解を推し進めることである。ただし第二の目標に関しては,本章は,自我体験との統合的理解が企てられる第8章にとっての,準備段階にとどまるものである。それゆえここでは,第一の目標が焦点となる。

　第一の目標を達成するためにまず,最低限なされなければならないことは,「想起され記述された独我論的体験」についてのテクスト資料の収集・分類・考察を行うことである。序章でも述べたことであるが,収集されたデータ(=資料)に基づいて研究することこそ,心理学研究の最低限の成立条件だからである。なお,このようなテーマでの経験心理学的研究例は,自我体験に比べてもさらに少なく,筆者の知る限り心理学界の内部では皆無に近いと思われるため,序章でのくり返しとなるが,研究動機を含めた趣旨・方法・目的の詳しい説明をすることとした(心理学サイドでのこのテーマの研究例として,本章の基になった研究の共同研究者である金沢(1999)のものと,筆者のもの(渡辺,2002b)があるが,心理学において継承可能な研究テーマとすることを目的としたものではないので,本章の中で特に言及することはしない)。

　なお,独我論的「体験」といっても,後に挙げる例のように,子ども時代の回想の事例には,「自分は他の世界からロボットの世界に送りこまれたたったひとりの人間ではないかと思っていたことがある」といったファンタジー的な世界観が見られることも少なくない。そこで,独我論的な体験や想いや世界観の回想を包括する心理現象として,「独我論的な体験とファンタジー」と名づけて本章のタイトルとしたのである。ただし,すでに序章でも述べたように,特にことわりのない場合は,単に「独我論的体験」によってこれを略称することとした。

　なお,「ファンタジー」概念が導入された具体的な経緯と,それに伴う独我論的判定基準の変更については,3節「データの抽出とモデル構成」で述べる。

1 哲学・精神病理と独我論的体験
(1) 哲学としての独我論
　「独我論」とは,哲学史上の1個の世界観学説を意味する語"solipsism"の訳であ

る。「唯我論」「独在論」とも訳されることがある。

『岩波哲学思想事典』中の項目（永井，1998）を参考にするならば，独我論には，「自己の意識以外に世界には何も存在しないとする説（強い意味の独我論）」と，「自己の意識に類似した他者の意識というものは存在しないとする説（弱い意味の独我論）」とがある。前者の独我論は後者の独我論を論理的に含んでいるので，前者を「広義の独我論」，後者を「狭義の独我論」と称することもできる（広義の独我論のほうは主観的観念論とも言われる）。本研究では，特に断りなく単に「独我論」という場合，双方を区別せず指すこととする。世界観としては，それぞれ，「私が他者と共にある実在的な世界を否定する世界観」「主観性を備えた他者を否定する世界観」，ということもできるだろう。

言うまでもないことであるが，独我的体験の心理学的研究と，独我論についての哲学的な議論は別のことである。臨床心理学の黒田（2002）は，他者の心は直接認識できるという立場から「独我論論駁」を試みているが，本研究では，そのような認識論的哲学的な「立場」としての独我論を扱うのではなく，独我論的な問いや懐疑を抱くこと，その結果として恐れや孤独を感じたりすることなどの，「体験」「心理現象」として捉えるのである。

ただし，心理学としての独我論的体験研究は，哲学としての独我論を，概念的基準軸として最初から利用することができる。これは，概念規定の困難な自我体験の場合にはない利点である。独我論的体験を「独我論的な問いや懐疑を抱くこと」と説明していること自体にすでに，この概念的基準軸が暗黙裡に用いられているのである。

このように，本研究では，哲学としての独我論と心理学的研究の対象としての独我論的体験を区別するのであるが，にもかかわらず，独我論の哲学的立論を行っている文章の中には，独我論がある種の心的現実を背景として論じられているという印象を受けるものがある。そのような例として，現代日本の代表的な独我論的哲学者，大森荘蔵（1921-1997年）の，初期の著作からの引用テクストを掲げておく。このテクストを選んだ理由は，一般向きに平易に書かれた文章であることに加えて，このテクストを含む大森の初期著作に大学入学の頃に感銘を受けたという筆者の個人的経験があり（渡辺，1996c），序章2節3で述べた，研究の方向づけに影響を与えたと思われる個人的経験を開示する，という方針の，適用対象になるとも思われるからである。

　　……他人の心というとき，それは私の心の場合と本質的に違ったものがある。私は他人の痛みを痛むことができず，他人の悲しみを悲しむことができない。人の痛みを見て私の痛みを感じ，また人の悲しみを見て私もともに悲しむことはできる。しかし，人の痛みや悲しみを私は体験することができない。いままで体験したこともなく，ま

た今後することもない。まさに私が私であり，他人が他人だからである。／しかるに一方，私は他人が痛んでいることを知り，他人が悲しんでいることを知ることができる。では，私が一度もみずから経験したことがないことを知ることができるのだろうか。もちろん，私の未経験のことを想像し，どんなものであるかを予想することはできる。私は釜ゆでの経験はないがその苦熱を想像できる。私は宇宙飛行士になった経験もなく今後なる機会もないだろうが，宇宙旅行がどんなものかをある程度まで想像できる。だが，これらのばあい，私が想像するのは私の苦熱であり私の旅情である。決して五右衛門の苦熱，ガガーリンの情感ではない。／たしかに，人の悲しみを知るとき，私は悲しみの想像または記憶を心に浮かべている。だがその悲しみは私の経験した悲しみであって，他人の悲しみではない。生まれて以来，人の悲しみを経験したことは一度もなく，またできるものではない。それでも，と人はいうだろう，私の経験の悲しみをその他人もまたもつということは想像できるし，またしているではないか，と。それに対してはこう答える。"私の経験の悲しみを他人がもつ"ということの意味が皆目見当がつかないのだ，と。（大森，1964, p.19）

　ふつうは，私が認識主体であるのと同様に他人も認識主体であることは自明であると思うだろうし，従って，私が他人の痛みを感じることができないのは他人が私の痛みを感じることができないのと同様の，自明なことであって何の不思議もないと思うであろう。ここで問題とされているのはこの意味の自明性，私と他者とが「お互いさま」の関係にあるという自明性である。これを，ここでは，「間主観性の自明さ」と呼ぶことにしたい。注38 大森のこのテクストから受ける印象は，間主観性の自明さが破れているという印象，あるいは，そもそも間主観性の自明さが非成立である，という印象である。

　かくして，独我論的体験の概念的参照軸としての「哲学的独我論」のテクスト自体から，その背景的心的現実として「間主観性の自明さの破れ」という特徴づけが示唆されたのだった。ただし，この特徴づけは，第4章でなされた，独我論的体験の定義である「自分という存在が，すべての他者，さらには世界全体と対置され，自己の孤立性や例外性が強く意識される体験」とは，いくぶん異なって見えるだろう。第4章の定義はあくまでも，自己の自明性への違和を特徴とする「自我体験の仮定義→仮定義に基づく判定基準の漸次的な形成→多数の調査事例の判定→独我論的体験を含む自我体験群の定義の形成」，という解釈学的な循環の中からおのずと生成した定義なの

注38　間主観性に関しては，現代哲学に論争史があり，どの哲学事典でもたやすく参照できるが，ここでは，「私が認識（意識）主体であって他者を認識対象にできるように，他者もまた認識主体であって私を認識対象にできる」という，「相互性の関係」にある，という意味で用いることとする。哲学上の（広義と狭義とを問わず）独我論説が，他のあらゆる哲学的世界観学説と区別されるゆえんは，ひとえに間主観性の否定にあると言ってよい。

第5章　独我論的な体験とファンタジーの調査研究

である。したがって，哲学者ならぬ「一般の人々」の手になるテクストを土台としているだけ，「独我論的」という形容詞の意味も，世間的，心理学的ともいえる意味に近いものになっている。世間的心理学的な意味とは，補論1でも紹介した例であるが，20世紀末に神戸で起きた児童連続殺傷事件（「酒鬼薔薇事件」という名でも知られる）の犯人とされる14歳の少年の精神鑑定書の1節，「『他我の否定』すなわち虚無的独我論も本件非行の遂行を容易にする一因を構成している」（「少年A」の父母，1999より）に見られるような意味をも含むような意味である。

本章では，独我論的体験事例を判別するにあたっては，第4章でなされた「独我論的体験定義」のほうに従うこととし，「間主観性の自明性の破れ」のほうは考察で参考にするにとどめる。そして，2つの特徴づけの間の相違については，本格的には第8章で論じることとした。

さて，哲学者の思索の場以外に，独我論的な「体験事例」を発見することには，多くの困難が伴う。そもそも，独我論的世界観は著しく常識とはかけ離れた世界観であって，考えすぎたあげくの哲学者の妄説にすぎないと一般には信じられており，哲学以外の場では揶揄の対象になってきたという経緯がある。例を挙げると，ゲーテの『ファウスト（*Faust*）』（Goethe, 1833/1932）の第2部には，ファウスト博士の助手に化けたメフィストを生意気な学生が訪問し，議論を吹っ掛けたあげく，「世界は，私が造り出すまでは存在しなかった。太陽は私が海から引きあげたのだ……」などといった科白を吐いて去る場面がある。これは訳註によると，当時流行のフィヒテの主観的観念論の思想を皮肉ったものだという。また，SF作家ハインラインの『かれら（*They*）』（Heinlein, 1959）は，独我論者を中心に据えた思弁的な小説であるが，主人公は精神科病院の患者という設定で，独我論の真偽をめぐって精神科医と論争をしたりする。

> **事例5-1**　ハインライン作品
> ……「それだ！」かれは長い指を，ヘイワード医師にむかってつきつけた。「それが，陰謀のもっとも肝心なところなんだ。あらゆる生きものは，すべて，ぼくが，この陰謀の中心人物だということを自覚しないようにするために，ぼくに似せて造られていたんだ。だがぼくは，その鍵になる事実に――数学的に不可避な事実に気がついた。

注39　「独我論的世界観」という表現が出てくることも，自我体験研究の場合とは異なる独我論的体験研究の特徴となっている。「自我体験的世界観」といった表現は成立しないからである。これも，独我論的体験研究の場合，哲学的「独我論」を，暗黙裡か明示的かを問わず概念的な参照軸として用いることで，それを連想させる世界観を浮き彫りにできるからに他ならない。なお，「独我論」が哲学的学説であるのに対して，「独我論的世界観」は，哲学以外の場でも出現することがあり得る。「独我論的ファンタジー」も独我論的世界観の一種とみなすことができる。

ぼくがユニークだという事実にだ。ぼくはここに，内側に坐っている。世界はぼくから，外にむかって拡がっている。ぼくこそは世界の中心で──」「落ち着いて，ほら，落ち着いて！　きみは，わたしにだって世界がそう見えるということが分からないのかね。われわれはそれぞれ，それぞれの世界の中心で……」「ちがう！　それこそ，いつもあなたたちがぼくに信じさせようとしていることなんだ。ぼくが，ほかのなん百万の連中と同じ，その中の一人にすぎないと」（後略）

(2) 病理としての独我論──統合失調症か自閉症か

　この，独我論者が精神科病院の患者というSFでの扱いは，心理学やその周辺でのこれまでの独我論的体験の扱いを象徴するものといえる。事実，統合失調症圏の精神疾患において，体感的独我論とでもいうべき体験が訴えられることがある。島崎（1976）は，そのような体験に有情感喪失（Desanimation）の名を与え，次のような例を引いている。

> 「お母さんは家の中をあちこち動いていました。何と言ったらいいでしょう。お母さんはまるで木で出来た物みたいでした。次から次へと，物を運んだり，煮物したり，作ったり……けれど本当でないのです。まるで糸であやつられているようで，人形みたいで，生命というものが中にないように見えました」

　「体感的独我論」の最も典型的かつ生きた例は，スイスの精神分析家セシエー（Sechehaye, 1950）によって公刊された『分裂病の少女の手記（*Journal d'une Schizophrène*）』に見ることができる（ちなみに「分裂病」とは，統合失調症の旧名称のこと）。

事例5-2　セシエーの患者

> 「私の廻りにいる他の児童達はうつむいて一生懸命勉強をしていましたが，彼らはまるで目に見えないカラクリで動いている，ロボットが操り人形のようでした。教壇の上では先生が話をしたり，身振りをしたり……（略）……していましたが，それもまたグロテスクなびっくり箱の人形のようでした」
> 「しかし彼女はいままでにないくらい彫像のようであり，機械仕掛で動くマネキン人形のようであり，ロボットのように話をしていました」
> 「空っぽな心を抱いて，ひどい絶望の中に私は家に帰りました。そこにはボール紙の家や，ロボットの兄弟姉妹や，電光がありました」（訳書，p.18）

　体感的というより認知的な体験の例として，臨床心理学の石川（2001）は，ある医師に統合失調症と診断されたが精神病圏ではないとする青年との面接について，「『他人にも自分と同じような意識というものがあるのか？』ということを真剣に話し合うということもあった（彼は意識があるのは自分だけではないかと感じることがあっ

た)」と報告している。

　さらに，メルロー・ポンティ（Merleau-Ponty, 1948）は，現象学者マックス・シェーラー（Scheler, M.）からの孫引きとして，「事物が本当にそこにあるかどうか確かめるために絶えず背後を振りかえってみる」（訳書, p.692）患者について言及している。ただし，この例は引用元の明記がなく，原典を突きとめることができなかったため，どのような患者なのかこれ以上詳しいことは不明であるが。

　興味深いのは，自閉症圏で，アスペルガー症候群と思われる人物の自己記述に，次の例があることである。

> **事例5-3　ある自閉症圏の人の記述**
> 　私が自分とみんなの違いを気にするようになったのは，グニラ〔引用者注：報告者が翻訳した自伝の原著者〕より遅れて，八歳の頃でした。自分が人と違っていることは最初から知っていましたが，「自分はみんなと同じでなければならないらしいと知った」のがこのときだったのです。私はそれまで，他の子どもたちと自分とが同じカテゴリーに属するなんて，思ってもみませんでした。なぜなら他の子どもたちには背中があるからです。自分の背中は見られないのに，他の子どもたちの背中は見えるからです。／グニラが「向こう側」「内部」を発見したのと同じ八歳のとき，私は自分の「裏側」，つまり背中を発見したのでした。（ニキ，2000）

　自閉症圏では，他に，ホブソン（Hobson, 1993）が，コーエン（Cohen, S.B.）によって知的能力の高い自閉症の青年に行われた面接の記録から引用している，次の例が参考になる。

> 　「僕は7歳になるまで，人がいるということが全然わかりませんでした。ある時，突然，人がいるということがわかったんです。でも，みんなのようにではなかった。僕は今でも，人がいるんだっていうことを，思い出さなきゃいけないんだ……僕は，友だちができたことはありません。他の人と何をしていいのか，本当にわからないんです……」（訳書, p.18）

2　心理学的テーマ化の可能性

　こうしてみると，独我論的世界観にせよ独我論的体験にせよ，哲学か精神病理の領域に属するのであって，「心理現象」「心理学的事実」として一般心理学的なテーマ化が可能とは考えがたいかも知れない。にもかかわらず，このテーマ化が可能であり必要でもあると筆者が考えるのは，次の理由による。

(1) 自発的事例との遭遇

　「哲学者」でもなければ「患者」でもない人々が，児童期から思春期にかけての回

想として，独我論的な懐疑や想いを語ることがある。すでに序章で 事例0-4 と，事例0-7 の2つの具体的な事例を紹介した。ここでは，加えて，筆者の教養心理学の授業感想レポートに，たまたま現れた例を紹介しておく。事例0-4 に類似した例である。

> 事例5-4 （20歳 男）アリのように見える
> 自分は大学でこの心理学をとるまで，他人の自己意識の存在がうなずけなかった。自分の意識は身体という入れ物に入っていて，そこからは他人は心身同一体であり自分のみがこの体から外を見ている。……他者が彼らの自己意識を持っているというのは類推でしかないわけだ。もしかしたら他人は，あたかも感情を持つようにふるまうだけの入れ物にすぎないのかもしれないし，または自分の意識が作り出し，知覚していると思いこんでいるだけで何も存在しないのかもしれない。そう考えると存在するのは自分の意識，または自己意識だけで，他の知覚できるあらゆる物は存在を知覚しているだけで本来は存在せず，他者理解における他人の感情も自分の意識が作り出したものにすぎない，ということになる。しかし，これを言ったらはじまらない。自己閉鎖的になるので，とりあえず，知覚・認知できるものは存在する，と考えるように最近，私自身はしている。一時期などかなり他人がうっとうしく，アリのように見え，自分の知らない人には意識がない，という観念があった。……以前までの自分の考え方として，入れ物としての他人が機械的に社会を作っていて，自分がその中にいずれ組み込まれることに非常な危機感を持っていて，そうなることを絶対に避けようとしていた……しかし，やはり社会的にうまく組み込まれ，つまり社会的地位を得て，そこで許される範囲で自分の欲求を満たすのがおそらく正しい方向であろう。または，自己意識などほとんど考えず，心身同一体を保つ形で社会生活をすれば何も問題はないのかもしれない。

また，次の 事例5-5 は，インターネット上の匿名掲示板「2ちゃんねる」において，「子どもの頃の奇妙な思考，観念，妄想」というテーマでさまざまな人が書き込んだ書き込みから，2つほど抜き出してきたものである。

> 事例5-5 2ちゃんねる「哲学スレッド」
> ・風呂に入っている時，風呂場の中が密室になるけど「今，風呂場の外はどうなってんだろ？」とか「お父さんとお母さんが本当は悪魔で今もとの姿にもどっているんじゃないか？」とか……
> ・この世界はすべてベニア板でできた舞台のセットみたいにできていて「ぼくの存在は誰かの実験でしかないんじゃないか？」とか，つまりたとえばテレビの映像の世界はホントはそんなのないし，「僕の行く先々をその度に見えるとこだけ作っているんじゃないか？」とか，「友達はみんな，そのことを知ってるけど秘密にしているんじゃないか？」

この 事例5-5 は，事例5-4 や序章で挙げた 事例0-4 事例0-7 とは，やや趣を異にしている。「広義の独我論」的な体験を出発点としながらも，ファンタジー的な世界観が営まれているように感じられるのである。独我論的「体験」と言うより，独我論的「ファンタジー」のほうに入る事例である。

以上，序章の2つの事例を含めて4事例（正確には5事例）を，文芸作品，学生の自発的報告，インターネット掲示板という異質な場から引用したが，これ以外にも筆者は，これまでいくつかの自発的事例に出会ってきている（第8章参照）。

(2) 自己体験

「自発的事例との遭遇」が，独我論的体験のテーマ化「可能性」を示唆するものであるとすると，これはテーマ化の「動機」を示すものといえる。序章でも述べたように，筆者は（そしてまた本章のもとになった調査研究の共同研究者である金沢も），児童期までさかのぼることのできる独我論的体験の持ち主なのである。

事例5-6 **金沢　創**
　子どもの頃，たぶん小学校の低学年の頃だっただろうか。（……）が，当時の私にとって，これらは，楽しくも不思議な空想だった。／こんなことを考えているとき，しばしば私は，今，ここに私がいることだけが事実で，あとのことはすべて誰かの作り物であるかのように思えてきた。私は，後ろを振り向くと，この私が見ている世界を，誰かが大急ぎで用意している「舞台裏」が見えるかもしれないと思い，あるときは舞台裏の人々に気づかれぬようにそーっと，また別のときは不意をつくように大急ぎで，後ろを振り返ってみたりした。(p.105)

筆者自身の例は，序章で 事例0-5 として紹介したので，ここでは，「その後」ともいうべき，大学生時代のこととして公刊物上（渡辺，1994a）で回想された，やや周辺的な例を掲げておく（自己事例をW.Tと表記する理由については，序章を参照）。

事例5-7 **W.T 自己事例 No.2**
　……児童期以前まで遡れる独我論的体験に動機づけられていた私は，他者のまったき非存在を証明せんという野望を抱いて京大哲学科に入学したのだったが，たちまち挫折を経験することになる。／それによって生きることができないような哲学は真理ではない，というのが当時の私の信念であったので，何よりもまず他者の非存在を生きようとしたのだった。他人という他人を意識なき自動機械と見なして日々の生活を送ること……。他者に対し，常に，無関心に見る側に立ち，決して見られたと思ったり，羞恥や虚栄を感じないこと。「アイツらの目は節穴，その心は空洞」と絶えず自分に言い聞かせること。／ところが，そのように努めれば努めるほど，ますます周囲の視線が気になり，人前に出るや態度も口調もピノキオのようにぎこちなく，それでいて一人になり視線から解放されると今度は自分自身の存在が信じられなくなるとい

う，対人恐怖としか言えないような状態に陥り，ために私は哲学への途を断念する結果となってしまったのである（文学か心理学に転向して自己体験を見つめ直したいと考えた）。

以上，金沢と筆者自身の事例を，公刊物の中から引用した（自己体験を公刊物からの引用に限定した理由については，序章3節5を参照のこと）。 事例5-6 が「広義の独我論」， 事例5-7 は「狭義の独我論」に属するが，ともに「体験」というにふさわしい内容を備えると言えよう。また， 事例5-6 には，「舞台裏」といった入れ子細工的な要素が含まれていることにも留意しておきたい（入れ子細工構造の意味については，第8章3節3および終章3節5で取り上げる）。

3 先行研究からの方法論的示唆

自己体験があり，しかも他にもいくつか自発的事例を発見した，という研究動機が明示化されたが，これだけで，おそらくは多数を占めるであろう「非体験者」の関心をかきたてるに十分だろうか。独我論的体験を，普遍性あるテーマになり得るものとして提示するには，どのようにすればよいであろうか。

第一に，独我論的体験の事例は，僥倖(ぎょうこう)を当てにすることなく収集・抽出が可能であることを示すことである。そのためには，①文芸作品，日記，他目的の調査資料の副産物，といった多様なフィールドから事例を発見・抽出するなど，広く共通了解の得られる方法の開発，②組織的に事例を収集できる調査法の開発，が必要となる。いずれにしても，事例の収集・抽出にあたって鍵となることは，何をもって独我論的体験とみなすかという，判定基準の明確化である。

第二に，抽出された事例を考察して，そこに何らかの「構造」を発見することである。実際，すでに紹介した（自己事例を含む）自発的事例を概観しただけでも，それらが等質的とはいえず，秩序立てた分類方法がいくつか適用できそうなことが予想できる。もし，複数の分類軸を組み合わせることによって，他の研究者にも継承可能な構造モデルを浮かび上がらせることができたならば，異なる年齢や文化の集団に対する研究の結果を互いに比較することが可能になり，ひいては発達や異文化比較といった分野へも持ち込み可能な仮説にもつながるであろう。もちろん，これらの仮説形成の課題は，図0－1で樹木図として描かれた自我体験・独我論的体験研究の第3段階，「枝」の部分に当たるものである。けれども，体験事例からなる外的構造の発見は，それだけでも，体験の内的構造連関の解明という，本来の次の課題（＝「幹」の段階）への準備作業としても役立つだろう。

次に，これらの目的のために参照できそうな先行研究について述べる。

(1) 自我体験調査

　第3章・4章で行った自我体験の調査では，副産物的に多数の独我論的体験類似の事例が得られたため，これに，自我体験の下位側面の1つとして「独我論的懐疑」という名を与えたのだった。このように，自我体験調査の副産物として独我論的体験が得られることは，筆者以外の研究者による調査でも生じることである。次は，もともと高石の過去の調査（高石，1989a）の中で得られ，高石（2004a）によって初めて公表された例である。

> 事例5-8 （高2　17歳 女）
> 　7，8歳頃，今も続いている。／どんなに他人のことを知りたいと考えていても，その人の考えていることがすべてわかるわけではない。どんなに『あの人になりたい』と思ってもなれない。なんで私は私として生を受けたのだろう。おとなりの子として生まれてもよかったのに，とあれこれ考えているうちに，やはり自分は自分でしかないと感じた。／その時は，他人もそう考えているだろうとはとても信じられなかった。自分ひとりがそう感じているだけで，他の人々は私のために生きているのだと考えていた。もっともはっきりそう考えていたわけではないが，意識下にはそういう考えがあったと思う。いつの間にその考えを改めたのかはわからない。

　この例に独我論的体験の要素が含まれていることは，一瞥しただけでは見落とされやすい。けれども，前半の「なぜ私は私であって他の人間ではないのか」という自我体験が，後半では「自分ひとりが」という自己例外視体験へと変容していることから，後述の独我論的体験の基準に照らして境界線上に位置づけられる事例である。

　また，すでに述べたように高石の最近の調査（高石，2003）でも（彼女の十数年前の前述の調査（高石，1989a）と同様の質問項目でもあり，特に独我論的体験に焦点を当てた研究ではないにもかかわらず），引用された自我体験事例全8例中，独我論的体験類似の事例が3例を占めているのである。

　本章では，多数の独我論的体験類似の事例が得られた調査Ⅰ（第3章），調査Ⅱ（第4章）の2つの自我体験調査に未公表の自我体験調査1つを加え，独我論的体験事例の組織的抽出のためのテクスト・フィールドとして活用することにした。そのため調査結果を見直して，あらためて独我論的体験事例の抽出を行うこととした。

(2) マズローの至高経験の研究と黒田の主体変様的方法

　マズロー（Maslow, 1962）の至高体験の研究は，「あなたの生涯のうちで最もすばらしい経験について」という質問で，約80名との面接結果，190名の大学生へのアンケート調査，約50名の彼の著書の読者の感想を調べている。その後，神秘主義，宗教，芸術，創造性，愛情などに関する多数の文献を調べ，これによって彼は至高経

験の存在を確かめたのである。ただし，彼は至高経験を自分自身の体験に基づいて述べているのであり，出発点は自己体験にあると考えられる。そのため同じく自己体験から出発した本研究にとって，参考になるところが大きいと思われる。

　黒田（2002）は，至高体験研究について，「この研究は統計的ではなく，マズローの研究そのものは主体変様的方法である」と評言している。ここで主体変様的方法とは，黒田が，西洋的な学的認識に特徴的な「客体観察的」な認識方法に対置させて，東洋的な学的認識を特徴づけた認識方法である。たとえば禅仏教においては，"無"という根本原理の認識は分析的な説明や客観的観察に基づくのではない。「無の探求者は自分自身で無を体験し，全行動を通じて表現できなければならない」。つまり，修行によって自ら身をもって無を体験する（＝主体が変容する）ことが，即，認識なのである（黒田，2002，p.277）。

　したがって，黒田の評言を敷衍（ふえん）するならば，至高経験の研究では形式・内容ともに極めて多様なテクストから「客観的に」至高経験を「観察」するというのはもともと不可能であった。それゆえ，至高経験を見分ける方法としてマズローが暗黙裡に訴えたのは，至高経験を体験的に知っている研究者自らが，これらの記述を読むことによって，新たにそれを身をもって体験する（＝主体が変容する）ことである，ということになろう。そのような目で改めて自我体験研究を見直すと，同様な意味で主体変様的方法が，データ抽出という核心的な場で用いられていることを指摘できるのである。

(3) やまだの「現場心理学のモデル構成」

　やまだ（2002）の現場心理学のモデル構成論によると，「特定の現場に根ざすローカリティをもちながら，他者と共有できるような一般化をするという矛盾した要請をともに満たすには，何らかのかたちでのモデル化が有効と考えられる」（p.108）のであり，本章の目指すところとも共通点がある。以下の記述でも，必要に応じて参考にすることとする。

4　本章の出発点・構成・目的

　以上の考察に基づき，本章の出発点と構成を方法論的観点から概観する。

(1) 出発点——究極の現場としての自身の体験

　本章の出発点は，マズロー（Maslow, 1962）の至高体験の研究と同じく自己自身の体験である。ここでマズローが，「だれか他の人が研究を繰り返さなければ，データは信頼するに足るものと考えられないことを，わたくしは警告しなければならない。このような研究にあっては，実際に投影のおこなわれる可能性は大きく，もちろん研

究者自身が看破することはむづかしいのである」（訳書, p.44）と述べていることに耳を傾けておこう。ただ，「データは信頼するものにならない」から「公表するに足るものにならない」とすると，「最初の研究」が永久に公表されないことになってしまうので，最初の研究の中で可能な限り解決しておかなければならない。筆者の解決策は，自己体験を持つ研究者2人の共同研究とすることであった。さらに，調査データの構造化にあたっては，もう1人別に判定者を依頼した。哲学者なら，生涯ひとりで独我論を思索しても哲学者を自称できるが，心理学ではそうはいかない。共同作業が成立すること自体が，独我論的体験が人間科学としての心理学のテーマになり得ることの，1つの証拠立てとなろう。

やまだ（2002）の現場心理学のモデル構成論にあてはめれば，自身の体験とはいわば「究極の現場」である。心理学研究のテーマ選択における自己経験の役割は，従来，客観性を旨とする学術論文においては，まず明示されることはなかった。本章でこれを明示するのは，序章2節3でも述べたように，例外的なテーマを研究するにあたって研究動機を明らかにするためである。加えて，究極の現場としての自分自身の「例外的な主観的体験現象」から出発しても，これを共通了解性のある現象，すなわち「心理学のテーマとし得る現象」へと展開の可能なことを示すことで，個人的例外的（と思われた）体験のテーマ化を促進する，という趣旨をも含ませてある[注40]。本章は，そのための枠組みの1つを提供するものとなっていると考える。

(2) 構成と目的

次の2節では，多数の独我論的体験類似の事例が報告された自我体験調査結果（第3～4章）を，データ抽出のフィールドとして選び出す。調査の詳細はくり返さないが，本章では，これらの調査に独我論的体験調査のための探索的調査という位置づけを与えることになったため，2節4「調査の成果，および方法論的な示唆」という項目を設け，自我体験研究がいかにして本章の独我論的体験研究の土台となったかについても論じる。

得られたテクストデータ（独我論的体験の候補事例）を見ると，一定の分類が可能であることが予想された。そこで，3節では，第三の判定者の協力を得てデータを抽出しつつ分類判定を行い，3本の分類軸を組み合わせた3次元構造モデルを作り上げた。

注40 そのような例外的な主観的体験現象として，臨床系の研究者によってすでに研究が始められつつあるテーマとして，高石（2005）によれば，自我体験のほか，既視体験，想像上の友だち（imaginary companion）が挙げられるという。なお，他にあり得るテーマとして，神秘体験や性的マイノリティーの体験が考えられよう。

4節では，以上の結果に基づき，用いた方法論の評価を試み，かつ，記述的現象的水準にあるモデルとしての3次元構造モデルについての考察を行う。

　以上まとめると，本章の目的は，①「究極の現場」としての自分自身の「独我論的体験」という例外的（と当初は思われた）体験現象から出発し，②組織的なデータ抽出とモデル構成によって，③これを共通了解性のある現象，すなわち，「心理学のテーマとし得る現象」へと展開することを目指すものである。加えて，モデル構成の成果に基づき，独我論的体験の心的リアリティとしての構造を明確化することで，次の第6章以下における，（図0－1樹木図が描き出す）研究の「幹」の部分，自我体験と独我論的体験の統合的解明のための準備作業，をも目指すものである。

2節　データの組織的抽出のフィールド

1　フィールドⅠ

　これは，第3章の「調査Ⅰ」に当たる。この調査で自我体験と判定された中で「独我論的懐疑」の類型に分類された事例は28例であり，初発体験か最印象体験かを問わず，全回答者中で26名（7.8％）が「独我論的懐疑」を報告する，という結果だった。初発年齢は，小学校入学以前～中学にわたり，平均8.18歳と，自我体験の4類型中最も低い値を示しており，他の3類型の合計との年齢差を見ても有意に低い。

　事例の特徴は，「自分という存在の孤立性・唯一性・例外性が強く意識され，これと整合するように『私』を中心とした独特な世界観が形成される。現実性，実在性への懐疑が伴うこともある」とされた。

2　フィールドⅡ

　第4章の「調査Ⅱ」に当たる。判定された自我体験事例のうち「独我論的懐疑」は37例であり，これは全回答者中の8.9％に達した。調査Ⅰと同様，「懐疑」の初発年齢平均（11.1歳）は，他の3類型を合わせた平均よりも有意に低い結果となった。

3　フィールドⅢ

　「調査Ⅰ」と同一の方法・質問紙で実施された未整理・未公表の調査データであり，もともと，筆者のT大学における教養心理学の授業の一環として，2000年に実施されたものである。なお，事前に自我体験について説明することはしなかった。調査対象は男女大学生229（男：128，女：101）名だった。調査Ⅱで自我体験質問紙を改定し

たにもかかわらず，この調査で調査Ⅰの質問紙へと戻った理由は，第4章で指摘したように，自我体験質問紙改訂版が，却って自由記述の貧困化，曖昧化をもたらした疑いがあるからである。

4　調査の成果，および方法論的な示唆
(1)　独我論的体験が自我体験から独立した

調査Ⅰ（第3章）では「独我論的懐疑」は自我体験の下位側面として位置づけられたが，調査Ⅱ（第4章）の結果，「懐疑」の初発年齢が他の類型に比べて低いことが2つの調査を通じて確認され，内容的にも異質的なところがあるので，「独我論的体験」として独立させたのだった。

第4章でなされた定義と特徴づけをくり返すならば——「自分という存在が，すべての他者，さらには世界全体と対置され，自己の孤立性や例外性が強く意識される体験。具体的には『自分ひとりだけが』『自分以外のものはすべて』『他人も自分と同じように○○なのだろうか』などの表現を含む。その体験が普通でない，という独特の感じ（『違和感』）を伴うことが多い。初発体験時期は自我体験より1～2歳低く，児童期中期から前思春期に多いが，児童期前期からさらには就学期以前にまでさかのぼって体験が回想されることもまれではない」。

(2)　尺度化のための質問紙法から，回想誘発的質問紙法と質的分類法へ

これらの自我体験調査は，「質問紙法」と銘打っているが，質問項目は，数量的研究におけるような尺度化のためではなく，体験想起を誘発しやすいという観点から，生成質問（generative question）として選ばれていることは，これまでも何度か言及した通りである。そして，質問項目への「反応」ではなく，質問を受けて想起され自由記述されたテクスト自体が，「事例」として，自我体験の名に値するかの判定や，分類・考察のための対象となっている。

調査Ⅰでは因子分析も行われているが，これも，自我体験の分類のためのみに用いられており，事例の質的考察を補う意味しかないと思われる。すなわちこれらの調査は，第3・4章でも触れたように，初期の高石（1989a）による調査研究が，数量的研究パラダイムに基づく質問紙法によったにもかかわらず尺度化に成功しなかった一方で，自由記述では深い内容の資料が多数得られたという経験をふまえ，回想誘発的質問紙法という一種の質的研究法へと転換を図った，過渡期の産物といえる。本章では，第4章末尾に記したそのような反省に基づき，質的研究法を徹底するため，「熟達者」からなるチームを結成して判定・分類・考察にあたることとした。

(3) 事例の判定基準の作成について

これらの調査における自我体験判定基準をもとに，独我論的体験判定基準を新たに作成する。まず，第3・4章における「独我論的懐疑の判定基準」を表5－1の上段に掲げる。そして，「独我論的体験事例」の判定例3つと除外例1つを，中段に例示する。判定例中，最初の2つおよび除外例は，第4章2節1（4）の判定例と除外例をそのまま採用した。3つめの判定例は，独我論的な「体験」というより「ファンタ

表5－1　独我論的体験の判定基準および，独我論的体験の判定例と除外例

独我論的体験判定基準：下記基準中，①④を含む2つ以上の基準を満たしていること

基準①：自己が何らかの形で主題となっていること。
基準②：突発性—普段の生活とは連続しない特殊なエピソードとして回顧されていること。具体的には，「ふと」「突然」「瞬間」などの表現によって，その体験が生じたときの「唐突さ」や「脈絡のなさ」が記述されていること。
基準③：違和感—何か理解しがたいことが生じている，あるいは，その体験が普通でない，という独特の感じが伴うこと。
基準④：孤立と隔絶—自分という存在が，すべての他者，さらには世界全体と対置され，自己の孤立性や例外性が強く意識されていること。

独我論的体験の判定例と除外例

〖事例4-10〗（第4章より再掲）7歳
小学校の帰り道。ふと②自分が死んだら自分の見ているこの世界はどうなるのかと思い，世界が消えるのかと思った④がそんなことはないと考えなおし，自分が見ているとはどういうことなのか，自分が死んだらどうなるのかを考え続けたがわからず，他の人に相談しようとしてもうまく言葉で説明できなかった③（今回も）。

〖事例4-11〗（第4章より再掲）5歳
人間がそれぞれ個々に考えていることが見えないのがとても不思議③だった。自分はいつもたくさんのことを考えているのに，他の人は何を考えているのかまったくわからなくて，実は自分以外は何も考えないような存在なのではないか④と本気で思っていた。

〖事例3-19〗（第3章より再掲）小学校以前－小学校低学年
別にただなんとなく，自分以外のものはすべて④，自分のために用意されたもので，それらが決まった動きをする中で，自分はどう生きていくのか誰かにためされているような気がしてた。

〖除外例4〗（第4章より再掲）14歳
あまりに友人たちが人をもの扱いしているように感じたので，彼女たちは私（たち）に感情があることを知っているのか，と思い，かえって，自分のほうが彼女たちにも感情があることを忘れていたことに気づいた。又，店（書店など）の店員たちを機械の様に感じていて，自分がバイトをしてみて，初めて，店員も客に対して何らかの感情を持つことを知った。

解 説

〖事例4-10〗〖事例4-11〗とも，基準①，④に加えて基準②か③を満たす典型的事例である。他方，〖事例4-11〗と似たところのある〖除外例4〗は，自他の相互の感じ方に互換性があり，「自分という存在がすべての他者，さらには世界全体と対置され」（基準④）るまでにいたっていない。また，〖事例3-19〗は，基準①，④を満たすが，基準②も③も満たしていない。独我論的ではあっても，狭い意味の「体験」というより，「ファンタジー」に入る事例である。

ジー」というにふさわしい例として新しく導入したもので，その意義については，あとで述べる。各判定例中の下線部分の数字は，該当する判定基準の番号を示す（ただし基準①は省略してある）。また，下段に解説をつけ，理解の助けとした。

(4) 「判定」とは何をしているのか

基準の具体的適用箇所を示しつつ判定例と除外例を挙げたとしても，これで誰でも判定ができるようになるわけではない。そもそも，表5−1の例にしても，また第4章2節1に引用した自我体験の4つの類型の例にしても，これらは「典型例」であり，他に曖昧な例が少なからずあったのである。事実，この自我体験判定基準について，自我体験調査の協力者である小松（2004）は回顧して言う。「実証研究に必要な方法論上の再現性（この基準に従えば誰もが自我体験とそうではないものとを識別できるかどうか）という点では，ここに挙げた判定基準はまだまだ不十分なものでしかない。おそらく，自我体験の事例に知悉している判定者でなければ，これらの基準を活用することは困難だろう。自我体験の判定は，現段階では，多くの部分を判定者の直観に委ねざるを得ないのである」。

また，第3章の調査Ⅰでも，2名の判定者は，「多数の自我体験の報告例に接して，自我体験とみなされる体験の内容について十分に知悉している」という想定がなされたうえ，自我体験判定自体がプレコックス感による統合失調症の診断方法になぞらえられているのである。熟達によって，いわばアート的な鑑識眼ができたり，プレコックス感による鑑別診断ができるようになったりすることは，日本で伝統的にいう，「勘」や「骨」を会得することにも通じるであろう。そして，勘やこつは，前述の黒田（2002）の説に照らしてみれば，熟達によって主体が変容することによる認識である[注41]。つまり，第3・4章で行われた自我体験判定とは，「主体変様的方法」による認識であったといえるのである。

ただし，そこで引き合いにだされた「プレコックス感による鑑別診断」とは（松尾・宮本，1995; Rümke, 1958），診断者本人に自身の病歴がなくとも可能という点で，本研究の，研究者自らの体験を出発点とするという方法論とは少し違って見える。これについては，4節で再論する。

このような，自我体験研究の成果としての，独我論的体験の概念化と判定方法の特徴づけとが，次の3節での研究の土台になったのだった。

注41 黒田（2002）によると，「勘は，相手になるものの状態を知る直観で，骨は相手を自分の思うように動かすため必要な，自分の心身の使い方の直観を指す」（p.286）という。主体変様について詳しくは，さらに第9章参照のこと。

3節　データの抽出とモデル構成

まず，調査Ⅰ，Ⅱで「独我論的懐疑」の名のもとに得られた事例65例（多くは未公表のもの）を概観すると，同質的ではなく，複数の基準に基づき分類が可能と思われた。さらに，それら複数の基準を組み合わせることで複数次元空間が構成でき，全データをこの空間上にプロットすることでデータ相互の関係がひと目で把握できるモデル構成が予想できた。

1　方法

基本的な方法論は，やまだ（2002）を参考とし，実際に得られた事例の記述内容をもとに，「モデル」（やまだの方法論によれば「最も抽象度の高いもの」）をまず設定し，それに基づき筆者と共同研究者に第3の判定者を加えた判定チームのブレインストームによって各データを配置することを目指した。以下，モデル構成の過程を整理された形で述べるが，実際にはより手探り的であったことを付け加えておく。なお，第3の判定者（大学院生（以下判定者3））は，多数の独我論的な体験報告例に接して，独我論的体験とみなされる体験の内容について十分に知悉しているものと想定されたが，自身が体験者であるか否かは詳らかではない。

2　データの抽出

3名からなる判定チームによって上記のフィールドⅠ・Ⅱで収集された65例を，前述の判定基準に照らして再検討したところ，13例は基準に達せずデータから除く結果となった[注42]。さらに，モデルの構成作業のためにはサンプルはある程度多いほうがよいという判断に基づき，フィールドⅢから同様の方法による追加抽出を行い，新たに8事例を得た。このようにして，合計60事例が最終的にモデル構成のための基本データとなった。これは，3つの調査の対象者合計988名からして，約6.1％の事例出現率ということになる（この60例には，複数事例が1人によって提供されている場合は含まれなかったので，事例数と事例報告者数は一致する）。

なお，事例の再検討過程で，ファンタジー的な世界観が含まれている例が少なから

注42　つまり，第3・4章での自我体験判定は，独我論的懐疑に関する限り，「甘い」という結果になったわけである。その理由として，①曖昧例はなるべくすくいあげるという暗黙の方針があったこと，②「自我体験」判定の一部として副次的に行われた結果，独我論的体験に注意を集中できなかったこと，が考えられる。

ず見つかった。これらの中には，表5−1中の 事例3-19 に見るように，基準②「突発性」や基準③「違和感」が表現されているか否かが曖昧で，「体験」というよりも「考え」に近い場合がみられた。けれども，基準④をみたしているし，「独我論」というテーマには強い関連性を持つと思われたので，「独我論的ファンタジー」という概念によってそれらを包摂した。

すなわち，ここで，第4章の末尾において概念化された「独我論的体験」の語に代わり，「独我論的な体験とファンタジー」が新たにデータの総称となったわけである。ただし，すでに述べたように冗長さを避け，「独我論的体験」の語でもって，代用することとする。

3 モデルの作成

まず筆者がフィールドⅠの28事例を概観し，次の3つの分類次元を組み合わせ，事例を三次元空間にプロットすることで，たたき台モデルを作成した。

①他者指向と世界指向

他者指向：他者の心の問題を核として，その実在を疑っている状態。自己と他者の対称性が破れた状態であり，自己の特異性，例外性が意識される。

世界指向：世界の実在が問題となっている状態。他者指向と世界指向の区別は，「狭義の独我論」と「広義の独我論」の区別（1節1参照）に対応するものである（つまり概念的参照軸がここで参照されているのである）。

②体感的と反省的

病理学的な知見：統合失調症を代表とする精神疾患の事例をもとに（1節1参照），「いやおうなくその世界に放り込まれている」場合と，その対極としての哲学的反省によって得られた独我論的世界観を，区別する目的で設定された次元である。

③超越性と日常性

超越性：より純粋に独我論的であって，日常的世界観から見て隔絶性を感じさせる世界観。

日常性：日常的世界観の延長で理解できる世界観。

4 全事例の分類とモデルの改良

たたき台となる3次元構造に，あらたにフィールドⅡよりの37事例をプロットし，その過程で，既述のように独我論体験の基準に達しない13事例を除き，さらに8事例をフィールドⅢより加えることで新たな体系を作った。新しく事例をプロットして

いく中で，筆者が名づけた分類次元とプロットに，共同研究者と判定者3が質問や疑問を提示し，対話を進めていく中で新しい次元の名づけと，新たなプロットが行われた。その結果，各分類次元が構成された視点が再検討され，用語や概念の変更が加えられた。

　具体的には，①の次元を「他者への疑い－世界への疑い」と命名し直し，概念内容についてはそのままとした。②の次元については，病理学的な知見を最初から用いることの是非が議論された。そこで，記述された体験や世界観における，世界を眺める視点の位置に注目し，「俯瞰する－俯瞰される」という次元に変更した。③の次元は，独我論的懐疑が，素朴で断片的であっても哲学事典のように直截に述べられているか，ファンタジーやSFにあるような道具設定によって修飾されているかの違いとして捉え直し，「哲学的－ファンタジー的」とした。

5　分類軸の説明

　このように新しく設定した各分類次元それぞれについて，具体例を挙げながら以下に説明していく。

(1) 次元①：他者への疑い－世界への疑い

　独我論的世界は，具体的には何かの領域に矛盾を感じ，それを問題とするところからスタートする。その対象が，この私がこの世界の中にいて特定の時間と空間に閉じ込められていることであるのか，それとも，決してその心の世界を知ることができない他者であるのかは，大きな違いであるといえるだろう。判定チームは，前者を「世界への疑い」，後者を「他者への疑い」と呼んで各事例を分類した。まず，世界への疑いの典型的な事例を示すこととする。なお，以下で「事例番号」とは，後出の表5－2における事例番号に相当する。

> **事例番号44**
> 　自分が死んでも時間が進むのかどうかを考えた。自分のまわりで動いている人も，物も，自分の体も本当は何もないんではないかという錯覚に陥ってとても恐く感じられた。その感覚は，一瞬のことであって，すぐにもとの感覚にもどり安心した。
>
> **事例番号41**
> 　リラックスしているときに，この世界のすべては，夢を見ている人間の夢の中で，私は登場人物の1人であるが，夢を見ている本人で，私が夢からさめれば，すべては無になる。そして無になったときに自分はどうなるのだろうか，なぜなら，私は夢を見ている本人ではなく，その本人の意思によって動いている人間（夢の中の）だからです。……というようなことを考えた。しかし，世界すべての人名や，世界すべての出来事を人間の脳1つの夢の中で考えられるものではない。だから，夢ではないと思

うのだが，もしも，エイリアン（宇宙人）の見る夢だったらとか，いろいろ考える。

この2つの事例は，他人の夢の中と考えようとも，あるいは宇宙人を持ち出そうとも，世界の時空間構造の実在性が疑われているという点で共通している。

> 事例番号38
> 小学校2，3年の頃だったと思いますが，その時期に急に自分以外のものに対して疑問を持つようになったと思う。／他人も自分と同じように物を考える行為をしているのだろうなと考えると不思議に思いました。また，動物や昆虫にも物を考えることができるのか？　とか世界をどんなふうに感じているのかとても興味をひかれました。このことについては今もなぞのままです。

> 事例番号16
> 6歳／小さい頃，母親がどこかへ行ってしまうのではないかとか本当はロボットみたいなものなのではないかという恐怖を抱いたことがあったような気がします。また中学頃まで，自分のカラに閉じこもっているようなところがあり，誰も私のことをわかる人はいないような気がしていました。／でも高校頃から，本音を語り合えるような人間関係ができて，皆同じようなことで悩む人間であることに気づきました。

> 事例番号2
> 私には青に見えるものでも他の人は本当は違う色（たとえば赤）に見えているのではないか，と思った。そしてその人は私からいえば赤を「青」と呼んでいるだけではないのかと思った。／そして母が誰かに指令を受けてこの地球の私のところにきたのではないか，と考えたことがある。

以上3つの事例は，先に説明した世界の時空間構造そのものが疑われている3つの事例に比べると，存在の疑いがかけられている対象が母親であったり他の生物や他人一般であったりするが，「自分以外の，心を持っている可能性のある存在」であるという点で，まったく異なる事例といえるだろう。これらの事例を区別する目的で，著者らは「他者への疑い－世界への疑い」という分類基準を導入した。

（2）次元②：俯瞰する－俯瞰される

次に，「体感的と反省的」という分類基準をもとに，世界を眺める視点の位置を重視し，「俯瞰する－俯瞰される」という基準を再設定した。

> 事例番号9
> きっかけ：世界のあらゆる国の人々（日本中のあらゆる人々）を考えるようになった。
> 状況：私の会ったことのない人，かつて会っていたが今は長い間会っていない人は本当に生きているのかと考え，不安になっていた。
> 内容：自分が行動してる間だけ私のまわりの人々が行動しているのではないかと考

えていた。

> **事例番号 23**
> 自分の視界に存在しないものは実際はなくて，自分が移動するたびに新しいものができると考えたことがある。／たとえば，今自分がこうして教室にいると，教室と外の景色（自分の視界）以外は存在しなくなるというふうに考えたことがある。

以上２つの事例は，いずれも視点が「今ここ」に固定されており，その場所から世界全体を眺めているという事例である。それに対し，以下の事例では，「今ここ」は誰か別の存在（視点）によって眺められるものとなっている。

> **事例番号 34**
> 小さい頃に，人間は機械でできていると，当時見ていたテレビ番組の影響と，実際父がはんだゴテなどを使って配線いじりをしている場面がリンクして，思い込んでいたことや，私だけが生きていて，他の人は私の空想の内の人物でというように，勝手に自分で話をつくって，ひょっとしたら，私もなにか大きなものの中で１つの役割になっているにすぎない小さな存在かもしれないということを思い込んでいる時期がありました。

> **事例番号 52**
> 自分が誰かにためされてるような気がしてたから，そのためしている誰かが私のためにこの世界をつくって，自分を観さつしている。／だから私がいかない所までつくる必要ないし，行ったらつくっていくんだって感じてた……のかな。

（3）次元③：哲学的－ファンタジー的

最後の次元③は，「哲学的－ファンタジー的」と命名した分類次元である。この次元において「ファンタジー的」としたものは，以下のように複雑で具体的な装置を用いて，独我論的世界が１つの物語になっているものが多い。たとえば以下の事例などはその典型である。

> **事例番号 20**
> 多分幼稚園くらいのときだと思う。親が（まわりの人が）自分にやさしくしてくれるのはきっと自分がよその星からきたお姫様でまわりの人（親），地球上のものや私に見えるすべてのものは私のために用意された教育用のものだと思っていた（機械ではなく普通の人間と思っていたけど）。だから他の人は私が見えない間は適当に休んできて，私の目に見えるときだけが出番で働いている（つまり自分の役を演じているのだ）と思った。私の本当の親はよその星にいて私の成長を見守っているのだと思ったことがある。そう思うとまるで自分が主人公になった気がした。／小さい頃いつもなぜ自分の気持ちは自分だけしかわからないのか本当に不思議だった。自分の気持ちは実は他の人にはわかっているのではないのかと思ったりした。

また，「夢オチ」とは物語の結末としては最も安易なものであるが，その体験をしている当人にしてみれば，それも1つのファンタジーであろう。ある意味で，最もありふれた事例ともいえる。

> 事例番号4
> 現実のすべては本当に起こっていないことで，自分は自分の夢を見ているのではないかと考えた。夢を見ている自分はまだ生まれる以前の自分で，今の自分は，将来の自分であると考えた。またそういうように考えているうちに，実は夢を見ているのは自分ではなく他人であるとか，世界は他人の作った箱庭のようなもので，生きているのは自分だけで他の人は機械とかそのたぐいの偽物では，と考えたこともある。最終的には生きていること自体を不思議に思う。

このような複雑な設定に対し，「哲学的」な事例とは，素朴であっても「意識」や「存在」などといった抽象的で哲学辞典にあるようなキーワードを用いて，独我論的な疑問を提示しているものである。

> 事例番号8
> 自分の意識はここにあって，友だちの意識はどこにあるんだろう，と考えたのがきっかけ。私だけがこんなことを考えているのかと思ったら，私だけが特別な存在（あまりいい意味ではなく否定的に）に感じられた。今でも疑問に思っている。

6　評定方法

(1) 二項対立か連続軸か

このような3つの分類次元に対し，これらは単なる二項対立であるのか，それとも連続的な軸を構成するものであるのか，という疑問が持ちあがるかもしれない。実際，分類作業の過程で，筆者らは少なからぬ中間的な事例に遭遇したのだった。たとえば，次の 事例番号11 などは，他人の心に対する疑いと，自己を含めた世界全体の実在性への疑いが共存する点で，「他者への疑い−世界への疑い」の両極の中間例であると言える。

> 事例番号11
> きっかけは祖父の死だと思う。自分が考えている，ということが自分の生きている世界のすべてで，他はみんな人形か何かで話はしても考えたりしない，という気がしていた。または，本当は今生きていると思っている自分も誰かの夢の中に出てきているのでは，と思った。

このような中間的事例が3つの分類次元すべてに関して見いだされた。そこで「中

間的事例」というカテゴリーを設定することとしたが，そうするとさらに，「中間」と「両極」のそのまた中間例とすることが判定者として最も心理的抵抗が少ないような事例も見いだされた。

こうした点から筆者らは，事例を単に二項分類するのではなく，5段階の「評定値」を与えることとしたのだった。これは，数量的アプローチにおけるような比率尺度，もしくは間隔尺度の構成をもくろんだものではない。より判定者の心理的現実をも忠実に反映できるような，質的な意味の次元として事例を表記したのだと考えることができよう。

(2) 評定方法

全60事例についてそれぞれ3つの分類次元についての5段階からなる評定値を与えた。たとえば，「他者への疑い－世界への疑い」という次元①について言えば，もし当該の事例が，完全に「他者への疑い」であるなら「1」を，「世界への疑い」であるなら「5」を，評定値として与えることとした。

評定を与える作業は，できるだけ共通了解性をもって進める目的で，まず全事例か

表5－2 2名の判定者（WとK）による評定結果

	事例番号	俯瞰する―俯瞰される 1 2 3 4 5		哲学的―ファンタジー的 1 2 3 4 5		他者への疑い―世界への疑い 1 2 3 4 5	
判定者		W	K	W	K	W	K
	2	3	3	2	2	1	1
	4	3	3	5	5	5	5
	8	1	1	1	1	1	1
	9	1	1	3	3	1	1
事例番号	11	2	3	2	1	3	2
	16	2	1	4	2	1	1
	20	3	3	5	5	1	4
	23	1	1	2	1	5	5
	34	3	3	5	4	2	4
	38	2	1	1	1	1	1
	41	3	5	5	5	5	5
	44	1	1	1	1	5	5
	52	5	5	5	3	5	5

3つの分類次元に関して，それぞれ5段階の数値を割り当てた。全60事例のうち，本文中でコメントした13事例の結果のみを示してある。事例番号が10までの事例（ここでは事例番号2, 4, 8, 9のみを表示）では，判定者の協議によって評定値を完全に一致させてある。

らランダムに選んだ10個の事例について，共同研究者の2人が直接議論をしながら評定を行った。その結果，評定についての十分な合意が形成されたと思われたので，残り50事例をそれぞれ独立して評定を行った。

7 結果

評定の結果を表5-2として示す。ただし，紙面の都合で，本文中にテキストを掲載してある13事例についての評定結果のみ掲載した。

独立に評定した3つの次元について，相関係数を求めたところ，「他者への疑い－世界への疑い」$r=0.71$，「俯瞰する－される」$r=0.81$，「哲学的－ファンタジー的」$r=0.78$という結果となった。これらの値は十分に高いものであり，ランダムに選ばれた10個に基づいて形成された合意が，他の事例にも敷衍できるものであることを示している。

また，評定に従って全事例を3次元座標軸上にプロットしたものを，図5-1として示し（評定値の合わない事例は，その中間値を便宜的に図示した），視覚的イメージ化の助けとした。

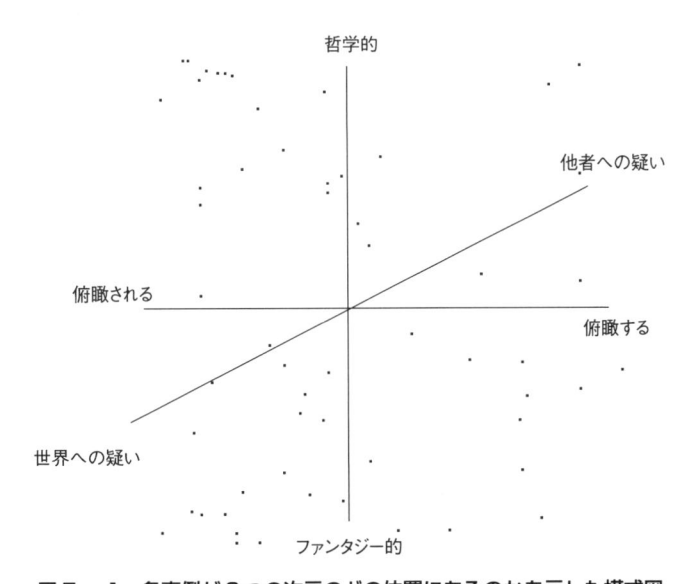

図5-1 各事例が3つの次元のどの位置にあるのかを示した模式図

各点の座標は，2人の判定者の平均値によって決定された。完全に重なる複数の点は1つの点としてしか表示できなかったため，点の数は事例数（60）に達しない。

4節　独我論的体験調査の考察

　本章の調査では，独我論的な体験を記述する次元について，3名からなる判定チームの分類と評定の作業によって，3つの分類次元を発見し，それぞれを「他者への疑い－世界への疑い」「俯瞰する－俯瞰される」「哲学的－ファンタジー的」と名づけた。
　まず第一に，独我論的懐疑・体験のターゲットが時空間的な世界であるのか，それとも他者であるのか，この点が，体験事例を分ける大きなポイントとなる。第二に，その体験の根底にある視点の位置により，観察され俯瞰されているか，あるいは観察・俯瞰しているのかで，異なることになる。第三に，「意識」や「自分」などの用語を用いて記述されるシンプルで抽象的なものであるか，それとも複雑で具体的な装置を用いることで独我論的世界が1つの物語になっているかで，分類されることになる。
　ここで，「独我論的体験データの抽出法の開発」「構造モデルの提起とその意義」といった本章の諸目標が，どれぐらい達成されたかを反省してみる。そして，反省の結果に基づいて，独我論的体験の内的な構造連関理解のための課題を指摘する。

1　データ抽出法の開発
(1) 判定基準について

　独我論的体験事例の抽出にあたって最も肝要なのが，何をもって独我論的体験とみなすかという判定基準にあることは，1節3で述べたところである。この点に関しては，まず，自我体験判定基準中の「独我論的懐疑」に関係する項目（第3章4節4，第4章3節1）を出発点とした。ただし，この判定基準は実証主義的な意味での再現性を保証するものではなく，これを活用するには「プレコックス感」による精神科診断にも比せられる，アート（職人芸）ともいうべき，もしくは「勘」や「骨」とでもいうべき，技法的な洗練が必要であった。また，アートや勘に訴える研究法に対して通常なされる，主観的・恣意的という批判に対しては，本章では新たに，黒田（2002）の，「客体観察的方法－主体変様的方法」という対置による，方法論的基礎づけの可能性を示しておいた。
　けれども，本章の研究が出発点を筆者の自己体験に置いたことは，単なるアートではなく再体験を前提とした熟達をも，このテーマが要求しているのではないかという懸念をもたらすかもしれない。たとえば，「独我論的懐疑」をその下位側面として含む自我体験研究について，発達心理学の高井（2004a）は次のように評言する。「自我

体験そのものは実証的・客観的な方法ではとらえにくいものである。／その理由として，第一に，この自我体験というものが文字通りきわめて個人的で，共有しにくいものである，ということが挙げられる。自我体験について説明しようと試みた人であれば首肯するであろうが，どれだけ言を重ねても体験をしていなかった人にはわかってもらえたかどうか確信できない」。要するに，体験者でない限り，判定基準の作成・活用に基づく研究が不可能ということになってしまわないかと，危惧しているのである。

　このような危惧に対して，まず，独我論的体験の自覚的な体験者でなくとも，多くの事例に接していくうちに何らかの潜在的な記憶が呼び覚まされ，再体験に基づく判定ができるようになる可能性があることを言っておきたい。問題は，「よみがえる一片の記憶もない」場合であるが，筆者は，そのような場合でも妥当な判定基準と典型例の提供があれば，「非体験者」であっても熟達を積むことによって，判定が可能になると考える。ただし，体験者の判定が，自らの体験の再体験に基づくのに対して，非体験者のそれは，「自分にとってこのような体験は異質」という違和感，一種のプレコックス感に基づくと想定されるのである。そもそも熟達した精神科医が統合失調症の患者に対していだくプレコックス感とは，松尾・宮本（1995, pp.39-40）によれば，「記述不可能」だが「はっきり特定できる」「非日常的」な「体験」であり，決して患者の体験を再体験・追体験した結果に基づくものではないのである。そして，再体験することによる判定にせよ，再体験・追体験できないことによる判定にせよ，両者に共通のアートを，「主体変様的」というキーワードによって，方法論的に基礎づけることができると考えるものである。

(2) 事例の組織的収集法と質問紙調査

　事例の組織的収集法については，本章では，もともと他の目的で行われた調査（自我体験質問紙調査）の結果をフィールドとして利用するにとどまり，独自の調査を計画・実施するにいたらなかった。けれども，自我体験質問紙調査は，多少の改良を加えれば，独我論的体験調査へと発展的に転用できるものと思われる。各種のインタヴュー技法の発達した現在では，質問紙調査は，質的研究のためのテクストの収集法としてはサーベイ的補足的役割にとどまるとされる（Flick, 1995）。しかしながら，自我体験調査で用いられたような回想誘発的質問紙法は，独我論的体験事例収集法として独自の意義を持つものである。

　　・まず，無記名を原則とする質問紙法は，独我論的体験の特異性からして，調査協力者の匿名性を保障すると同時に，回想の表出にも有利に働くことが考えられる。実際，独我論的体験に関わる質問項目を指して，「こんなことを考えるヤツは危

ない」といった意味のことを書き込んで来る回答者もおり，調査者とのより密接な接触を要するインタヴュー法などのデータ収集法へと，歩を進めることを，ためらわせるものがあったのである。[注43]

- 基本的に回答者の顔の見えない無記名質問紙調査法では，得られたテクストを「自分の体験として読む」という一人称的読み方に，比較的自然に入りやすい。回答者の存在を，いわば「括弧入れ」できる無記名質問紙法は，本研究でのテクスト・データの一人称的な読みと，なじみやすいのである。
- 質問紙法で得られる記述データが断片的で意味不明瞭なものになりがちなことは確かであるが，自発的事例からデータを抽出する場合もまた，しばしば断片的で意味不明瞭なテクストの中からの抽出をやむなくされるのである。本章1節2でも瞥見(べっけん)したように，将来，インターネット掲示板が自発的事例収集のための沃野(よくや)となるかもしれず，質問紙法で得たテクストに基づいて判定基準を精緻化し，判定のアートを磨くことは，その種のフィールドにとって汎用性が高い方法の開発につながるであろう。
- 最後に，比較的簡単に多数のサンプルを得られることである。サンプルが多数あることは，モデル構成のためにも有利であり，将来的に，集団別の出現頻度など数量的研究との組み合わせにも役立たせることができるだろう。

2　構造モデルの提起とその意義
(1) いろいろな研究課題の開拓

　3次元として構成された独我論的体験事例の構造は，集団，文化，年齢，さらには時代，などの違いによって，これらの構造がどのような変異を示すかについての，いろいろな研究課題を拓くだろう。たとえば，本章の調査でフィールドとした3つの自我体験調査は，「普通の青年・学生」を対象とすることを旨としているが，実態は理学部文学部など基礎系学部の学生が主で，そこにフィールドⅡのみ，専門学校生105名が調査協力者に含まれていたのだった。ところが驚いたことに，この専門学校生群からの「独我論的懐疑」の，つまりは独我論的体験の，抽出例は皆無なのであった（自我体験調査Ⅱの補論表2参照）。ここからして，基礎系学部学生としてのモラトリ

注43　事例0-4 や 事例5-3 で示唆されているように，独我論的体験の当事者が，自己の体験は社会的適応にとってマイナスになると考えることがある。そのような特異性を備えた体験を，調査の名のもとに掘り返すことに，倫理的問題はないだろうか。高石（1989a）や天谷（2004a）は，自我体験の調査を中学生までに拡げているが，それらの調査項目には，独我論的な項目は含まれていない。筆者は，独我論的体験の調査は，「18歳以上」に限り，方法は，対面的なインタヴュー法を避けた質問紙調査か自発例の収集が，適切であると考えている。

アム状態が，選択科目としての心理学の受講生という，いわば「気楽な」条件もあいまって，独我論的体験の想起や表出に何らかの有利な条件を与えているのかもしれず，対して，専門学校生の場合は，意識や環境が不利な条件となっているのかもしれない，という仮説を導くこともできるだろう。もちろん，本研究での，独我論的の体験の出現頻度6.1％が，青年一般どころか大学生一般にも普遍化できそうもない高い値であることも，たやすく推測されるところである。せいぜい，「日本の大学生一般として数パーセント以内」といった推定が，穏当なところではないかと思われるのである。注44

(2) 連続軸における独我論的体験の理解

　けれども，この3次元構造モデルの意義は，そのような外在的で数量的研究にも持ち込みやすい仮説の生成にあると同時に，内在的なものでもある。多数の事例を多次元的・連続的に分解・配置することによって，これまで病理か哲学者の妄説ぐらいにしか思われていなかった独我論的世界観を，より日常的な世界観や独我論的世界観とは無縁と思われていた世界観と，連続性のあるものとして理解する道が開けたのである。

　まず，「俯瞰する－俯瞰される」の分類軸を見ると，「俯瞰する」の側に分類される 事例番号9 事例番号23 等は典型的に独我論的であるが，「俯瞰される」の側の 事例番号34 事例番号52 などでは，独我論的世界観とは異なった世界観が暗示されているように見える。にもかかわらず両群を1つの次元軸に沿って配置してみると，両群が，

注44　ここでいう構造の変異とは，「実在する体験分布の構造の違い」というように，客観主義的実在論的にのみ捉えられてはならないことは言うまでもないことである。たとえば，第4章では，自我体験一般の専門学校生群の報告の少なさについて，①質問紙の普遍性の問題，②体験そのものの普遍性の問題，③調査の場の普遍性の問題，といった要因が相互作用した結果と考えられることを指摘しておいた。独我論的の体験に関しては，さらに，4節1でも触れたように，質問項目からしてすでに，「アブナイ」と受け取られかねない表現を含んでおり，これは，調査の場の普遍性に，より一層の疑義を投げかけるものとなっている。モラトリアム状態を許容されやすい基礎系学部学生と，教育が職業に直結する専門学校生とでは，独我論的体験に関する質問項目の印象も，また，それに回答したり，想起したり，記述したりする行為も，社会的な意味を異にすると考えられるのである。さらに言えば，調査でなくとも日常的にこのようなことを想起したり考えたりする行為からして，置かれた社会的立場が異なれば，その意味も異なってくるであろう。したがって，さまざまな集団，文化に対して調査を行う場合，より普遍性のある質問紙を作成し，より匿名性の保護される調査の場を設定するというように，研究方法を「洗練」すればそれだけ，「実在の」体験構造へと「接近」できる，といったものではない。あくまでも，回答者にとっての調査の「意味」を解釈しながら進むという，当事者の視点，「内的視点」(Holloway & Wheeler, 1996)に立たなければならないのである。同様に，調査対象の年齢を下げればそれだけ，「実際に生じた体験」の真実性に接近できる，というわけでもない。たとえば，自我体験調査について，高井(2004b)は「小学校低学年から高学年にかけての年齢を，横断法的に自我体験を捉えるとなると，大学生を対象にした小松や渡辺による質問紙や自由記述による方法ではなく，中学生を対象とした天谷による半構造化面接が適切である」と評する。けれど，この評言は，客観主義的かつ実在論的なパラダイムに基づいたものだろう。年齢と方法が異なれば体験の異なる面が切り出されるということであって，どれが最適の方法かは一概に言えないことであろう。

「自他の対称性の自明さの破れ」として，統一的連続的に理解できることがわかる。すなわち，軸の一方では自己が唯一者として世界に君臨し，他方では他者が不可解で超越的な視線や意思として君臨する。前者が，他者の不在，すなわち，「間主観性の自明さの破れ」という，1節1で哲学上の独我論説のテクストに示唆を受けて抽出した心の現実に対応するのに対し，後者は，宗教的体験や精神病理学的な体験としての「超越的他者体験」を連想させるところがある。ちなみに後者については，吉松（1988）より次の一節を引用しておく。

> 「記述現象学の立場からは，分裂病（引用者注：統合失調症）者がその分裂病体験において，いずれか同定しかねる他者を体験するが，それは個々誰々という現実的具体的他者ではなく，具体的状況を越えた世界の向う側から現われると体験される点で，まさに言葉通り超越的他者である」(p.61)

また，日常的な世界観との連続性を，とりわけ「哲学的-ファンタジー的」の軸に見ることができる。たとえば，事例番号23の「自分の視界に存在しないものは実際はなくて，自分が移動するたびに新しいものができると考えたことがある」といった「哲学的」な事例は，世界観としてみると，これもまた，間主観性の自明性が破れた状態を表現している。このような意見を伝えるべき「他者」もまた，「実際はない」ことになるからである。このような間主観性の破れはもちろん，極めて非日常的な世界観を示している。ところがこれが，表5-2で「ファンタジー的」と評定された「エイリアンが見る夢だったら」（事例番号41）になると，たとえ「世界の実在性」が破れていても，その世界を夢見るエイリアンという実在の他者が出てくる以上，より間主観的になり，日常的な世界観に近づく。

また，ある種の事例（事例番号2や事例番号20）で他者が宇宙人ではないかという疑いが出現することは，「なぜ自分の気持ちは自分にしかわからないのか」という，もともとは「間主観性」そのものが問題になる体験を，「自他の対称性」が破れる程にファンタスティックでありながら間主観性だけは維持されるような，より日常性に近い世界観を作り出すことで納得しようとするにいたったのだという印象を受ける。すなわち，もともとのより純粋で抽象的な体験に対して，次第に複雑な道具を用いて合理化の過程が進行し，その結果，奇妙ではあるが，なんらかのおちをつけようとする物語的な観念へと発展したのではないかという，「発達的」な印象を受けるのである。

(3) 新たなる視点の可能性

以上のように，構造モデルに基づいて考察を行っていると，しだいに新たなる視点が浮かび上がってくる。すなわち，独我論的体験というものを，哲学的独我論を連想

第5章　独我論的な体験とファンタジーの調査研究

させる世界観やそれにまつわる思惟や感情，といった意味とは別に，事例テクストのみに基づいて，心理学的に特徴づける可能性への視点である。そのような視点においては，独我論的体験全体の骨格を成すのは，「俯瞰する－俯瞰される」の軸であると予想されるのである。この軸においては，哲学上の独我論を連想させる世界観である，「主観性を備えた他者の否定」，「私が他者と共にある実在的な世界の否定」は，必ずしも含意されないのだ。たとえば，p.126の 事例番号34 事例番号52 などの，「俯瞰される」側に分類される事例が，そのような事例に当たるだろう。ちなみに，前出の「自他の対称性の自明さの破れ」という概念は，「俯瞰する－俯瞰される」の軸を，自我体験群全体のキーワードである「自己の自明性の破れ」を用いて把握し直したものに他ならない。

ただし，この新たなる視点については本章ではこれ以上追求せず，自発的事例に基づいて独我論的体験の内的構造連関が解明される，第8章にゆだねることにする。本章では，比較的短い調査事例に基づいて，外的構造連関が浮き彫りにされたにとどまる。これ以上，自我体験の体験構造を内的に解明するには，数は少なくとも豊かな表現力や鋭い内省意識に裏打ちされた，ある程度の長さの自発例テクストが必要と思われるからである。

5節　独我論的体験研究の意義

個人的な体験に認識関心を方向づけられ，いくつかの自発的事例との遭遇に動機づけられ，独我論的体験についての組織的研究を開始するにいたったのだった。すでに数多くの独我論的体験事例候補が見いだされている自我体験調査データをフィールドとし，あらためて60例を独我論的体験事例として判定した。これは，基礎系学部学生を中心とした調査対象者の，6.1％に当たる出現率であった。これらの事例は，3人からなる共同研究チームの協議と判定によって，「他者への疑い－世界への疑い」「俯瞰する－俯瞰される」「哲学的－ファンタジー的」という3つの分類軸によって分類され，記述的現象的性質の3次元構造モデルへと構成された。そして，この構造モデルについての省察は，「俯瞰する－俯瞰される」の軸を，「自他の対称性の自明さの破れ」として捉え直すことへと導かれ，この特徴づけを中心として，独我論的体験全体を，哲学由来の概念的参照軸とは独立させて，心理学的に特徴づける可能性が，新たな視点として浮かび上がったのだった。

ここで，独我論的体験というテーマに取り組むにあたって，独我論という世界観を

最初から誤謬と決めつけて，何らかの病理学的もしくは発達論的な理論立てによって「説明」し去るという態度だけは，取るべきではないことを強調しておきたい。筆者がこのテーマに取り組み始め，商業出版や学会を通じて発表を始めて以来（渡辺, 1991，1994a, 1996c，1999b, 2001, 2002b など），心理学研究者を含む意外に多くの人々から，「実は私も子どもの頃そのような体験をしたことがある」といった打ち明け話を聞くことができたのだった。実際，モラトリアム状態が比較的許容された基礎系学部学生の，それも選択科目の心理学受講学生という条件を，割り引いて考えなければならないとはいえ，その6％という報告率は驚くべきものに思われる。にもかかわらず，このテーマが心理学において取り上げられることがなかった理由の1つは，私たちが，このような体験を，病理とは言わないまでも，そこから脱却すべき子どもっぽい自己中心性の名残として説明し去るといった枠組みに，無自覚裡に捕らえられていたからだろう。たとえば石川（2001）も，本章1節1に挙げた事例について，「……『他人にも自分と同じような意識があるのか？』ということを真剣に問わねばならないのも，自己＝世界という前個的な自己中心性，自己と対象表象の未分化を示している」と，典型的に退行論的な解釈を示し，それ以上にこの事例の考察を深めることがなかったのである。ここに，発達論的問題構制の落し穴があるといえよう。

　数が多いといっても，せいぜい数パーセント以内の少数派であって普遍的な現象として扱うには足りず，やはり異領域化して扱うのが妥当なのではないかと，反論されるかもしれない。また逆に，そもそも数にどんな意味があるのか，重要なものはたった一例でも重要であり，生きていく上でどうでもよいもの，精神生活上無視できるものは，いくら数を5，6パーセントまで積み上げても，依然としてどうでもよいものではないかと，反論されることもあるかもしれない。これらの反論に対しては，次の引用を手がかりとして答えよう。

　　　……もしかすると，（極端な場合を考えれば）あなただけがこの世のなかの唯一の心であるかもしれない。……この奇妙な考えは，幼なかったわたしの頭にも浮かんだことがある。あるいは，あなたの頭にも同じことが浮かんだかもしれない。わたしの学生の三分の一ぐらいのものも，子どもの頃に同じことを考えつき，その考えにとりつかれてしまったと言っているが，このような考え方は哲学的な仮説としてはきわめて一般的で，(「自分ひとり」という意味のラテン語 solipsis に由来して）「独我論（ソリプシズム）」と呼ばれている。……

　これは，日本でもよく知られた認知哲学者デネットの一般向きの本の一節である（Dennett, 1996, 訳書, p.11）。再々述べているように，本研究では，体験事例はなるべく哲学者の書斎以外の場所に見いだすという方針であり，また，出現率バイアスを

避けて哲学コースの学生を調査対象から外してある。けれども，デネットが独我論とは対極に位置する唯物論的傾向の科学哲学者であり——心の理論研究における誤信念課題の提案などで発達心理学研究にも寄与したことからして（Denett, 1978），広い意味での心の科学者とも見なせることもあり——自説の正当化のためのエピソード語りという嫌疑が薄いということともあいまって，この一節は引用しないわけにはいかない。デネット本人を含めて，これら幼い頃に独我論的な思いに捉えられた人々の例のすべてを，退行論的に説明し去ることが可能とは，考えにくいからである。むしろ，これらの人々の，想定される知的教育的水準を考慮すれば，極めて早くから内省的な自己意識にめざめたことが，かえって独我論的体験の引き金になったという，逆の想定も成り立つのではないだろうか。

　さらに言えば，1996年という時期に哲学書の中でこのような報告が出現したこと自体が，筆者には，何らかの時代精神のあらわれではないかとさえ思われるのである。哲学の専門家でこそないが多くの哲学書をひもといてきた筆者の読書経験に照らしても，このようなエピソードの載った哲学書というものには，いまだかつて出会ったことがない。序章2節4（認識関心—社会的歴史的状況）でも，自己の独我論的体験をも何らかの「時代精神」の兆しではないかと感じ始めたことが語られているが，デネットのこの報告といい，本章での独我論的体験報告率の高さといい，なにか現代社会の深層の，ある傾向が，浮上してきたことを示唆するとは考えられないだろうか。

　無論，独我論的体験者が本当に増えつつあるのか否かは，それこそ実証的に裏づけられねばならないことである。本章で作られた調査研究のための枠組みが，記述的現象的モデルの提起ともあいまって，そのような実証的な研究のための基礎となることを願ってやまない（なお，独我論的体験＝時代精神説については，終章で検討する）。

第6章

自我体験調査の展開と展望

　本書のちょうど中間点ともいえる本章に入るにあたって，本研究の目標をもう一度ふり返ってみよう。本研究の第一の目標は，自我体験・独我論的体験を，心理学研究のテーマとして展開することであった。この目標は，4つの調査報告を含む第1～5章で，ある程度は達成されたといえよう。序章でシュピーゲルベルグに示唆を受けて（図0-1として）描き出した自我体験・独我論的体験研究の4段階から言えば，ようやく根の段階に当たる「体験」の経験的な確立の部分を終え，これから幹の段階に入るのである。第二の目標である，「"体験"とは何か」の本格的な解明に入るのである。

　しかしながら，次の段階に入る前に，もう一度，自我体験調査について，考察し直す必要が出てきた。第1～4章の一連の自我体験調査が行われて以後，発達心理学会でのシンポジウムの開催や，それに基づく成書の刊行（渡辺・高石，2004）があって研究者同士の意見交換が進み，日本での自我体験研究は，進展を見せ始めているといってよい状況になったからである。それゆえ，ここで，これらの研究の展望をふまえ，第5章での独我論的体験調査の結果をも考慮に入れつつ，自我体験とは，そして自我体験研究とは何かを，改めて考察し直すこととなったのである。

　そういうわけで，本章は，先行した調査報告に対しての「総合的考察」に当たるものなのであるが，それに尽きるものではない。

・内省的自己意識のあるタイプが自我体験生起の要件と考えられること。
・自我体験の概念規定上の困難が経験的研究のこれ以上の発展を阻害していることが，独我論的体験との比較によって改めて意識され，自我体験の概念的水準に及ぶ省察がなされること。
・自我体験とは認識論と自我発達論との交叉領域に生じる現象であると考えられること。

これらの示唆が得られ，後半の，自発的事例に基づく「体験」の内的構造分析への展開の，転換点になっている章なのである。

以下，日本において進展を見せ始めている自我体験研究の成果と問題点を，①方法論的進展，②発生率と初発年齢，きっかけ ③体験の構造と概念的参照軸，④発達論的意義，⑤自我論から認知論へ，⑥自我体験と世界観形成，の順にまとめつつ，理論的考察を加えることとしたい。

1節 方法論的進展

1 事例収集法

自発事例の収集に限られていた時代に比べると，高石（1989a）が，多数の質問項目を用意して体験の有無を答えさせると同時に，最初の体験をできるだけ詳しく自由記述させるという方法を開発して以来，自我体験を組織的に想起させる方法は飛躍的に進歩した。高石の方法が筆者によって「回想誘発的質問紙法」として特徴づけられ，尺度化という数量的方法の一環としてではなく，質的方法として位置づけられ，体験事例収集の方法としても独自の意義を与えられたことは，第5章に見たとおりである。他方，大谷（2002，2004a）は，中学生に対して半構造化面接を適用した研究を発展させている。

組織的事例収集法が発展したからといって，自発的事例の収集がその役割を終えたわけではない。日記や自伝や文芸作品などで語られる自発例は，本人にとっての意味を，とりわけその後年にまで及ぶ影響を，明らかにするための豊かな手がかりを含むことが少なくない。これは，組織的に収集された調査事例の多くに備わっているとはいえない利点といえよう。また，第5章4節の脚注43でも言及したように，特に，インタヴュー法や低年齢層への調査に倫理的問題を残す独我論的体験に関しては，自発的事例研究の役割は大きいものがあろう。組織的研究の知見をふまえ，当該の事例の，全体の中の位置や特徴を見定めつつ自発例を検討するならば，「1例しかない」「都合のよい例だけをとってきた」といった，恣意性問題（西條，2005b）も回避できるだろう。次の第7章以降が，自発的事例を中心とした考察に当てられる。

2 事例判定法

体験を詳しく述べているからといって真に自我体験を想起したとは限らないという問題も，天谷（1997a），渡辺・小松（1999）が，複数の独立の判定者に自由記述例を

判定させるという方法を開発したことによって，解決に向かっている。この際，鍵となるのが，判定者が依拠すべき判定基準の明確化であることは，再々強調してきたところである。筆者は，この点，調査Ⅰ（第3章）においてまず，5項目からなる判定基準を作成し，さらに調査Ⅱ（第4章）においては，自我体験の4類型について，判定例2つと除外例1つを挙げて，判定の具体的根拠を例示することにより，可能な限り明確な判定基準の作成に努めてきた。高石（2004b）の，「渡辺・小松氏の，自由記述から自我体験の有無を判定する5つの基準は，判定の具体的例文を添えれば一定の客観性を保証できるだろう」という期待どおり，調査Ⅱにいたって判定基準は，一定の「客観性」を保証できるものに達したかに見える。

しかしながら，第3～5章でも注意を促してきたように，この判定基準は，決して，この基準に従えば誰もが自我体験とそうでないものとを識別できる，という意味での，実証研究に必要な方法論上の再現性を保証するものではない。この基準を使いこなすためには，数多くの体験事例に接して体験に熟達するという，一種のアート（職人芸）が必要なのであった（高石の「客観性」発言も，彼女自身が自我体験研究の開拓者の1人であり，まぎれもない熟達者であることを，念頭において理解しなければならない）。まして，この基準がいかにして作成されたかの根拠を問おうとすれば，第3章で示唆したように「解釈学的循環」に巻き込まれざるを得ないのである。それゆえ第5章では，このアートを，黒田（2002）の提起した方法論的概念である，「主体変様的」というキーワードで，特徴づけたのであった。

わざわざこのような概念を持ち込む理由は，研究が進んでいないことの言い訳などではない。研究が進展しさえすれば「誰でも」使えるような客観的な基準ができるだろう，ということが期待できないのは，原理的な理由による。そもそもまず，自我体験や独我論的体験が主観的体験であるからであり，それも，自己についての主観的体験だからなのである。なお，第9章1節「自我形成論と主体変様的論理」において，主体変様とは何かの検討も含めてこの問題が詳しく論じられているので，ここではこれ以上の言及は控えたい。

2節　体験報告率と初発年齢，きっかけ

1　体験報告率

組織的調査法の開発によって初めて明らかになったことに，体験報告率と，初発した（と回想された）年齢の分布がある。体験報告率に関しては，何らかの「判定」が

表6-1 これまでの自我体験調査における体験報告率

調査	調査対象（人数）	調査方法	報告率
探索的調査（第2章）	大学生（227名）	4項目見本例質問紙	19.8%
天谷（1997a）	大学生（160名）	25項目質問紙	31.3%
調査Ⅰ（第3章）	大学生（345名）	19項目質問紙	29.9%
調査Ⅱ（第4章）	大学生（309名）	16項目質問紙	27.2%
調査Ⅱ（第4章）	専門学校生（105名）	16項目質問紙	3.0%
天谷（2002）	中学生（60名）	半構造化面接	63.3%
天谷（2003）	大学生（150名）	15項目質問紙	57.3%
天谷（2003）	高校生（307名）	15項目質問紙	34.0〜42.3%
天谷（2003）	中学生（424名）	15項目質問紙	30.6〜44.6%
高石（2003）	大学生（176名）	34項目質問紙	36.3%

なされている研究を表6-1にまとめた。

　高石が，「研究対象としての「自我体験」を明確に定義し，研究者間で共有できる概念を構築するのは難しい作業であることを，改めて感じた」（2004b）と述懐しているように，研究者が違えば概念が違い，概念が違えば質問項目も違い，判定基準も違ってくるという事情がある以上，これらの報告率の違いをどう解釈するかは難しい問題である。ただ，大学生に関しては，これらの調査のすべてが，選択科目である心理学関連の授業時に行われたことを考えれば，大学生一般に普遍化するにはいささか高い報告率であると言わねばならないだろう。心理学を選択受講する大学生の「自己」というテーマに対する関心の高さが，体験の想起もしくは表出に有利に働き，「選択科目」の気楽さも自己防衛を弱めた可能性が考えられるからである。また，唯一同年代での比較対照として，実学系の専門学校生のサンプルが極端に低い報告率を示しているのを見ても，大学生特有のモラトリアムの心理と状況とが回想の表出に有利に働くことは，独我論的体験でも自我体験でも，ほぼ共通に想定できることであろう。

　以上を勘案して，「心理学選択受講生としての大学生群」での自我体験回想報告率を，共通の判定基準に基づいてなされた本書での調査Ⅰ（第3章）と調査Ⅱ（第4章）を中心に見て，「4人に1人程度」としておくことにしよう。これらの調査法の発展をみる以前の西村（1978）は，自我体験を「一般的には起こりにくい」と指摘する一方，高石（1989a）は，「あらゆる人に普通に起こりうるもの」と述べている。実態は，その中間であって，「例外」でもなく「普遍的」でもなく，「準普遍性」とでもいうべき率だったのである。「例外」ではない以上，これは，自我体験を病理や宗教心理へと異領域化することなく，一般的な自己意識発達の一側面としてアプローチしようと努めてきた本研究の方向性を，支持するものといえる。他方，ここで言う，自己意識

発達の「一般性」のほうにも，いささか問題があることがわかる。いったい，4人に1人という「準普遍性」を，どのように考えればよいのだろうか。これについては，5節3「自我論と認知論の間」で，改めて取り上げることとしたい。

2 初発したと回想された年齢

初発年齢については，第3章1節でも触れたように，西村（1978）は思春期という見解を述べているが，他方では，その紹介する自発例の6例中3例までが，小学校低学年から中学年という，児童期後半～前思春期に属しているという不整合があった。続いて高石（1989b）が，思春期ではなく前思春期ではないかという知見を，調査に基づいて述べている。その後，判定が行われるようになってからのデータを見ると，渡辺（1992b）では，小学校高学年と中学にピークがあるが，小学校以前から高校にいたる広い年齢に分布が見られた。また，天谷（1997a, 1997b）では8～12歳（大学生対象と中学生対象），本書の調査Ⅰでは初発時期のピークは平均約9.5歳（小学校低学年），調査Ⅱでは約11歳，また高石（2003）での初発時期ピークは小学校中学年であった（以上，大学生対象）。また天谷（2002）の中高校生対象の面接法では，「小学校半ばから後半を中心として，その前後にある程度のばらつきが見られる」とされた。さらに天谷（2004b）の質問紙調査では，小学校後半にピークがあったが，就学以前から高校まで広く分布が見られた（中学生～大学生）。

以上，少ないデータながらまとめると，自我体験の初発時期は，児童期中期～前青年期という小学校の時期に初発年齢のピークがあるが，小学校以前という報告もある一方，中学高校という青年期前期から中期にかけての報告も少なくない。このようなばらつきを考えても，第2章・第4章でも述べてきたように，自我体験に関しては思春期といった特定の発達時期に結びつけるよりも，何歳頃から可能になるのかという問題を立てるべきかもしれない。さらにこの，初発時期に見られるばらつきに加え，親世代への調査（渡辺，1995b）で，少数例のサンプルながら妊娠出産をきっかけという事例が見いだされたことは，自我体験生起に必要な発達的な条件の他に，十分条件（実際に生じるきっかけ）という考え方を要することを示唆していよう。十分条件がみたされるのは中高年でもあり得るし，人生の終末期でもあり得るのではないだろうか。これについては次節でも取り上げることとする。

3 体験のきっかけ

高石（1989a）によると，622名の自由記述内容を「何との関係が述べられているか」という観点から分類した結果，「友人・同年代他者との関わり」155名，「親・教

師・年長者との関わり」65名,「自然・宇宙・神との関わり」94名,「本・絵画・音楽との関わり」40名,「自分の特定の感情・行為」92名,「自分の特定の思考」43名,「自分の曖昧な状態」102名,「わからない・無回答」73名,という数になったという(重複あり)。ただし,既述のようにこの研究には,自我体験判定方法が明示されていないという問題がある。定量的なデータではないが,探索的調査(第2章)では,①漠然たる観想・観照,②死の思い,③人間関係の葛藤,④出生の特異さ,⑤受精や出生の仕組みについて習うこと,⑥視野の急激な拡大,の6つを,それぞれ例を引いて挙げている。

一方,調査Ⅰ(第3章)の定量的分析では,初発体験95例について,「死について考えて」13.4％,「自分を観察して」12.9％,「宇宙のことを考えて」11.8％,「他人や生き物を観察して」9.1％,「人間関係の葛藤」6.4％,と,何らかのきっかけが同定されているが,残り46.3％は「言及なし」であった(なお,図3－3は,「言及なし」を除いたパーセンテージで表示している)。天谷(2002)でも,「きっかけなし」が55％～58％を占め,他に,「授業で聞いた,人に言われた」5％程度,「テレビや本で似たことを見かけて」10％程度,「別の悩みから変化して」12～3％程度,「その他」7～9％程度,という結果であった。

これでみると,自我体験の半数はきっかけがない,ということになってしまう。自我体験は,これといったきっかけ(＝誘発状況)がなくとも,起こり得るのかもしれない。

そうは言っても,きっかけの考察が重要ではないことにはならないだろう。序章の 事例0-1 [注45] は,第2章「探索的調査」では「漠然たる観想・観照」に分類されているが,他の定量的な研究では,「きっかけなし」に分類される可能性もある。また,前述第3章の定量的分析では,「体験のきっかけ」による分類の他に「自我体験の生起した状況」による分類(図3－2)も掲げているが,明確な記述のある62例のうち,「一人でいるとき」が52％と多く,「人のいる場所で」27％,「人と話していて」21％を引き離した結果となった。こうしてみると,一人でなんとなくいるときに自我体験は生じやすいといえるのではないだろうか。一人でなんとなくいることもまた,考えようによってはきっかけであろう。一人でなんとなくいることは,自我体験と関わりの深いと思われる内省的態度が発現するための条件でもあり,また,内省的態度が発現していたからこそ,一人でなんとなくいた,とも考えられるわけである。

注45 便宜のため再掲する。 事例0-1 再 6歳か7歳くらいの頃,ある晴れた日の正午ちょっと前,2階の部屋にいて,窓からさしこむ日差しをぼーっと見ている時に,「私はどうして私なんだろう,私はどうしてここにいるんだろう」と思った。

第1章で見てきたように，梶田（1978）は，「自我体験」に相当する事例を紹介して，これを「対自的自己意識」と名づけている。本研究でこの名称を採用しなかったのは，この語が，記述概念を越えて説明のほうに一歩踏み出した概念であり，しかも，自我体験そのものを説明する概念というより，体験生起の条件を指す概念と考えたからである。第1章ではまた，自我体験生起の条件として把握し直された対自的自己意識に相当する語として，「内省的自己意識」の語を用いることを提案しておいた。内省的自己意識とは，これからその構造を明確化してゆかねばならない説明的概念であるのに対し，内省的態度とは，内省的自己意識を，外部から，より記述的に，態度・行動の側から捉えた概念といえる。いずれにしても，内省的態度・内省的自己意識が可能な状態となることを，自我体験の，自己意識構造発達の側の条件と考えることはできないだろうか。そして，具体的に「きっかけ」とされている多様な回想も，一人でなんとなくいたといった回想をも含めて，内省的自己意識の実際の発現の誘発状況と考えれば，統合的に理解できるかもしれない。

　ただし，自我体験想起率の低さからみて，内省的態度・自己意識が実際に出現しさえすれば，即，自我体験（もしくは独我論的体験）が生起するとは，考えにくいものがある。そこにさらに，いくつかの構造的要素が加わる必要があるのかもしれない。次の第7章では，この，内省的な態度・自己意識に焦点を絞り，自我体験の内的体験構造の解明を進めることになる。

3節　体験の構造と概念的参照軸

1　自我体験の分類

　第5章で独我論的体験について述べたように，主観的体験を共通了解性のある現象へと展開するためには，何らかの構造を発見することが有効と思われた。自我体験研究は，このような意味で，構造を発見し得ているだろうか。構造発見の第一歩は分類にあるので，今までの諸研究で用いられた分類を，表6－2としてまとめてみよう。

　ここで，第5章において独我論的体験の諸事例が，「他者への疑い－世界への疑い」「俯瞰する－俯瞰される」「哲学的－ファンタジー的」，という明確な分類軸によって構造モデル化されたことを思い出そう。これに比べると自我体験の分類法は，表6－2を見てもいささか素朴かつ多様であって，明確な分類原理を見いだすにはいたっていないように思われる。

　その理由は，自我体験には，独我論的体験における「独我論」のような，明確な概

表6-2 自我体験の下位側面（分類）

高石(1989)〈因子分析〉	高石(2003)〈因子分析+判定〉	渡辺(1992)(第2章)〈判定〉	渡辺・小松(1999)(第3章)〈因子分析+判定〉	天谷(1997a)〈判定〉	天谷(2002)〈判定〉
自我意識	自我意識	1「なぜ私は私なのか」形式の問い	1「自己の根拠への問い」"なぜ私は私なのか"(N=59)	a「自分の実在への探索・疑問」(自分はなぜ自分か,自分が存在するということはどういうことか,等)	
		2「なぜ他の人間ではないのか」形式の問い			
		3「なぜ今ここにいるのか」形式の場所・時・環境の問い		c「自分の起源・場所への疑問」(なぜ自分はここに,この時代にいるのか)	
独自性	独自性・自立性	4「なぜ生まれたのか」等のやや漠然とした問い	2「自己の独一性の自覚」"私は他の誰でもない私である"(N=7)	d「独自性」(自分は他の人とは入れ替われない私)	なし
自律性					
変化の意識	変化の意識			e「自分の実在への実感」(自分は自分なんだ)	なし
自然体験	自然体験		3「主我と客我の分離」"私の中に本当の私がいる"(N=7)	b「自分のものと同定しているもの（名前・体）への違和感」(鏡などで自分を映していて,……いったいこれ（自分）は何なのか,誰か)	
空想傾向	なし				
孤独性	孤独性		4「独我論的懐疑」"本当に存在するのは私だけではないのか"(N=22)		

〈　〉内は,分類の方法である。各行（類型）はある程度対応しているが,高石の列のみは,厳密には他の列（＝他の研究）とあまり対応関係をつけることができない。渡辺・小松の列のNは事例数（初発のみ）を表す。

念的参照軸が不在であることに求められよう。「自分以外の他人はロボットではないか」「自分の背後の見えない部分は無になっているのではないか」といった世界観は，著しく常識を外れてはいるものの，それなりに輪郭のはっきりした思考である。それゆえ，これを参照軸として何らかの，たとえば「他者への疑い－世界の実在性への疑い」といった，分類軸を立てることが可能になる。ところが，自我体験における「自我」や「自己」は，決して一義的に輪郭の定まるような概念ではないのである。なるほど，第3章の調査Ⅰでは，自我体験の3タイプを，思想史上の自我の自覚の3つの原典に関連させてみた。けれども，この試みも，両者の間の記述上の類似に着目したのであって，決して後者を前者の概念的説明として用いたのではなかった。おまけに，両者は必ずしも1対1に対応するわけではなかったのである。

さらに付け加えるならば，独我論的体験の場合，「もしかしたら『AはBである』のではないか？」という，平叙文に"？"がついた形をしている。「　」の内部がどれほど奇抜であろうと，「もしかしたら『太陽が地球のまわりを回っている』のではないか？」という文と本質的に違いはない。これに対して，自我体験の問いである「なぜ私は私なのか？」や「私は本当にX.Yか？」のほうは，いわば「A＝A」という論理そのものへの疑いとなっている。前者は自明な言明内容に対する疑いであるのに対し，後者は自明な論理形式そのものへの疑いである。これが，論理的概念的な不明瞭さをもたらす一因になっているといえよう。

2　自我体験の2つの概念的参照軸

とはいえ，概念的参照軸の候補となるような現代的問題領域が，これまでの調査に関する考察の中で，示唆されてこなかったわけではない。そのような問題領域の中で，「意識の超難問」と「自己認識のアポリア」について，一瞥しておこう。

(1) 意識の超難問

「自己の根拠への問い」を体現する問いが，「なぜ私は私なのか」という表現に集約されることは第3章でみてきた。この問いに対する概念的参照軸の候補となるような問題領域が，これまでの調査における考察の中で示唆されなかったわけではない。第3章4節では，「この一見無意味とも思える『なぜ私は私なのか』の問いの有意味性をめぐる議論は，現代哲学におけるトピックの一つでもある」として，ネーゲルなど何人かの哲学者の名を脚注34に挙げている。ここでは，筆者も参加している学際的領域である意識研究・意識科学の分野で，「意識の超難問」(harder problem of consciousness) という名のもとに提起されているトピックスを取り上げよう（この訳語については後述する）。まず，「意識の超難問」登場の背景をなす，意識科学について

一言する。

 21世紀は脳の世紀だと言われているが，脳研究の標的の1つは科学の究極の謎である「意識」にあろう。Toward a Science of Consciousness という意識科学の国際会議も開かれるようになっている。第1回が1994年に合衆国アリゾナ州のツーソンで行われて The First Tucson Discussions and Debates （日本では「ツーソン会議」といわれている）と称して以来，隔年に開催され，神経科学，人工知能，理論物理学，言語学，心理学，哲学，人類学など，各分野の専門家が参集している。また，1999年には，ツーソン会議の分科会ともいうべき，Toward a Science of Consciousness-Fundamental Approaches: Tokyo '99（通称「東京'99」）が，東京で開かれ，日本人研究者も多数参加した。筆者が驚いたのは，このツーソン会議の第3回（1998年）で，「意識の超難問（harder problem of consciousness）」として提起された問題が，自我体験として，とりわけ「自己の根拠の問い」として調査中のいくつかの事例に現れた問いと，まったく同型だったことである。

 「意識の超難問」があれば「意識の難問」があり「意識の易問」があるだろう。この三者の関係について，最低限説明しておこう。

 脳と意識の研究が21世紀の科学界最大のプロジェクトの1つであることはよく知られているが，この研究の抱えている難問のほうはそれほど自覚されているわけではない。第1回と第2回のツーソン会議で，認知哲学者チャルマーズ（Chalmers, 1994）は，脳と意識の科学的研究が直面する根本的な困難を，明快な言葉で説明して大きな影響を与えた。それによれば，意識の謎が神経科学によって解き明かされると信じている科学者たちは，やさしい問題（易問）と難しい問題（難問）とを混同しているのである。

 やさしい問題（easy problem of consciousness）とは，たとえば，脳はどうやって環境中の情報を弁別するのか，それらの情報は脳の中でどう統合されて行動を制御するのか，といった問題である。これらは意識の機能面についての問題であり，たいそう重要ではあるが，根本的な謎には触れていない。つまり，「脳のあるプロセスある作用には，なぜ主観的な精神活動が伴うのか？」「それらのプロセスや作用はなぜ意識的経験という状態をもたらすのか？」といった根本的な問題である。チャルマーズは，これこそが意識の難問（hard problem of consciousness）だという。

 ところが，第3回ツーソン会議で，オーストラリアの人工知能学者ロバーツ（Roberts, 1998）が，次のような発表をしたのである。

 たとえいわゆる意識の「難問」——すなわち，いったい全体なぜ主観的経験というものが脳から生じるのか——を解くことができたとしても，より巨大で根本的な問題

が残ってしまう。「いったいなぜ私はある特定の個人の脳に生じる主観的経験をのみ経験できるのか？」言い換えれば，「なぜある特定の意識する個人がたまたま私なのか？」という問題である。

　これを平易に言い直せば，「なぜ『X.Y』が私であって他の誰かが私ではないのか」という，おなじみの問いと同型の問いになるわけである。ロバーツは，この問いに「意識の超難問（harder problem of consciousness）」という名を与えている。それを受けて，筆者は，この意識の超難問こそが，自我体験の中の核となる類型である「自己の根拠への問い」の概念的な参照軸の候補と考え，意識科学国際会議の分科会（東京'99）において，自己の根拠への問いの体験を「超難問体験（harder problem experience）」として捉え直し，経験的な心理学的研究の対象とすべきことを提案したのだった（Watanabe, 1999）。ちなみに，"harder problem of consciousness" に「意識の超難問」の訳語をあてたのは筆者の工夫であったが（渡辺，2000, 2002b），幸いこの訳語は，三浦（2002）や沖永（2007）など，哲学者によっても採用されるにいたっている。

　ただし，ネーゲルやロバーツの議論は純粋に概念的・哲学的なものなので，本章では扱わず，終章に回すことにしたい。

(2) 自己認識のアポリア

　自我体験の概念的参照軸の候補の第二の問題は，「自己認識のアポリア」である。「自己とはこれこれである」と認識すれば，それは自己を対象化することになり，自己の客体的側面（self-as-object）である「客我 Me」になってしまうので，自己の主体的側面（self-as-subject）である「主我 I」は原理的に認識し得ない，という問題である。

　これもまた，本書の各所ですでに触れられている問題である。たとえば第3章1節1には，次のような記述がある。

> 　ジェームズ（James, 1892/1961）の自己意識論では自己は主我と客我に分けられ，主我が哲学にゆだねられる一方，自己の客体的側面である客我のみが経験科学としての心理学の対象とされた。現在盛んな自己概念研究は，この流れを汲む。これに対して，自我体験という概念の提唱は，主我への気づきを「体験」として研究する道を指し示したといえるもので，「ルディ・デリウス事例」に2つの「私」が出現しているのは，客我主我双方への気づきという体験自体を示唆しているとみることができるのである。(p.65)

　このような考察を続ければ，そもそも主我を認識しようとすればそれはすでに主我ではなく客我となってしまうというアポリアゆえ，主我は，「なぜ私は私なのか」「私

は本当に私なのか」といった疑問や違和や困惑の体験としてしか言及されることがない，という洞察にいたるのである。「自己認識のアポリア」は，「意識の超難問」以上に，本書の中で暗黙の概念的参照軸として使われており，明示化を待つばかりになっていたと言ってよい。ただし，これについての詳しい議論もまた，第9章1節「自我形成論と主体変様的論理」に回すこととする。

(3) 概念的参照軸は2つか3つか

以上，2つの概念的参照軸のうち，「意識の超難問」のほうは，第3章で参照した思想史上の原典中，パスカルの問いに対応できるかもしれない。別の角度から見ると，パスカルの問いの現代的に洗練された論理的表現が，意識の超難問と言えるかもしれない。

すると，他の2つの原典テクスト，「デカルトの驚き」と「ウパニシャッドのいぶかり」のほうはどうしたのか，という問題が出てくるだろう。実は，両者とも，「自己認識のアポリア」の系として解釈可能なのであるが，これも詳しくは第9章で論じることにする。

以上，概念的参照軸については，本章ではその存在可能性を指摘するにとどめ，その詳しい解明は，第9章以降に譲りたい。なぜならば，図0-1に描き出した研究の流れの樹木図に照らしてみれば，概念的哲学的解明は「研究の枝」に属する，最後の段階に当たるからである。

(4) 概念的参照軸は定義ではないこと

概念的参照軸とはあくまでも「参照」にすぎず，「定義」に換えることはできないことを，強調しておかなければならない。筆者もまた，かつて，「自我体験の中でも中核となるのは，子どもが最初に意識の超難問に出会うという超難問体験である」，といった言辞を弄したことがある (Watanabe, 1999；渡辺, 2000)。しかしながら，そのように説明したからといって，子どもが当の体験をしている瞬間に何が起こっているかが，明瞭に理解できたわけではない。意識の超難問との出会いの瞬間の，体験としての構造を明確化するという課題は残されたままである。

心理学研究としては，やはり，事例テクストという心理学的データのみに基づいて，体験の内的な構造を解明することで体験を特徴づけ，定義をも行うことを，目標としなければならない。それは独我論的体験についても同様であり，哲学的独我論説から直輸入された「他者への疑い」や「世界の実在性への疑い」といった概念とは独立に，データのみに基づいた特徴づけと定義とを目指すべきである。そこに，自我体験・独我論的体験研究における，心理学独自の貢献があるからである。この課題は，自我体験と独我論的体験が統合的に解明される第8章で果たされることになるであろう。

4節 発達論的意義
——アイデンティティ論と自己研究

　自我体験研究は，自己・自我発達研究の流れの中で，どのように位置づけられ，その成果はどのような寄与をもたらすだろうか。本研究ではこの発達論的課題は，研究の流れの樹木図中，「根」（＝体験の存在証明），「幹」（＝体験とは何かの解明）に続く「枝」の部分に位置づけられるが，日本におけるこれまでの研究が主として発達論的または臨床発達的パラダイムに基づいて行われてきた事情もあり，ここで一瞥しておくとしよう。

1　アイデンティティ論との関係

　「なぜ私は私なんだろう」「お前は本当にルディ・デリウスか？」といった問いは，「自分探し」に代表される"いわゆる"アイデンティティの問いと似ているように思われる。自我体験をアイデンティティ危機・混乱の一部として捉えることはできないのだろうか。西村（1978），高石（1989a），および，筆者（第3章）が，自我体験とアイデンティティの間の差異を述べているところをまとめると，次のようになる。

　第一に，アイデンティティの問いが，「○○としての私」という，名前やパーソナリティなど具体的経験的な自己概念や役割を前提とした問いであるのに対して，自我体験の問いは，それら自己概念や役割に対する違和・疑問の形をとっていることである。「なぜ私は私なのか」はアイデンティティの問いでは，「なぜ私はこのような性格なのか，他の性格ならよかったのに」という意味になるだろう。それは，私がこの性格であることを前提とした問いであり，「問い」というより実のところ「不満」である。これに対して自我体験では，まさに私がこの性格でこの名前の人物であるという前提自体が，（不満ではなく）謎と感じられるのである。

　第二に，アイデンティティの危機・混乱が，後期青年期を中心としているのに対し，自我体験の問いは初発年齢のピークが児童期から前青年期にあることである。

　第三に，これは発達心理学会のラウンドテーブル時に高石が強調したことでもあるが（渡辺ら，1999），アイデンティティの「混乱」「危機」が，「確立」に成功していないという視点からの概念であるのに対して，自我体験には不成功というニュアンスがなく，自己意識発達上の積極的な機能を持つのかもしれないことである。

　しかしながら，以上の議論が，エリクソン本来のアイデンティティ論の豊かさと多岐さをあまりかえりみないでなされているのではないかという懸念もあろう。実際，最初の実証的研究を行って20年近くへて，高石（2004a）は，「エリクソンが問うた

アイデンティティの原点に戻って，その深さを探求しようとする流れが生じている」として，西平（1998）の『魂のアイデンティティ』と，梶田（1998）の『意識としての自己』という2冊の例を引いている。西平はアイデンティティを4次元に，梶田は3次元に分け，それぞれを独立に研究・考察することの必要性を説いている。とりわけ，両者の分類で最高次元に位置する「スピリチュアル・アイデンティティ」（西平），「主体的アイデンティティ」（梶田）は，これまでのアイデンティティ論で主として扱われてきた社会的次元のアイデンティティとは異なり，自我体験の概念に近いものだと高石は言う。

自我体験とアイデンティティ論（もしくは自我形成論）の関係については，5節「自我論から認知論へ」で再論することとする。

2 自己研究との関係

高石（1988a, 1989a）は，自己像・自己概念の測定などの統計的・実証的研究がいくら発展しても，それらが自我によって意識された客体としての自分（＝客我）の側面に限定されている以上，青年自身によって青年期の自我発達の段階的変化がどのように"体験"されているか，ということを解明するには限界がある，と述べる。また筆者（渡辺，1995a）は，ジェームズ（James, 1892/1961），ミード（Mead, 1934）らによって水路づけられた自己についての経験的研究が客我に限定されているのに対し，自我体験は，経験的対象にならないがゆえに心理学から排除され哲学の領分とされた主我を，まさに経験的認識の対象にはならないという驚きや違和の体験として経験的心理学的に研究する道を拓いた，と論じたことがある。つまり，そこでは，前述の「自己認識のアポリア」に関係づけて論じたのである。天谷（1997a）も，自我体験という考え方を導入することで，自我・自己の研究において，「私という存在そのもの」というレベルに関する現象を，他の自己研究から分離できた，とする。さらに，従来までの自己概念研究の対象となってきた「私はこれこれである」と具体的経験的に言及できる水準での自己を「私2」，自我体験研究において発見された，いっさいの経験的属性を超えた単に「私である」という水準での自己を「私1」と呼んで区別しよ

注46 この項の冒頭で「"いわゆる"アイデンティティ」と括弧を付けたのは，そのような懸念からであった。「いわゆるアイデンティティ論」に基づいて書かれた例として，訳名からして象徴的な『なぜ私は「私」なのか』（Gallagher, 1996）の冒頭の一文「私は何者？ 私は『私』に生まれたのか，それとも『私』につくられたのか？ 私を他のだれでもない『私』たらしめているのはなに？ 私はなぜこのようにふるまうのか？ 私のアイデンティティはどのようにして私を定めるのか？」を挙げておこう。ここでの「私」とはパーソナリティのことであり，この本の主題は，原題から察せられるように，パーソナリティ論における遺伝－環境論争なのである。

う、という論者も現れた（天谷，2002；小松，2004）。このような区別は，第3章
事例3-2 において，「これらの事例では，固有名に置き換え可能な『私』と，その人
物が現に自分であるという意味での『私』とが区別され，他の人物が自分である可能
性の想定を通じて，2つの『私』の結合関係の根拠が疑われている」と論じた方向と，
同一線上にあると言えよう。

　以上をまとめると，自我体験において問題になっている「自我」の経験とは，対象
化された客我ではなく対象化され得ない主我に関わる経験であり，役割やその他の経
験的側面を剥ぎ取った自己そのものに関わる経験であると言えよう。しかも，このよ
うな「自己そのもの」ともいうべき経験は，青年期においてアイデンティティ危機を
迎える以前，児童期から前青年期に主として生じたと回想されているのである。

　これら，2つの「私」というアイデアは，あくまでも，2つの「私」に対応する心
的リアリティの上での区別を示唆しているのであって，実際に2つの「私」が存在す
るか否かは別問題であろう。また，2つの「私」という心的リアリティをより明確に
述べることができる概念的参照軸が提起できない限り，これらのアイデアも不明瞭な
ままにとどまらざるを得ないというところに問題があるだろう。「意識の超難問」も，
「自己認識のアポリア」も，これらのアイデアを明確化するための，概念的参照軸に
なることが期待されるのである（自我体験の，体験としての内的構造に基づいて，具
体的にどのような内的構造連関がこれらのアイデアに対応するかの検討は，次章以下
の課題である）。

　なお，高石（1988b）は，自我体験初発のピークとする10歳頃が自我発達の質的転
換点であることを，思春期の精神疾患の発症の下限年齢であることや，児童描画の発
達研究で得られた知見などから指摘する。9～10歳頃，「視点を自由に心の中で移動
させ，自分から離れたところに想像上の視点を置いて，そこから世界や自分を見つめ
ることができる」（高石，2004a, p.66f）ことを，彼女は自我体験と結びつける。天谷
（1997a）も，自我体験の発達要因として，メタ認知機能を含めた認知機能の発達を挙
げる。

　このあたり，自我体験の必要条件としての発達論的考察は，アイデンティティ論や
自己発達論といった自我形成論の領域を超えて，認知論的な領域に踏み込まざるを得
なくなる。次に，認知論的考察の必要性を説いた高井（2004a）の説を紹介して，自

注47　この年代に関わる発達の節目として，聾教育では「9歳の壁」ということが言われてきた。岡本
（1985）の著書『ことばと発達』では，この「壁」を，聾教育指導上の問題としてだけでなく，「二次
的ことば」への参入に関わる問題として取り上げている。また，この時期に「内なる他者」と対話す
る社会化された自我が形成されるとする。

我体験研究を新たな角度から見直すこととする。

5節 自我論から認知論へ

1 自我体験研究における関心の推移

まず，ビューラー（Bühler, 1923/1926）に始まって，西村（1978），田畑（1986），高石（1989a）へという，主として臨床系の研究における自我体験の概念と，後発の，筆者や天谷らの研究におけるそれとが，なにやら乖離してきてしまっていることに注意を促したい（正確に言えば高石は中間点にあるが）。表6-2「自我体験の下位側面」を一瞥すれば，このことを，表中の「渡辺・小松（1999）」の列でいう「自己の独一性の自覚」「主我と客我の分離」から，「自己の根拠への問い」への関心の推移，として見ることができるのである。

今まで紹介した過去の研究の中の事例を，この3つの類型に当てはめてみるならば，まず，ビューラーの事例「ルディ・デリウス」も第3章1節2での田畑（1986）の事例も，「主我と客我の分離」に当たる（事例「ルディ・デリウス」には「自己の根拠への問い」の要素もあるが）。西村（1978）の扱っている例は， 事例1-3 土居健郎をはじめとして，「自己の独一性の自覚」に入る例が大多数を占める。これに対して筆者（渡辺，1992b）の調査（本書第2章）では，「自己の根拠への問い」に属する事例が中心に取り上げられている。また天谷（1997a）も，「問いかけという形式」が多く見られ，その結果として「意識する形式」が見られるとして，「自己の根拠への問い」に当たる「自分の実在への探索・疑問」「自分の起源・場所への疑問」をより源泉に近く位置づけている。本書の調査Iに当たる渡辺・小松（1999）の調査になると，自我体験と判定されたうち，「自己の根拠への問い」が62・1％を占めるとして，質的考察にも多くの頁を割いている。さらに天谷（2002）にいたっては，自我体験の中核は問いかけという形式であるとして，「自己の独一性の自覚」に当たる部分を自我体験から削除さえしているのである。

つまり，自我体験の研究には，「自己の独一性の自覚」「主我と客我の分離」中心から，「自己の根拠への問い」中心への，関心の推移が見られるのである。

けれども，これが関心の推移というより，そもそも自我体験という問題領域は，異質的な2つの問題——自我論的と認識論的——の複合であるかもしれないことを示唆したのが，高井（2004a）であった。

2 自我体験を認識論的に捉える

　高井（2004a）は，自身の自我体験を，「小学校三年生のころ，トイレの窓から外の空を見たときに，ふと『なぜ自分は今ここにこうしているのだろう？　ほかの国に生まれて，別の名前でもよかったのに，なぜこの日本でこの自分なのだろう？』と思ったことだ」（p.203）と記している。また同じ時期に，記号と対象との結びつきが恣意的なものであることへの気づきが生じた，という。高井の自我体験は「自己の根拠への問い」に分類されるものであるが，彼自身の解釈によれば，これは，「『別の全く違った世界でも存在していたかもしれない自分が，今のこの世界に存在している』ということの不思議さを実感する体験」（p.197）なのかもしれないという。そして，「別の全く違った世界」を「今のこの世界」と同じように考える能力は，いわゆる反実仮想（counterfactual thought）の能力と考えることができ，また，この能力の発達は，記号や名前とその指示対象が必然的なものではなく恣意的なものであることに気づくというメタ言語能力の発達ともあいまって，小学1〜5年生にかけて認知発達上の変化をもたらす，と論じている。このような考察をふまえ，高井は，「自我体験の核心にあるのは世界とその世界を認識する主体との関係の変化であることを考えると，自我体験はまず認識論的に考察するべきであって，自我論的な問題は二次的・派生的なものなのではないだろうか」（p.204）と結論する。

　また，自我体験の判定基準（第3章3節1）として挙げられている「突発性」は，ゲシュタルト心理学でいう，洞察を得た瞬間の「あ，そうか体験（aha experience）」と共通するものがあるという。「違和感」は，これは，たとえば「イヌ」という単語をくり返し口に出していると，あるときふと何を言っているのかわからなくなるような現象である，記号と対象の結びつきが一時的に崩壊する，「意味飽和（semantic saturation）」に共通する。このように考えると，「自我体験は自分と世界との認識上の関係が変換したときに生じる一種の『あ，そうか体験』ではないか」（p.205）ということが示唆されるという。

3 自我論と認知論の間

　自我体験の自我論的な考察が二次的にすぎないかどうかは今は措くとして，高井の評言には，自我体験というテーマが，認識論的と自我論的との2領域にわたる複合体であることを，示唆するところに意義があった。

　とりわけ，高井が自我体験としてもっぱら取り上げて論じている「自己の根拠への問い」（以下，「問い」と略記）に属する体験とは，まず認識論的解明を必要とすると思われる。他方，「自己の独一性の自覚」（以下，「自覚」と略記）と「主我と客我の

分離」(以下,「分離」と略記)は,認識論的な変化が自我形成へと波及する,その線上に位置づけられるかもしれない。このように,自我体験の領域を,自我論的問題領域と認識論的問題領域に分けることで,4節で問題になったアイデンティティ論との関係にも,新たな照明が当てられるかもしれない。

　図6-1に,認識論・認知発達論の領域,自我形成論・アイデンティティ論の領域と,自我体験研究との関係を図示しておいた。自我体験研究の中では,「問い」が認識論的領域に属し,「自覚」「分離」が自我形成論・アイデンティティ論に重なるわけである。

　図6-1を見て,自我体験を2つの部分に分け,一方を自我形成論・アイデンティティ論として,他方を認識論・認知発達論として独立に研究すればよいのでは,と思う人もいるかもしれない。が,なおかつ独自の問題領域として自我体験研究が可能なのは,それが,第4章末尾の自我体験の定義 (p.104) でも示されているように,自己の自明性の亀裂・破れという,独自の「体験」領域を形成しているからに他ならない。認知発達研究によって,自我体験の発生の条件が明らかになったとしても,それだけでは自我体験は発生するとは限らない。認知発達も自我形成(アイデンティティ形成)も,普遍的なものであろう。この2つの過程が,ある人々においてある仕方で交差するとき,そこに深い自己認識が成立し,準普遍的ともいうべき「体験」が生じるのではないだろうか。

　また,図6-1で,「問い」から「自覚」および「分離」への矢印は,認知発達論的現象としての自我体験(自己の根拠への問い)が,自我形成論上の自我体験(自己

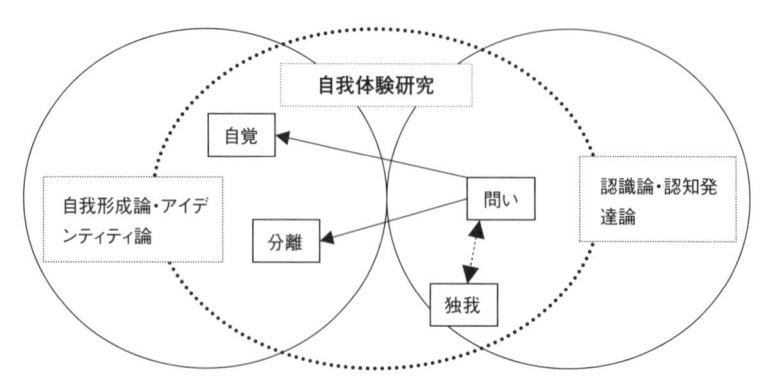

図6-1　2つの領域と自我体験研究の関係

「問い」は「自己の根拠への問い」,「自覚」は「自己の独一性の自覚」,「分離」は「主我と客我の分離」の,そして「独我」は「独我論的体験」の,それぞれ略称である。矢印は,影響関係を示す。「問い」と「独我」の関係はいまだ不明瞭である。

の独一性の自覚・主我と客我の分離）へと波及する関係を表す。この関係は仮説的なものであるが，第3章4節で，いくつかの単一事例の中に，「問い」→「自覚」，「問い」→「分離」，「問い」→「懐疑」という移行が見られた，という考察から描かれた図3-4に基づいている。第4章1節でも，「移行事例」は挙げられている。ちなみに，この，「移行」における心理-論理的な意味上の発達連関については，第9章「自我形成と世界観発展——2つの試論」で解明が試みられることになる。

ただし，高井の考えとは異なり，本研究では，「認識論的」を「認知発達論的」というよりは，まず「認知構造論的」として理解していきたい。どのようなメカニズムで自我体験が，とりわけ「自己の根拠への問い」が出現するかではなく，どんな内的構造連関が「自己の根拠への問い」という「体験」において出現しているかを問題にするのである。「いかに」よりも「何が」の問いを優先するのである。

6節　自我体験と世界観形成

自我体験は，原体験ともいうべき決定的な影響をその後の人生に与え得るのだろうか。

世界観形成への影響という観点から取り上げたものとしては，すでに第2章で探索的に試みておいたものがある。すなわち，自己の起源に関する4つの文章を体験の見本例として提示した際，どれに最も親近感を感じるかを答えさせ，その結果を，自己の起源に関する解決の類型として，自己の起源を自然科学的に説明されるとする「自然主義型」，超越的な摂理のようなものが作用しているとする「超越型」，説明できないと感じる「実存型」に分類した。すると，自我体験の体験群では超越型が多く，非体験群では自然主義型が多いという結果が示されたのだった。筆者はその理由として，「自然主義的解決は，現代社会を特徴づける自然科学的世界像と調和的であるため世界観が安定し，自我体験は解決済みとしてあまり省みられなくなるのかもしれない。／が，もう一つの可能性がある。自我体験を深く体験し，その神秘性に打たれた者ほど超越的解決を求めがちになるのではないだろうか」（渡辺・中村，1998）と，まとめたことがある。

ただし，世界観形成への影響を考察するのは，質問紙調査という方法には限界があろう。決定的な影響を受けた場合，むしろ，序章でも紹介したオウム真理教元信徒のように，自発的に体験を書き残すことによって，自発的事例の研究の対象となるのではないだろうか。この10年ばかりの間で組織的な調査法を発展させてきた自我体験

研究であるが，このあたりで，それによって明らかになった知見をもとに，自発的事例を検討し直す時期が来ていると言える。次章以降の自発的事例の研究では，世界観形成との関係もテーマの1つとなろう。

第7章

自発的事例に基づく自我体験の研究

　自我体験・独我論的体験とは何かの本格的解明への入口に位置する本章で，考察の対象となるのは，自我体験の自発的事例である。自我体験の事例のみを取り上げるのは，独我論的体験の自発例は数が少なく，次の第8章「独我論的体験と自我体験の統合的理解をめざして」で取り上げれば十分と思われたからである。

　組織的考察のためには，まず事例を分類することが有効だろう。けれども，本章は自発的事例研究としては最初のものであって，あらかじめ分類原理を立てることは困難であった。それゆえ，仮に，文学者，自然科学者，心理学者という，テクスト作者のジャンルによる節立てを試みることとした。すなわち，1節で自発的事例研究の方法論的問題を手短に論じたのち，2節では，文学者の報告する自発的事例を中心に，自我体験が誘発される状況について検討した。3節では，「自我体験と自然科学的な世界像」と題して神経生理学者とSF作家の例を取り上げ，自我体験誘発状況の考察をこれまでよりさらに一歩進めた。そして4節では心理学者の自己体験例を取り上げつつ，それまでの自発例の考察から得られた知見を総合して，自我体験の内的・意味的な構造連関を描き出すことを試みた。

　以上のように，本章では，作者ジャンル別の考察を通し，第6章2節で問題となった自我体験生起の条件としての誘発状況（＝きっかけ）に焦点を合わせることによって，自我体験の内的体験構造を漸次的に明らかにしていく，という構成となっている。ただし，自我体験の本格的解明は，独我論的体験と統合的にしかなされ得ないので，両体験の統合的理解にあてられた次の第8章が自発的事例研究の中心であって，本章はその準備という位置づけとなる。なお，第6章末尾で問題提起した世界観形成との関係は第9章で扱うこととした。

1節　自発的事例研究の方法論的問題

　本研究で自発的事例とは，意図的に収集されたものではなく，筆者がたまたま遭遇したという偶然発見事例の意味も含むものである。そのほぼすべてが渡辺（2002b）に掲載されているが，その後，渡辺・高石（2004）と渡辺・金沢（2005）に，他の研究者の紹介になる事例を含む追加がなされ，筆者にとって（もちろん誰にとっても）利用可能な「コレクション」を形成している。なお，表7－1に，本章と次の第8章，そして同様に自発的事例を基にして書かれた第9章2節で扱う自発的事例の一覧を示した。自我体験例は12例，独我論的体験例が5例，両方の要素を含むものが3例であった。なお，本書ですでに取り上げた事例も，新たな角度からの考察に資するために，煩をいとわず再掲することとした。

表7－1　第7・8・9章に掲載・再掲された自発的事例

事例	ジャンル	報告者との関係	推定体験年齢	報告者の年齢
7-1	ファンタジー小説	創作人物（戦士）	20代半ば	30代後半
7-2	文学エッセイ	友人（実業家）の手紙	初老期（死を控えて）	初老期
7-3	児童文学あとがき	自己体験	幼い頃	40代
7-4	科学者の自伝	自己体験	18歳	50代
1-6	科学エッセイ	自己体験（？）	不明	60歳頃
7-5	SF小説	創作人物（科学者）	不明	50代
7-6	心理学エッセイ	自己体験	就学前	40代
7-8	心理学書	自己体験	幼い頃	40歳頃
7-9	心理学書	自己体験	小学3年	40歳頃
0-3	授業レポート	自己体験	昔から	20歳頃
9-1	文学エッセイ	自己体験	昔から	50代
0-6	ドキュメンタリー	自己体験	幼い頃	29歳
8-2	文学エッセイ	自己体験（？）	33歳	51歳
8-6	読書感想文	自己体験	最近まで	19歳
0-4	受講理由書	自己体験	昔思った	20歳
5-3	授業レポート	自己体験	不明	20歳
8-7	授業レポート	自己体験	小学3年まで	21歳
8-8	小説	創作人物（少女）	5～9歳	30歳頃
8-9	科学者の自伝	自己体験	不明	38歳
0-5	心理学エッセイ	自己体験	幼い頃	50歳頃

上段12例が自我体験，中段5例が独我論的体験，下段3例は両方の要素を含む体験。事例は第7～9章での出現順に並べた。事例番号中の最初の数字が初出の章を表している。

第7章 自発的事例に基づく自我体験の研究

1 自発的事例の特徴

これら自発的事例の，調査事例とは異なる特徴としては，①自発的に報告された分，調査での質問によって「人為的に構成された」という可能性が少ないテクストが得られる，②特に文芸作品や科学者の自伝類からの事例については，豊かな表現力や鋭い内省意識に裏打ちされたテクストが得られる，③発表年齢が成人期以降であることが多く，青年期中心の調査事例を補完できる，④とりわけ，本人の世界観形成にとって，意義ある事例が得られる，などが挙げられる。ちなみに，自我体験研究の出発点となった 事例1-2 「ルディ・デリウス」もまた，もともとは自伝からとられた自発的事例に他ならない。なお，1人の事例から複数のテクストが得られ，世界観形成にとって手がかりが与えられている長めの事例を，特に「自伝的事例」と呼ぶことにした。本研究で自伝的事例として分類されるのは，序章でも一部紹介した 事例0-5 「W.T自己体験No.1」， 事例0-6 「オウム真理教元信徒の回想」を含む4例であり，本格的には第8章以降で扱われるが，中でも比較的短めの 事例7-4 「エックルス」は本章でも考察されている。

自発的事例の以上の特徴は，その検討考察を，単に調査研究を補完するものでなく独立の研究とするのに，十分な理由を与えるものとなっている。とりわけ，「体験」における内的構造の分析・解明のためには，自発的事例研究こそが中心になると思われるのである。これまでの調査研究においても，体験の構造という言葉は使われてきた。けれどその場合の「構造」とは，多数例の分類によって浮かび出てくる構造であって，個々の体験にとっては外的となる構造なのであった。これに対して自発例研究にあっては，単一の事例であってもその内部に自我体験・独我論的体験にとって本質的な構造を浮かび上がらせるという意味で，内的構造を解明できることが，期待されるのである。

2 構造図解的方法

これに関連して，序章の4節2でも触れておいたが，本章と第8・9章では，体験事例の内的構造連関の明示化のため，図解を多用することになる。図面において平屋と2階建ての違いが「類型」の違いとして図解されるように，図解は個別事例の個別的理解を超えて，「類型」として，より普遍的な理解をもたらすからである。ディルタイ（Dilthey, 1898）も示唆するように個別事例の考察を単なる個性記述の域にとどめていてはならないとすると，「類型」としての把握は，個性記述的理解を超えて普遍性へと一歩踏み出すためにも重要である。

序章での議論になお付け加えると，平屋と3階建ての図面の比較検討が2階建てと

いう中間的構造類型の存在を予測させるように，2種の類型的事例の図解による比較検討は，中間的事例の存在予測を導くことがあり得る。しかも，中間的事例の発見は，平屋→2階建て→3階建てというように，意味的論理的な発達の構造連関をも示唆し，さらには，いわば構造的な外挿によって，4階建て以上の構造の存在をも予測させることがあり得よう。意味的論理的な発達の構造連関は，事実としての発達をただちに意味するものではないとはいえ，発達論的研究に対して何らかの仮説的手がかりを与えることが期待されるのである。

このような意義を持つ図解による構造理解を，ここでは構造図解的方法と呼ぶことにしよう。この方法は，とりわけ，単一もしくは少数の事例に基づいて考察を展開しなければならない自発例研究で重要となろう。

3　標本抽出上の問題

それにしても，これらの自発例がどのような基準によって採録されたのかを，いぶかる人もいるかもしれない。つまり，標本抽出上のバイアスが問題になるのである。しかしながら，偶然発見事例という性質上，標本抽出の条件統制はできないので，西條（2005a）の提案になる「条件開示」をもってこれに代えることとする。条件開示とは，「どのような関心や目的をもつ研究者が，何を対象とし，どのような観点からどのようにデータを収集し，どのような角度からどのように分析をして，それにどのような観点から解釈を加え」（p.156f）て，このような結果になったかを開示することである。とりわけ，現場の一回起性の現象を扱う場合や，恣意的に都合のよい事例を持ってきたのではないかという「恣意性問題」（西條，2005b）に直面することの多い質的研究では，科学性の確保のためには有効な方法論的概念であろう。

この条件開示ということを念頭において，本研究での自発的事例がいかに収集されたかを反省するならば，偶然発見といっても決してラ・ン・ダ・ム・ということではなく，暗黙の発見のダ・イ・ナ・ミ・ク・ス・を見いだすことができるのである。

——序章で示したように認識動機としての自己事例に類似した自発的事例テクストが記憶にとどめられ，その中から特に，「自我体験」 事例0-3 と「独我論的体験」 事例0-4 が「研究誘発例」として浮上したのである。これらの事例こそが，調査事例の考察にあたっても，その後のコレクションの追加にあたっても，暗黙の参照軸であり続けてきたのである。すなわち，もともと，筆者の関心の焦点は研究誘発例のような事例にあり，これは，自我体験中の「自己の根拠への問い」と，「独我論的体験」に当たるものであった。第6章の図6−1でいえば，「認識論」の領域に属する体験にあった。そのため，これら認識論的領域の体験のみが，以前からの関心に応じて記

憶にとどめられ，ファイル化されたのである。結果的に本章と次の第8章では，「自己の根拠への問い」と「独我論的体験」に属する事例が主として扱われ，図6-1でいえば，認識論的領域に焦点を当てた議論となるのである。

第6章で指摘したように，「自己の独一性の自覚」「主我と客我の分離」に関しては，むしろ本研究の「枝」の部分で扱われるべきだと考えられ，事実，第9章1節の中で扱われることになった。本研究の「幹」にあたる本章の目標にとっては，自発例が「自己の根拠への問い」と「独我論的体験」に偏っていることは，決して欠陥ではなく，むしろ好都合といえよう。

なお，序章で述べたテクストの一人称的読みは，自発的事例研究においても方法論的原則であることを強調しておきたい。たとえ文法的には三人称が用いられているような小説作品中の人物の体験であっても，一人称的読みは敢行されねばならないのである。

以上の説明によって自発的事例研究の方法論議が，尽くされているわけではない。[注48]いずれにせよ，本章は自発例に特化した研究としてはいまだ試論の段階にあり，方法論も決して完全ではない。ただし，先行する調査事例とその考察とを参照枠とすることによって，足場を与えられていることに注意を促しておきたい。実際，以下の自発的事例の考察にあたっても，できる限り類似した調査事例と比較することでこれまでの調査研究と関連づけるという方針で臨んでいるのである。

2節　文学者の報告する自我体験
　　　　──『グイン・サーガ』・石上玄一郎・『銀のほのおの国』

1　フィクションと実体験──自己特殊視と内省的態度

1節で自発的事例の特徴②として挙げた「豊かな表現力や鋭い内省意識」に関しては，文学者のテクストに勝るものはないだろう。しかしながら文学者の体験事例は，しばしば小説などフィクションの中で架空の人物の体験という形で描写されているところに注意すべき点がある。実体験からの投影がある程度保証されているものとしては，自伝的小説や教養小説（ビルドゥングスロマン），私小説といった，リアリズム

注48　たとえば，これまでの調査では，事例の抽出判定には独立の2名の判定者があたっていたが，本章以降，筆者1人がこれにあたることに問題はないだろうか。それに対する回答は，調査Ⅰでの判定者間の一致率93.0％，調査Ⅱでの同じく82.4％，そして第5章での独我論的体験を3つの次元について独立に評定したその一致率の相関係数が，それぞれ，$r=0.81, 0.78, 0.71$と，十分に高い値になったことは，筆者単独での判定にも一定の信頼性を与え得ることを示している，ということである。

に基づくジャンルに,おのずと限られてしまうだろう。第１章で 事例1-5 が引用されている埴谷雄高が著した『死霊』も,実体験に基づく思想を実体験ごと伝えるために書かれたといってよい,自伝的要素を織り込んだ思想小説であった。

ところが,次に掲げるのは,異世界ヒロイック・ファンタジーという,リアリズムとは最もかけ離れたジャンルの作品の一節である。これがどのように作者の実体験の投影とみなされ得るかの議論は後回しにして,まず,その自我体験としての意味を考察してみよう。

> 事例7-1 グイン・サーガ
> 「そうなんだ……全部本当にあったことだったんだよな……何もかもだ。俺の人生……いったいなんだって,こんなふしぎな人生が俺の人生だなんて——信じられるか？ 俺は——俺は……何が不思議だっていって,俺が俺だってことだよ！ こんな不思議なことはありゃしない。この世に何千万人の人間が生まれ,死んでゆくのに,なぜたったひとりのこの俺が——俺なんだ？ 俺だったんだ？」（栗本,1998,pp.28-29.傍点は原文まま）

若い世代に人気の大長編ヒロイック・ファンタジー『グイン・サーガ』の一場面で,若き将軍イシュトヴァーンが呟いた言葉である。若いといっても（推定年齢23,24歳）,物語の舞台になっている中世騎士物語風の世界の中では,青年期というよりはすでに成人期の初期であって人生の真昼間に近い。娼婦の子に生まれ,傭兵として身を起こし,波瀾万丈の冒険の末,いまや王座に手の届くところに来たという生まれながらの戦士が,柄でもなくふっとわが身をふり返り,自問したのである。

中核となる問いは,「自己の根拠への問い」として典型的な,「なぜ自分は自分なのか」形式の問いである。

比較のため,この形式の問いをよく表現していると思われる例を,第２章の調査事例の中から再掲しておく。

> 事例2-1 再 （20歳 男）
> たぶん小学生の高学年くらい。なぜ自分は自分なのだろう。なぜ自分になったのだろう。これからもこのままの自分なのだろうか。考えるとわけがわからない。どうしてそのようなことを考えるにいたったのかはよく覚えていない。

この調査事例に比べると,イシュトヴァーンの問いは,前後の文脈の中に置くことによって,隠れた構造がよりよく見通せるものになっている。「なぜ私は私なのか」の問いとは,第一に,「この世に何千万人といる中で,よりによって,なぜ,数奇な運命に置かれた比類なき戦士イシュトヴァーンが私であり,他の誰か平凡な人間が私

ではなかったのか？」という問いなのである。私は誰か平凡な人間の1人であり得たはずだ。そのほうが確率的に納得のいくことではないか？

つまり、「なぜ私は私なのか」での一方の「私」は固有名詞（イシュトヴァーン）に置き換え可能であり、他方の「私」はそうではない。だからこの問いは、単なる同語反復ではない（第3章4節中の「自己の根拠への問い」での議論参照）。それが、事例7-1 で、後者の「私」に「俺なんだ？」と強調点が付けられたことで示されていると思われる。

とはいえ、どんな平凡な人間であっても、当人にとっては、他に置き換え不可能な「たった1人のこの私」に違いない。したがって、イシュトヴァーンの問いの構造は、事例2-1 にもそのまま移し換えることができる。すなわち、「なぜ私は私であり、どうしてここにいるのか」の問いの隠れた構造とは、「なぜ日本という国の某県某市に住むある家族の一員が私であり、（たとえば）テレビを通して写される、内戦に苦しむA国の一家族の一員が私ではないのか？」といった意味なのである。それゆえ、イシュトヴァーンの事例のように、自分が比類なき戦士であったり数奇な運命に置かれていたりといった事柄は、単に内省のきっかけにすぎないだろう。内省的にしかその存在が体験されない無色透明の〈私〉が、同時に、地上何十億と存在する固有名詞を備えた具体的経験的な無数の人間の中の特定の1人であるという結びつきの偶然性が、謎として感じられているのである。

思うに、自己の根拠への問いを誘発したのは、イシュトヴァーンという人間の、いわば特別製の人生にあっただろう。ごく平凡な一市民であったなら、このような思いとは無縁であったかもしれない。そして、架空の戦士のこの問いが、作者栗本薫自身の問いの投影であることをうかがわせる証拠にも欠けるわけではない。栗本は、『グイン・サーガ』シリーズの後書きで、しばしば、世界一長い小説の作者としてギネスブックの記録を更新しつつあるという自らの人生の不思議さを思い、「思えば何と不思議な人生であることよ」と述懐している。また、中島梓名義の他の著作の中では、彼女は、作中人物の誰よりも、副主人公格にすぎないイシュトヴァーンに自己投影していると告白している（中島，1992）。架空戦士の問いを作者の問いの投影と解釈することには、相当の根拠があるといえよう。

つまり、自分の人生を特別視するという体験もまた、「自己の根拠への問い」の、呼び水となるということだろう。調査事例のほうから対応する証拠を探すと、自我体験のきっかけとして、第2章「探索的調査」では「孤立やいじめなどの人間関係の葛藤」が挙げられ、第3章「調査Ⅰ」でも、「人間関係の葛藤」が12％にのぼると報告されている。孤立やいじめなどの人間関係の葛藤においては、「自分は他の人々のよ

うではない」（ 事例2-14 など）という自己特殊視が働きやすいと考えられる。

　もっとも，自己特殊視が直接に自我体験を誘い出すというより，それが自己対象化のきっかけとなり，内省的態度と自己意識を先鋭化して自我体験をもたらすというように，推測されるのである。調査Ｉで，「きっかけ」として「自分を観察していて」が，「人間関係の葛藤」を上回って25％にのぼるという結果からもうかがえるところではないだろうか。

2　人生の中の特別な曲り角

　以上のように，自己特殊視が内省的態度・自己意識の，いわば呼び水となって自我体験がもたらされると考えると，自己を特別視する瞬間にというだけでなく，人生の中の特別な曲り角に自我体験を得る，という例も見つかるかもしれない。特別な曲り角としては，死に直面するという体験に勝るものはないであろう。そのような例として，これはフィクションではなく，作家石上玄一郎が，その死生観を考察した長編随想『輪廻と転生』（石上，1977）の中で，死の床にある旧友からの手紙を紹介した例があるので紹介しよう。

> 事例7-2　石上玄一郎『輪廻と転生』より
> 　「私はこれまで世事に追われ，慌ただしく毎日を送ってきた。自分の責務を果たすことに手いっぱいで，自らを顧みる心のゆとりを持てなかった。／幸運にも，事業は順調に行き，経営の基礎もかたまったので，会社は私がいま引退してもさしあたって支障はない。また家の方は息子達もどうにか一人前になっているので，まさかの場合にも，別に後顧の憂いはない。／だが，こうしてひとり病床に臥していると，何とも言えず空しく，しきりに心の飢えをおぼえる。これまでの自分の生涯は，はたして何であったか，この自分はいったい何者なのかという，ふかい懐疑に捉えられずにはいられない。／君よ，教えてくれ，今，ここにこうしているこの私はそもそもいったい何なのだ……」

　「なぜ私は私なのか」形式の問いに比べ，この例はいくぶんわかりやすく見える。自分の人生の意味や，自分という存在の価値への問いかけとして解釈できるからだ。けれども，最後のくだりはやはり，一筋縄ではいかない。「今，ここにいるこの私とは何か」という問いに，そもそも何を答えれば解答になるかが，皆目わからないからである。自分の名前，出自，財産や事績，さらには家族や知友の自分への感謝の念，こういったものをすべて数え上げたとしても，この問いへの答えになるとはとうてい思えない。

　たとえ，充実した人生を送り，自分という存在への価値には疑いがなくても，死に

直面した時，起こるべき人には，この問いは起こるのではないだろうか。この人物が自分の生涯や価値についての懐疑にとらわれているという事実も，単に「今，ここにいるこの私とは何か」という問いが生じるための，つまりは内省的自己意識が出現するためのきっかけにすぎないのではないだろうか。ちょうど，戦士イシュトヴァーンにとって，それまでの数奇な人生を顧みることが，内省的自己意識へのきっかけにすぎなかったように。

いずれにせよ，こうした死を控えた体験例などは，自我体験は特定の年齢に結び付けられるのではなく，人生の危機・曲がり角にくり返し誘発されるという説の（渡辺，1995b），1つの例証となるものである。グイン・サーガの例とあわせれば，自我体験は，アイデンティティが危機にさらされるなどして内省を促されたときに出現する，とも言えよう。

3　「きっかけがない」というきっかけ

それにしても，文学者の中には，いつ，どこで，といったエピソード記憶の形を取ることなく，「いつのまにか」「幼い頃から」「少年の頃から」考えていた，という回想を報告する場合もある。先に言及した 事例1-5 「三輪与志」もそれに相当する。また，次に紹介する事例は，児童文学者が自己の体験を語った例である（神沢, 1991）。

> 事例7-3　『銀のほのおの国』あとがき
> 　わたしには幼いころから，自分がここにいるということが，ふしぎでなりませんでした。／うまれた記憶がないのに，気がつくと，わたしは小さな人間の子どもとして，たしかに呼吸している……。それはいのちのふしぎであり，存在のふしぎでもありました。／年を重ね，十代の少女になったころ，わたしは病気がちで学校も休学をつづけていました。戦争のさなかでもあり，生と死の問題はいつもわたしの目の前にありました。……

第6章でも触れたが，天谷（2004b）は，中学生から大学生を対象に，881名からなる大規模な質問紙調査を実施したが，自我体験にいたるきっかけについて，「きっかけがなかった／授業で聞いた，または人に言われた／テレビや本で似たことを見かけて／別の悩み事から変化して／その他」という選択肢で自己評定させたところ，「きっかけがなかった」が回答の半数以上を占める結果であった。

この選択肢であれば，この 事例7-3 はもとより， 事例1-2 「ルディ・デリウス」の，「私は起き上がり，ふり向いて膝をついたまま外の樹々の葉を見た」という描写もまた，「きっかけなし」に分類されるであろう。再々触れてきたことであるが，外部的に特定すべきっかけが見当たらないような場合では，第2章できっかけの1つとし

て挙げた「漠然たる観想・観照」が，内省的態度を促して内省的自己意識を出現させ，それが自我体験の誘発へと導いたと解し得るのである。

一方，アイデンティティの危機といった特定の具体的なきっかけも，自我体験に対しては，内省的態度の出現の呼び水として間接的に作用すると，考えられないだろうか。

具体的なきっかけの種類を数え上げるよりは，自我体験が生じると想定される自己意識の構造と認識の構図を，内省的態度／自己意識をキーワードとし，体験の内的構造として明示化すべく試みていったほうが実りがあるのではないだろうか。これは，すでに第6章においても示唆されたことであったが，「きっかけのない」事例を考察して，改めて確認されたことであった。

3節　自我体験と自然科学的な世界像
　　　　――エックルスとスタニスワフ・レム

1　神経科学者エックルスの自我体験と世界観形成

内面を深く見つめる文学者の書いたものに，自我体験が現れるのは不思議ではない。しかしながら，どちらかといえば自己の内面よりは，外部の自然界や物質世界の法則へと関心を向けがちという印象のある自然科学者の著述にも，自我体験は見つけだすことができる。

まず，神経科学の分野でのノーベル生理学・医学賞を受賞したエックルスの著書（Eccles, 1970）より引用しよう。

> **事例7-4　エックルス**
> 　この意識的に経験している自己（self）の本質は何か。しかもその自己が，特定の脳にこの独特な仕方で関わっているのはどうしてか。これらの問題を多くの人々が，不可避な疑問とは考えていないことを私は知っている。私の唯一の回答は，私にとってこれが，疑問の中でもっとも基本的かつ重要なものだということである。少し個人的なことを言わせていただくと，私はこの考えを，18歳のとき以来，抱き続けている。その年，この問題を，いわばはっと思いつき，その興味と衝動に駆られて，それ以来私は生涯を神経系の研究に費やすことになったのである。（訳書, pp.129-130. なお，原文を参照して訳文を改めた）

ここで，「特定の脳」とは，エックルスという具体的経験的個人の脳という意味である。自己の脳が，エックルスの脳であって誰か他の人の脳でないのはなぜか，と問うているのである。これは典型的な「自己の根拠への問い」である。より限定して言

えば、第6章で、自我体験の概念的参照軸である「意識の超難問」に即応する体験とした「超難問体験」そのものである。彼はこの疑問を、9～10歳のような「認知発達上の節目」の年齢ではなく、18歳で抱いた。しかしその体験は、エックルスの生涯を決定するものになった。はたして彼は、生涯を神経系の研究に捧げることによって、この問いを解決できたのだろうか。しばらくその文章を追ってみよう。

エックルスが次に引用するのは、生物学者ジェニングス（Jennings, 1930）の次のくだりである。第1章で紹介済みであるが、再掲しよう。

> **事例1-6** 再 **ジェニングス**
> 人類を構成する巨大なネットワークの中で、ひとつの特別な結節である私の自己と、現存する他の諸結節との関係は、いったい何なのか。何故私は、ただひとつの結節とだけ同定されることになるのか。そのネットから離れて立っている観察者には、さまざまの結節は多様な鎖の組み合わせから成り立っているのだから、それらがさまざまの特殊性、さまざまの特徴を持つのは、驚くにはあたらないことと思われよう。しかし、観察者自身が、無限の過去に由来する鎖のネットにおける何百万もの結節の、たったひとつに結びつけられているという事実が、観察者を驚かせ、混乱させるのである。……この結節をなす特定の組み合わせが形成されなければ、私は絶対に存在しなかったであろうか。

そしてエックルスは、「私という意識経験をしている自己の独自性は、私の遺伝的構造の独自性に由来するという唯物論的仮説によっては、この問題は解決できない」とする。

> ……そこで、次のような推論に導かれる。人間の自己は、遺伝子の組み合わせとは独立に存在する統一体で、それは、生命のネットワークによって形成されたある遺伝子結節と、時折り関係をもつようになるだけだ、ということである。従って、もしある特定の組み合わせないしは結節が生じなくとも、自己は他の組合せや結節として、生誕するだろう。その場合、私たちはいずれも、現在の私たちとは全く異なる性格をもって存在していることだろう。(Eccles, 1970　訳書, p.131)

かくしてエックルスは、自己と結びついている遺伝子の組み合わせが解体した後に、その自己が独立して存続する可能性に到達し、また、「私」の存在には、いかなる生物学的説明をも超越する根本的な神秘があるという。これが、神経科学という生物学の最先端の研究に生涯を費やしたその結論であった。

科学的探求の及ばない超越的世界の実在を主張する二元論者として、脳科学者の間では評判が芳しくないというエックルスであるが[注49]、その世界観の形成にはこのような自我体験があったわけである。第2章の調査の結果として「自我体験は超越型に親和

的であり，自然型には違和的である」ことを示唆したが，エックルスのこの自伝的事例は，「自我体験を深く体験し，その神秘性に打たれた者ほど超越的解決を求めがちになる」（渡辺，1992b）ことの例証と言えないだろうか（なお，事例エックルスは，第9章「自我形成と世界観発展」で，もう一度取り上げる）。

2　スタニスワフ・レムと自然科学畑の世界観

『ソラリスの陽の下で（*Solaris*）』で知られるポーランドの作家レム（Lem, 1971）は，架空書評集『完全な真空（*Doskonala Proznia*）』の中で，架空の書評家の言葉を借りて次のような論を展開している。

> **事例7-5　スタニスワフ・レム**
>
> これまで存在した個人は，特定の遺伝子型の肉体による表現であった。今日までに実現されたこれらすべての型を描いてみることは原理的に可能だろうが，その場合われわれは，遺伝子型の式が何億列にもわたって記載された巨大な図表に直面することになるだろう。それらの式の一つひとつが，特定の人間に正確に対応しているのである。その時，口をついて出てくるのは次のような問いであろう。図表上の，私の肉体に対応するこの遺伝子型が，他のすべての遺伝子型と，どこが違っているために，その違いの結果，まさにこの私は，その遺伝子型の肉化として今ここにいるのだろうか？　どのような物理学的条件を考慮に入れれば，なぜ図表上のすべての式については「これは〈別の人間〉のことだ」と言えるのに唯一つの式についてだけは「これが私のことだ」と言わねばならないかが，分かるようになるのか？（Lem, 1971　訳書, p.218）

体験を述べるという形式ではないとはいえ，ここに見られる問いの構造の，エックルスやジェニングスとの共通性は明らかだろう。すなわち，特定の遺伝子型を備えた特定の物理的存在であることが「私」の存在の条件であるという，自然科学的にみれば至極あたりまえの世界観から出発しながら，ではなぜ，何億という「特定の遺伝子型を備えた特定の物理的存在」のうち，「この存在」が「私」なのかという疑問に突き当たって，答えを見つけることができずに驚愕するという，「自己の根拠への問い」であり，さらに限定して言えば「超難問体験」的な構造である。ちなみにレムは，こ

注49　数名の脳科学研究者との個人的コミュニケーションに基づく。ちなみに，解剖学者の養老孟司による「エックルス批判」の例を挙げておく。「ジョン・エックルス卿は歳をとってから，二元論を採用した（…エックルス，…ロビンソン『心は脳を超える』（大村裕 他 訳），紀伊國屋書店，1989年）。私は考えているのが自分の脳だということを，エックルス自身が忘れただけのことだと思う」（養老，1989, p.56）。もちろんこの「批判」は，きわめて通俗的なものであるが，自然科学者・脳科学者に共有されている先入見をうかがうに足る例といえよう。

の驚きを「形而上学的驚愕」と名づけている。

　エックルス，ジェニングス，そしてレムに共通のもう1点がある。前二者は生物科学者であり，レムも医学部出身で本格SFの書き手として出発している。つまり三者ともいわゆる自然科学畑の出身なのである。筆者はかつて，彼らの例について次のように述べたことがある。

> 「名のある現代哲学者の著作からはかえって，これほどまでに明解に形而上学的驚愕を語った例を，見いだすことは難しい。……科学的唯物論が，形而上学的感覚をむしろ研ぎ澄ますのである。自然科学的世界像が形而上学的問いを，より純化した形で析出するのである。なぜなら，自然科学的に描かれた宇宙は，本来，『私』の存在しない宇宙だからである。『私』なしに自己完結しているはずの宇宙の，今，ここに，『私』がいることの偶然性への驚きが，宇宙と生命の誕生を神秘と思う感覚を生むのである」
> （渡辺，2002b, p.96）

　筆者はまた，自然科学系学部の大学生から，思いもかけず少なからぬ自我体験例が集まったことに関して，まだ年端もいかぬうちからテレビなどで圧倒的な自然科学的世界像に直面することが，自我体験を誘発するのではないか，と論じたことがある（渡辺，1996c）。そのような例として，生命科学専攻の大学生の事例を再掲しておく。

> **事例2-7 再**（21歳 女）
> 　15歳くらいのとき。まず，私は人だと思ったときに，なぜ今，ここにいるのだろうと考えた。生きていることはなんだろうとも思った。なんでこの両親の子どもなのだろうと考えた。そして生命の起源をテーマにしたTV番組を見て，地球の誕生，宇宙の誕生，生物の誕生，進化のことを知ると，なんて神秘的なんだろうと思い，偶然に生まれた生命の中の1つであることに喜んだ。が，あまりの偶然さゆえに，この偶然という状態も必然的に用意されていたものではないかと思い悩んだ。／それから，人間はこういうことを考えるために生まれたと思いはじめた。

　テレビによって誘発されるのは，自然科学的世界をテーマにした番組によってだけではない。以下のような自我体験例を，第2章では，「きっかけ：視野の急激な拡大」として分類したのだった。

> **事例2-10 再**（20歳 男）
> 　小学校の低学年。／テレビで外国の情勢を見ていて／少し違うのですが，「自分はなぜ日本に生まれたのだろう」と思い，考えれば考えるほど，不安になった憶えがあります。

　事例2-10のような事例は，「『私』なしに自己完結しているはずの宇宙の，今，ここ

に，『私』がいることの偶然性への驚き」といったこと以前に，急激な視野の拡大によって，世界を外部から，もしくは鳥瞰的に，見下ろす視点を獲得した，ということなのであろう。今まで閉じ込められていた身近な生活世界では，自分の視点の主観性に気づくことはなかった。それが，突然の客観的鳥瞰的視点の獲得によって，主観的世界と客観的世界との矛盾が生じ，それが自我体験となって現れたのではないだろうか。このような客観的視点の獲得と自我体験の関係については，あとの 事例7-8 とあわせて再考されるであろう。

　自然科学者の自我体験では，やはりノーベル物理学賞受賞者であるシュレーディンガー（Schrödinger, E. 1887-1961年）の例を見逃すことができないが，独我論的体験と緊密に結びついているため，次の第8章で扱うこととする。

4節　心理学者における自我体験
——「自己の根拠への問い」の認識構図

1　発達心理学者の語る自発的事例

　心理学者が自我体験を自己体験例として語った例はまれである。あとに触れる「自我体験研究者の自己体験」を別として，筆者の知る限り，今までのところ，発達心理学者の麻生（1996a）の次の例が唯一である。

> 事例7-6 **麻生　武**
> 　小学校入学前の五，六歳の頃だったように思う。当時，……アツシちゃんという親友がいて，来る日も来る日も一緒に遊んでいた。……記憶しているのは，アツシちゃんと別れて帰宅してから，家で入浴する際の一場面である。……鏡に映る自分の顔を見ていると，なんとも言えない不思議な問いが私の頭の中に浮かび上がってきたのである。「なぜ僕はアツシちゃんではないのだろう？　僕は，なぜ僕のことしか感じられないのだろう？　なぜ，僕はアツシちゃんと一緒ではないのだろう？　なぜ，僕だけがここにいるのだろう？　なぜ別々に分かれてしまうのだろう？　なぜ，僕は僕だけなんだろう？……（p.42）

　この事例は，麻生自身が，「私が発達心理学を志す遠いきっかけになっているように思えなくもない，幼い頃の記憶」と述べているように，世界観形成に影響を与えたと思われる点でも，年齢的に就学期以前である点でも， 事例0-6 オウム真理教元信徒の回想の場合と共通のものがある。ただし，「自己の根拠への問い」に属する問いと不可分の要素として，「僕は，なぜ僕のことしか感じられないのだろう？」というように，自他の鋭い隔絶意識をも含んでいる。調査事例に，この点でよく似た例がある

ので引用する（渡辺，1995bより。なお，この事例が属する調査は未整理なため，本研究の各章を構成する調査には含めることができなかったが，基本的に第2章「探索的調査」と同じ方法で採集されている）。

> **事例7-7**（20歳 女）
> 　4，5歳の頃は自分の痛みなどの感覚や考えている事などが自分の中でしか（声の様なものとして）聞こえて来ないのがとても不思議で，"どうして私はTちゃんやKちゃんでなく私なのだろう"と思い，どんどんそのように考えていくと，世界中の人は私も含めてひとりぼっちなのだと思っていました。

　両例に共通するものは，「他人と自分は内面的に別」という痛切な気づきであり，隔絶意識である。しかも，多数の「心をもった人間たち」の中で，なぜか「この人間の心」だけが内的にアクセス可能であることが気づかれて，「自己の根拠への問い」が生じている。

　加えて，ここで，**事例7-6**で，「鏡に映る自分の顔を見ていると，……」が，きっかけとして語られていることにも，注意しておきたい。もちろん，この時まで何度となく，鏡に映る自分の顔を見ては，そこに自分自身を認知していたはずである。つまり，具体的経験的な個々人としての数多くの人間たちの中の1人としての自己を，何度となく眺めてきていたはずである。けれども，その瞬間には，おそらくはそれまでとは別の眺め方をしたのである。「自我体験の核心にあるのは世界とその世界を認識する主体との関係の変化である」という，第6章で引用した高井（2004a）の説をふまえるならば，麻生の体験の核心にあるのは，「鏡に映る自分の顔」（＝具体的経験的な個々人としての数多くの人間たちの中の1人としての自己）と，「それを認識する主体」との関係の変化ということになるだろう。そして，その前提として，ここには，「認識する主体としての自己」と，「認識される自己像としての自己」という，自己の分裂があるのではないだろうか。これは，第1章で引用した，ジェームズの「主我－客我論」にも通じる事態といえよう。

2　自我体験研究者の自己体験

> **事例7-8　アリだったら体験**
> 　熱い陽射しが照りつけるアスファルトの舗道。小さな裂け目の穴から出てきたアリたちが行列を作っている。幼い子どもは，自らの体より大きな食料をくわえて黙々と運んでいく一匹のアリに驚嘆し，好奇心に満ちて長いあいだしゃがんで眺め続ける。幼い子どもにとって，小さな体で懸命に歩むアリは自分そのもの，アリの世界と自分の世界は一体であり，不可分につながっている。／ところがある日，子どもは気づく。

——少なくとも，私は，いつであったか気づいた。私が気まぐれに指ではじけば，このアリは吹っ飛んで地面に叩きつけられる。いや，全くアリの存在になど気づかず，踏みつぶすことだってあるかもしれない。これまでだって，靴底の下の小さな生き物を何匹踏みつぶしてきたことか。一人の人間の，故意も無意図も，アリにとっては等しく理不尽な災難だ。アリにはアリの世界があり，秩序があり，社会的関係があって彼らは生きている。人間の単なる気まぐれは，アリにとって世界の外に，つまり不可知の領域に存在することがらである。／「もし，私がこのアリだったら……」／そう考えた瞬間，子どもの世界は決定的な変容を遂げる。人間には人間の世界があり，秩序があり，社会的関係があって私たちは生きている。ならば，アリにとっての人間のように，人間もまた，自分たちの世界の外にある大きな―ときに気まぐれな――なにがしかの力にさらされていると考えられはしないか。私がアリを見るように，私を見つめる遥かなまなざしがあるとしたら，この私が今生きていることは，どんなふうに見えるのだろう。私の思いなど――悩みも喜びも――その遥かなまなざしに，勘案されるはずもない。アリのように，突然吹き飛ばされるかもしれないちっぽけな私は，いったい何のために日々努力をし，生きているのだろう。そもそも，私って何なのだろうか……。（渡辺・高石，2004）

やや長くなったが，自我体験研究の先行者として，本研究でたびたび言及してきた高石が，「自我体験の心理学」という副題のついた共編書『〈私〉という謎』（渡辺・高石，2004）の中で，自らの体験を述べたくだりである。高石は，自らこれに解説を加えて言う。[注50]

「ここに記したような気づきの体験は，決して特殊なものではないだろう。アリの視点から自分を見るということは，自分を対象化する視点が生まれるということである。それは同時に，アリを見ている〈私〉の視点を，〈私〉を見つめる遥かなまなざしの主の視点へと一瞬のうちに移動させ，その遥かな視点から自分を眺めることを可能にする。〈私〉という存在は，個人を超えた大いなる力，無限の宇宙，永遠の時間の流れ，のなかで相対化される。たまたま，ここに踏みつぶされずに生きている私。たまたま，この時代にあの両親の子として生まれてきた私。その偶然に何か意味はあるのか，という疑問」（高石，2004a, pp.43-44）

この，事例および自己解説には，本研究でこれまで触れてきた，自我体験のいろいろな要素が指摘できる。
・「もし，私がこのアリだったら……」に表現される，本章3節2で指摘した，突

注50　この本の中では，執筆者の西村，金沢，高井がそれぞれ自己体験に言及している。西村（2004）の体験は自我体験であっても「自己の根拠への問い」には分類されないし，金沢（2004）の体験は典型的な「独我論的体験」であって第5章に紹介済みなので，本章では引用しない。高井（2004a）の体験も第6章で紹介済みであるが，後に改めて言及する。

然の客観的鳥瞰的視点の獲得。
- 「たまたま，この時代にあの両親の子として生まれてきた私。その偶然に何か意味はあるのか，という疑問」という自己解説に表現されている，「世界とその世界を認識する主体との関係の変化」(高井, 2004a)。すなわち，客観的鳥瞰的視点としての主体と，具体的経験的個人としての自己との関係の変化。また，その前提として想定される視点そのものへの気づきに伴う主我と客我の分裂。
- 「そもそも，私って何なのだろうか……」という自己の根拠への問い。ただし，この事例では，「なぜ私はこの人間であって他の人間ではないのか」という，「超難問体験」の形はとらない。思うにその理由は，視点を移し入れた相手が他の人間ではなく，現に自分が今，観察の視点でもって見下ろしているアリだったからではないだろうか。自他の対称性が成り立っていないような状況だったがゆえに，「なぜ私はアリではないのか」という問いではなく，むしろ，「私がアリを見るように，私を見つめる遥かなまなざしがあるとしたら」という，第5章で「独我論的な体験とファンタジー」の一要素として挙げた，「自他の対称性の自明さの破れ」的な思いへと誘い込まれ，そこから迂回的に，「私とは何か」の問いへと逢着したのではないだろうか。

この事例に匹敵するような調査事例は見当たらないが，視点を移した相手が動物である調査事例としては，以下のものがあるので再掲する。

> **事例3-4 再** （20歳 女）
> 小さい頃，母に植物や虫などにも命があると教えられたとき，では，なぜ，私は，雑草でもなく，たんぽぽでもなく，電柱でもなく……私なんだろうか，と考えた。そのようなことを考えたときは，体と心が別々になり，心だけが浮かび上がるような，そんな感じがした。(うまく表現できないが) まるで，自分が人間であってはいけないような気もした。母に，なんとかこの気持ちを伝えたかったが，相手にされず，とりあえず，「そんなことは考えてはいけないこと」と教えられた。

この事例の場合，母に植物や虫などにも命があると教えられたときに，植物や虫などに対する自他の対称性が一時的にもせよ成立し，「自己の根拠への問い」のうちでも「なぜ私はこの存在であって他の存在ではないのか」という明確な形式を取る，「超難問体験」が出現したと考えられる。

3 「自己の根拠への問い」の認識構図

自我体験自発例の検討を終えるにあたって，本章での自我体験の中心となった「自己の根拠への問い」の認識構図を図7-1として描き出し，理解の助けとしよう。

図7−1　自己の根拠への問いの認識構図

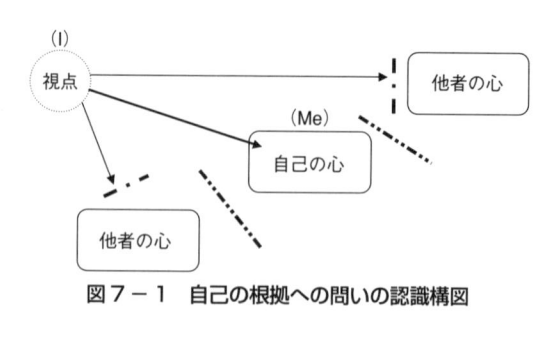

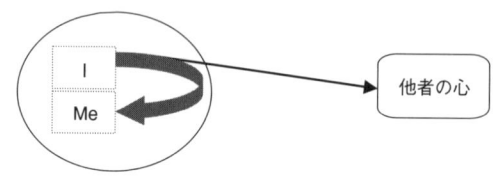

図7−2　内省的自己意識の構造
私（I）が私（Me）を認識するという自己再帰的構造においてIとMeが同時的に意識されているという事態が，自己の心の内部でIとMeが並存して描かれることによって表現されている。

① 図7−1での「視点」とは，2節で述べた「内省的にしかその存在が体験されない無色透明の〈私〉」であり，3節で論じた「客観的鳥瞰的視点」であり，4節の 事例7-8 で，アリの視点からも自己を対象化してみることを可能にする視点である。
② ただし，この認識構図が成立するためには，本章2節で触れたように，内省的態度が先鋭化し，明確な形をとった内省的自己意識が出現することが条件となる。「なぜ，私（I）は私（Me）であって他の人間ではないのか？」という「超難問体験」や，「私（I）は本当に私（Me）なのか？」といったルディ・デリウスの問いが出現するためには，主我（I）と客我（Me）が同時的に，ある程度意識化されていなければならないからである。図7−1では，「視点」という名で"I"をあたかも独立した存在であるかのように描いたが，必ずしも自己の心（Me）と別物と考える必要はない。その事情を，図7−2で描いておいた。
③ 第6章5節で高井の自己体験を引きながら考察したように，「自己の根拠への問い」が出現するとは，主我（視点）と，客我および客我を取り巻く世界との関係が，必然的な関係ではなく偶然的な関係として感じられることである。このことは，高井自身の自我体験[注51]や，本章3節の諸事例のように，「なぜ私はこの人間で

あって他の人間ではないのか」という形をとることもあれば，事例7-6 のように，「なぜ僕のことしか感じられないのだろう」という形をとることもある。どちらの形をとるにしても，第6章で自我体験の概念的参照軸（意識の超難問）に即応する体験とした，「超難問体験」の範疇に入るであろう。

④自己の根拠への問いは，3節の末尾で述べたように，主我（視点）を中心とした主観的世界と，自己が客我として他者とともに類的存在として並存している客観的世界との矛盾としても理解される。

⑤もう1つの要件として，自我体験が明確な超難問体験の形式をとって出現するには，事例3-4 の先ほどの解説で指摘したように，自他の対称性が成立していることが，すなわち「多数の人間たちの間の1人の人間」という，他者との類的関係という意識も前提となる。この前提は，図7－1で，「自己の心」が，「多数の他者の心の間の1つの心」をなしているという構図によって示される。なお，「他者との類的関係」については，次の第8章で，自我体験と独我論的体験を区別する鍵となる概念として，考察し直すことにする。

5節 本章のまとめ
——内的体験構造と生起条件

自発的事例の考察を通じて得られた知見をいくつか列挙する。

* 2節の文芸作品の検討より，自我体験（自己の根拠への問い）を誘発するものは内省的態度であって，アイデンティティの危機や漠然たる観想・観照も，内省的態度を促すという意味で理解するのが適当であることが示唆された。具体的なきっかけを特定するよりは，自我体験が生じると想定される自己意識の構造と認識の構図を，内省的態度をキーワードとして考えていったほうが実りがあるのではないかと思われる。そのような構造を備えた自己意識こそが，主我と客我の同時的意識を伴う，内省的自己意識と本研究で呼んでいる種類の自己意識であろう。

* 3節では，自然科学者の自伝例などの考察により，急激な視野の拡大によって，世界を外部から，もしくは鳥瞰的に見下ろす視点を獲得することが，自我体験を誘発することが示唆された。すなわち，突然の客観的鳥瞰的視点の獲得によって，主観的世界と客観的世界との矛盾が生じ，「自己の根拠への問い」タイプの自我

注51 第6章で引用済みであるが，再掲しておく。「小学校三年生のころ，トイレの窓から外の空を見たときに，ふと『なぜ自分は今ここにこうしているのだろう？ ほかの国に生まれて，別の名前でもよかったのに，なぜこの日本でこの自分なのだろう？』と思ったことだ」（高井，2004a）

体験が生じる，という仮説が可能と思われた。
*4節では，心理学者による2事例の考察を元に，今までの考察をあわせ，「自己の根拠への問い」における認識構図が提案された。この構図は，以下3つの要素を要件として含む。
　①客我を対象化する主我（視点）の存在をも体験可能な構造を備えた自己意識（＝内省的自己意識）の発達。
　②客観的鳥瞰的視点の獲得。
　③主我（視点）と客我との関係が，必然的な関係ではなく偶然的な関係として感じられること。

これをまとめれば，自我体験の構造的特徴は，「主我（視点）を中心とした主観的世界と，自己が客我として他者とともに並存している客観的世界とが，何らか矛盾して感じられること」としても理解され得るであろう。なお，自己の心が多数の他者の心の間の1つの心であるという，他者との類的関係の成立もまた，上記の構図が成立するための暗黙の前提であることが示唆された。以上の考察をもとに，自己の根拠への問いを中心とした自我体験の内的体験構造を，図7-3として示しておこう。

以上の知見を要約すれば，「自我体験生起の条件（もしくは構造的特徴）とは，内省的自己意識が出現し，主観的世界が再発見されて強く意識され，客観的世界との関係が必然的なものではなく矛盾して感じられるようになること」ということになろう。

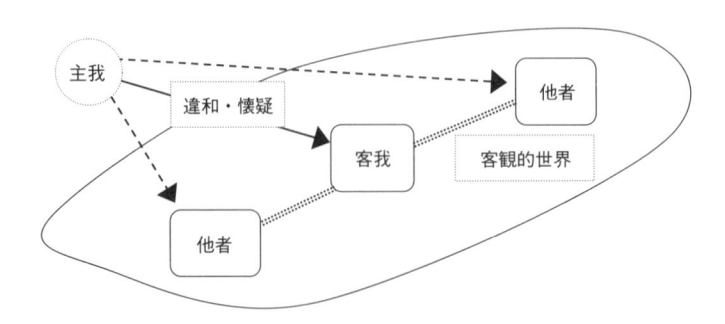

図7-3　自我体験における体験構図
①客我を対象化する主我（視点）の存在をも体験可能な内省的自己意識の発達，②客観的鳥瞰的視点の獲得，③主我（視点）と客我との関係が，必然的な関係ではなく偶然的な関係として感じられること。以上の要素を要件として，④「主我（視点）を中心とした主観的世界と，自己が客我として他者と共に並存している客観的世界が，何らか矛盾して感じられる」という「違和・懐疑」が出現している。加えて，⑤類的存在としての自己の成立も，暗黙の要件となっている。なお，図中では，要件②は「主我」が「客観的世界」の外側に描かれることによって，要件③は，「主我」と「客我」との同一性を表す実線矢印が，点線矢印のように「他者」へ向かっていてもよかった（つまり偶然である）ものとして描かれることによって，要件⑤は「他者」と「客我」を結ぶ二重点線によって，表現されている。要件①については，図7-2を参照されたい。

各種の「きっかけ」も，この条件が成立するためのきっかけと解することができるだろう。また，特に記憶に残るような具体的きっかけなしにこの条件が成立した場合，「きっかけなし」に分類されるのだと考えられる。

　なお，本章の冒頭でふれたように，本章はあくまでも，次の第8章の準備的性質のものであることを，再度付言しておきたい。本章で導入した内的体験の構造図解的方法にしても，第8章でふれられるように，あくまでも異質な体験を比較することによってしか類型把握としての意義を明らかにし得ない以上，本章の試みはいまだ初歩的な段階にとどまらざるを得なかった。また，本章でまとめられた自我体験生起の条件およびそれに基づいて構造図解された自我体験の内的構造特徴と，「自己の自明性への違和・疑問」という自我体験の記述的現象的定義との関係も，いまだ不明瞭なままである。これらの課題は，自我体験と独我論的体験の統合的理解が目指される次の第8章において，より詳しく検討されることになる。

第8章

独我論的体験と自我体験の統合的理解を目指して

1節 はじめに

　本章では，主として自発的事例の検討をもとに，独我論的体験と自我体験との統合的理解を目指す（これまでと違って「独我論的体験」と「自我体験」の表記上の順序が逆転しているのは，本章では自発的事例の検討は，独我論的体験事例を中心に行うことになるからである）。先行の諸章では，2つの体験はあたかも別物であるかのように扱われてきた。しかしながら，第3～5章でも経緯を示したように，当初，回想誘発的質問紙法によって収集され抽出されたものは自我体験群事例であって，結果を分析する過程でその「下位側面」として析出して「独我論的懐疑」という名を与えられたものが，のちに「独我論的体験」として分離独立したのだった。この経緯からしても2つの体験は類縁的と考えられるのである。そもそも，序章で紹介した「根源的認識動機」としての 事例0-5 「W.T自己体験No.1」においては，2つの体験は一体であった。筆者にとって両体験は，統合的にしか理解できないはずのものだったのである。

1　統合的理解とは何か

　ここで少し，統合的理解とは何かを反省してみよう。たとえば「陽光」と「心理学」では，統合しようにも手がかりを見いだすのは難しい。けれども，「陽光」と「X線」ならば，同じ電磁波であるという共通項を手がかりにし，その相違点として波長の違いを見いだすことで，「波長の異なる電磁波」という統合的理解に達することができる。統合的理解の第一歩は，比較の中で共通点を手がかりとして相違点を明確化することである。

181

いったい，認識の第一歩は，比較にあるといってよい。ビューラー，シュピーゲルベルグから近年の日本での展開にいたるまで，自我体験研究は，数こそ少ないがかなりの歴史をへているといってよい。にもかかわらず，いまだに内的体験構造の十分な解明にいたっていないのも，「陽光」にとっての「X線」に当たる比較項を見いだしていないからではないだろうか。本研究，特に本章は，独我論的体験と自我体験にそれぞれ固有な内的体験構造を，比較を通じて統合的に理解し解明せんとする点で，従来の自我体験研究とは一線を画すものになっている。

2 現象的記述的水準での比較

出発点として，第4章の「自我体験群」の記述的現象的定義に手がかりを求めよう。

> 自我体験と独我論的体験をあわせて，自我体験群と呼ぶこととする。独我論的体験も，世界の中の人々の1人であるという類的な自己理解，他者と対称性・互換性をなす自己という自明な自己理解への疑問・違和として捉えることが可能であり，それまでの自己の自明性への違和・疑問を含むところに自我体験と共通項があるからである。ただし，独我論的体験が，主として，それまでの他者・世界の自明性への疑念として生じているのに対し，自我体験は自己そのものへと焦点づけられた体験であるところに，違いがあるといえよう。（第4章3節より）

すなわち，両体験の共通項として，「自己の自明性への違和・疑問」が抽出され，相違点として，自我体験が「自己そのものへと焦点づけられた体験」であるのに対し，独我論的体験では，「他者・世界の自明性への疑念」であるというのである。

けれども，これだけでは，両体験の定義の詳細にアンバランスがあるうえ，具体性がない。共通点と相違点を具体的に検討できる事例の比較が必要であり，そのために自発例の分析・検討を行うのである。

3 独我論的体験の自発例

独我論的体験の自発例に出会うことは，自我体験の自発例よりもさらにまれである。このことは，まず，調査Ⅰ，Ⅱを合計しての自我体験者の人数が，類型Ⅰ（自己の根拠への問い）に限っても128名に達するのに対し，類型4（独我論的懐疑）の人数は63名と半数以下である（第5章の再判定によって，63名はさらに52名へと減っている）という（補論表2），母集団の違いからきていると単純に考えられるかもしれない。けれども，第二の理由も考えられる。独我論的体験は，たとえ体験されても胸の奥にしまわれたきりで，自我体験に比べても人に話したり書きとめたりされにくいのではないだろうか（自発例だけでなく，調査事例についてもこれは言えることであろ

う)。

　いずれにしても，7章1節で言及した，これまでの自発的事例の「コレクション」には，もし，事例のフィールドを文芸作品や自伝などの公刊物に限ってしまうと，第5章ですでに挙げた例を別としては，考察を展開するに足る十分な自発例は見あたらない。そこで，自我体験自発例の場合といささか方針を異にして，「準自発的事例」をも取り上げることとする。準自発的事例とは，筆者の手になる以外の自我体験調査の公刊物の中にたまたま出現した事例である。とりわけ，高石の最近の自我体験調査（高石，2003）では，彼女の十数年前の調査（高石，1989a）と同様の質問項目が用いられていて，特に独我論的体験に焦点を当てた研究ではないにもかかわらず，引用された自我体験事例8例中，本研究の基準で独我論的体験と判定できる事例が3例を占めている。自我体験と独我論的体験の関係の深さを示唆するものとして，本章に固有の通し事例番号をふって（例：高石事例3）検討の対象とする。

4　本章の構成

　独我論的体験と自我体験との統合的な理解を進めるために，次の2節では，これまでの自我体験と独我論的体験の調査研究をふまえ，統合的理解のための問題点を明らかにする。3節では，いくつかの自発的事例の考察をふまえ，統合的理解への道を探る。4節では，統合的理解のための新たな鍵概念として，木村敏の自明性についての議論が導入され，両体験を「コインの両面」とする記述的現象的定義が試みられる。5節では，『ジャマイカの烈風』という小説作品中の挿話と物理学者の自伝的事例が考察され，両体験の記述的現象の定義が具体的事例における内的体験構造として同定される。そして6節では，両体験相互の関係を発達連関として理解する試みがなされる。

2節　調査研究の統合への手がかり

1　自我体験の発展としての独我論的体験

　これまでの調査研究の中で，独我論的体験と自我体験の統合的理解が試みられていなかったわけではない。第3章の自我体験調査においても，「自己の根拠への問い」から「独我論的懐疑」へと発展していくという論理的連続性が比較的明瞭に示されている例を3例認めることができた，としている。そして，次のような論法に基づいて，図3-4に見るように，「問い」から「懐疑」への矢印を，点線ながら描き出してい

るのである。

「自己の根拠への問い」は他の人称への変換が不可能なため、「こんなことを考えている」のは常に「私だけ」である、という思いへと結びつきやすい。この論理の独特の性質が、他者の心の中がわからないという経験的な事実と結びつくことで、自分と自分以外のすべての人間との本質的な相違を強く意識させることになると考えられる。(第3章4節より)

また、高石 (2003) も同様の関係を、次の事例と考察によって指摘している。

事例8-1 高石事例3
小学校の何年のころか忘れましたが、一時ノストラダムスの予言で地球がほろびるといううわさが広まりました。私はそのころこわくてこわくて夜いつもねむれませんでした。……／その頃からでしょうか。私は世界が自分中心に動いていると思い出したのです。社会で江戸時代やもっと前からのことを勉強したけれど、あれらのことは、私が今生きている世界とつじつまを合わすために本に記されたものである。そして未来なども存在しない。自分が消えたら周りも消える。地球や宇宙なども何もない。このように考えている時期がありました。／よくわかりませんが、このころ私は恐怖から逃れるために、自分という存在を異常なほど大きな存在としてみるようになっていたのだと思います。(2年生、女性)

これは、自我体験により生じた不安や恐怖を、独我論的世界観(渡辺、1996c)を構築することによって防衛する、過渡的な段階が生じる例を示していると考えられる。自我の独自性を突き詰めて考えてゆくと、それは「宇宙には私という唯一の自我意識しかない」という独我論ないし独在論的な世界の捉え方にたどりつくことは不思議ではない。自我体験は、他者の視点に立てるようになるという自我発達上の移行を促す契機となりうると同時に、独我論的視点に捕らわれてゆく契機にもなりうるのである。(高石、2003、p.29)

すなわち、独我論体験は自我体験と何らかの意味的な構造連関をなし、自我体験の「発展」として位置づけられるという考え方が、筆者によっても高石によっても、実例に基づくものとして示唆されているのである。

そのような、「自我体験から独我論的体験へ」という発展説の範疇に入らないでもない事例を、独我論的体験の公刊例の中から紹介しよう。1916年生まれのアメリカの詩人・劇作家・小説家のハーディング (Harding, 1972/1981) が、33歳で突如、独我論的体験に襲われたエピソードを語った、『頭のない私 (*On Having No Head*)』という小品である。

第 8 章 独我論的体験と自我体験の統合的理解を目指して

> **事例8-2 頭のない私**
>
> 　私には頭がないとわかった日こそ，私の生涯で最良の日，いわば私の生まれ変わった日であった。／それを発見したのは，いまから 18 年前，私が 33 歳の時であった。確かに突然の出来事だった。だが緊急の探究に応えてそれは起こったのだった。その数ヶ月というもの私は，「私とは何か」という問題に夢中になっていた。それが起こった時，私がたまたまヒマラヤ山中を歩いていたことは，多分その発見にほとんど関係していない。……／実際に起こったことはばかばかしいほど単純で，劇的なところはなかった。私は考えることをやめたのである。……／ヒマラヤでの発見の最初の驚きがさめ始めた頃，私は自分のためのその発見を次のような言葉で叙述してみた。／それまで私が漠然と考えてきたところによれば，私自身とは，何はともあれ私の身体というこの家に住みついており，その家の二つの丸い窓から外界を覗いているものであった。今やまったくそうでないことがわかった。私が遠くを見つめる時，私にいくつの眼があるのか──2つか，3つか，数百か，それともないのか──を，私に教えてくれるものがあるだろうか。実際のところ，私の正面のこちら側にはただ一つの窓しかなく，しかもその窓は広く開かれていて窓枠がなく，誰もそこから外を覗いてはいない。窓に枠をはめているのはいつも，眼や顔のあるほかの人々であって，決してこいつではない。／したがって，2 種類の──まったく異なった 2 つの人種の──人間が存在することになる。一方は，明らかに肩の上に頭（私が「頭」というのは，種々の穴のある，毛の生えた 8 インチ球のことだが）を載せている人種で，その実例は無数にある。それに対して他方，明らかに肩の上にそんなものを載せてはいない人種で，その実例はたった 1 つである。私は今まで，この重大な相違を見落としていたのだ！　長く続いた錯乱状態のせいで，つまり生涯にわたる幻覚（私が「幻覚」というのは，辞書にある通り，実際には存在しないものの見かけ上の知覚のことだが）のために，私は一貫して，自分自身を他の人々とかなりよく似たものだと思ってきた。
> ……　(Harding, 1972/1981　訳書, pp.32-35)

　この事例は，年齢的には既述の諸事例とは大きく異なっている。けれども，「私とは何か」という自我体験的な問題に没頭した果てに独我論的体験が訪れた，というように解釈できるのであり，発展説の例証とみなすことは不可能ではないであろう。

2　自我体験以前の独我論的体験

　ところが，ここに，自我体験→独我論的体験という「発展説」とは相容れないように見える，一群のデータがある。まず，高石（2003）が事例 8 − 1 のすぐ後で紹介している次の例はどうだろうか。

> **事例8-3 高石事例 4**
>
> 　小学校の 5 年生か 6 年生ぐらいの頃，死後の世界とか宇宙の果てについてすごく興味があってしょっちゅう考えていたことがあります。おそらくその頃から私の中に永遠だとか無限という概念が芽生えたのだと思います。／私は小学校に入る前ぐらいか

185

らずっと，自分以外の人は家族も友だちもみんなロボットで，私だけが人間なんだと思い込んでいました。みんなが私を監視していて，バスとかも私が見ている時だけ走っているけどそれ以外の時は動いてないんだと思っていました。この不信感はすごく根強くて，小学校の中学年か高学年ぐらいまでぬぐえなかったと思います。はっきりとおぼえてないけれど，多分親友と思える友だちができた頃からそういう妄想がなくなった気がします。（2年生，女性　小学校5～6年時の体験）

この事例について高石は，解説して言う——。「いわゆる『前思春期』とサリバン(Sullivan, H.S.)が言う時期に同性同年代の親友を得ることが，独我論的で自己中心的な自他の認識から脱出する契機となったことをこの女性は回想している。おそらくは，独我論的世界観を抱く子どもの多くは，この女性と同様の発達的道筋を通って，新たに自分自身を世界の中に位置づけていくのであろう」（高石，2003, p.30）。

しかしながら，一見してこの事例は，彼女の，自我体験の防衛から独我論へ，という説とは矛盾する奇妙な性質を備えている。前半部分に小学校高学年頃の自我体験が述べられ，そしてそれとは別個のエピソードとして後半部分に，就学期以前にまでさかのぼられる記憶としての独我論的ファンタジーが述べられているのである（しかもこのファンタジーたるや一種の「陰謀説」であって，超越的な何者かの意思が外側から作用するという，事例5-6 に見るような入れ子細工的構造の要素もある。これについては3節で再論する）。

このように，独我論的体験が他のタイプの自我体験よりも低年齢に定位して回想されるという関係は，調査Ⅰ，調査Ⅱを通じて，「独我論的懐疑」が他のタイプの自我体験よりも，平均するとほぼ1歳半から2歳は低年齢に初発すると回想されるという調査結果（補論表3）と符合するものである。ちなみに図8-1は，調査Ⅱの結果に基づいた巻末の補論図1から，「懐疑」（独我論的懐疑）との年齢的先後関係に関する部分のみを取り出したものである。「懐疑」と他の類型の双方を報告した複数事例報告者にあっては，「懐疑」が「問い」（自己の根拠への問い），「自覚」（自己の独一性の自覚）に対して，年齢的に先んじる傾向のあることがうかがわれる。

調査Ⅱから，「懐疑」類型が先行するそのような事例を2つ挙げておく（第4章では未発表だった例である）。

事例8-4　調査Ⅱ追加事例①
「問い」類型：15歳　漠然と，自分はどうしてここに存在しているのか？　存在意義はなんなのか？　生まれて，生きて，死んで，死んだらどうなるのか？　とか考えたことがある気がします。／今でもよくわからないのですが，自分が自分らしく今を大切に生きるしかないのだという気がしています。
「懐疑」類型：6歳　小さい頃，母親がどこかへ行ってしまうのではないかとか本

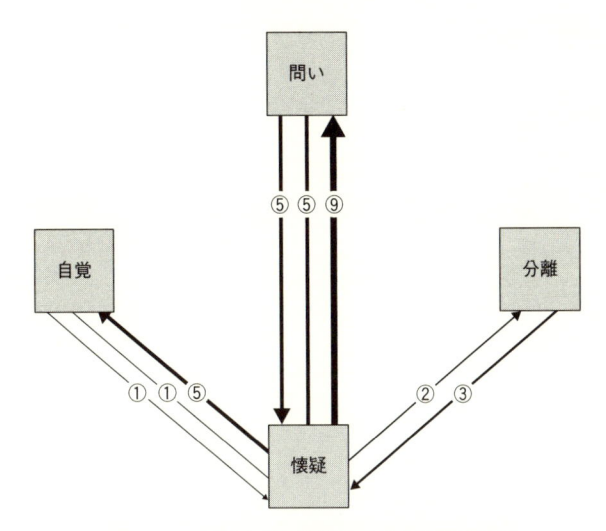

第 8 章　独我論的体験と自我体験の統合的理解を目指して

図 8 − 1　懐疑と他の類型との時間的順序関係
矢印のついていない線分は「同時」を表す。〇の中の数字は，矢印（線分）で結ばれてペアを形成した関係の数を表し，線分の太さとも対応する。問いは「自己の根拠への問い」，自覚は「自己の独一性の自覚」，分離は「主我と客我の分離」，懐疑は「独我論的懐疑」の略称。

当はロボットみたいなものなのではないかという恐怖を抱いたことがあったような気がします。また中学頃まで，自分のカラに閉じこもっているようなところがあり，誰も私のことをわかる人はいないような気がしていました。

　でも高校頃から，本音を語り合えるような人間関係ができて，皆同じ様なことで悩む人間であることに気づきました。（後半の「懐疑」類型のみが第 5 章 事例番号 16 の再掲）

事例 8-5　調査Ⅱ追加事例②
　「問い」類型：11 歳　誰かといっしょにいて，その人が何を考えているのだろうと思った時，相手の心は相手にしかわからないのだ，と思いそれを知りたいと思ったし，どうしてわからないのだろうと思った。それと同様に自分の気持ちをすべて理解することは誰にも出来はしないのだと感じた時，「じゃあ私はどうしてここにいるのだろう？」とか「なぜ私は私なのか」ということを考え始めた。その時からずっと時にふれては，考えたりしているけれど答えは出ていない。けれど，いつか自分で見つけられる時が来るような気はします。
　「懐疑」類型：10 歳　ある時にふと，私の目の前にいるこの人達は，私が見ていない時には，人間ではないのかもしれない，と思ったことがあります。その頃は家族や友達のことも，この人達は実は宇宙人や悪魔で私のことを殺したりするかもしれない，と考えることもありました。隠れて，家族の行動を観察したりもしました。今は，そんな事は考えもしません。

また，事例8-3 と同様の「子どものころは他人はロボットみたいなものと思っていたが，のち，そうでないことがわかってきた」という形の回想例として，次に 事例8-6 を紹介しておく。注52

事例8-6 （19歳 女）
　私は三章の独我論について，100％理解できます。実は私も最近まで自分だけに考える事や感情などがあると思っていた。回りの人たちは，私がこうしたらああするといったマニュアルで動いていて，特に，電車の中にいる他人や町中での通りすぎる人々に，その人の誕生から現在までの歴史がそれぞれいろいろな環境の中でおこっていたのだとは思わなかった。その回りの人々は，今私がこうしている時必要なその場だけの存在なのだと思っていた。しかし，これとはムジュンして，親しい人々は親しくなれば親しくなるほど，この人はこう生きてきて私と同じくたくさんの物事を考えて，ロボットではない存在だと気づく。ごく最近TVを見ていて，アイデンティティーのかく立というのでしょうか，芸能人とかの特集とかを見ていると，自分というあまりに平凡なとるにたらない存在というのに気づき，自分だけ自分だけという考えはまちがっているのだと気付いた。でも，やはりあかの他人に対しては，ロボット的な考えを抱いてしまう。／この本を読む前から独我論について友達と共感している。このように独我論という理論があったのだと知って，とても読んでいて楽しかったし，うれしく思えた。……

3　「原発性」独我論的体験

　この 事例8-6 や，さらに，この後再掲する 事例0-4 「独我論的体験」等にもさまざまな形で表現されているのは，著しく自己中心的・独我論的な世界観である。しかも，自我体験よりも年齢的に早期に定位されているか（事例8-3 ，事例8-4 ，事例8-5 ），自我体験とは直接関係のない形で，それ自体が回想されているか（事例0-4 ，事例8-6 ）なのである。これらの事例のすべてを高石のように自我体験への防衛反応でもって説明するのは，いささか無理と言わざるを得ない。むしろ，それ自体独立して生じ，しかも，自我体験よりも年齢的に早期に回想が定位される傾向のある一群の独我論的体験が存在するということではないだろうか。このようなタイプの独我論的体験を，「原発性独我論的体験」とでも称することができよう。

　かくして，独我論的体験と自我体験の関係については，前者は後者の発展であるという説およびデータと，前者は後者に年齢的に先んじるという説およびデータがあることになる。このことは，自我体験「以後」と「以前」との，2種類の独我論的体験

注52　もともと筆者は，本格的な独我論的体験調査に取りかかるかなり前に，独我論的な自発事例をまとめ，著書（渡辺，1996c）の中で考察してみたのだった。この事例8－6は，この本を「夏休みの心理学書なんでも一冊感想レポート」の材料にした学生が書いてきたレポートの一部である。

があるということを示唆しているように思われる。自我体験との統合的理解にはほど遠いと言わざるを得ない。そこで，次の3節以後では，以前や以後といった発達論的問題構成にとらわれることなく，両体験を直接比較できるような事例を自発的事例の中から探ってみよう。

3節 自発的事例に基づく直接比較と考察

1 代表例とは何か

事例を比較するといっても，手当たりしだい比較することが現実的でない以上，まず，代表例の比較対照ということになるだろう。本章では，第7章1節での標本抽出における「条件開示」に関する議論をふまえ，序章における「研究誘発事例」を代表例であるとみなす。「独我論的体験・自我体験とは何か」の理解が研究の目標であると同時に，「何か」があらかじめ理解されていなければ研究対象の同定ができないという解釈学的循環の中で，研究誘発事例は，循環の出発点であると同時に，絶えず研究がそこに立ち戻ってゆくべき「先行理解（pre-understanding）」の源泉の位置を，自己事例と共に占めるからである（Martin & Sugarman, 2001 参照）[注53]。

以下に，両体験それぞれの研究誘発事例を，序章から再掲する。

> **事例0-3 再** **自我体験研究誘発例**
> ぼくは昔から，ここに自分がいる，ということが不思議でした。ぼくの家族の中に自分が存在しなくとも，他の誰かでもよかったのではないかとも思っていて，じゃあなぜ自分が存在して生きているのか，何か生きている目的があるのではないかと考え……

> **事例0-4 再** **独我論的体験研究誘発例**
> ……余白がだいぶあるので，昔思ったことのあることですが，多分心理学的なことだと思うので書かせて下さい。いつだったかは忘れましたが，本当に人が存在するのかということです。自分は認識できるので存在はしているのですが，他人は外見しか見ることができないのだから，自分と同じようなのか中身は空なのかわからなくなったのです。結局出した仮定は，自分以外の物事はすべて自分のために存在しているのではないかというものでした。まわりの人には自分勝手で自己中心的な考えだと言われましたが，人がいて自分がいるという考え方は，常識ですが誰も絶対に知ることは

注53 解釈学的循環も，先行－理解も，ハイデガー（Heidegger, M.），ガダマー（Gadamer, H.G.）らの哲学的解釈学から英語圏の解釈学的心理学に取り入れられた概念であるが，心理学研究としての独立性の維持のため，心理学文献からの引用とし，「先行理解」の原語も英語でのみ示した。

できないで納得してしまっていることです。今の自分も結局「納得」してしまっているわけですが……というより，どんな答えをもってしても「理解」することはできないので，「納得」するしか仕方なかったのです。ひさしぶりに思い出したので書いてみましたが，あまりうまく書けなかったようです。

2　搦（から）め手からの接近──「アリ」という共通キーワード

　それにしても，この2つの研究誘発事例を比較しようとしても，なにやら雲をつかむような気がしないだろうか。そこで，統合的理解の第一歩が，共通点を手がかりとして相違点を明確化することにあるという前述の論点からして，「アリ」という共通のキーワードによって，「コレクション」（p.160参照）の中から次の2つの例を抽出して比較考察し，その結果をもって，研究誘発事例の比較考察に入ることにした。いわば搦め手からの攻撃である。なぜ「アリ」なのかといえば，「発見の文脈」から言えば，最初 事例5-4 「アリのように見える」に強い印象を受けていたところ， 事例7-8 「アリだったら体験」に接し，両者をセットとして記憶するにいたっていたのである。なお，「正当化の文脈」での理由づけは，すぐ後の考察でおのずと明らかになる（発見の文脈と正当化の文脈の対比については，序章4節1の「研究問題の構成と研究の流れ」を参照）。

【事例7-8】（アリだったら）
掲載略。第7章4節2参照。

　　事例5-4 再　アリのように見える
　　自分は大学でこの心理学をとるまで，他人の自己意識の存在がうなずけなかった。自分の意識は身体という入れ物に入っていて，そこからは他人は心身同一体であり自分のみがこの体から外を見ている。……他者が彼らの自己意識を持っているというのは類推でしかないわけだ。もしかしたら他人は，あたかも感情を持つようにふるまうだけの入れ物にすぎないのかもしれないし，または自分の意識が作り出し，知覚していると思いこんでいるだけで何も存在しないのかもしれない。そう考えると存在するのは自分の意識，または自己意識だけで，他の知覚できるあらゆる物は存在を知覚しているだけで本来は存在せず，他者理解における他人の感情も自分の意識が作り出したものにすぎない，ということになる。しかし，これを言ったらはじまらない。自己閉鎖的になるので，とりあえず，知覚・認知できるものは存在する，と考えるように最近，私自身はしている。一時期などかなり他人がうっとうしく，アリのように見え，自分の知らない人には意識がない，という観念があった。……以前までの自分の考え方として，入れ物としての他人が機械的に社会を作っていて，自分がその中にいずれ組み込まれることに非常な危機感を持っていて，そうなることを絶対に避けようとしていた……しかし，やはり社会的にうまく組み込まれ，つまり社会的地位を得て，そ

こで許される範囲で自分の欲求を満たすのがおそらく正しい方向であろう。または，自己意識などほとんど考えず，心身同一体を保つ形で社会生活をすれば何も問題はないのかもしれない。

　事例7-8 は第7章でも見たように，自我体験研究者である高石が，幼少期の自己体験を語ったと思われる自我体験事例である。事例5-4 は，授業レポートにたまたま現れた独我論的体験事例である。現実のアリと比喩のアリとの違いはあるが，「アリ」に込められているのは，一方的に見られる存在，視線の対象，客体という共通した象徴的意味である。この共通事態を，図8-2に，「私」から「アリ」に向かう視線としての矢印によって示そう。「アリ」とは，この体験構造上の共通事態を指示する，メタファーとして解されるのである（これがアリをキーワードとすることの正当化となる）。

　両事例（図8-2の①と②）の構造上の相違点は，以下の2つである。
- 「私」をさらに見る超越的視点の有無　①では「私→アリ」という関係が，「超越的視点→私」の関係へと転写され，「私とは何か」という自我体験が引き起こされていると考えられる。
- 2重点線で示される，私と類的関係にある他者の有無　②ではテクストでは明示的ではないが，暗黙に前提されている。

ここで，2つの事例を自我体験と独我論的体験に分離させている本質的相違は何なのかという，問題を立てることにしよう。自我体験に分類される「アリだったら」

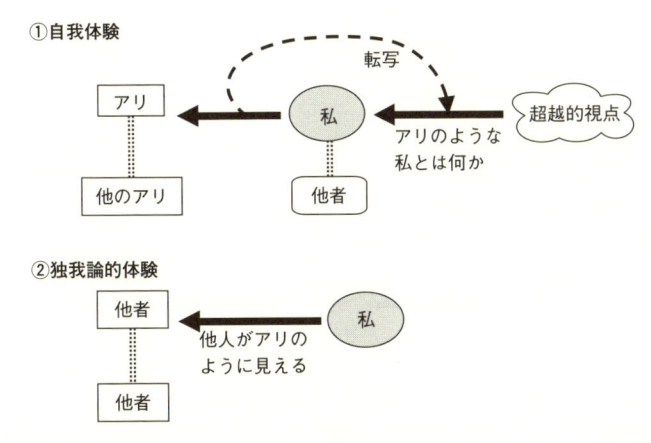

図8-2　事例「アリだったら」（自我体験）と事例「アリのように見える」（独我論的体験）
矢印は，「見る」もしくは「俯瞰する」関係。二重点線は，その部分に「類的関係」が成立していることを表す。

（図8−2①）を，独我論的体験である「アリのように見える」（図8−2②）から分かつのは，「私は見るだけでなく見られることもある」ということか，それとも，「類的関係にある他者がいる」ということだろうか？

3 中間例の考察

この問題を解く手がかりを得るために，中間例を考察してみよう。そのような事例は，独我論的事例として紹介した中にすでに存在している。事例8-3 に見る，他人がアリのような客体（「ロボット」）でありながらその背後にあたかも超越的な意志が働いているという，「入れ子細工構造」の事例がそれである。入れ子細工構造事例は，第5章の調査事例の中にも少なからず出現している。なお入れ子細工事例の意味は，終章3節中の「精神病理との関わり」の中で，自閉症スペクトラムとの関連で再論される。

実際，このタイプの構造が最も明確に認められる典型的自発例が，独我論的体験の「コレクション」の中に見いだされるのである（渡辺，2002b）。そこで，これを「円筒世界」と名づけて引用し，その体験構造図を，図8−3として描いておこう（なお，ここで言う「典型的」「典型例」とは，第7章1節の議論をふまえれば，内的体験構造の図解による他との違いの明示化がたやすく，「類型」としての意味を獲得しやすい例，という意味となる）。

> 事例8-7 （21歳 女）円筒世界
>
> 幼い頃，自分がこの世で唯一の実体ではないかと思っていた時期があった。自分のまわりに円筒状のスクリーンがつくられ，自分が動くとそれに対応してスクリーンの画像が変化し，人物が登場する。触覚，聴覚，視覚その他の感覚はすべて錯覚で，円筒の外には何も存在せず，誰か（何か）がそれを上から見物しているのではないか，と考えていた。この考えは我ながら不安でおそろしい想像だった。自分の愛する母や友人がすべてスクリーンの中の「嘘」であるという「事実」は，自分が長いことそれに「だまされていた」虚しさに加えて大きな悲しみであった。私が自己の存在をこのように考えていたのは実は小学校の3年生頃までなのだが，それ以降も（今にいたるまで）心のどこかにひっかかっている。

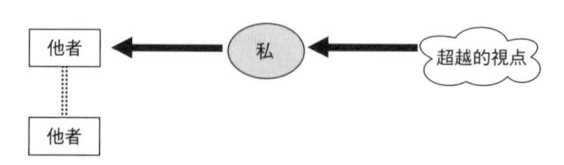

図8−3 事例円筒世界（独我論的体験）

構造上は図8−2の①と②の中間であるにもかかわらず，独我論的体験に分類されるのはなぜか？

これが中間例というのは，超越的視点が現れていながら同類項としての他者がいないからである。このように構造上は中間的に見えるが，表5-1の「独我論的体験判定基準」からしても，この事例は図8-2②とともに独我論的体験（正確には独我論的ファンタジー）に分類される他ないものである。

そこで，図8-2①の自我体験を独我論的体験から分かつ本質的相違とは，「私は見るだけでなく見られることもある」ことではなく，「同類がいる」ことであると，理解できるのではないだろうか。別の言い方をすれば，他の主観が顕れていることではなく，私が類的関係の中に置かれていることが，独我論的体験から自我体験を分かつのである。

4 構造図解的方法による研究誘発例の位置づけ

以上の考察をふまえ，図8-2，図8-3の間に2つの研究誘発例を位置づけ，合計5つの体験構造図を配列してみよう（図8-4）。

図8-4で①に現れている「鳥瞰的視点」は，第7章での考察で明らかにされた自我体験の構造的特徴である。これは，①の自我体験研究誘発例では明確化されていないが，この図8-4に明示された5つの体験構造図をもとにすれば，次のような迂回路をたどることで明確にすることができる。

まず，図8-4で②と③を比較し，前者は自我体験，後者は独我論的体験に分類される以上，同じ「超越的視点」と見えても意味が違うのではないかと再考する。手がかりは高石（2004a）による 事例7-8 「アリだったら体験」の自己解説に見いだされる。

> 「アリの視点から自分を見るということは，自分を対象化する視点が生まれるということである。それは同時に，アリを見ている〈私〉の視点を，〈私〉を見つめる遥かなまなざしの主の視点へと一瞬のうちに移動させ，その遥かな視点から自分を眺めることを可能にする」(p.44)

つまり，超越的視点と見えたものは自分自身の鳥瞰的視点だったと解釈されるのだ。

すると，同じ自我体験である以上，①にも鳥瞰視点を想定できることになるだろう。実際，序章2節でも述べたように，研究誘発例における「なぜ私はここにいるのか」という問いは，「なぜ私は他の誰かではないのか」という問いへと変換できるのであるが（第3章参照），この問いは，私自身を含む群衆を上空から撮影したビデオテープを眺める（＝鳥瞰する）ことで，より生じやすく思われる。そもそも，第7章にまとめたように，自我体験生起の要件とは，内省的自己意識が発達し，鳥瞰的視点

①自我体験研究誘発例　私　なぜ私は今ここにいるのか？　なぜ他の誰かが私ではないのか？　鳥瞰的視点
　　　　　　　　　　　他者

②事例「アリだったら」（自我体験）　アリ ← 私 ← 超越的視点（鳥瞰的視点）
　　　　　　　　　　　　　　　　　他のアリ　他者

③事例円筒世界（独我論的体験）　他者 ← 私 ← 超越的視点
　　　　　　　　　　　　　　　　他者

④独我論的体験研究誘発例　他者 ← 私　世界は私のために？
　　　　　　　　　　　　　他者

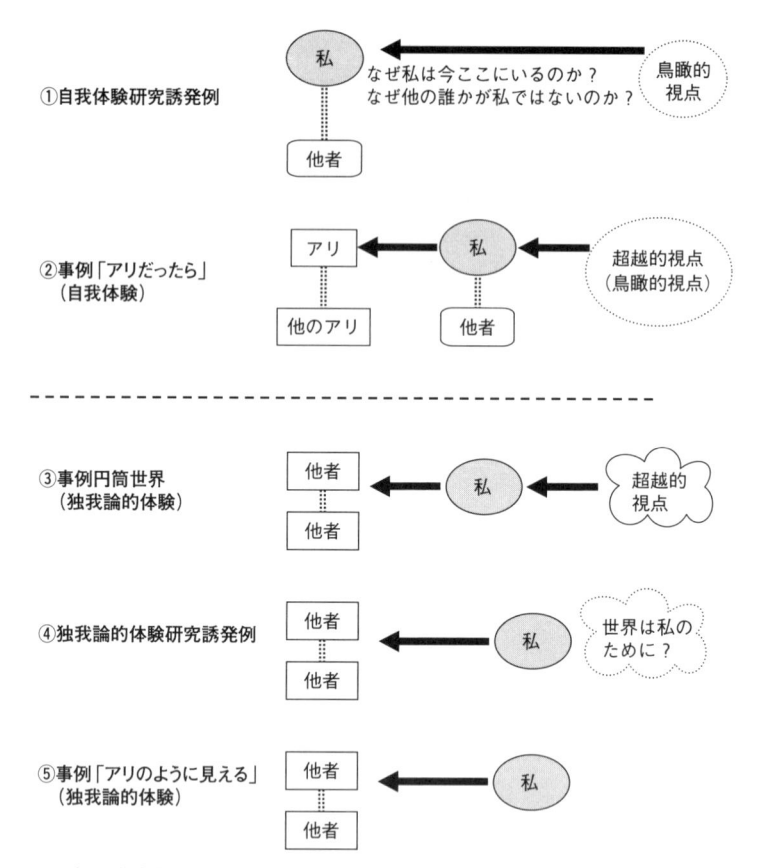

⑤事例「アリのように見える」（独我論的体験）　他者 ← 私
　　　　　　　　　　　　　　　　　　　　　　他者

図8－4　自我体験①から独我論的体験⑤へと配列された5つの体験事例の内的構造連関図
②と③の間に，自我体験と独我論的体験の境界が点線で示されている。

が獲得され，主我（＝視点）と客我との関係が必然的ではなく偶然的と感じられることであり，鳥瞰的視点は，自我体験の暗黙の構造的特徴になっているのである。

　次に，④「独我論的体験研究誘発例」を③と⑤の間に位置づけた理由を述べる。一見して④は⑤と同様の，他の主観の否定という純粋の独我論的世界であるが，テクストに「結局出した仮定は，自分以外の物事はすべて自分のために存在しているのではないかというものでした」という表現があるのに着目し，③の要素を取り入れて図解した。世界が自分のために存在しているという思念は，「みんなが私を監視していて，バスとかも私が見ている時だけ走っているけどそれ以外の時は動いてないんだと思っていました」という，入れ子細工的な 事例8-3 とも共通する。後者でも，被害的な意

194

味であるが、世界は自分のために存在させられているのだから、そして、私を監視している「みんな」が「ロボット」であるなら、個々のロボットの背後に不可視の監視者の存在を想定することになり、行き着く先は③の事例円筒世界における「超越的視点」の出現となるだろう。

このようにして、独我論的体験事例を⑤―④― 事例8-3 ―③と系列化してみると、これらの事例が、第5章で独我論的体験事例の分類軸の1つとした「俯瞰する－俯瞰される」に沿って、連続的に位置づけられることがわかる。ちなみに「俯瞰する」とは自己が対象を完全に客体化している事態、「俯瞰される」とは逆に自己が相手によって客体化されている事態であり、両者を貫く分類軸は、「自他の対称性の自明さの破れ」としても特徴づけられる。さらに、超越的視点に見られる体験や何者かに監視される体験が脅威的なものとなり、アリのような他人を見ている、という意識が薄れてしまえば、統合失調症における「超越的他者」（吉松，1988）のような、一方的に見られる・俯瞰される体験となり、純粋に俯瞰する体験から純粋に俯瞰される体験への、自他の対称性の自明さの破れに沿った連続軸が完成するだろう。

5　独我論的体験の哲学的ではない「心理学的」特徴づけ

このように、図8－4の構造図解を考察してゆくと、独我論的体験を、この、自他の対称性の自明さの破れの連続軸における共通の特徴である、「私」と「他者」の間の「2重点線」の不在によって、新たに特徴づける可能性が出てくるのである。この、自我体験と区別された、独我論的体験に固有の構造的特徴を、第7章末尾に現れた「他者との類的関係」という語を用いて、「他者との類的関係の欠如」と呼ぶことができよう。第4章末尾の定義を踏襲して「自明性」をキーワードとするならば、「他者との類的関係の自明性の破れ」と称することができる。

これを、本章ではさらに、「自己」に焦点を絞って表現し、「類的存在としての自己の自明性の破れ」と称することにしよう。ちなみに、「類的存在（Gattungswesen, species being）」とは、マルクス（Marx, 1844）がヘーゲル哲学から継承した用語であるが、ここでは、「人間たち」という「類」の中の1人であるという在りかた、という意味に用いる。いずれにせよ、ここにいたって、独我論的体験は、哲学説としての独我論直輸入の「主観性を備えた他者の否定（狭義の独我論）」「私が他者とともにある実在的な世界の否定（主観的観念論）」といった意味を離れ、事例テクストという心理学的データに基づき、体験の内的構造連関の面から、哲学とは独立に特徴づけを受けるにいたったといえよう。

はなはだ誤解されやすいことを承知のうえで日常的言い回しを用いるならば、「独

我論的な体験とファンタジー」とは,「自分が人々の間の1人であることは自明ではない」という思いや世界観である,と言うことができるのである。[注54]

なお,自閉症研究者ホブソン (Hobson, 1993) の次の文章を,「類的存在としての自己」の適切な解説として引用しておく。

> 「自分自身を知るということは,さまざまな他者の一人として,自分を知ることである。……子どもが自己概念を発達させるために必要なのは,"人"というものを理解した上で,さらに,自分自身と多くの共通性がある一方で,自分とは区別される"自己"なるものが他者にも存在する,ということを認識することである」(訳書,p.18)

また,図5-1に示した独我論的体験事例の3次元構造モデル (p.129) を,この新たな特徴づけを中心に描き直してみたものが図8-5である。この新たなモデルでは,「狭義の独我論」「主観的観念論」「病理」というように,哲学や病理に起因する世界観が,「体験」全体の2次元空間の各象限に位置づけを受けて書き込まれている。このような考察は,図0-1として描き出したシュピーゲルベルグの研究段階のうち,「枝」である哲学の存在論的考察や,病理的考察の範囲に入るものであり,したがって,「終章」で扱われるべきかもしれないが,参考のため描いておいた。

ここで問題になるのは,対応する自我体験の本来のキーワードである「自己の自明性の破れ」の曖昧さである。もともと,「自己の自明性」を第3章で自我体験理解の記述的現象的キーワードにしたのには,暗黙の背景としてブランケンブルク (Blankenburg, 1971) の『自明性の喪失 (*Der Verlust der Natürlichen Selbstverständlichkeit*)』に関する精神医学的議論があった。ただし,異領域化・精神病理化を避けるという理由で,あえて詳しい参照を避けてきたのだった。次の4節では,「自己の自明性の破れ」について理解を深める目的で,木村 (1973) が「常識的日常性」と名づけている自明性の構造についての議論を,参照することにしよう。精神医学的議論の参照や病理的事例を引き合いに出すことは,異領域化を導く危険の反面,病理的事例をも普遍相の下に照射し直し,脱・異領域化する可能性をもはらむと,現在では筆者は考えている。

注54 哲学的独我論とは別個の特徴づけに達したのは,判定基準を哲学的独我論とは別個に立てた結果にすぎないと,批判する読者もいるかもしれない。ちなみに独我論的体験の判定基準は,「自分という存在が,すべての他者,さらには世界全体と対峙され,自己の孤立性や例外性が強く意識されていること」(第5章) である。けれども,判定基準というものもまた,多くの事例に接しつつ解釈学的循環の中から生み出されたものであって,「他者との類的関係の自明性の破れ」という特徴づけも,この循環運動の暗黙の収斂軸を,自我体験と比較考察しつつ内的体験構造として明確化した,その成果と考えることができるのである。

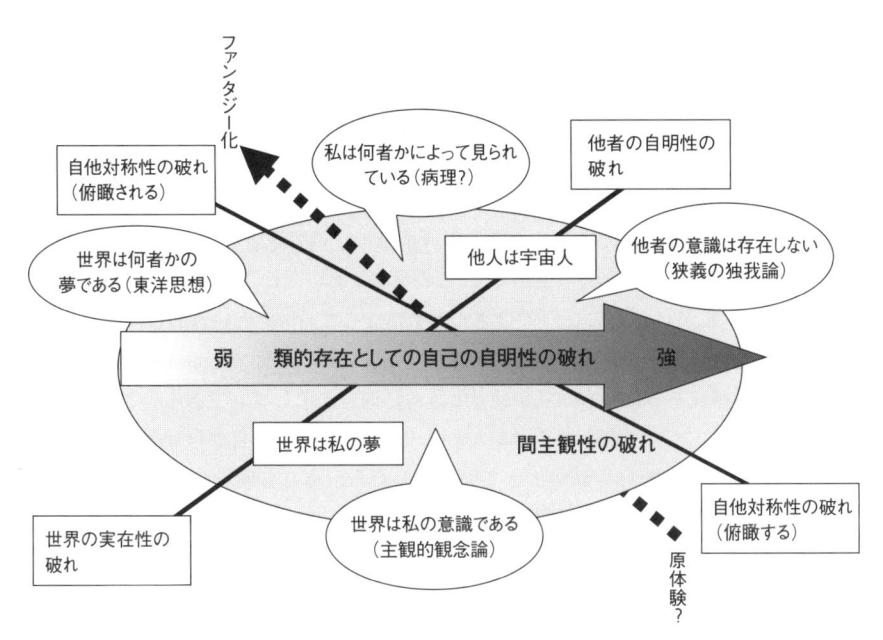

第 8 章　独我論的体験と自我体験の統合的理解を目指して

図 8-5　独我論的体験の新たに解釈され直したモデル
吹き出しは各 4 象限の特徴を表す。2 次平面全体は、「類的存在としての自己の自明性の破れ」という新たな特徴づけを受けるが、「破れ」は矢印で示したように、左端が弱く、右端にいくにつれて強くなっている。「ファンタジー化」は、その反対方向の斜め上へと「発達」する。「世界は私の夢」が、ややファンタジー化しているが典型的な世界の実在性の自明性の破れとして、「他人は宇宙人」もファンタジー化した他者の自明性の破れの典型例として、位置づけられている。なお、すべての「破れ」の語の前に「自明さの」が付くのであるが、スペースの都合で省略したところがある。

　また、ブランケンブルクでなく木村の議論を用いるのは、両者とも現象学を背景としているにもかかわらず、後者がより明快であり、背景知識なしに本研究の文脈で理解可能と思われるからである。

4節　自明性概念に基づく記述的定義

1　木村敏の「常識的日常性の原理」

　木村（1973）によれば、常識的日常性の世界とは、「私たちのだれもがふつう特別な反省なしにその中に住みつき、その中で生活を送り、その中でものを見たり考えたりしている世界である」。それはあまりにも自明な世界であるため、これを対象化して認識し、その論理構造を問うことははなはだしく困難である。しかし、「前章で見

た私の患者の妄想は，常識的日常性の対極に位置する1つの世界を開くことによって，私たちにとって有効な視点を提供してくれる」。

そのようにして明らかにされた常識的日常性の世界の第一の原理は，「それぞれのものが1つしかないということ，すなわち個物の個別性である」。この場合の個物とは，目の前の消しゴムのような事物や個別的な他者についてだけでなく，「自分」ということにも言えることである。ところが「前章の症例の患者」においては，「この原理はまったくその効力を失っている」。この患者においては，「Oさんって2人いるんです。(……) 私がOさんになってOさんが私になって……」というわけである。

常識的日常性の世界を構成する第二の原理は，個物の同一性である。目の前の消しゴムは文房具屋にあった時も，私が使うときも，同一の消しゴムである。どんなに容貌や人柄が変わっても，友人は昔の友人と同一人物である。昨日の自分と今日の自分は同一の自分だし，明日も私が生きているとしたら，それも同一の自分なのである。第一の原理と第二の原理は深い関係にある。個物の同一性とは，個物の個別性が同一性を保っているという意味なのだから。したがって「前述の患者」においては当然，第二の原理も成り立っていない。患者にとっては，前述の「Oさん」が，「患者が入院した後は，同じ病院の男子病棟の中に，ひとりの男子患者の姿をとって存在することができるのであり，その男子患者がOの「変更」であることは，「ピンとわかる」という仕方で本質直観的に認知されることになるのである」(p.115)。

常識的日常性の世界の第三の原理は，世界の単一性ということである。「私が現在ここにいるこの世界は，私以外のだれもがやはりその中にいるところの世界である。私たちはすべて同じ1つの世界の中にいる。私がこの世界の中にいて，それとは別の世界の中にいる人となんらかの関わりをもったり話をかわしたりするというようなことはありえない」(p.116)。ところが，前述の患者においては，この原理も深刻な危機に直面している。彼女は「なにもかも二重になって，世界が二重になって，表の世界と裏の世界と……」私自身も二重になって，2人いるみたい」というのである。

木村はさらに，これら3つの原理をまとめて，$1 = 1$という「日常性の世界の世界公式」を提出しているが，これは，$A = A$という自己同一律としても表されるものである。しかも，フィヒテ (Fichte, J.G.) に従えば，$A = A$が成立するためには，「私は私である」ことが絶対に必要なのである。「常識的日常性の世界が世界として成立しているのは，自分が自分自身であるという，私自身の自己同一性に基づいている」。このように断言したうえで，木村は，「分裂病者が分裂病者であるかぎり，そこに必ず見いだされる事態」として，「一言でいえば自己同一性についての自明性の喪失」(p.120) がある，という。

誤解の生じないように付け加えておくが，木村は，病者の世界と常識的日常性の世界を，単に二分して事足れりとしているわけではまったくなく，むしろ，対極の立場に立つものである。たとえば次の引用を参照しておく——「私たちの住んでいるこの世界は，この限られた常識的日常性の世界よりもはるかに広く，はるかに深い。すでに私たちにとって決して無縁ではないところの宗教や芸術の世界がそうである。宗教や芸術の世界において1＝1の公式が成立しないことについては，専門外の本書において多言を要さぬことだろう」（p.123）。

木村の以上のような議論に照らしてみると，いささか詩的で大雑把な言い方になってしまうが，独我論的体験・自我体験とは，「子ども」が，「大人」になる途上で，日常性の世界に完全に組み込まれようとする際にふと覚えた困難が，常識的日常性の自明さの亀裂として記憶に留められたものではないだろうか，と考えることもできるかもしれない。「なぜ私は私なのか」という，典型的な自我体験の問いが，すでに自己同一性の自明性の破れとして理解できることは，何度か本書でも指摘したところである[注55]。

また，木村の議論の中で明らかには示されないが暗黙裡に語られている点を補うと，個別的同一性を備えた存在とは，必ず特定の自己でなければならない，ということが出てこよう。私が私であるという時の「私」とは，誰でもよいのではなく，私一般のようなものでもない。必ず，｛A，B，C，……｝の中の特定の存在でなければならず，固有名詞をもって呼ばれる特定の存在でなければならないのである。

さらに，個別的同一性ということをもう一度反省するならば，個別的同一性を備えた存在とは，類的存在でもある，ということがある。A＝Aという公式にBを入れてもCを入れても成り立つということは，｛A，B，C，……｝という集合として類が成り立つということでもあろう。

注55　本研究で扱ってきた「体験」においては，自己以外の存在に関しては，同一性は明示的には問題になっていないように見える。ただし，筆者は，調査Iで，次のような興味深い例を発見したので，参考までに付け加えておく（この例は，いったんは「独我論的懐疑」に入れたが，第5章の再判定で独我論的体験から外した事例である）。

（20歳　女）「幼稚園児のころ，幼稚園で知り合った友だちと約束して，待ち合わせ場所に現れたその子が，幼稚園の友だちと同一人物だろうかと考えたことがある」

また，「世界の単一性」についても，私の主観としての世界がさらに，超越的視線によって見られているという入れ子細工構造の場合や，世界は何ものかの夢である，といった場合では，自明性が破れていると言わざるを得ないだろう。そもそも，私が夢を見ているときの夢の世界と，私が目覚めているときのこの世界とで，同一性は成り立っているのだろうか。「夢」について思索することは，「自己」を探求することと同様，日常的自明性に亀裂が走るきっかけになると思われる。たとえば，麻生（1996b）が報告している6歳児の夢の中には，自我体験・独我論的体験としても判定可能な事例が散見されて興味深い。

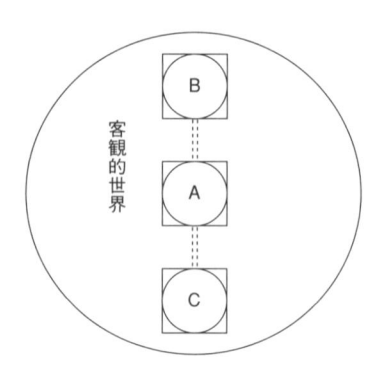

図8－6　常識的日常性の体験構造

自己（内円で表示）を備えた特定のAは，同じように自己を備えた他の人々と，客観的世界の中で個別的自己同一性をもって並存し，人「類」を形成している。読者は各自，「A」に自己の頭文字を代入し，一人称的に――「Aは私である」と――読んでいただきたい。

　なお，木村自身は「類的存在」という語を用いてはいないが，次のくだりはそれに近い概念を示唆していよう――

　　　「……他人のひとりひとりを自己がそれであると同じ1つの単位とみなすこと，逆にいえば自己自身をも他人のひとりひとりがそれであるのと同じ1つの単位とみなすことによってのみ，共同生存は成立する。自分が「一人」であると同様に他人のそれぞれも「一人」であり，他人のそれぞれが「一人」であると同様に自分も「一人」である」（p.162）

　ただし，木村が独我論的体験をテーマ化していない以上，本研究もいわゆる"木村人間学"（野家，2001）に依拠することはできず，部分的に学んだり活用したりできるのみである。とりわけ自明性の構造についての議論は，「人と人との間」（木村，1972）を1つの柱とした木村人間学のその後の発展とはある程度独立に理解できるため，依拠する文献も『異常の構造』（木村，1973）に限定した。
　以上の議論をふまえ，図8－6として，常識的日常性の体験を構造図解しておく。

2　「体験」の記述的現象的定義

　また，以上の議論をふまえると，自我体験と独我論的体験の最も簡明な記述的現象的定義が可能になる。

・自我体験：個別的特定的同一的存在としての自己の自明性の破れ（省略形：個別的自己の自明性の破れ）

・独我論的体験：類的存在としての自己の自明性の破れ（省略形：類的自己の自明性の破れ）

　かくして自我体験・独我論的体験をあわせて，省略形を用いるならば「（個別的類的）自己の自明性の破れ」として，統合的に定義することも可能になり，自我体験は，「個別的自己」の自明性の破れの面に焦点づけられた体験，独我論的体験は，「類的自己」の自明性の破れの面に焦点づけられた体験というように，コインの両面として理解されることになるのである。

　2つの定義を比べてみると，自我体験の定義のほうがかなり複雑に思われるが，それだけ独我論的体験に比べると，多様な事態を内に含んでいるということであろう。同じ自我体験であっても，たとえば，「なぜ私は特定の人間であって他の人間ではないのか」という問いは，特定的存在としての自己の自明性の破れであるが，「なぜ私は私ではないのか」という表現を用いた場合は，同一的存在としての自己の（すなわち自己同一性の）自明性の破れを示唆するだろう。本章と第7章の考察は主に「自己の根拠への問い」の事例に基づいているとはいえ，自我体験のこの定義そのものは，第4章末尾での「自己の独一性の自覚」「主我と客我の分離」をも含めた考察がもとになっている以上，自我体験の全範囲をカバーするものとなっている。自我体験の複雑多様なありように，この定義の複雑さはかなりの程度対応できると思われるのである。

　この定義は，自明性の破れという記述的現象的キーワードを，より厳密にした域を出ないように見えるかもしれない。けれども，体験の内的構造図解の方法とすり合わせることにより，記述的現象的定義を一歩超え，「独我論的体験・自我体験とは何であるか」に答えるものとすることができる。自明性の破れが，図8−6の常識的日常性の世界から図8−4（p.194）に見られるような体験構造世界への構造変化として，同定され得るからである。そのようなすり合わせの例解として，両体験が同時的に出現していて内的構造連関の両面（＝コインの両面）をなしている体験事例を，次に紹介しよう。

5節　同時的構造連関を例解する事例

　2つの体験をコインの「両面」として位置づける理解がなったが，ここからして，両体験が文字通り内的構造連関の両面をなしている体験事例が存在することが予想される。事実，「コレクション」にもすでに序章で紹介した研究者（＝筆者）の自己体験（ 事例0-5 ）など，そのような自発的事例が少数ながら見いだせる（渡辺，2002b

参照）。ここでは，まず，イギリスの作家リチャード・ヒューズの小説作品 (Hughes, 1929/1992) から，作中人物の少女の体験事例「エミリー」を紹介し考察したのち，「コレクション」より，オーストリアの物理学者シュレーディンガーの自伝的なテクストを抜き出して考察しよう。ちなみに筆者の手持ちの自発的事例の中で，両体験が同時的に出現している例は，この3例のみである。

「エミリー」は，もともと既公刊事例よりなる「コレクション」にはなかった文芸作品からの引用であるが，これをまず取り上げて考察する理由は，それが，前節でなされたばかりの新たな定義の応用例となるからである。哲学上の独我論とは一見無縁であっても，新たに心理学的に定義された独我論的体験に当てはまり，それゆえに，従来無視されてきた種類の体験を，新たな光で照射し直すことにつながると思われるのだ。

1 「神」であることに自覚めた少女エミリー

事例8-8 エミリー

そして，やがて，エミリーに，かなり重要な事件が起こったのである。とつじょとして，彼女は自分が誰なのかにめざめたのであった。／これが五年早く彼女に起こったとしても，あるいは五年遅かったとしても，悪いということはあるまい。どうしてもその午後でなければならなかった理由はないのだ。／彼女は船首のすみにある揚錨機のかげで……，ままごとをしていた。やがてそれにも飽きて，ややぼんやりと船尾の方へ向って歩いて行きながら，何となく蜜蜂と仙女王のことを考えていると，そのときとつぜん，自分はたしかに自分だということが，心にひらめいたのであった。／彼女はその場に釘づけになったまま，目のとどくかぎり自分の身体を見まわした。かろうじて洋服の正面がゆがんだ形で見えるほかは，上に挙げてまじまじと眺めた両手ぐらいしか見えない。それだけでも，とつぜん自分のものだということに気づいた小さな身体の，だいたいの姿はつかむことができた。／彼女は，ややあざけるように，声をたてて笑いはじめた。「まあ！」。彼女はこう思ったのだった。「よりによって，このあたしが，こんなふうにつかまっちゃうなんて，あきれた！——もう逃げ出せないのよ，長い間逃れることができないのよ。子どもの時から，大人になって，年をとるまで，こんなひどい悪戯から逃げ出すことができないんだわ！」／……彼女は両手の皮膚をたんねんにしらべてみた。これも自分のものだから。……／こんどこそ自分はエミリー・バス＝ソーントンだ（なぜ「こんどこそ」という言葉を入れたのかは，自分でもわからなかった。前には別の生きものだったという，転生というばかばかしい概念などは，まったく頭にうかばなかったからである)，というこの驚くべき事実を確信できた彼女は，真剣にその意味を考えはじめた。／第一に，世界中のどんな人間にでもなれたかも知れないのに，自分を特にこの人間，エミリーにするようにしたのは，どういう力なのだろう？　無限の時のなかで特定の年に生まれるようにし，このなかなか美しい，かわいい肉体のなかに自分を納めてくれた力は何なのだろう？　自分が自分をえらんだのだろうか，それとも神のしわざなのだろうか。／ここまで考

えると，また新しい問題がでてきた。神とは誰なのだろう？ 神については，昔から嫌というほどきかされている。しかし，神が誰なのかという問題は，彼女自身が誰なのかという問題とおなじように，訊くまでもないこととなっているだけで，はっきりしなかった。ひょっとすると，あたし自身が神ではないのか？ しかし，思い出そうとすればするほど，それは逃げて行ってしまうのだった（自分が神であるかないかなどという大事な点を忘れるなんて，なんてばかな話だろう！）……／……彼女は，とつぜん，恐怖に打たれた。知っている人はいるのだろうか（つまり，彼女がエミリーという特定の人間であって——それどころか，もしかして神で——ただの，どこにでもいる少女ではないということを知っている人が）？ なぜかはわからなかったが，こう思うと彼女はこわくなった。……どんなことがあっても，この事実は隠しておかなければならない。……

『ジャマイカの烈風（*A High Wind in Jamaica*）』のエピソードである（Hughes, 1929/1992 訳書, pp.119-123)。この一節は，フロム（Fromm, 1941），サルトル（Sartre, 1947），シュピーゲルベルグ（Spiegelberg, 1964）という，自我体験の語こそ用いていないがそれと相当する体験について考察した精神分析学者や現象学者によっても，それぞれ部分的に引用されている。作者とは別人格の体験として三人称的に描写されているため，第7章2節で述べたフィクションから引用するにあたっての問題が，ここでも生じるであろう。幸い，シュピーゲルベルグ自身が作者ヒューズに手紙で問い合わせ，作者自身のしかも5歳の時の実体験に基づいているという回答を得ているという。

　この体験はかなり複雑な構造をしている。前半,「世界中のどんな人間にでもなれたかも知れないのに，自分を特にこの人間，エミリーにするようにしたのは，どういう力なのだろう？」のあたりまでは確かに，自我体験の豊かな表現力と鋭い内省意識に裏打ちされた描写である。けれども,「ひょっとすると，あたし自身が神ではないのか？」以降になると，自我体験ということでは十分に理解できないファンタジー的な思惟が展開しているように見えるのである。実際，上記の3人の引用者とも，ほぼ前半で引用を打ち切ってしまっている。しかしながら，前4節で到達した独我論的体験の心理学的な定義（類的存在としての自己の自明性の破れ）に照らしてみると，後半部分で描写されているのはまさしく独我論的体験であり，またそこから展開したファンタジーである。

注56 ちなみに，フロムがこの事例を引用している『自由からの逃走（*Escape from Freedom*）』（Fromm, 1941）では，訳者の日高六郎氏によって,「リチャード・ヒューズ」が，まったくの別人である「ラングストン・ヒューズ」にわざわざ修正されるという，とんでもない珍・誤訳がなされている。

まず，前半，「こんどこそ自分はエミリー・バス＝ソーントンだ……，というこの驚くべき事実を確信できた彼女は，真剣にその意味を考えはじめた」というくだりまでは，本研究での分類でいえば「自己の独一性の自覚」であり，本章での自我体験の簡明な定義にもかなっている。「自分はエミリーだ」という自明な事実に驚き，その意味を考え始めるということは，「私＝私」の個別的自己同一性の自明性に亀裂が走ったことを示すものだからである。

次に，「世界中のどんな人間にでもなれたかも知れないのに，自分を特にこの人間，エミリーにするようにしたのは，どういう力なのだろう？」という問いは，「自己の根拠への問い」に当たる。私が特定の人間であるという，特定的自己の自明性の破れが表明されているのである。

この，個別的特定的自己の自己同一性の破れ（＝自我体験）から，次に自分が神ではないのかと疑いだすにいたる論理の運びは，いささか突飛に思われる。しかし，次のように考えれば，理解可能な「了解連関」（Jaspers, 1913/1959）をなすとみなせるのではないだろうか。──「なぜ自分は他の人間でなくこの特定の人間（エミリー）なのか」という問いに他に答えが見つからなければ，「それはこの特定の人間が特別だからだ」が，答えとしてあり得ることになるからだ。しかも，自分が世界で唯一である以上，この特定の人間の特殊さ・特別さとは，世界で唯一という，類例なき特別さでなければならない。ちなみに，本章前半で紹介した高石（2003）の，「自我の独自性を突き詰めて考えてゆくと，それは『宇宙には私という唯一の自我意識しかない』という独我論ないし独在論的な世界の捉え方にたどりつくことは不思議ではない」という言葉にもまた，「特定性」から「類例なき特別性」への発展という論理への，暗黙の直観が含まれているのではないだろうか。

ところで，「私」が，この特定の人間であるという類的存在でありながら類例なき特別さをもって存在しているという存在の二重性ということで連想されるのは，宗教学でいう化身教義である（小口・堀，1973参照）。無時間的な神が歴史上唯一，時間の中に肉体を持つ人として出現したものが，歴史的存在としてのイエス・キリストであった。イエスとは，人々の中の1人の人間（＝類的存在）であって同時に類例なき唯一神であるという，二重性を備えた存在なのである。エミリーが最後段で展開しているファンタジーは，まさにこの意味での化身教義に相当すると思われるのである（独我論的体験と宗教との関連については，終章で再論する）。

2　エミリーの自我体験と独我論的体験の図解

自我体験から独我論的体験（＝自分は神）への発展の論理は，しかしながら，ただ

第8章　独我論的体験と自我体験の統合的理解を目指して

一例をもってしては，十分な説得力をもって浮き彫りにするには程遠いかもしれない。この論理を他の事例をも援用して明確化するという課題は，第9章の世界観発展の項に譲ることにしよう。本章の当面の課題は，体験の内的構造図解によって2つの体験をいかにコインの両面として同定し得るかにある。そのために事例「エミリー」の最後段における体験世界を，図8－6にならって図8－7①として描いておいた。

図8－6に描かれた常識的日常世界にあっては，私であるところの特定のAはAとして個別的同一性を保ちつつ，同じようにそれぞれが個別的自己同一性を備えたBやCと「類」を成していたのだった。そこに自我体験が生じた。すなわち図8－6の世界が，たとえば図8－4①のような世界へと変貌したのである。第7章での考察を援用して，この変貌を言語的に表現するならば，内省的自己意識の成立によって，鳥瞰的視点と化した主我と，客我とが，同時的に意識され，主我を中心とした主観的世界と客我を中心とした客観的世界の間に矛盾をきたすにいたったのである。

けれども，事例「エミリー」にあっては世界の変貌はそれだけでは終わらなかった。図8－4①における「鳥瞰的視点」がよりリアリティーをおびて，ついには「私」の

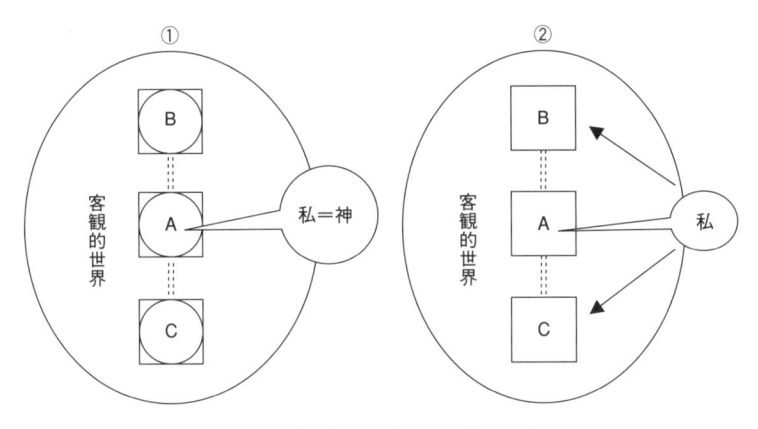

図8－7　独我論的体験の構造図解

左図①：「図8－6→図8－4の①→」からの発展として図解された事例「エミリー」の体験世界。「Aは私である」という自覚が「なぜAは私なのか」という自我体験の問いへと発展し，「それは，Aは他の人々（B，C，等）の一員としての類的存在であると同時に，類例なき特別な存在だからだ」という解答に逢着する。それによって「A」が化身教義的に理解され，「私はAに化身した神である」というファンタジーとなる。「私＝神」の円はAの内円内部の円として二重円で描くこともできるが，図8－4の①に例解されるもともとの自我体験での「鳥瞰的視点」から発展したことを明示するため「外に引っ張り出して」描いた。

右図②：自我体験と，より通常の独我論的体験が共在した世界（事例「シュレーディンガー」）。BやCなど他者に「心がない」「主観的世界がない」という，①と異なった事態は，内円（内面）なき四角で表されている。「私」を中心とした遠近法を備える唯一独自の主観的世界が，なぜか客観的世界の中に他の多数の人々と並存する特定の個人「A」に定位しているという不思議が自我体験となっている。読者は各自，「A」に自分の名前を入れて読んでいただきたい。

意味を獲得したものが，図8-7①とみなすことができるのである。この図の体験構造においては，「Aは私である」という個別的特定的自己同一性が破れているだけではない。私であるAは，類的存在でありながら類例なき唯一者（神）なのだから，類的存在としての自己の自明性も破れている。それゆえ，前節での新たな心理学的な定義に照らして，独我論的体験と言い得るのである（なお，そもそも自我体験における鳥瞰的視点が，なぜ，よりリアリティーをおびて，ついには「私」の意味を獲得するのかについては，第9章で自我形成の問題とからめて試論を行う）。

なお，図8-7②は，より通常の意味の独我論的体験と，自我体験とが，共在している事例の内的体験構造を示したものである。すなわち，この図では，BやCなど他者には「心がない」という事態が，内円（＝内面）なき四角で表されているのである。このような，典型的な意味での独我論的体験と自我体験の共在事例としては，「コレクション」には前述のように，シュレーディンガーの自伝的なテクストと，序章で紹介済みの同じく自伝的な 事例0-5 「W.T自己体験No.1」の，2例しかない。ここでは，シュレーディンガー事例を中心に紹介・考察してゆく。しかる後，本節6で事例「エミリー」と比較考察し，両者に共通する構造的特徴を，独我論的体験固有の構造として抽出することにする。

3　物理学者シュレーディンガーの自我体験

シュレーディンガーは，波動方程式の発見によって量子力学の建設を担った，20世紀物理学界の巨人である。本研究で扱うテクストは，38歳の年の秋に書かれた「道を求めて」という自伝風の思想的著述である（その翌年の1926年の前半に執筆された6篇の論文によって波動力学が世に現れることとなった）。この本の半ばで，シュレーディンガーは，「アルプスの山岳地域における，とある道端のベンチに君が座っていると仮定しよう」（Schrödinger, 1985 訳書, p.78）と書く。アルプスの風光が描写され，そして，次の記述がくる（テクスト中で「君（du）」と呼びかけているのは，読者に一人称的体験を促していると考えることができる）。

事例8-9　**シュレーディンガー**

かくも突然に無から君を呼び覚まし，君には何の関係もないこの光景を，ほんのしばらくの間君に楽しむようにさせたものは，いったい何なのであろうか。……おそらく百年前にも誰かがこの場所に座り，君と同様に敬虔な，そして物悲しい気持ちを心に秘めて，暮れなずむ万年雪の山頂を眺めていたことだろう。君と同様に彼もまた父から生まれ，母から生まれた。……果たして彼は，君とは違う誰か他のものであったのだろうか。彼は君自身，すなわち君の自我ではなかったのか。君のその自我とは

いったいなんなのであろうか。君が，すなわち誰か他の者ではなくまさに君が，この世に生を受けるために，いったいどんな条件を課す必要があったというのか。いま君の母親である彼女が，父でない誰か他の者と夫婦生活をし，彼によって息子を得，君の父親が同様のことをもししていたとしたら，いったい君は生まれていたろうか。それとも君は，君の父親のなかで，あるいは父親のそのまた父親のなかで生きていたということになるのか……。すでに幾千年もの昔から。たとえそうであったとしても，なぜ君は君の兄ではなく，君の兄は君ではなく，君は遠縁のいとこのうちの1人ではないのか。もしアルプスの風景が客観的に同じものだとしたら，いったいなにが君にこの違い——君と誰か他の者との違い——をかたくなに見いだそうとさせているのであろうか。（傍点引用者）

傍点をふった部分に，「なぜ私はX.Yという人間であって他の人間ではないのか」という形を取った自我体験が，より限局して言えば「自己の根拠への問い」が，出現していることを確認しておこう。

4 シュレーディンガーの独我論的体験と意識の唯一性の直観

　自我体験に比べると独我論的体験は，一見して明示的にはこの著作には現れない。けれども，理論的哲学的議論とみえる部分をよく読むと，その議論の前提として，すでに， 事例0-4 「独我論的体験研究誘発例」と同型の独我論的な世界が潜在していることが，読み取れるのである。
　まず，この著作（Schrödinger, 1985）の「哲学的驚嘆」と題された章の冒頭で，次の4つの問題が立てられている。
　①自我は存在するのか
　②私と共に世界は存在するのか
　③自我は，私の肉体の死によって消滅するのか
　④世界は，私の肉体の死によって消滅するのか
　しかしながら，これらの問題への「是」「否」のどんな組み合せによっても，納得できる解答は得られないと言う。たとえば，唯心論的な④を否定し，唯物論的な③を肯定してみよう。すると，「以下に述べるような逆説が生じる」と言う。

　　……AとBという2つの肉体を想定するとしよう（Aが私の肉体とする）。Aは，たとえば庭園のような，ある特定の景観の見える外的状況におかれているとする。と同時にBは暗室にいるとする。さてAが暗室に押し込められて，かわりにBが，Aのそれまでいた所と同じ状況へつれ出されたとしたら，庭園の景観は消えて真っ暗闇の世界になる（なぜなら，あくまでAが私の肉体であり，Bは誰か他人の肉体なのであるから）。——これは歴然とした矛盾である。というのは，一般的，総体的に考えて

みた場合に、この現象には十分な根拠がないからである。ちょうど、両方にまったく同じ積荷をした秤の片方がさがることがないのと同様に。(中略) そもそもすべての肉体の中で、そのうちの1つの肉体を、これら諸々の特性（＝私の肉体であるという特性）を総合することによって、他のすべての肉体からいかにして区別することができるのか──（訳書、pp.67-68. 傍点原文）

わかりにくい文章だが、シュレーディンガーが言いたいことを平明に言うと、次のようなことになる。

──①の唯物論的な世界観を採用したとする。つまり、世界には数多くの肉体があり、それぞれの肉体がそれぞれの自我を支えていて、肉体が消滅すればそれぞれの自我も消滅すると仮定する。ところが、数多くの肉体の中で唯一にして独自な、私の肉体というものがある。なぜ独自かといえば、他人の（たとえばBの）肉体が消滅しても世界からBの肉体が減るだけだが、私であるAの肉体が消滅すれば世界も消滅するからである（真っ暗闇の世界になる）。このような特別な肉体であるはずのA（＝私）の肉体を、他の数多の肉体から区別する手段は、物理的には存在しない……。

ばかげた論法だ、どうかしている、という人もいるかもしれない。そもそもシュレーディンガーの文章で、「庭園の景観は消えて真っ暗闇の世界になる」という文には、「誰にとって」という主体が抜け落ちているではないか。Aにとっては真っ暗闇の世界になるが、Bにとっては庭園の景観が現れる、というだけのことではないか。同じように、Aの肉体が消滅すればAにとっては世界が消滅するように思えても、Bにとっては世界からAの肉体が減るだけのことではないか。ここには何の「哲学的驚嘆」もない──と。

確かに、これが「常識」というものだろう。けれども、シュレーディンガーにとってつまずきの石は、この自明なる常識を支えている、「B（という他人）にとって」ということの意味が、理解できないということなのである。注57

Aである私にとって庭園の景観は、ある遠近法をもって知覚風景として現れている。この知覚風景はその遠近法によって暗黙裡に中心点を、つまり「自我」を、指し示している。けれども、「他人であるBを中心点として庭園の景観が同じように知覚風景としてBにとって現れている」とは、どのような事態なのか。常識的日常的世界観

注57 「理解できない」という表現を、筆者は、 事例0-4 「独我論的体験研究誘発例」における、「……人がいて自分がいるという考え方は、常識ですが誰も絶対に知ることはできないで納得してしまっていることです。今の自分も結局『納得』してしまっているわけですが……というより、どんな答をもってしても『理解』することはできないので、『納得』するしか仕方なかったのです」という、意義深い一節から学んだ。

によれば，それ（＝Bにとっての知覚風景）は，Bの頭の中に存在するというのだ。そしてついでに，いま私が見ているこの知覚風景も，Aである私の頭の中に存在する，というのである。ちょうど多数の箱がそれぞれ空虚な空間を内部に含むように，多数の頭の中に現実の庭園のミニチュアが，自我という中心点を備えた意識として収まっているというわけだ。筆者はこのような人間観を，「箱型人間観」と呼ぶことにしている（渡辺, 2002b）。前掲の図8－6がまさに，そのような箱型人間観の図解でもある。

図8－6で，自分を含む多数の人々を表す多数の箱ABCに内円が描かれているのは，内側の円に，つまり内部に，「意識」が収まっていることを表している。これに対し，「B（という他人）にとって」ということの意味が理解できないというシュレーディンガーの暗黙の世界観が表現されているのが，図8－7②である。ここで，多数の箱が二重から一重になっているのは，彼が「箱型人間観」をとりえないからである。そして，Aを特別で唯一なものにしているのは，なぜかAを遠近法の中心として，知覚風景が，唯一無二の主観的体験世界が，開けているからである。これを図8－7②で，〈私〉を中心とした円で示そう。また，他人BやCを「アリのように見る」視線（＝矢印）が出現していることにも注意して欲しい。

この図解を見れば，「なぜ唯一無二の主観的体験世界が，BやCでなくAに定位しているのか」，別な角度から問えば，そのような特権的なAを「他のすべての肉体からいかにして区別することができるのか，実際のところできないではないか」という，上述のテクストの最後の一文に表れている疑問が，シュレーディンガーにとっての自我体験となることがわかるだろう。唯一無二の主観的体験世界があってこそ，自我体験が呼び起こされるのである。

けれども，シュレーディンガーは自分では独我論者だと思っていなかった。それどころか，「他人はロボットではないか」といったタイプの，他者の自明性に生じる直接的な亀裂という意味での，よりわかりやすい形をとった独我論的体験さえも見いだせない。その代わり，独我論的体験を生じる源泉ともいうべき，唯一無二の主観的体験世界への気づきがあった。それを，「意識の唯一性の直観」と名づけることができるだろう。

意識の唯一性の直観こそシュレーディンガーの思索の出発点であり，そこから，「なにゆえに多数の自我があるということになっているのか」という，「多元性」（数多性）への深刻な疑問が出てくる。いくつかの文章が，この，言葉にしにくい直観の存在を窺わせている。「……哲学が現実にかかえている困難の原因は，観察し思考する個々人の，空間的かつ時間的な数多性にある。しかし，かりにただ一つの意識のな

かにすべての事象が生じるとすれば，ことは簡単になろう。……」（Schrödinger, 1985 訳書, p.77）。「もし意識というものが，形而上学的な意味での単一のもの（singulare tantum）ではないとすれば，一人の人間の意識のなかで，その意識の多様性がなにゆえに現れてこないかを，根本的に理解することは不可能になるであろう」（pp.98-99）。

けれども，シュレーディンガーは，独我論者への道を進まなかった。「他の自我もまた私の自我である」という，インド神秘主義哲学の梵我一如の教えに学ぶことによって，「独我論」を自覚的に回避しつつ，「唯一性」と「数多性」の間の矛盾を乗り越えるのである。これについては，第9章で，事例「エミリー」等とあわせ，世界観的発展の1例として考察することになる。

5　シュレーディンガーの自我体験と独我論的体験の図解

図8−7②に描かれた世界像が，前節でなされた両体験の記述的現象的定義を，意味的構造連関によって図解したものになっていることを，確認しておこう。

図8−6に描かれた常識的日常世界にあっては，私であるところのAはAとして個別的同一性を保ちつつ，同じようにそれぞれが個別的自己同一性を備えたBやCと，「類」を成していたのだった。ところが，図8−7②の世界では，主観的世界の中心である〈私〉がBやCと「類」を成すことは，もはや自明なことではない。類的自己の自明性が破れているのである。同様にこの体験世界では，主観的世界の中心である〈私〉と，客観的世界の中に他の多数の個人と並存する特定の個人「A」との間の個別的同一性も，自明ではない。すなわち，「なぜ私はAなのか」「なぜ，今，ここにいるのか」といった，「自己の根拠への問い」が生じているのである。 事例8-9 のテクスト中にある「なぜ……君は遠縁のいとこのうちの1人ではないのか」という疑問文とは，「なぜ私はAとしての私であってBとしての私ではないのか」「なぜ私は今，ここにいるAであって，過去に他の場所に存在したBではないのか」と，言い換えられるからである。従って図8−7②の世界では，類的自己の自明性に加えて，個別的特定の同一的な自己の自明性もまた，成り立っていないのである。

なお， 事例0-5 「W.T自己体験」もまた図8−7②と同型であるので，以後は，図8−7②で図解された事例を，「事例シュレーディンガー等」と表記することとする。

6　事例「エミリー」と「シュレーディンガー」に共通する構造

事例「エミリー」（図8−7①）と事例「シュレーディンガー」（図8−7②）がともに独我論的体験事例であることを確認したうえで，両者を比較しつつその統合的理

解に進むことにする。本章の冒頭に戻って統合的理解とは何かを思い起こすならば，「比較の中で共通点を手がかりとして相違点を明確化する」のである。

図8－7の①と②とを比較すると，両者は構造的に似かよって見える。けれども，B，C，等の他者の内面を意味する「内円」が，①にのみ描かれ②にないことが大きな相違点となっている。②では，「外に引っ張り出して描かれて」いるが，「私」である「A」にのみ内円（＝内面）があり，それゆえ，②のみが哲学由来の「独我論」の定義にかなうのである。

けれども，新たに心理学的に定義された「独我論的体験」に照らせば，両者の構造的同型性のほうが重要である。なるほど，①では，B，C，等の他者にも内円が備わっているゆえに独我論ではないように見える。ところが，「私」であるAには，「外に引っ張り出して描かれて」いるが，内円の中にさらに内円がある。いわば内面の内面，超内面であり，これが「神」という自覚をもたらしているのである。

つまり，②では内面なき人々の間で，A（＝私）のみに内面がある。①では内面を備えた人々の間で，A（＝私）のみに内面の内面がある。①と②に共通する構造，同型性とは，「私」が他者よりも常に１次元高次の内面を備えるところにある。その意味で，「私」は，類がないのである。ここに，「類的存在としての自己の自明性の破れ」という，独我論的体験の記述的現象的定義が，体験構造上に具体的に同定されるのである。

6節　種々の「体験」相互間の発達的構造連関

本章を閉じるにあたり，これまでの考察をふまえて，常識的日常性の世界（図8－6），典型的自我体験（図8－4の①），典型的独我論的体験（図8－4の⑤），事例「エミリー」，事例「シュレーディンガー」の５つを構造図解法によって比較し，お互いを意味的論理的な「発達」連関の中におくべく試みた模式図を図8－8として次に掲載しておく。図8－4の①，図8－4の⑤によってそれぞれ典型的な自我体験と独我論的体験を代表させたのは，この２つが，図8－4の両端に位置していて「中間例」よりも最も遠く位置づけられており，しかも，一見して単純な構図を備えているからである。

図8－8の説明は，この図に付された解説を参照してほしいが，読者は，これら体験事例の間の「意味的論理的な発達連関」なるものが，わずかな事例の検討を元にいかにして得られたかをいぶかるかもしれない。ここで，第7章1節で構造図解法を解

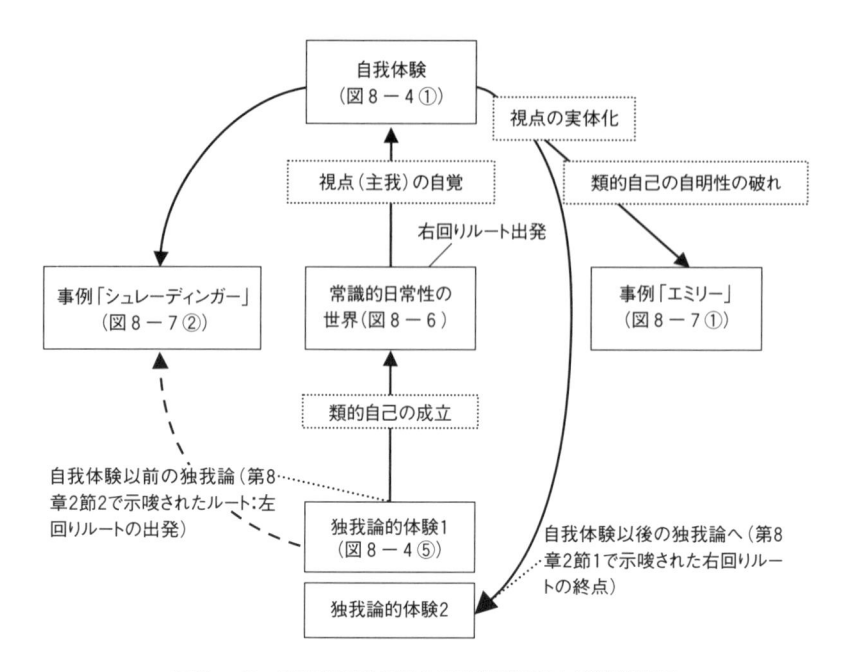

図8-8 各体験事例の間の意味的論理的な発達連関図

「右回りルート」は，常識的日常性の世界から出発し，主我客我の分裂と鳥瞰的視点の獲得を通じ，個別的自己の自明性が破れて自我体験を生じる。さらに鳥瞰的視点への自己同一視が進むと類的自己の自明性が破れて，事例「エミリー」となる。そこから「神」を差し引いて，内面性の水準が一次元落ちたものが，通常の意味の独我論的体験である。「左回りルート」は，類的自己完成以前の段階が記憶に留められたと考えられる独我論的体験（原発性独我論）から出発し，類的自己が確立した常識的日常性の世界をへて自我体験にいたる。事例「シュレーディンガー」は，原発性独我論に自我体験が重ね描きされたものとして，描かれている。ルートを2つ想定することによって，2節3で示唆した，自我体験「以前」と「以後」との水準を異にした2種類の独我論的体験があるように見えるという問題も，解決が可能となる（図では「独我論的体験1」「独我論的体験2」として区別した）。

説した部分の論点を，今一度くり返しておこう。——平屋と2階建てと3階建ての図面の比較検討は，これら三者を「類型」として把握したうえで，その間に，「1階建て→2階建て→3階建て」という順序での意味的論理的な構造連関の洞察をもたらす。発達連関とは，さらに，「最初に1階建てが建設され，次に2階建て，最後に3階建てが建てられたのかもしれない」と，実際の建築順序について仮説を立てることである。そのように，事例間の意味的論理的な構造連関を，図中の矢印のように発達連関として把握することは，事実としての発達をただちに意味するものではないとはいえ，発達論的研究に対して，何らかの仮説的手がかりを与えることが期待されるのである。

しかしながら，この図8-8は，さまざまな疑問を読者のうちに引き起こさずには

おかないだろう。たとえば，図中下部の，「独我論的体験」→「常識的日常性の世界」という矢印は，独我論的体験の中には類的自己完成以前の主観的世界が記憶にとどめられた「原発性独我論」とでも呼ぶべき種類のものがあるという 2 節 3 での考察をふまえたものであるが，「幼児は，誕生の瞬間から，自分が人間であることを自覚しており，ただ他の人間によってのみ誘発される特別の反応をもっているのである」という，実験的発達心理学者バウアー（Bower, 1977　訳書, p.29）の説から，「相貌的知覚（Werner）や相互主体性（Trevarthen）の基本形態は，人間の心理に生得的に備わっているものである」という自閉症研究者ホブソン（Hobson, 1993　訳書, p.188）の説にいたるまでの，他者理解の生得的基盤を強調する現代発達論の動向からみて，あり得ないように思える。

　また，「自我体験」→「事例エミリー」のルートでは，「視点の実体化」「鳥瞰的視点への自己同一視」といった説明が見られるが，なぜ，そしていかにして視点の実体化が生じるかについてはまったく説明がない。

　ただし，これら発達論的問題は，本研究では，「根」「幹」に対して「枝」の部分に位置づけられる問題なので，次の第 9 章および終章で扱うこととする。

　また，これらの問題と並んでこれまで重要な鍵概念としながら具体的な考察を行っていない問題として，そもそも「自明性の彼方」とはいかなる世界か，ということがある。自明なる常識的日常性の世界が構造変化を起こすことで，自己の自明性に裂け目が生じることが，自我体験・独我論的体験なのであった。ここからして，たとえば，木村の議論を受けて，「自我体験・独我論的体験とは，常識的日常性の原理が未完成のままに何となく日常性の世界に住んでいた『子ども』が，『大人』になる途上で，日常性の世界に完全に組み入れられる際にふと覚えた困難が，常識的日常性の自明さの亀裂として記憶に留められたものではないだろうか」（木村，1973）といった，いささか詩的な推測も成り立つわけである。[注58]

　けれども，自明性の裂け目とは，裂け目の彼方の世界についての探求が可能であることを前提としない限り，文学的比喩として以外には意味をなさない表現であろう。この探求こそが，序章 1 節 4 で紹介したシュピーゲルベルグのいう自我体験研究の 4 局面中，3 番目の「体験の存在論的解釈」に当たるものと思われるのである。ただし，本研究が心理学研究であって哲学ではない以上，この問題を正面切って扱うのは難し

注58　第 7 章で引用した 事例7-6 の自己事例について，麻生（1996）は，「ひょっとすると，五〜六歳の私は，この現代人の巨大な〈錯覚〉をまだ充分に身につけていない段階から，〈錯覚〉を身につける段階への狭間で，当惑を感じたのかもしれない」(p.45) と自己解説している。〈錯覚〉を，自己の個別的自己同一性というように解釈すれば，本書での推測に近いものがあろう。しかしながら，ここでも問題は，〈錯覚＝自明性〉を拭い去った世界とはどのような世界であるか，であろう。

い。第9章2節ではこの困難に対し，いくつかの自伝的事例テクストを，「体験」から出発して自明性の彼方をかいま見るにいたる世界観展開として解明する，という方法で，臨むことになるだろう。

第9章

自我形成と世界観発展
—2つの試論—

　本章は，自我形成の問題と，世界観発展の問題に関する，独立した2つの論考を収める。自我形成の問題はすでに第6章で，また世界観発展の問題は第6章6節から始まり第7・8章でも言及されていた問題であったが，今まで先送りにしてきたのは，図0-1の樹木図で言えば，これらが自我体験・独我論的体験研究の「幹」の部分を越えて，「枝」の部分へと伸びてゆく問題だからである。自我形成の問題は，発達論的説明の領域へ，そして世界観的発展の問題は，体験の存在論的解釈の領域へと，伸びてゆくのである。

　そのように，「根」と「幹」を中心とした本研究の範囲からは，ややはずれる位置にあるため，また，そもそも「枝」の領域全般に対する探求ではなく，その一部を例示するに終っているため，試論の章と銘打ったものである。方法論的に見ても，記述的現象的特徴づけと体験構造の分析を中心としてきたこれまでの章とは異なり，仮説形成に一歩を進めている分だけ，これまでの章で練り上げられてきた方法論の水準には達しない部分が出てこざるを得なかったこともまた，「試論」の名をかぶせた理由である

　以下，2つの試論を，2つの節として配置した。1節「自我形成論と主体変様的論理」では，第5章で体験研究の方法論的概念として導入した「主体変様」を認識論的に用いることによって，自我体験と自我形成の関連を解明すべく試みた。2節「自我体験・独我論的体験と世界観発展」では，いくつかの独自の世界観的展開を示している自伝的・半自伝的事例を取り上げ，自我体験・独我論的体験の諸特徴間のダイナミックな相互作用として世界観発展を解明する試みを行い，あわせて体験の存在論的解釈のための材料を，心理学の側から提供することを目指した。

1節　自我形成論と主体変様的論理

　第7・8章を通じて自我体験の構造を，独我論的体験との関連において明らかにすることに努めてきた。けれども，そこで取り扱われた自我体験とは，もっぱら「自己の根拠への問い」に限られたものであり，図6－1（p.156）の図解によれば，自我体験の中でも認識論的領域に属する側面なのであった。これに対して本節では，図6－1で自我形成論の領域に属するとされた自我体験の他の側面——「自己の独一性の自覚」と「主我と客我の分離」——を考察し，これらを「自己の根拠への問い」からの展開として，構造連関的・発達的に解明せんとするものである。

　これまで，構造図解的方法による種々の「体験」の図解を，1階建て，2階建て，3階建てといった建築図面にたとえてきた。そして，発達については，第8章末尾で指摘したように，「最初に1階建てが建設され，次に2階建て，最後に3階建てが建てられたのかもしれない」といったように，実際の生起の順序について仮説を立ててきた。しかしながら，いかにして「体験」が変容し展開するかを発達的に理解するには，1階建てを基にして2階家をいかに作るかの工法の理解に比すべき，1つの体験構造から別の体験構造への変容の原理を把握しなければならない。本節ではこの原理として，もともと黒田（2002）の提案により，第4章と第5章でも体験研究の方法論的概念として言及した「主体変様」を，認識論的に活用することを試みる。

1　事例「ルディ・デリウス」再考——なぜ「私」は実体化されるのか

　まず，事例「ルディ・デリウス」の再考から始めよう。この事例は，第1章でも紹介したように日本における自我体験研究の出発点とみなされており，第3章では自我体験判定基準の作成に当たっても参照された重要な事例である。にもかかわらず，第7・8章と，主題が自我体験の認識論的側面へと焦点づけられるにつれて，代表例としての地位を，「自我体験研究誘発例」としての 事例0-3 に，いわば取って代わられてきたのであった。

　しかしながら，この事例は，第6章5節3で示唆した，「認識論的な領域」と「自我形成論的領域」との関連を解明するのにあたって，鍵となる事例でもある。なぜならば，第3章でも示唆したように，この事例は，認識論的な領域に属する「自己の根拠への問い」から，自我形成論への道筋にある「主我と客我の分離」への，移行例とも見られるからである。以下に，くり返しの煩をいとわず，その一部を再掲する。

第9章 自我形成と世界観発展—2つの試論—

事例1-2 再 ルディ・デリウス
　……この瞬間に私は自我体験（Ich-Erlebnis）をした。すべてが私から離れ去り，私は突然孤立したように感じた。妙な浮かんでいるような感じであった。そして同時に自分自身に対する不思議な問いが生じた。お前はルディ・デリウスか，お前は友達がそう呼んでいるのと同じ人間か，学校で特定の名で呼ばれ特定の評価を受けているその同じ人間なのか。——お前はそれと同一人物か。私の中の第二の私が，この別の私（ここではまったく客観的に名前としてはたらいている）と対峙した。それは，今まで無意識的にそれと一体をなして生きてきた私の周囲の世界からの，ほとんど肉体的な分離のごときものであった。私は突然自分を個体として，取り出されたものとして感じた。……

ところで，第3章4節3の「主我と客我の分離」では，いくつかの調査事例も提示しつつ，次のような議論を展開したのだった。

　これらの事例において特徴的な点は，「私」の存在が「心－体」「魂－身体」「見る自分－見られる自分」といった分離可能な2つの実体の結合として考えられたり感じられたりしていること，さらに前者の「心」「魂」などの実体に「本当の自分」としての優位性が与えられ，後者の実体には「肉体という殻」「魂を入れる器」といった二次的な地位が与えられていること，などである。……「主我と客我の分離」の体験の中では，本来なら対象として指示することのできない「私である」という述部そのものが，まとまりをもった1個の対象として実体化されている。こうして「私である」を実体化することにより，「なぜ私は私なのか」の問いに「それはこの身体のなかに心・魂・意識が入っているからである」という形の解決案が与えられることになる。（本書第3章4節3より）

そして，この議論をもとに，事例「ルディ・デリウス」と同様，「自己の根拠への問い」への「答え」として「主我・客我分離」が生じかけている現場とも見ることができる移行的事例を，調査事例の中から5例認めることができた，としているのである。これが，図3－4において，「自己の根拠への問い」から「主我と客我の分離」への矢印が描かれる根拠となり，さらには図6－1における「問い」から「分離」への矢印へと，引き継がれているのである。

けれども，これらの議論における，移行の論理，あるいは「問い」から「答え」への心理－論理とされているものは，必ずしも明快なものではなかった。そもそも，なぜ，「本来なら対象として指示することのできない『私である』という述部そのものが，まとまりをもった1個の対象として実体化されて」しまうのだろうか。この問題に対し，ここでは，第5章で方法論的概念として導入済みの「主体変様的方法」を，認識論的に発展させ，「主体変様的論理」とすることで，解明へ一歩を進めよう。

2 自己認識のアポリアと主体変様的論理

インド出身のカナダ人心理学者パランジュペは，その著書『インドと西洋における自己とアイデンティティ（*Self and Identity in Modern Psychology and Indian Thought*）』において，「自己の研究は現代の科学哲学の範囲を超えた認識論的問題を提起するが，東洋的伝統が大いに貢献することが期待される領域でもある」（Paranjpe, 1998, p39）と述べている。ここで認識論的問題とは，第6章でふれたように，自己を認識の対象とすればそれはすでに主我ではなく客我にすぎないという，自己認識のアポリアを指すのである。これに関連して筆者は，ミード（Mead, 1934）らによって水路づけられた自己についての経験的研究が客我に限定されているのに対し，自我体験研究は，経験的対象にならないが故に心理学から排除され哲学の領分とされた主我を，まさに経験的認識の対象にはならないという驚きや違和の体験として経験的心理学的に研究する道を拓いた，とかねがね論じている（たとえば，渡辺，1995a，2005）。それゆえ，本節は，言ってみれば，このパランジュペの期待に対して，テーマとしては準日本産ともいうべき「自我体験」をもって，方法としては黒田（2002）が東洋的認識法に特徴的とする「主体変様」をもって，応えようとする試みとなっている。

すなわち，自我体験研究が挑戦しつつあるのは，「体験」事象を組織的に研究するという方法論的困難に並んで，自己研究に固有の認識論的なアポリアなのである。そして，方法論的困難には黒田の提起した方法論的概念である「主体変様」を活用したのと同様に，認識論的困難にもそれを活用することを考えるのである。

もっとも，黒田自身の所説の中では，主体変様的方法の将来有望なテーマとしては，自己・自我の研究は明示的には挙げられてはいない。が，このアポリアの解明につながる手がかりが，「主体変様的科学」と応用科学の違いを述べている部分に見いだせるので以下に引用する。

——すなわち，客体観察的な科学としての「応用科学は，"客観的に"観察された真理をあらかじめ意図された目標に結合させる以外のなにものでもない。これに反して，主体変様的科学にあっては，目標の達成と真理の認識とは一致する。変化と認識は同時に実現するのだから。……真理の認識とは，探求者自身が真理それ自体に成ることなのである」。そして，禅仏教の例を引いた後，インド心理学の例を挙げて言う。「第20回国際心理学会議（1972年）で，インドの心理学者ブハートナーゲル（J. Bhatnagar）は，インドの心理学は，このような，成ること（becoming）を，たとえば自分が"純化"し，"瞑想"し，そして"統一を得ること"を，課題としていると述べた」（Kuroda, 1980）。

ここでの黒田の主張は，簡略に過ぎて曖昧であるが，「私はXを認識する＝私はX

に成る」というタイプの主体変様的認識が東洋思想には存在する，という主張と解し得よう。もっとも，Xに「真理」を代入し，黒田の前述の言のように「真理を認識することは，自ら真理になることである」とすると，何やら宗教のように響くであろう。東洋的技芸の世界では，「弓矢に成りきって射よ」といった，典型的に主体変様的な言辞を聞くことは珍しくないが，ここでも「成り切る」とは字義通りにではなく，比喩的に理解されるのが普通だろう。そのように，比喩的もしくは宗教的にのみ理解されてきた事態を，科学認識論の言葉で語ろうとしたところに，黒田の主体変様説の工夫があった。そしてその例解は，臨床心理学者の鶴田（2003）の「『サルになった男』間直之助」という論文の，題名に見いだされると筆者は考える。

鶴田によれば，動物生態学者の間直之助（1899-1972年）は，生涯にわたるニホンザル研究を通じて，主体変様的方法を実践した人であった。研究仲間の宮地伝三郎博士は，間について，「サルを研究していて，サルからもその仲間入りを認証され，サル王国の市民権を得たのは，間さんだけである」という言葉を残しているという（鶴田，p.31）。間にとってサルを認識するとは，「サルとの心の交流」（p.32）を重視して自らサルの仲間となること，サルから見れば文字通りに「サルになる」ことを意味したのだった。ここで，「サルになった男」とは，決して「サルのようになる」という事態の比喩的表現でないことに注意しなければならない。私たちは，人間そっくりのマネキン人形を見て「人間のようだ」と思っても人間とは思わないが，未来のいつか，異形の異星人に出会って「心の交流」が可能とわかれば，たとえ蛸型やクラゲ型をしていたとしても，文字通り異星「人」と認めるだろう。姿かたちは問題ではないのだ。間を「サルのようになった」と思うのは第三者からの「客体観察的」な見方で，サルや間ら当事者の視点からは，「人間の姿かたちのままサルになった」と言い得るのである。

以上，「Xを認識する＝Xに成る」という論理の形式をとる，特別なタイプの主体変様的認識を考察した。これを，主体変様的論理（idiomodific logic）と名づけることとする。

ここで，自己認識にこの論理を当てはめるならば，「自己を認識する＝自己に成る」となるであろう。実際，主体としての自己を認識しようとしても，認識された自己はすでに客体であって真の自己ではないのであれば，「真の自己」とは，自らそれに成ることによってしか到達できないのではないだろうか。しかしながら，そもそも「自己に成る」とは，いったいいかなる事態であろうか。「自己に成る」といった，曖昧で文学的レトリックとしか思われない概念を，心理学に持ち込めるのであろうか。ここで，自我体験の構造そのものに，「自己を認識する→自己認識のアポリア→自己に

成る」，という主体変様的な過程を示唆すると解し得る部分のあることを，事例に基づいて示そう。

(1)「自己の根拠への問い」→「主我と客我の分離」
　第3章に挙げられた「主我と客我の分離」の諸事例では，すでに述べたように，自分という存在が，心－体，魂－身体，見る自分－見られる自分，といった分離可能な2つの実体の結合として感じられ，前者の系列に「本当の自分」としての優位性，後者の系列に「仮の姿」「入れ物」としての二次的な地位が与えられているのである。

> 事例3-13 再 （19歳 女）
> 　ある日，鏡を見たとき「私はこんな顔をしていたのか？」という疑問から始まった。今でも本当の自分ではなく，肉体という殻の中に，別の本当の魂のようなものが入っているだけだ，今鏡に映っている自分はその殻を映しているにすぎないという感覚がある。

事例「ルディ・デリウス」でもそうであるが，「分離」は「問い」と踵（きびす）を接して，ほとんど同時に体験される場合がある。次の例は，「問い」から，「分離」が，まさに分離しかけている現場といえよう。

> 事例3-4 再 （20歳 女）
> 　小さい頃，母に植物や虫などにも命があると教えられたとき，では，なぜ，私は，雑草でもなく，たんぽぽでもなく，電柱でもなく……私なんだろうか，と考えた。そのようなことを考えたときは，体と心が別々になり，心だけが浮かび上がるような，そんな感じがした。（傍点引用者）

これらの事例では，「私は本当に鏡に映ったこの姿なのか？」「なぜ私はタンポポではなく私なのか？」「私は本当に学校で決まった評点を貰っているルディ・デリウスなのか？」というように，主我が，特定の名で呼ばれたり鏡に映ったりする客我との自明な同一性に対して，疑念や違和を表明しているのである。具体的経験的な自己像・自己概念の自明性に対して，疑念や違和が表明されているといってよい。自己認識のアポリアが，暗黙裡に体験され，表現されているのである。

そして，事例3-4 と事例「ルディ・デリウス」では，事例テクスト自体の中に，さらに次の段階，次の過程が，示唆されているのを見ることができる。単に客我との自明な同一性に疑問を投げるだけでない。客我との同一性を否定し，「体」とは別の「心」（事例3-4），「私の中の第二の私」（事例「ルディ・デリウス」），というように，客我とは別の，いわば独立の実体としての「自己」の創成へと，一歩が進められているのである。ここで「自己」には，ここに挙げられている事例からだけでも，「本当

の自分」「本当の魂のような」（ 事例3-13 ），「体とは別の心」「第二の私」と，心理学的な記述内容を盛り込むことができるであろう。成長につれて「自己」にどのような思想的内容が備わってゆくかは，さまざまであろうけれども。

また，第8章では「自己の根拠への問い」から「独我論的体験」への発展形とした事例「エミリー」も，「主我と客我の分離」過程の延長線上の極端なケースとして解釈することも可能だろう。すなわちエミリーにおいては，客我とは別の独立の実体として創成した「自己」は，「神」となって類的存在から離脱するまでにいたっているのである。

以上の議論をまとめて，図9-1として図解しておこう。

図9-1のように，内省的自己意識の成立は内部に自己再帰的な認識構造を生み（図9-1aでの曲折矢印で表示），これが，「私（I）は本当にX.Y（Me）か？」という問いとなる。けれども，自己再帰的な認識構造がさらに"I"に向けられたとき（図9-1b），「自己を認識する→自己になる」という主体変様的論理によって，単なる視点にすぎなかった"I"が，「第二の私」「本当の自分」として自己創成する（図9-1c）のである。

(2)「自己の根拠への問い」→「自己の独一性の自覚」

「自己を認識する」→「自己になる」という主体変様的論理は，また，「自己の根拠への問い」→「自己の独一性の自覚」という，図3-4や図6-1で示唆されたもう1つのルートをも，理解可能にし得るだろう。

自己の独一性の自覚とは，自分という存在の独一性（独自性／唯一性）や孤立性が，問いや違和ではなく，厳然たる事実として意識される体験である。

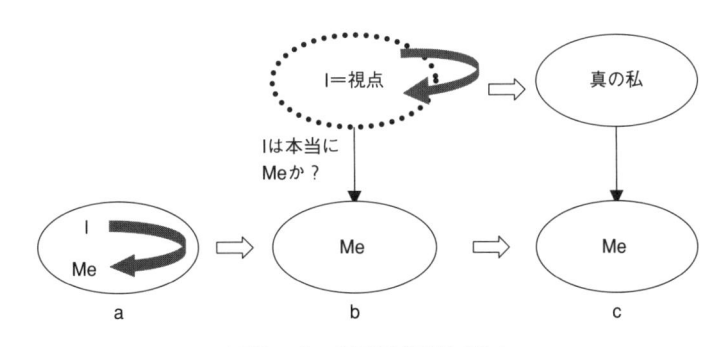

図9-1　自己創成する「私」

内省的自己意識の成立は内部に自己再帰的な認識構造を生み（aの曲折矢印で表示），さらに"I"が視点として"Me"を鳥瞰するに至るとき，「I（私）は本当にMeか？」という問いが生じる。この問いが自己再帰的な認識構造をさらに"I"に向けるとき（b），「自己を認識する→自己になる」という主体変様的論理によって，単なる視点にすぎなかった"I"が，「真の私」「本当の自分」として自己創成するのである（c）。

事例1-3 再 **土居健郎**
　私自身，数え年九才の頃に起きた最初の自我意識の体験を思い出す。たしか或る日，小学校からの帰り道のことだったと思うが，私は突如，自分というものは他の誰ともことなる存在であることを理解した。それは，何か電光のように私の幼い心を震撼したことを覚えている。私がどんなに努力したところで，自分と別の存在になることはできず，自分であることをやめることができないという痛切な自覚が，その瞬間私の心に誕生したのである。

　このような自覚も，これまた第3章や第4章3節の「移行事例の考察」で述べたように，「問い」に対して同時または短時間のうちに前後して体験されている場合が少なくない。このような場合，自我体験は，「問い」に対する「答え」の発見として体験されることがある。次は，そのような，「問い」から「自覚」への移行事例である。

事例4-1 再 （20歳 女）**11歳頃**
　なんとなく，世の中にたくさんいる人の中で，なぜ私は私なんだろうというふうに考えてしまった。その後，それでも私は私で他の人とは違い他の人にはなれないのだというふうに解釈した。

　もちろん，「問：なぜ私は私なのか？」「答：私は私である」では，論理的には答えにはなっていないであろう。けれども，この自覚には確かに，「問い」の中の不可解さ，理解しがたさを落ち着かせる効果があると思われる。こうした効果は自我体験に限ったことではないであろう。理由や原因を問うことをやめて，あるがままの存在として自らを認めることは，「同性愛者」「障害者」などマイノリティーのアイデンティティ確立の場合にも見られることであろう（小松，2004参照）。
　このように，Aのルートとは異なり，Bのルートでは，客我とは別個の実体として「自己に成る」のではなく，「私は私でしかありようがない」と，客我との同一性を改めて自覚し，引き受けることによる自己創成が見られると言ってよい。このように，客我への無自覚的な埋没から自覚的な同一性の確認へと進むことは，これもまた，新たな自己の創成と言えるのではないだろうか。西村（1978）や高石（第6章4節参照）など，臨床心理学者が言うところの自我体験の自己意識発達上の積極的な機能とは，おおよそこのあたりにあると考えられるのである。

3　主体変様的自己創成

　上記の議論をまとめて図6－1に手を加えたものを，図9－2として掲げる。図6－1でも，さらには図3－4でもその正体が不分明であった「心理－論理的連関」が，自己認識のアポリアに発する主体変様的な自己創成の過程として，太い矢印に

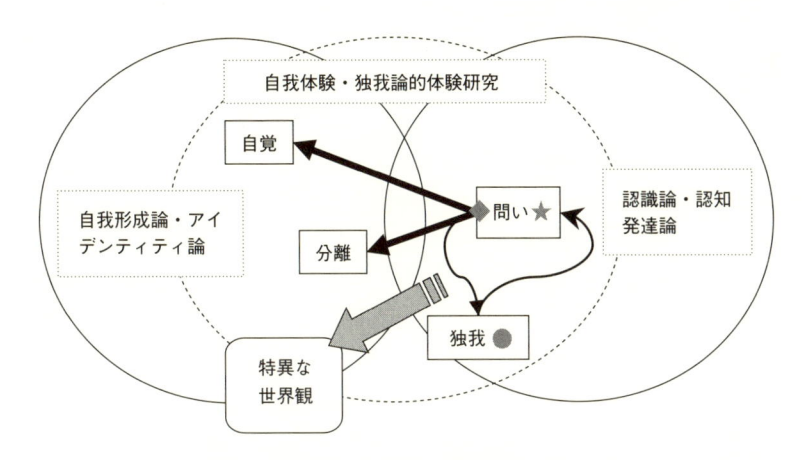

第9章　自我形成と世界観発展─2つの試論─

図9-2　2つの領域と自我体験・独我論的体験研究の関係（図6-1の改訂版）
「問い」は「自己の根拠への問い」の，「自覚」は「自己の独一性の自覚」の，「分離」は「主我と客我の分離」の，そして「独我」は，「独我論的体験」の，それぞれ略称である。◆は「自己認識のアポリア」，★は「意識の超離問」，●は「独我論」という概念的参照軸を，それぞれ表す。矢印は仮説的な移行もしくは発達の関係を示す。2本の太い矢印は，主体変様の過程として，その移行の原理が明確になっていることを示す。「問い」→「独我」のルートと「問い」→「分離」のルートが途中まで重なっているのは，前者は後者の極端化とも見なせるからである。「問い」と「独我」の関係は第8章図8-8を基に描いたが，本章2節でこれから考察されるように，その間のダイナミックな相互作用によって，特異な世界観が展開するのである。

よって示されている。
　これだけでも，自我体験の少なくともその一部について，一歩進んだ仮説が得られるだろう。──自我体験回想には，自己認識のアポリア→新たな自己の創成，という主体変様的認識の過程を精神発達の過程で自ら体験した者が，その断片を想起したものであるという仮説のもとに理解できる部分がある……。自我体験の認識論的側面（「自己の根拠への問い」）と，自我形成論的側面（「自己の独一性の自覚」「主我と客我の分離」）との間の連関が，かくして一部分であっても明らかになったのである。
　また，図9-1や図9-2を，図8-8と重ね合わせることによって，後者が引き起こした疑問の一部も解明可能となってこよう。たとえば，「『自我体験』→『事例エミリー』のルートでは，『視点の実体化』『鳥瞰的視点への自己同一視』といった説明が見られるが，なぜ，そしていかにして視点の実体化が生じるかについてはまったく説明がない」と第8章の末尾で疑問を投げかけておいた。これに対しては，少なくとも視点の実体化に関しては，図9-2の解説に述べられているように，主我客我の分離過程の極端化として，説明できるのではないだろうか。

2節　自我体験・独我論的体験と世界観発展

1　はじめに——方法の問題

　自我体験・独我論的体験が，独自もしくは特異な世界観の創出につながることがある（図9－2中の「特異な世界観」へいたる矢印はこれを示している）。本節で取り上げる特異な世界観とは，輪廻転生，化身教義，梵我一如の3種である。伝統的には宗教的もしくは超越的とみなされてきた世界観だ。本節での試みは，これらの世界観を自我体験・独我論的体験からの展開として解明することである。結果的にそれが，「自明性の彼方」における自己のあり方についての存在論的解釈に，心理学研究の立場から材料を提供することになると考えるのである。

　前節では，その冒頭で述べたように，自我体験から自我形成へといたる発達連関を把握するための原理として，「主体変様的論理」を見いだしたのだった。けれども，これだけで，本節での「体験」からのさまざまな世界観的展開を網羅するには足りない。主体変様的論理とはあくまでも，図9－2で言えば「自己の根拠への問い」から自我形成論に属する「自己の独一性の自覚」「主我と客我の分離」へと伸びていく2本の矢印に関しての説明原理に限られるからである。独我論的体験（図9－2中では「独我」と表記）と相互作用しながらの，特異な世界観的展開の原理に当たるものは何だろうか。それをあらかじめ知ることは難しい。けれども，第8章での事例「エミリー」に関する考察の中で，おのずと浮かび上がってきた示唆がある。

> ……個別的特定的自己の自己同一性の破れ（＝自我体験）から，次に自分が神ではないのかと疑いだすにいたる論理の運びは，いささか突飛に思われる。しかし，次のように考えれば，理解可能な「了解連関」（Jaspers, 1913/1959）をなすとみなせるのではないだろうか。——「なぜ自分は他の人間でなくこの特定の人間（エミリー）なのか」という問いに他に答えが見つからなければ，「それはこの特定の人間が特別だからだ」が，答えとしてあり得ることになるからだ。しかも，自分が世界で唯一である以上，この特定の人間の特殊さ・特別さとは，世界で唯一という，類例なき特別さでなければならない。（本書第8章5節より）

　すなわち，自我体験から独我論的体験への展開の論理（了解連関）として，ここでは，特定的自己の自明性の破れ（＝自我体験の一側面）の正当化の過程が，「類例なき特別さ」という，類的自己の自明性の破れ（＝独我論的体験）を生む，という捉え方が示唆されているのである。ここから出発して，本節では，自我体験・独我論的体験の，「自己の特定性の自明さの破れ」「類的自己の自明性の破れ」といった諸特徴が

ダイナミックに相互作用しあうことで，独自の世界観が展開する，というように考えてみたい。
　参考のため，第8章での，両体験の最も簡明な定義（特徴づけ）を，再掲しておく。
・自我体験：個別的特定的同一的な存在としての自己の自明性の破れ。
・独我論的体験：類的存在としての自己の自明性の破れ。
　本節で考察する――もしくは改めて考察し直す――事例は，オウム真理教元信徒，2人の文学者（稲垣足穂とリチャード・ヒューズ），そして2人のノーベル賞科学者（神経科学者エックルスと物理学者シュレーディンガー）である。これらの事例の共通点は，何らかの業績を残した成人が半生を回顧した文章の中に出現していることであり，このような事例をここでは，自伝的・半自伝的事例と称することとする。半自伝的事例というのは，稲垣足穂やヒューズの事例のように，ことさらに自伝として書かれたものではないが，創造活動上または世界観形成上に何らかの意義を推測できる事例をいう。

2　時間的意味での自己の個別的同一性の否定へ

　ここでは，導入としてまず，神経科学者エックルスの事例を，1節での主体変様的自己創成の論理の延長線上で解釈する。次に，作家稲垣足穂の事例の中の，自我体験から輪廻転生的世界観への展開を，自己の個別的特定性の自明さへの問いから自己の個別的同一性の否定へ，という展開として解釈する。そして，オウム真理教元信徒の事例を考察した後，これらの事例における世界観的展開を，「体験」の諸特徴の相互作用のダイナミクスとしてまとめる。

(1)　神経科学者エックルスの自我体験と世界観形成

　1節では，「自己の根拠への問い」から「主我と客我の分離」へというルートの延長線上に，具体的経験的自己とは別の，いわば独立の実体としての「真の」自己の創成が促されることが指摘されたのだった。そして，成長につれて「真の」にどのような思想的内容が備わっていくかは，さまざまであろうという推測を述べた。とはいえ，調査事例はもとより自発的事例の中にも，そのような思想的展開を観取できる事例を見つけるのは困難なことである。自伝的事例としてすでに第7章で紹介した
事例7-4「エックルス」は，そのようなまれな事例に他ならない。
　――「自己の脳が，エックルスの脳であって誰か他の人の脳でないのはなぜか」という「自己の根拠への問い」に，18歳の時に逢着した。その体験は，エックルスの生涯を決するものになった。そして，生涯を神経系の研究に捧げた末に，「人間の自己は，遺伝子の組み合わせとは独立に存在する統一体で，それは，生命のネットワー

クによって形成されたある遺伝子結節と，時折り関係をもつようになるだけだ，ということである」(Eccles, 1970 訳書, p.131, 傍点引用者) という世界観に到達したのだった。

年齢も表現様式もまったくかけ離れているが，類似の論理展開を示している例が，本章1節でも再引用した 事例3-4 であろう。「小さい頃……なぜ，私は，雑草でもなく，たんぽぽでもなく，電柱でもなく……私なんだろうか」，と考えた。「そのようなことを考えたときは，体と心が別々になり，心だけが浮かび上がるような，そんな感じがした」。幼少期の体験として，ここでは，「体」とは別の「心」という，「真の自己」の創成の萌芽が，感覚的に表現されている。これに対して，18歳のときの体験から出発したエックルスは，「真の自己」を論理的に展開していく。その結果として到達した独自の世界観が，ここで引用された部分に表明されているのである。

引用部分で，傍点で強調しておいた「時折り関係をもつ」という部分に着目してほしい。ここに傍点をふったのは，ここには一種の輪廻転生といった世界観・死生観が暗示されているからである。ここでの自我体験から輪廻転生へという世界観的展開は，もはや前節での主体変様的論理では，解明しきれないであろう。とはいえ，この事例では，本節の最初に方法論的原理として提案した，「体験」の諸特徴間のダイナミズムが見て取れるほどの内容が備わっていない。そこで，次の稲垣足穂の事例によって，この課題を探求することとする。

(2) 幻想作家稲垣足穂の随筆

特異な幻想作家，稲垣足穂（1899-1977年）の次の例は単発事例であって自伝的事例に分類するには無理があるが，自己の根拠への問いから独自の死生観の創出へという世界観的展開における，「体験」の諸特徴間のダイナミクスが，より明確に表現された例である。

> 事例9-1　稲垣足穂
> 俺はもっと人生を愛したい，味わいたい，面白いことをしたい。或は苦しみたい……など云って死にぎわに喚くには当たらないのである。自分がいま，ここにいるように，死んだら又，別ないまここの裡に閉じこめられるであろうことには，疑いはない。この論旨が薄弱だと考えるのは，未だ一度も「自分は何故他の誰かではないのか？」「何故たったいま此処に居るのか？」について思いを凝らしたことのない者共である。
> （稲垣,1973　傍点原文）

「兜率上生」と題されたエッセイの一節である。この文章の中で，足穂は「今，ここ」の偶然性の不思議から，死後，別な「今，ここ」へと何度でも回帰してくるという，一種の輪廻転生観へと到達しているのである。この結論は奇抜で唐突に見える。

第9章 自我形成と世界観発展―2つの試論―

けれども，以下のようにその心理‐論理を解釈すれば，あながち奇抜とばかりは言えなくなるのではなかろうか。——1899 年から 1977 年までしか存在していない稲垣足穂という一日本人だけに，たまたま，「今，ここ」があるというのは，なにやら不条理に感じられる。何万年という時間の中で，この 80 年足らずの期間が，特別な時間に感じられてくるからである。そこで，「今，ここ」はあらゆる時代を通じて，いろんな人間にあったと考えてみよう。この 80 年足らずの時間を特別視する必要がなくなって，不条理感が減じるのではないだろうか……。

これを，「体験」の諸特徴の相互間のダイナミズムという観点から解釈すれば，次のようになるだろう。

——稲垣足穂という特定の個別的人間だけに「今，ここ」があることの自明性の破れから出発して，この破れ目を修復するために自己の個別性・特定性が否定された。自己は，特定の時間帯に生きる特定の人間だけに位置するのではなく，いろんな時間帯に生きるいろんな人間に位置するのである……。

この一種の「輪廻転生観」が，通俗的な輪廻転生観におけるような前世の記憶といった経験的証拠とは，無縁であることに注意してほしい。この時代の「今，ここ」に生きる私と，別の時代の「今，ここ」に生きる他の私との間に，いかなる経験的証拠もなくして，同一性という関係が成り立たなければならない。なぜなら，それが，時間軸上における自己の個別的同一性が放棄されている，ということだからである。

このような考察をふまえて，すでに紹介済みの調査事例を再検討すると，今まで見えてこなかったものが見えてくるかもしれない。

事例2-18 再 （21 歳 女）
　何歳頃かは覚えていないけど，よく思ったのは，なぜ今なのかということ。何千年も前から人間は生活していたはずである。……"りんね転生"ということがあるが，誰かの生まれ変わりだとしたら自分が死んだ後，また誰かに生まれ変わるのだろうか。よく心霊の本などで前世を覚えている人というのが出てくるが，その人が確かにその本人だったなんて証拠はないのだ……

第 2 章ではこの再掲した 事例2-18 を，「何らかの形で輪廻転生に思い及んでいる例」として引用したのだった。けれども，いまや，「なぜ今なのか」という自己の根拠への問いから，証拠には懐疑的ながら輪廻転生の考察へと移行する，論理展開が理解できるのではないだろうか。「なぜ 20 世紀の末が今であって，（たとえば）奈良時代が今ではないのか」という問いへの可能な答えの 1 つは，「かつて私は奈良時代を今として生きていたのだが，憶えていないのだ」というものだからである。生を享けるという偶然は，特定の人間として，一度きりしか起こらないと考えるよりも，いろんな

227

人間として何度も生起したとするほうが，不条理感が減じる……。これが，この 事例2-18 と 事例9-1 の双方に共通する，隠れた心理－論理と思われるのである。そしてこれは，「体験」の諸特徴間のダイナミズムからいえば，自己の個別的特定性の自明さの破れを正当化するために，時間的意味における自己の個別的同一性を否定する輪廻転生という世界観が展開した，と言い得るのである。注59

(3) 元オウム真理教信徒の回想，再考

　自我体験が，後の世界観形成に決定的な役割を果たしたと当人に意識されている例としては，序章で社会的意味のある自我体験事例として紹介した，元オウム信徒高橋（1996）の自伝的事例に勝るものはないであろう。以下に再掲する。

> 事例0-6 再 **オウム真理教元信徒の回想**
> 　……なぜ，僕はあの団地のあの女の人の子どもではなかったのか。なぜ，この団地のこの母さんの子どもだったのか。母さんが僕の母親でなければならなかった理由とは何だろうか……。考えれば考えるほど，母さんが僕の母親である必然性がわからなくなっていった。（中略）もちろん，まだ幼かった僕がこんなふうに明確に意識していたわけではないが，自分の存在が「必然」ではなく「偶然」でしかないということを，感覚としてかかえこんでしまったのだ。自分の存在に対する漠然とした不安というものを初めて感じたのが，この時のことだったと思う。この不安感はその後もずっと消えることなく，僕の意識の奥底にこびりついてしまうのである。

　すでにいくつかの調査をへた目で見ると，この事例は，調査Ⅰでの「自己の根拠への問い」に，文句なしに分類できる。「なぜ他の女の人の子どもではなかったのか」という問いとは，結局のところ，「なぜ自分は他の人間ではなくこの人間なのか」という問いであり，つまりは「自己の根拠への問い」，より限定していえば「超難問体験」の変奏とみなすことができるのである。

　高橋がこの体験を『オウムからの帰還』と題した手記の冒頭に置いたのは，この体験がオウム真理教入信の遠因であったからだという。とはいえ，この体験が具体的にどのような世界観形成につながり，オウム真理教の世界観がどのような意味でそれに応えたかは，この手記からは明らかではないので，他の資料から推測しなければならない。高橋は，1995年の春，オウム真理教幹部による地下鉄サリン事件で日本中が大混乱していた頃，テレビに出演して次のように語ったという。

注59　「偶然は何度も生起したとするほうが，不条理感が減じる」という心理－論理については，詳しくは渡辺（2002b, p.153f）を参照のこと。

第9章 自我形成と世界観発展―2つの試論―

事例0-6 ➕ **元オウム真理教信徒のテレビ出演**
　自分の意識レベルの悩み――私がここにいるのはなぜ，どこからきてどこに行こうとしているのか――は，家族や友人によっては解決できないこと，そういう問いかけにきちんと正面から向かい合ってくれたのは唯一「尊師」麻原彰晃であったこと，ただ麻原やオウムが内部的に変質してきたため，自分はオウムを離れた。以後は麻原のもとで求してきたことを自分ひとりで考え続けたい……。おおよそこのように話したのだった。（芹沢，1995より）

　なぜ高橋は，麻原の教えが「そういう問いかけにきちんと正面から向かい合う」と感じたのだろうか。前節の稲垣足穂らの事例とその考察とをふまえれば，想像するのは決して困難ではないであろう。オウム真理教には「輪廻転生」の教義があったため，と推察されるのだ。[注60]
　「なぜ20世紀の末が今であって，奈良時代が今ではないのか」という問いへの可能な答えが「かつて私は奈良時代を今として生きていた」であったように，「なぜ私は他の家族でなくこの家族に生まれたのか」の問いへの可能な答えは，「その理由もしくは原因は，かつて私は別の家族に生まれたからである」にあると，感じられたのではないだろうか。それが，探索的調査で，**事例2-18** や次の再掲する **事例2-16** のように，何らかの輪廻転生観に思い及んでいる例が見られた理由ではないだろうか。すなわちここでも，自己の特定性の自明さの破れ→（正当化としての「原因」の，過去への探求）→時間的意味での自己の個別的同一性の否定，というダイナミズムが見て取れるのである。

事例2-16 再 （20歳 女）
　自分がこの世に存在していることを不思議に思うことがある。私は二卵性双生児であるが，なぜ自分と似た顔と性格の子がもう1人いるのかと思うと不思議で仕方ない。……私の母方の祖母の姉妹が双子であった……。小さい頃に亡くなったといっていたが，それを聞くと，まるでその人達の生まれ変わりのような気がしてならない。

　ちなみに，臨床心理学の田畑（1986）は，第3章で紹介したように，「小学校2年生のときに，突然"お前は誰だ！"という声が聞こえてきて，それ以来，自分がここにいて意味があるのだろうかとか，社会にとってお前は何であるのかとか，常に頭にかかっていた」という女子高校生の登校拒否の事例を報告し，「あまりに早い時期の

注60　高橋と作家の宮内勝典の対談（宮内・高橋, 1999）でも，オウム真理教における輪廻転生の教義の重要性が語られている。ただし，自我体験→輪廻転生観という論理-心理的展開が，明示的に述べられているわけではない。

229

自我体験は，思春期にいたり心理的危機をもたらす」と結論している。もし，田畑がしているように，単一事例から発達論的仮説を導き出すことが許されるならば，元オウム信徒の就学以前として回想された例は，あまりに早い時期の鮮明な自我体験が世界観形成に著しい影響を与え，その後の人生を決した例と言えるかもしれない。ただし，エックルスの例が18歳とかけ離れていることは，特定の年齢に結びつけて一般的仮説を立てるという発達論的パラダイムが，あまり有効とはいえないことを示唆していよう。

(4)「体験」の諸特徴相互間のダイナミズム

以上のような考察をもとに，事例「エックルス」，事例「稲垣足穂」，事例「オウム真理教元信徒」という，3つの事例に共通する体験と世界観展開のダイナミズムを，まとめて示そう。

①内省的自己意識が発達し，主観的世界が再発見されて強く意識され，客観的世界との関係が矛盾して感じられるようになることで，「自己の根拠への問い」としての自我体験が生じる。——これは，第7章末尾で明らかにされた，自我体験の生起条件に他ならない。

②自我体験の諸側面の中でも，これらの事例での体験は特に，自己の個別的特定性の自明さの破れに焦点づけられている。「なぜ（今，ここにいる）この特定の人間が私で，（他の今ここにいる）他の誰かが私ではないのか」という問いかけが，その破れの表現である。

③特定性の自明さの破れの説明（もしくは正当化）のために，自己の個別的特定性が，時間軸上で否定される。すなわち私は，時間軸上のこの特定の時代にとどまらず，他の任意の時代にも存在し得るのである。

④この時代に生きる私と，他の時代に生きる誰かとが同一人格であるという，輪廻転生の世界観が成立するためには，生きている時間帯が違えば異なった人格であるという，時間的意味での個別的同一性の原理が否定されなければならない。

3　類的自己の自明性の破れへ——事例「エミリー」再考

以上の考察をふまえれば，これまで何度か考察したヒューズの事例エミリーにおける自我体験から独我論的体験への化身教義的な発展もまた，世界観展開のダイナミズムとしてより明確に理解できる可能性がひらけるのではないだろうか。読者の便宜のため，事例「エミリー」を，骨子だけの省略形として以下に再掲する。

第9章 自我形成と世界観発展—2つの試論—

> **事例8-8 再 エミリー（省略して再掲）**
> そして，やがて，エミリーに，かなり重要な事件が起こったのである。とつじょとして，彼女は自分が誰なのかにめざめたのであった。／……ややぼんやりと船尾の方へ向って歩いて行きながら，何となく蜜蜂と仙女王のことを考えていると，そのときとつぜん，自分はたしかに自分だということが，心にひらめいたのであった。／彼女はその場に釘づけになったまま，目のとどくかぎり自分の身体を見まわした。……／彼女は両手の皮膚をたんねんにしらべてみた。これも自分のものだから。……／こんどこそ自分はエミリー・バス＝ソーントンだ（……），というこの驚くべき事実を確信できた彼女は，真剣にその意味を考えはじめた。／第一に，世界中のどんな人間にでもなれたかも知れないのに，自分を特にこの人間，エミリーにするようにしたのは，どういう力なのだろう？　自分が自分をえらんだのだろうか，それとも神のしわざなのだろうか。／ここまで考えると，また新しい問題がでてきた。神とは誰なのだろう？……ひょっとすると，あたし自身が神ではないのか？　しかし，思い出そうとすればするほど，それは逃げて行ってしまうのだった……／……彼女は，とつぜん，恐怖に打たれた。知っている人はいるのだろうか（つまり，彼女がエミリーという特定の人間であって——それどころか，もしかして神で——ただの，どこにでもいる少女ではないということを知っている人が）？　なぜかはわからなかったが，こう思うと彼女はこわくなった。……どんなことがあっても，この事実は隠しておかなければならない。……

この事例について，第8章では，「なぜ自分は他の人間でなくこの特定の人間（エミリー）なのか」という問いに他に答えが見つからなければ，「それはこの特定の人間が特別だからだ」が，答えとしてあり得ることになる，というように，「了解連関」を浮き彫りにしようとしたのだった。「体験」の諸特徴のダイナミックな相互作用という観点で言えば，これは，「個別的特定的自己の自明性の破れを正当化するのに，特定性を強調し，類例なき特殊性へと高めるあまり，類的自己の自明性が破れるにいたった」というように表現できるであろう。

けれども，これだけでは明快な論理とはいえない。そこで，輪廻転生観への展開の場合と比較しつつ，次のような比喩で考えてみることとしよう。

いま，私がとんでもない不運か信じられない幸運に見舞われたとする。すると，それに対する反応は，次のようになるだろう。

① まず，「なぜこの私という特定の人間だけがこんな目に会うのか（もしくは，こんなに恵まれているのか）？　誰か他の任意の人間に起こってもいいのに……」という問いかけが起こる。これは，自己の特定性の自明さが破れたことに比することができるだろう。

② 続く反応として，あり得るのは次の3つの選択肢であろう。
- こんな不運（または幸運）に見舞われた人はこの特定の人間である私だけでは

231

なく，歴史上にいくらでもいる（＝歴史上の任意の人物がそれである）と考えると，不条理感が和らげられるだろう。これは，特定性の自明さの破れの合理化・正当化として，時間的な意味での個別的特定性を否定して任意性に変えるという，輪廻転生観への発展に比すことができる。
・こんな不運（または幸運）に見舞われる私は，特別に呪われている（または幸運を呼ぶ特別な力に恵まれている）と考えると，不条理感が和らげられるだろう。ここから，私は世界唯一の特別な選ばれた人間であり，ひょっとしたら神かもしれないという想念には，あと一歩のところであろう。これが，特定性の自明さの破れの合理化・正当化として，自己の特殊性の観念を呼びこみ，特別さ・特殊性を強調するあまりに，その結果，類的存在としての自己の自明性までもが破れるにいたるという，化身教義的世界観への発展に，比すことができるのである。
・単なる偶然として片付けること。この場合は世界観としては発展せず，多くの場合は，不運（または幸運）が過ぎ去れば忘れ去られるということになる。自我体験の問いに関しても，現実にはこの反応が最も多いのではないかと想像される（ちなみに，終章3節1で，「単なる偶然説」を論理的に批判したロバーツの説の紹介がなされている）。

4　事例「シュレーディンガー」の世界観的展開

最後の締めくくりとして再考察する事例が，物理学者シュレーディンガーの事例（事例8-9）である。なぜなら，この事例は，単に自我体験と独我論的体験の共存にとどまらず，「体験」の存在論的解釈にとってきわめて意義ある世界観的展開を示しているからである。

(1) 独我論的体験と自我体験の共存から梵我一如へ

第8章では，事例「シュレーディンガー」の考察を，次のくだりで締めくくったのだった。「……シュレーディンガーは，独我論者への道を進まなかった。『他の自我もまた私の自我である』という，インド神秘主義哲学の梵我一如の教えに学ぶことによって，『独我論』を自覚的に回避しつつ，『唯一性』と『数多性』の間の矛盾を乗り越えるのである」。このような世界観的展開を示唆する文章は，その著作『我が世界観』より 事例8-9 として引用した部分の続きにも現れているので，以下に紹介しよう。

第9章 自我形成と世界観発展―2つの試論―

事例9-2　シュレーディンガー続き1
　……このように観察し、また考察した結果，君は，かのヴェーダーンタ哲学の根本的確信には十分な妥当性があるということを，即座に理解することになろう。つまり，君が君自身のものと言っている認識や感覚や意志からなるこの統一体「＝君自身」が，さして遠い過去ではない特定のある瞬間に，無から降って湧いたなどということはありえないのである。この認識や感覚や意志は本質的に永遠かつ不変であり，すべての人間に，否，感覚をもつすべての存在「＝生命体」において，数量的にはたった一つのものなのである。(Schrödinger, 1985　訳書, p.80)

　ヴェーダーンタ哲学とは何かについての詳細は，巻末の補論4が参考になる。なお，パランジュペ（Paranjpe, 1989）による次の解説は，シュレーディンガーのこの一節の解説としても過不足がない――「個我（Atman）は究極的には，唯一であって無形のブラフマンと同一である。しかし，それは，原初的な錯覚によって，異なって見えるのである」。
　すなわち，　事例8-9　での，「百年前にも誰かがこの場所に座り，君と同様に敬虔な，そして物悲しい気持ちを心に秘めて，暮れなずむ万年雪の山頂を眺めていたことだろう。……果たして彼は，君とは違う誰か他のものであったのだろうか。彼は君自身，すなわち君の自我ではなかったのか」という直観的な思惟は，ヴェーダーンダ哲学に照らして，百年前にこの場所にいた誰か他の人の自我も，この私の自我も，唯一のブラフマンと同一なのだから，お互いにも同一である，という論理によって裏づけられることになるのである。
　実際，他人の自我も私の自我も同一の自我であるというアイデアは，シュレーディンガーのこの著作（Schrödinger, 1985）のいたるところにかいま見られる。下記はその例である。

事例9-3　シュレーディンガー続き2
　われわれが通常知覚する数多性は，たんなる仮象（みせかけ）にしかすぎず，決して現実のものではない（中略）。ヴェーダーンタの哲学は，これを基本的な哲理とし，多くの比喩によってその哲理を明らかにすべく，真理の探求に努めてきた。なかで最も魅力的なものは，多面体クリスタルを用いた比喩である。このクリスタルは，現実には一つのものを，無数の似姿にして映し出しはするが，これによって対象物が現実に増加するのではない。（訳書, p.77）

事例9-4　シュレーディンガー続き3
　……この見解は経験に基づいたもので，意識の多元性など決して経験されるものではなく，常に意識は単一のものとして現れるものだ，ということである。これこそが唯一の完全に正確な認識であり，われわれは，深遠な形而上学的仮説を用いずとも，この認識に至ることができる。バークリーの観念論はこの認識で満足しており，それ

なりに首尾一貫した矛盾のないものではある。私自身の肉体と同じ構造をした他の諸々の肉体を観察することによって，この観念論を乗り越えることができる。(中略)「君のように，向こうに座っている者がいる。彼も君と同じように，ものを考えたり感じたりしている」。さて，このあとをいかに続けるかが肝要である。すなわち「向こうにも自我（Ich）があり，それも私（Ich）なのである」と続けるか，それとも「向こうにもう一つの自我（ein Ich）があり，それは君の自我と同じような第二の自我である」と続けるかの，いずれかである。

　以上の二つの見解を区別するものは，「一つの（ein）」という単語，つまり不定冠詞のみである。この語が「自我」を普通名詞に格下げしている。なによりもこの「一つのein」という語が，(中略) 世界を様々な亡霊で満たし，そしてわれわれを救いようのないアニミズムの腕のなかへと追い込むのである。(訳書, pp.103-104)

事例9-5　シュレーディンガー続き4

……確かにあした大地が私を呑み込むとしても，あらたな奮闘と苦悩に向けて大地は再び私を生み出すことであろう。それはいつの日にかということなのではなく，いま，今日，日々に大地は私を生み出すのである。それも一度のみならず幾千回となく，まさに日々に私を呑み込むように，大地は私を生み出す。なぜなら，永遠にそして常にただこの今だけがあるのであり，すべては同じ今なのであって，現在とは終わりのない唯一の今なのであるから。／この永遠の今という（人々が，自らの行いのなかでめったに自覚することのない）真理の感得こそが，倫理的に価値あるすべての行為を基礎づけるものなのである……（訳書, p.82)

　とりわけ，最後のこの 事例9-5 は，「すべての人間は私である」という独自の世界観を，直観的かつ具体的に描出している印象深い一節になっている。なお， 事例9-3 に見える「クリスタルの比喩」をもとに，シュレーディンガーの世界観を，図9-3として図解した。

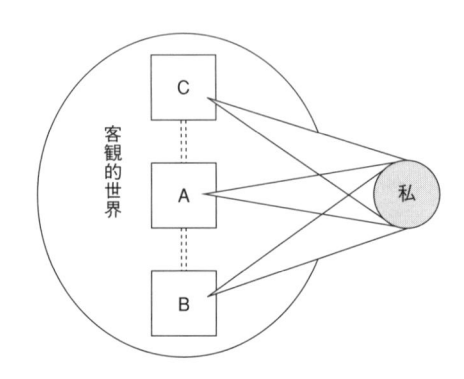

図9-3　シュレーディンガーの「クリスタルの比喩」

唯一の私（アートマン）は，客観世界（＝現実世界）というクリスタルを通してみると多数（A, B, C, etc.) に見えるが，それは仮象にすぎない。

第9章　自我形成と世界観発展—2つの試論—

　ここで、なぜシュレーディンガーにおいて、このような特異な世界観的発展がなされたのかが問われなければならない。これを、ヴェーダーンダ思想に触れたからであるとして説明するのであれば、思想史研究にはなっても心理学研究にはならない。自我体験・独我論的体験における内的構造のダイナミックな展開としてこの世界観的発展を理解するための発達連関を、隠れた心理—論理を、見いださなければならないのである。そのために、自発的事例研究で必須ともなっている方法である「比較法」を用いよう。つまり、もう1つの、両体験を共存させた自伝的事例である、事例「W.T」と比較するのである。

(2) 事例「W.T」との比較

　事例「W.T」の体験事例については、これを、序章 事例0-5 で掲げておいたので参照してほしい。ところが、原文ではこれに続くテクストがあり、事例「シュレーディンガー」との比較に役立つ世界観的展開が描出されているので引用する（固有名詞の部分はW.Tに変えておいた）。

> **事例0-5 ✚ W.T 自己体験**
>
> 　そのとき、いなずまのように、ある思念が、ある「解答」が閃いた。何十年かしてW.Tである私が死んで、双眼鏡の中のあの子として生まれるのかも知れない。あるいは逆に、私はかつてあの子だったのだが、何十年か後に死んでW.Tとして生まれ変わった、それが今の私なのかもしれない。つまり、双眼鏡の彼方に流れる「あの子」の生とは、私の過去もしくは未来の生なのかもしれない……。
>
> 　もちろん、私とあの子は同じくらいの歳であり、過去—未来の関係は成り立たない。けれども、何十年か後に私がW.Tとして死んだときに、いわば時間が巻き戻されて、あの子が生まれる時点に戻るとしたらどうだろうか（あるいはその逆はどうだろうか）。そして、そのような論法を続けていけば、究極的には、同時代人をも含めたすべての人間は、唯一の《私》の過去生か未来生であることになるではないか。
>
> 　私には、この考えだけが、「今、ここの問い」と独我論的疑いを同時に解決できるものに思われたのだった。
>
> 　すなわち——
>
> 問1　なぜ、私は、今ここにいるW.Tであって、他の時間、他の場所にいる誰かではないのか。
>
> 答1　私はあらゆる今ここにいるすべての人間だったし、あらゆる今ここにいるすべての人間になるだろう。
>
> 問2　他人という他人は心なき自動人形にすぎないのではないのか（私はとてもひとりぼっちだ！）。
>
> 答2　すべての他人は私の過去か未来かのどちらかである（よかった、全人類が愛するに値する！）。（渡辺、1996c, pp.127-128）

　ここにも、事例「シュレーディンガー」と同型の、「すべての人間は私である」と

いう世界観的な展開が見られ，このような展開にいたる心理－論理が，問答の形で，示されているのである。念のためくり返すならば，事例「シュレーディンガー」の場合にも，事例8-9 で「なぜ私は私の兄ではなく，私の兄は私ではなく，私は遠縁のいとこのうちの1人ではないのか」，という自己の根拠への問いを問い，それに対して 事例9-2 や 事例9-3 事例9-4 事例9-5 で，「実は私の兄は私でもあり，私は遠縁のいとこのうちの1人であり，つまりはすべての人間である」と，答えを与えることになるのである。

(3) 「体験」の諸特徴相互間のダイナミズム

両者の違いは，シュレーディンガーの答えが，私の数多性は仮象にすぎず，唯一の私があるのみである，という，梵我一如のアイデアに基づいているのに対して，事例「W.T」では，一種の時間的順序を無視した輪廻転生というアイデアに基づいている点にしかないであろう。アイデアの違いは，まさに仮象にすぎず，「体験」の諸特徴間のダイナミズムとしては，同型とみなすことができるのである。すなわち，両者とも，本章2節2の「『体験』の諸特徴相互間のダイナミズム」での①から④への4段階の過程のうち，③と④を次のように変えることによって，より完全に自己の特定性を否定し，その結果，自己の個別的同一性をもよりいっそう完全に否定したものと解釈できるのである。

③' 自己の特定性の自明さの破れの説明（もしくは正当化）のために，自己の個別的特定性が，時間軸上だけでなく，あらゆる時空で否定される。すなわち私は，今，ここの特定の時と場所にとどまらず，あらゆる時と場所にも存在するのである。

④' 今，ここに生きるこの私と，他の時と場所に生きるすべての他の誰かとが同一であるという世界観が成立するためには，具体的経験的（＝肉体的）に個別的であれば異なった人格であるという，自己の個別的同一性の原理が完全に否定されなければならない。

ただし，事例「シュレーディンガー」には（事例「W.T」もそうであるが），2節2で扱われた，輪廻転生系の諸事例にはない，独我論的体験という要素がある。類的存在としての自己の自明性が破れているところから出発しているのである。けれども，今や，④'の段階において，ある意味で類的自己の自明性が回復されていることに気づかなければならない。図8－7②と，図9－3とを比較してみれば，このことは一目瞭然だろう。前者では，「私」であるAは，まさに私であるがゆえに他者B，C等よりも1次元高次の存在であった。ところが後者では，Aは，唯一のアートマンの仮象であるという限りにおいて，他のアートマンの仮象たちB，Cと，同一次元におい

て類的関係にあるためである。
　したがって，事例「シュレーディンガー」では，④'の次に以下のような⑤が来て，ダイナミズムが完了するのである。
　⑤自己の個別的特定的同一性の自明さを完全に否定することによって，類的存在としての自己の自明性が回復する。

5　存在論的解明への展望——一者と唯一者

　最後になったが，自我体験と独我論的体験の2つを共在させた事例「シュレーディンガー」等と，事例「エミリー」とが，そのダイナミックな世界観展開の果てに到達した，いわば自明性の彼方における自己の存在様式を比較考察することによって，「体験」の存在論的解釈のための手がかりを提供すべく努めよう。
　事例「シュレーディンガー」等では，「私」は，特定の個別的存在であることを否定し，「すべての人間」として自己を，個別的同一性の彼方において定義し直すにいたったのだった。このような自己の存在様式は，シュレーディンガー自身が言及しているヴェーダーンダの思想から引用して，梵我一如として特徴づけるにふさわしいであろう。ただし，このような，個別的存在が同時にすべての存在でもあるといった超越的もしくは形而上学的世界観は，インド思想に限られるわけではなく，たとえば新プラトン学派の哲学者プロティノス（Plotinos）の「一者（the One）」の思想にも見られるところであろう（田中，1980参照）。
　これに対して事例「エミリー」では，類的存在を離脱して自らを唯一なる「神」として自覚しながらも，客観的世界における特定の個別的人間（エミリー）としても，「誰かの怪我をなおしてやったり」するような特別にして唯一の存在であるという，二重の自覚に達しているのである。このような，類的存在でありながら類的存在を超えるような二重性を帯びた人間として，自らを再定義しているところに，すでに何度か述べたように，キリスト教的な化身教義との共通点が見いだされる。
　そこで，事例「エミリー」に見られるような自己の存在様式を，唯一者（the only One）と仮に名づけることにしよう。もちろん，化身教義的な背景を持たない，より純粋な独我論的体験（たとえば，研究誘発例である 事例0-4 や 事例5-4 ）においても，自己は唯一者的なあり方をしているのである。そして，これと対比的に，事例「シュ

注61　読者はあるいは，「唯一者」にシュティルナーの主著（Stirner, 1842）の邦訳名を連想するかもしれない。けれども，シュティルナーの der Einzige は，唯一者という訳語が当てられているとはいえ，それぞれの人間が独自で唯一であるという意味であって，類的存在としての自己の自明性が破れているわけではないというのが，筆者の理解である。

レーディンガー」におけるような自己の存在様式を，プロティノスからの借用で，「一者 (the One)」と呼ぶこともできよう。また，輪廻転生観の系列は，この，一者という存在様式への発展の途中と見なすことができるので，一者と唯一者を，自明性の彼方における自己の存在様式の2類型として，将来の存在論的解明にゆだねることとしたい。

　以上の，一者や唯一者といった議論は，無論，哲学者や思想史家の助力がなければ，専門性のあるものにはならないだろう。ここでは，自伝的事例テクストを一人称的に読み，「自己の特定性の破れ」といった記述的現象的特徴を抽出し，それら諸特徴間のダイナミックな相互作用として世界観展開を解釈するという，本研究で開発した方法の延長線上にある方法論的展開によって，自明性の彼方という存在論的解明にとってのテーマへの，入口にまで達することが可能であることを示唆するにとどめておきたい。

終章

概括と展望
―自明性の彼方へ―

1節　本研究の概括

　自我体験・独我論的体験を，心理学研究のテーマとして展開することを通じ，これらの体験の意味するところを明らかにすることが本研究の目的であった。そのための第一段階の目標は，これらの体験現象を心理学の方法で調査研究するための枠組みを作ることであった。第二段階の目標は，自我体験・独我論的体験とは何かを理解することだった。後者の課題は，「体験」の内的構造を明確化することによって，これらの現象において何が生じているかを同定することと同一視された。ここで，これまでの章を概括し，これらの目標がどれくらい達成されたかをふり返ってみよう。

1　第一段階の目標――本研究の「根」

　第1章「予備的考察――自我の発見から自我体験へ」では，「自我の発見」というテーマを手がかりとした。心理学において自我の発見が扱われている例として，シャルロッテ・ビューラーが提起している「自我体験」というテーマに遭遇した。そして，自我体験と思われるいくつかの自発的事例を，主として科学者や文学者の自伝的著作などの中から見いだして検討した。その結果，自分というものを経験的具体的な個人としての自己との同一性が自明ではないものとして体験するという事態を，自我体験の作業仮説とした。

　自発的事例の中には大学生の例もあることから，自我体験の組織的な調査は不可能ではないと考えられた。

　第2章「探索的調査」では，自我体験の回想を誘発するために工夫を凝らした4つの問題文からなる質問紙を男女大学生227名に実施し，45の回想事例を自我体験事

例として抽出することができた。自我体験のタイプ，きっかけ，体験が初発したと回想された年齢，自我体験的問いの解決の試み等が分析され考察された。数多くの興味深い回想事例を発見することによって，自我体験の実態を明らかにするための本格的な調査への動機づけが与えられた。

　第3章は，第5章と並んで，研究枠組み作りの中核をなす部分である。ここで扱われる「調査Ⅰ」では，よりオーソドックスな多項目主義の「自我体験質問紙」を作成し，345名の男女大学生に対して回想の自由記述を求めた。その中で29.9％に自我体験回想を認めた。続く第4章の「調査Ⅱ」では，やや異なる形式の質問紙により，専門学校生を含む男女学生414名に回想の自由記述を求めた。21.0％に自我体験回想を認めた。

　調査Ⅰでは体験が初発したと回想された年齢のピークは小学校低学年にあり，その年齢平均は約9歳半，調査Ⅱでの初発年齢平均は約11歳であった。いわゆる青年期より以前の，児童期—前青年期に定位される結果だったが，ばらつきが大きい。これらの自我体験回想事例は，調査Ⅰにおいて「自己の根拠への問い」「自我の独一性の自覚」「主我と客我の分離」「独我論的懐疑」の4類型へと分類され，調査Ⅱでもこの分類が踏襲された。

　第3・4章の調査研究の方法論上の工夫と特徴は，次の①〜③にまとめられる。

①回想誘発的質問紙法　第2章の探索的調査を含め，質問項目は，オーソドックスな数量的方法におけるように尺度化を目的とするのではなく，質問項目に対して求められる自由記述中での自我体験回想の誘発しやすさ，という観点から選ばれた。また，項目への「反応」の分析は補足的にとどめ，得られた自由記述を「テクスト」として質的に考察することを目的とした。これを，「回想誘発的質問紙法」と名づけた。

②自我体験判定法の開発　調査Ⅰでは5項目より成る自我体験判定基準を作成し，2人の熟達した独立の判定者が，テクストが自我体験の名に値するかを判定するという，判定方法を開発した。調査Ⅱではさらに，判定例・除外例・解説を添えて，判定基準のいっそうの精緻化に努めた。

③記述的現象的定義　従来の自我体験研究では，自我体験の定義や特徴づけは，文学的表現に依存した擬似説明ともいうべきものに留まっていたのに対し，「それまでの自己の自明性への違和・懐疑」をキーワードとした記述的現象的定義を試みた。

　第5章では，自我体験よりもさらに研究例の乏しい独我論的体験を，組織的な体験事例の抽出と，体験事例を分類することによるモデル構成によって，心理学のテーマ

として展開することを目指した。そのため、質的研究の立場を自我体験研究の場合よりもいっそう徹底し、自発的事例の検討に加えて自己体験を明示化して「決定にいたる軌跡」を残した。さらに、テクストが独我論的体験に当たるかを判定する際の判定法は自我体験の場合に準じたが、「複数の熟達者による判定」という方法の特徴を、「主体変様的」な方法として方法論的に基礎づけた。

結果は、988名の男女学生から60例（6.1％）の独我論的体験事例を抽出することとなった。これらの事例は、「世界への疑い－他者への疑い」「俯瞰する－俯瞰される」「哲学的－ファンタジー的」、という3つの分類軸によって分類され、現象的記述的性質の3次元構造モデルへと構成された。さらに、この構造モデルについての省察は、「俯瞰する－俯瞰される」の軸を、「自他の対称性の破れ」として捉え直すことへと導かれ、この特徴づけを中心として、独我論的体験全体を哲学由来の概念的参照軸とは独立に、心理学的に特徴づける可能性が浮上してきた。

以上、第1章から第5章を通じて、回想誘発的質問紙法によって組織的にテクスト・データを収集し、その中から、判定基準に基づき複数の熟練判定者が体験事例を抽出するという研究方法の開発によって、当初は例外的と思われた自我体験・独我論的体験の実態と、大学生におけるその予想外に広範囲な拡がりが、ある程度明らかにされたのだった。これによって、第一段階の目標は、ほぼ達成されたと言ってよいであろう。

2　第二段階の目標――本研究の「幹」

第6章では、ここ数年進展を見せている日本における自我体験研究を概観しつつ、本研究での調査研究の結果を反省した。その内容は以下の3項目にまとめられる。

①8～10歳という認知発達上の転換点が、自我体験の発生と関連づけられるという示唆が得られた。

②独我論的体験における「独我論」に相当するような概念的参照軸の必要性が自我体験研究においても認識され、意識研究と心の哲学における「意識の超難問」と、科学認識論における「自己認識のアポリア」が、概念的参照軸の候補に挙げられた。

③自我体験・独我論的体験の全体は、認識論・認知発達論と、自我形成論・アイデンティティ論という、2つの領域にまたがることが示唆された。

第7・8章では、自発的事例の検討に基づいて、自我体験・独我論的体験を理解すること、すなわち、体験の構造を分析し明示化することによって、これらの現象において何が生じているのかを明確にする試みがなされた。検討された自発例は、自我体

験が10例,独我論的体験が5例,両者を含むもの3例であった。なお,自発的事例検討（＝解釈）の方法として,本研究を通じての方法であるテクストの一人称的読みと,複数の体験事例テクストを比較することによって内的体験構造を図解し類型化するという構造的図解の方法とが,改めて自覚された。

　まず,第7章では,自我体験の自発的事例検討の結果,自我体験中の中核をなす「自己の根拠への問い」は,①客我を対象化する主我（視点）の存在をも体験可能な内省的自己意識の発達,②客観的鳥瞰的視点の獲得,③主我（視点）と客我との関係が,必然的な関係ではなく偶然的な関係として感じられること,の3つの要素を要件として含むものとされた。そのうえで,④主我（視点）を中心とした主観的世界と,自己が客我として他者と共に並存している客観的世界とが,何らか矛盾して感じられることが,「自己の根拠への問い」としての自我体験の構造的特徴にして生起条件であると想定された。なお,⑤自己の心が多数の他者の心の間の1つの心であるという他者との類的関係の成立もまた,上記の内的体験構図の暗黙の前提であることが示唆された。

　第8章では,独我論的体験の内的体験構造を,自我体験と比較することによって解明する試みがなされた。その結果,独我論的体験を,「類的存在としての自己の自明性の破れ」（省略形：類的自己の自明性の破れ）とする新たな定義にいたった。この定義は,哲学的独我論の借り物を脱し,体験事例の考察のみに基づいた,心理学的な定義とされた。また,木村敏による常識的日常世界の自明性についての議論に基づき,自我体験を個別的特定的自己同一的存在としての自己の自明性の破れ（省略形：個別的自己の自明性の破れ）として,新たに定義した。また,双方ともに「自己の自明性の破れ」であっても,自我体験は「個別的自己」の自明性の破れの面に焦点づけられた体験,独我論的体験は「類的自己」の自明性の破れの面に焦点づけられた体験というように,コインの両面として理解することが可能になった。さらに,事例「エミリー」と事例「シュレーディンガー」という2つの長大な自発的事例の中に,「コインの両面」が同時的に出現している例を見いだすことができた。

　かくして,もともと,記述的現象的性格のキーワードであった「自明性の破れ」が,ここにいたって体験の内的構造として同定されたのであった。すなわち,自我体験・独我論的体験とは,自明なる常識的日常性の体験世界に構造変容が生じ,自己の自明性に亀裂が生じるような体験である。これを現実の発達過程に結びつけるならば,常識的日常性の原理がいまだ十分確立していないままに,何となく日常性の世界に住んでいた「子ども」が,「大人」になる途上で,日常性の世界に本格的に組み入れられる際にふと覚えた困難が,常識的日常性の自明さの亀裂として記憶に留められたもの

である，といった，いささか詩的な推測も成り立つのである（ただし，自明性の亀裂は，いわゆる成長期に限られたものではなく，人生の曲り角や危機の瞬間にも生じる可能性がある限り，ここでいう発達過程は生涯発達として捉えられなければならないだろう）。

以上，第7章と第8章の自発的事例研究を通じ，自我体験・独我論的体験とは何かを理解するという第二段階の目標が，すなわち，「体験」の構造を分析することによってこれらの現象において何が生じているかを明確にするという目標が，一定程度，達成されたものと考えてよいであろう。シュピーゲルベルグに示唆を受けた，自我体験・独我論的体験研究の三段階構造論に照らせば，「基盤」と「中核」の部分，図0−1の樹木図でいえば「根」と「幹」の部分が，形をなしたのである。

3 本研究の「枝」と終章の趣旨

もちろん，これで本書が終ったわけではない。「体験」研究の三段階構造のうち，「枝」の部分に相当する「体験の発達論的病理論的説明」と「体験の存在論的解釈」の部分が，残っているからである。なるほど，本研究が確実に目標としてきたのは，「根」と「幹」の部分であった。けれども，「枝」を伸ばした全体の姿がある程度は描き出されない限り，「根」と「幹」も意味ある姿として十分に立ち現れることができないであろう。そのため，本書では，この枝に当たる部分として，第9章の2つの「試論」を以下のように置いたのだった。

第9章1節「自我形成論と主体変様的論理」では，これまでの自我体験研究で，自我体験との関係が取り沙汰されていた自我形成・アイデンティティ形成の問題を取り上げた。

2節「自我体験・独我論的体験と世界観発展」では，自伝的事例テクストに基づき，「体験」の記述的現象的諸特徴の間のダイナミックな相互作用として世界観的展開を解釈し，体験の存在論的解明のための材料を心理学の側から提供すべく試みた。

しかしながら，これらは，いまだ数多い枝の中の2本の小枝に過ぎない。そこで，この終章を借りて，「枝」の部分の全体的見取り図を展望することで，本書の締めくくりとしたい。

2節　発達論への展望

これまで何度か述べてきたように，本研究の基本的な姿勢は，性急な発達論的説明

を退けて，あくまでも，自我体験・独我論的体験とは何であるかを，解明しようとするところにあった。その結果，最初は記述的現象的性質の概念にすぎなかった「自己の自明性の破れ」が，「体験」の内的構造連関の変容として同定されるという成果にいたったのだった。とはいえ，これまでの諸章の中から，発達論への手がかりを見いだすことは，決して難しいことではないように思われる。たとえば，第2～4章での自我体験調査における初発年齢や「きっかけ」についての考察，第6章における認知発達論との関連づけ，第7章での自我体験生起条件の探求，第8章末尾でのさまざまな体験間の発達連関の仮説，第9章の自我形成論と，さまざまなところに発達論への示唆が散在しているように見えるのである。

しかしながら，今までの発達論への手がかりをまとめ，発達論的な他の知見とつき合わせて，それで「体験」研究が発達心理学的研究の一領域となる展望がひらけるとするのは，いささか安易な考えと言わねばならない。ここで筆者は，「体験」研究の方法が，そもそも実証主義的な「科学としての」発達心理学とは相容れないのではないだろうかという，いわば原理的な問題を指摘せざるを得ないのである。本研究を反省的にふり返りながら，このことを検討してみよう。

序章で強調したように，本研究を通じての「体験」研究の最も基本的な方法とは，説明ではなく理解という方法論的立場に拠りつつ内的視点を徹底するという，テクストの一人称的読みにあった。この方法によってのみ，本研究前半での「体験」の「存在証明」と実態の解明が，そして後半での「体験」の内的構造の解明がなされ得たのであった。

ところが同じ方法を発達論に向けると，それは，回想をさかのぼっての「体験のきっかけ」の発見と，諸々のきっかけの検討を通じて体験発生の「条件」を見いだすという作業となったのだった。たとえば，きっかけとして「ひとりでいて」「窓の外の木の葉を見て」いたり，「差し込む日の光をぼんやりと眺めて」いたり，「柄でもなくふと生涯をふり返った」りする例が認められたことから，「内省的自己意識が発達し，主観的世界が再発見されて客観的世界との関係が必然的なものではなく矛盾して感じられること」(第7章)が，自我体験生起の条件であるとされたわけである。

ところが，すぐ気づくように，B (体験生起) の条件はA (主観的世界の再発見……) であるというような主張は，AならばBであるという説明が，すなわち「主観的世界が再発見されれば自我体験が生じる」という説明が，成り立つことを何ら保証しない。それどころか，条件の分析と，説明とは，論理学で用いられるベン図によって図解してみても明らかなように，逆の関係にあるといえる (図10-1)。

実際，こうして図示してみると，たとえば，B (自我体験) とは異質の別の体験

終章　概括と展望—自明性の彼方へ—

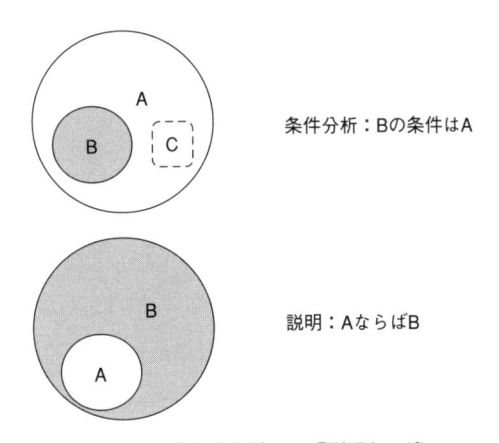

図10-1　「条件分析」と「説明」の違い
B（体験）の条件はA（主観的世界の再発見）であることがわかったからといって、AならばBが生じる、という説明になるわけではない。Bとは別の体験であるCもまた、Aを条件としているかもしれない。

（仮にCとおこう）の研究者が、同様の回想遡行法によって、Cの条件もまたAであることを「発見」するという可能性が残ってしまうのである。そのような可能性を封じるためには、対照群を用いた研究を行えばよい、という人もいるかもしれない。すなわち、自我体験「非体験者」のグループについて、「体験者」にみられたような「きっかけ」が回想されないことを、実証すればよいわけだ。けれども、そもそも「きっかけ」が回想されたのは、「体験」が回想されたからなのである。体験を回想しない人は単に、きっかけについての設問に答える義務を負っていないと思うだけであろう。その結果としての無回答状態を、「きっかけ」が回想されないことと同一視することはできないはずである。対照群を用いての要因分析という実証的研究の常套手段は、主観的体験としての「きっかけ」に関しては適用が困難であり、期待されたような十分条件の発見に行き着くことは難しいと思わざるを得ない。

　たとえ、第8章で試みたように、記述的現象の特徴を構造図解的方法によって体験構造上に同定し得たとしても、そのような構造的特徴が生じたからといって常に「体験」が生じるとは保証できないわけである。

　なお、以上の議論は、自我体験・独我論的体験研究についてだけではなく、遡行的再構成の方法をとる精神分析研究についても当てはまると考えられる。いずれにしても、自我体験・独我論的体験研究は、どんなに実証的研究の装いを凝らしても、回想事例テクストの一人称的読みに基づく理解・解釈という方法を基本とする限り、実証主義の皮を纏った実証的研究にしかなり得ない。やはり、この研究は、広い意味での

解釈学的伝統を汲む潮流の中でしか，花開き実を結ぶことはないと思われるのである。すなわち，第8章の末尾から第9章で試みたように，個別事例について個性記述的にその体験構造を明らかにし，比較的方法によって類型化を試み，事例間に意味上の発達連関を想定する，という方法である。本書前半で行った多数例に基づく研究もまた，たとえばグリムの昔話は個々のエピソードだけでは見えにくかったものが，全体を通して読むと，ユング的な原型の全体像が見えてくる，といったようなことと似たような意味で意義があるのであって，「説明」にまで行き着くには困難があると思わざるを得ない。

以上，「体験」の研究は「説明」を事とする科学的発達心理学とは相容れないという，高井 (2004a) によっても指摘され（第6章参照），本研究でも見え隠れしてこなかったわけでもない直観を，理論的に解きほぐしてみた。もちろん，本研究でもいくらかは試みてきたように，たとえば，9歳という認知発達上の転換点が自我体験の発生と関連づけられるといったように，既成の発達研究の中の知見と結びつけることによって，まるでパズルが解けるようにして，「体験」についての発達理論ができあがってしまう，といった可能性もあり得るかもしれない。けれども，現在の，自己－他者理解の発達に関する研究と理論形成とが，自我体験・独我論的体験をほぼ顧慮することなくなされている以上，実際には難しいと考えざるを得ない。

そこで，発想を一変し，この終章では，「体験」を精神発達の中に位置づけるためには，発達論は，とりわけ自己－他者理解発達論は，どのようなものでなければならないかという，「提言」を行うこととしよう。今までの発達研究の中で，自我体験・独我論的体験が，異領域化される以外に顧慮されることがなかったとしたら，それは発達研究が，とりわけ自己－他者理解研究が暗黙裡に依拠してきた枠組みが，「体験」の存在を許容しないようなものだったからだろう。そのような暗黙裡の枠組みのうち，ここで問題としたいのは次の3つである。

①単線型発達観
②発達の標準的な到達点を想定すること
③万人を納得させる普遍的な発達理論を目指すこと

本節では，これら3つの枠組みについてそれぞれ問題点を指摘し，可能ならば代案を提言することとする。

1　単線型発達観から多型分岐型発達観へ

本研究での一貫した方法である，「自我体験・独我論的体験を異領域化せずに一人称的に理解する」という方法は，また「マイノリティーの視点に立つ方法」といって

よいだろう。とりわけ，第5章では，独我論的体験というテーマに取り組むにあたって，独我論という世界観を最初から誤謬と決めつけて説明して終わるという態度だけはとるべきではないことを強調しておいた。このことは，自我体験についても，マイノリティー度は減じるとはいえ，まったく同様だろう。

そもそも，自我体験・独我論的体験者が少数だからといって，「体験者」となるための「きっかけ」その他の「独立変数」を捜し求めるという，本書中の調査研究を含む自我体験研究でとられているパラダイム自体，体験しないことが発達上の「幹」であって，体験することは「枝」——もしくは幹についた傷跡——という，暗黙の位置づけに基づいているといえよう。逆に，事例0-6 のオウム真理教元信徒のような深い体験者から見れば，他の人がそのような体験をしないということ自体が，信じがたく，「説明を必要とする」と感じられていたかもしれない。

マイノリティーをも同等に視野に入れた発達論として，思い当たる例は多くはない。第8章で自明性についての議論を紹介した木村敏の分裂病（統合失調症）論は，本研究とも内容的にも関連しており，まず触れたいところである。すなわち，木村（1970/1978, 1973）は，統合失調症を「自己の個別化の危機」として捉え，その固有の基礎的事態を，「自己の個別化の不成立」として理解するが，これを異常とみなして治療の対象と捉える「正常人」の立場とは常識的日常性の側に立ったもので，その根拠こそ問われなければならないという。そして，私たち「正常人」が，1＝1（またはA＝A）の同一律に代表される常識的日常性の側に立って「異常者」を排除し，治療の対象とせざるを得ない根拠を，「生への意志」に求めるのである。

木村のこの議論は，常識的日常性の側に立つことを自明とせずに根拠を求めること，さらには，「正常な」自己の個別化の発達について精神分析的発達論を借りて「説明」を試みていること等（木村, 1970/1978），本書にあるような「体験」をしないこと，もしくは，忘れてしまうことこそ説明されるべきであるという示唆と，共通点がある。[注62]また，「体験」のピークが——とりわけ独我論的体験では——「子ども」の時期にあり，抽象的思考が大きく展開するはずの「青年」の時期にはないということも，青年期が，親の庇護を離れて同年輩集団の中で木村の言う「生への意志」を発揮しなければならない時期であることを思えば，うなずける点がある。とりわけ，異性関係こそ生への意志がものを言う場であることを考えると，これまでの自我体験・独我論的体

[注62] 同じ箇所で木村は，自己の個別化の不成立の道筋についても精神力動的に説明を試みているが，説明というよりは条件の分析という印象を受ける。説明という場合，AならばBというような一般法則によって包摂されねばならないが，条件の分析は，Bの条件はAであることを述べるだけで，逆の関係（AならばB）も真であることを主張していることにはならないことは，すでに述べた通りである。

験の調査事例と自発的事例を通じて，異性関係への言及が認められた例が事実上皆無であったことも思い合わされる。

　自閉性障害圏に関係する理論に目を転じると，近年，アスペルガー症候群を，病的な状態としてでなく，特異な存在様式や発達的マイノリティとみなす見解が現れていることは注目に値する（広沢ら，2008参照）。ただし，この議論の紹介は，アスペルガー症候群の体験世界と独我論的体験の比較を行った後でないとできないので，本章3節5の「精神病理との関わり」に回すことにしたい。

　認知科学へ目を向けると，代表的な「自己」論としてしばしば引用される，ナイサー（Neisser, 1988, 1993）の説にも，手がかりがないではない。彼の「自己」論は，それについての知識が依存している情報のタイプによって，①知覚される自己，②対人的自己，③概念的自己，④時間的拡大自己，⑤私秘的自己の5つの自己を識別するところに特色がある。ここで着目したいのは，最後の私秘的自己（private self）である。本書でも，自我体験が就学期以前に生じたと回想される例があることから，私秘的自己は表象的心の理論が成立する4，5歳以後に形成されるとする説に，第4章3節において注意を促しておいた。私秘的自己の成立が，自我体験が生じる最低限の年齢的条件と考えたのである。

　このナイサーの私秘的自己論には，他に注意を引く特徴がある。第一に，私秘的自己に関する記述は，根拠としている文献がウィリアム・ジェームズや18世紀イタリアの人文学者ヴィコ（Gianbattista Vico 1668-1744年）であったりする点で，他の4種類の自己に関する記述が多数の現代の心理学文献を引いているのと，好対照をなしている点である。私秘的自己というテーマが，実証主義的な研究方法になじまないことを，おのずと物語っているとしか言いようがない。第二に，ナイサーが，哲学の伝統では往々にして私秘的自己のみが，唯一知るに値する自己として扱われてきたと指摘しつつ，ユングの外向性－内向性の説を引いて，内向性のタイプにとって私秘的自己はより重要なものかもしれない，と説いていることである。[注63] この説には，すでに，自己－他者理解発達の多型分岐説への，1つの手がかりが認められる。5種類の自己のうち，どれに焦点を合わせるかで，その後の自己理解の発達経路が異なってくる可能性が考えられるからである。ちなみに藤崎ら（2005）によるペットロボットを用い

注63　向性という性格特性に関連づけるものではないが，自己意識尺度を用い，その下位側面である私的自己意識の得点が自我体験の有無と正の相関をするという調査結果を，天谷（2005）が報告している。私的自己意識とは，自己を観察する傾向であって，自己意識のもう1つの下位側面である公的自己意識は，他人の目を気にする傾向であるとされる。私的自己意識は，本研究でいう内省的自己意識と関係があると思われる。

た幼児の心の理解の発達研究でも,「心の理解」はきわめて個人差が大きいことが,指摘されている。

ところで筆者は,マイノリティーの視点から出発して,多型分岐発達観とでもいうべき発達観に思いいたっているのであるが（渡辺, 1996a, 2002b）, そこで示唆を得たのはブラウトン（Broughton, 1978, 1981）の, 幼児から成人にいたる広範囲の面接調査に基づく自己理解の発達段階説だった。それによると, ①分裂をいまだ知らない幸福な幼年期, ②精神と肉体, 内面的自己と外面的自己が分裂し, 一種の二元論的世界観が形成される思春期から青年期, ③二元的なものが統合される後期青年期, という三段階をへて, 自己理解は発達するという。けれども, このような三段階の理論は, ヘーゲル的な正, 反, 合の図式を念頭においているためか, ②の分裂の段階を, 無理にも③では「統合」へと持ち込もうという意図が先行し, 典型的な単線型発達段階説を描き出す結果となってしまっている。筆者は, ブラウトン説を, 自我体験・独我論的体験を考慮することによって多型分岐発達モデルへと脱胎換骨する試みを, かなり以前から始めているが（渡辺, 1996a, 2002b）, そこでの基本的な構想は,「統合」の仕方もさまざまであって, 統合がなされず, それどころか分裂がひどくなる一方の道筋もあれば, そもそも統合されるまでもなく分裂がほとんど生じないといった道筋もあるという, 多型分岐発達観であった。安易な統合を肯定しなかった結果として, 文学や宗教学の対象となるような個性的な世界観への道も, 開けると考えられるのである。

図9-2 (p.223) は, そのような多型分岐発達観を図解するものとしても, 用いることができるものだろう。ブラウトンの三段階理論に当てはめるとすると, 内省的自己意識が発達し, 主観的世界が再発見されて強く意識され, 客観的世界との関係が必然的なものではなく矛盾して感じられるようになることで生起する「自己の根拠への問い」が,「分裂と二元論」の段階の開始に当たるといえるかもしれない（ブラウトン説とは異なり, 思春期ではなく前思春期の年齢に対応するが）。そしてここにはまた, 分岐点もある。一方では,「自己の独一性の自覚」や「主我と客我の分離」をへて, アイデンティティ形成へいたる道が, 他方では, 第8章でかいま見たように独我論的世界観へといたる道が分岐するのである。もちろん,「体験」というに足るほどの回想を残すことなく「統合」へと向かう道筋のほうがマジョリティであるかもしれない。

ただ, 図9-2では, 独我論的体験が, 十分に位置づけられていないところに問題がある。一方, 図8-8 (p.212) では, 独我論的体験, とりわけ自我体験「以前」の独我論的体験を位置づける試みがなされているが, 一般的な発達モデルの域には程遠い。そこで, 次の提言に移ることとする。

2　発達の標準的な到達点への反省

　次の提言は，精神発達に，とりわけ自己－他者理解の発達に，標準的な到達点はあるのか，という問題に関わる。

　そもそも，自己と他者とがいかなる意味で「実在」しているか，自己を認識すること，他者を理解することとはどういうことか，といった事柄は，物体的な世界の理解に比べると，それこそ「自明ではない」と言わなければならない。物の世界であれば，ピアジェ（Piaget, 1967）が彼自身の3人の子どもを対象とした観察と実験をふまえて説いているように，感覚運動期の最終段階（1歳半～2歳）で，発達的にみて成熟した「物の概念」の3つの基準をみたすようになり，具体的操作期に入ると「質量の保存」が獲得され……というように（波多野，1965も参照），標準的普遍的な理解の道筋を立てることは可能であろう。そしてその理解の延長線上に「科学」が発達する。

　他方，自己－他者理解の場合，これに対応するような単線型のプロセスも，また，その延長線上に発達すべき「科学」の目標も，決して自明ではないのだ。それどころか，自己をより深く理解しようとする試みが，しばしばアポリアを招き，それゆえに自己の自明性の破れにいたる可能性のあることは，本書で再三指摘してきたところである。まさに，自己理解の到達点は自明ではない。

　自己理解の到達点が自明でないならば，他者理解の到達点も自明ではなくなるだろう。自己理解の水準が深まればそれに応じて他者理解の水準も深まらなければならないからである。たとえば，ナイサーの自己理論における私秘的自己の段階に達して以後，私秘的自己へと焦点を合わせて自己を理解しようとする子どもがいたとしよう。私秘的自己へ焦点を合わせることは，他者をも同じ水準で理解しようとする試みを，すなわち他者の私秘的自己を認識しようとする試みを導くかもしれない。これは，自明性に亀裂が入り，「体験」を誘発する恐れのある試みではないだろうか。他者の私秘的自己とは，私秘的であるがゆえに外部からは認識の困難なものだからである。第3章で「自己の根拠への問い」から「独我論的懐疑」への移行事例として引用した次の事例は，そのような文脈で理解できるのではないだろうか。自己を深く理解しようとする試みが，他者をも同じ水準で深く理解しようとする試みへと導き，その結果，類的存在としての自己の自明性にまで亀裂が入るにいたるのである。

　　事例3-17 再 （20歳 女）
　　　自分の意識はここにあって，友だちの意識はどこにあるんだろう，と考えたのがきっかけ。私だけがこんなことを考えているのかと思ったら，私だけが特別な存在（あまりいい意味ではなく否定的に）に感じられた。今でも疑問に思っている。

終章　概括と展望─自明性の彼方へ─

このように省察していくと，自己理解と他者理解とは，相互作用の中で水準を高め合いつつ終わりなき階梯を成す，という新たな発達観が示唆されるだろう。そのような構想をイメージするものとして図10－2を描いておこう。

図10－2には，段階を上がることが自己の自明性の亀裂をもたらすことがあること，自己理解と同じ水準で他者を理解しようという試みも，逆説的なようだが独我論的体験をもたらすことがあることが，示唆されている。左側の他者理解の最上階が点線になっているのは，独我論的世界観を表わしているのである。第8章で図解したように，事例「エミリー」においては，深く強烈な自我体験が他者を自己と同一水準で理解しようとすることを妨げ，化身教義的な独我論世界観へといたったと考えられる。無論，事例「エミリー」のような世界観が終着駅というつもりはまったくない。自己－他者理解の階梯には終わりはないのだから。

したがって，図10－2を4段にしたことにも特に意味はない。ただし，矢印の出発点を，自己理解ではなく他者理解の側にしたのは，「相貌的知覚（Werner）や相互主体性（Trevarthen）の基本形態は，人間の心理に生得的に備わっているものである」（Hobson, 1993　訳書, p188）といった説に見られる他者理解の基盤の生得説を，いかほどか念頭に置いている。他者理解の基盤が生得的であることと，他者の自明性の

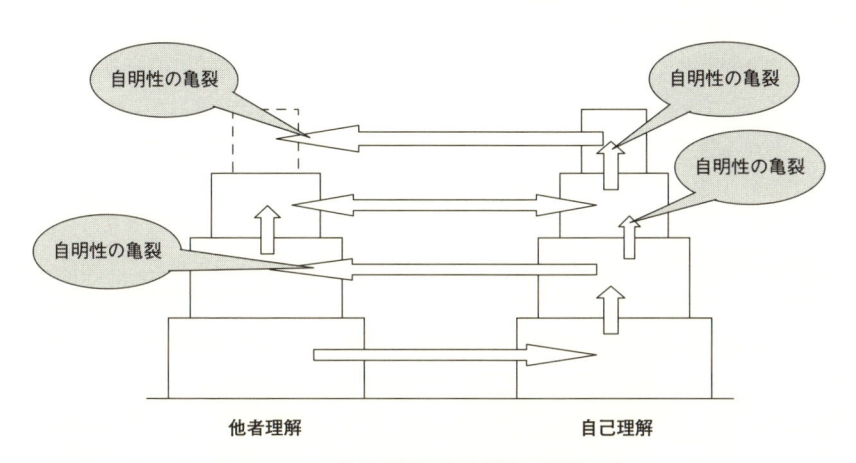

図10－2　他者理解と自己理解の階梯モデル

自己理解の段階を上がることが，自己の自明性の亀裂としての自我体験をもたらしたり，自己理解と同じ水準で他者を理解しようという試みが，逆説的に独我論的体験をもたらすことがある。他者理解の最上階が点線なのは，独我論的な世界観を表現している。4段にしたことに特に意味はないが，自己理解から他者理解へ向かう下の矢印と上の矢印の双方に，「自明性の亀裂」を位置づけたのは，第8章2節3や図8－8で示唆されている2種類の独我論的体験──自我体験「以前」の独我論的体験（原発性独我論）と，自我体験の「発展」としての独我論的体験──の双方を想定したのである。

亀裂としての独我論的体験とは，決して矛盾するものではないことを，図10－2によって示したつもりである。また，自己理解から他者理解へ向かう2本の矢印，下の矢印と上の矢印の双方に，「自明性の亀裂」を描いたのは，第8章で示唆された2種類の独我論的体験，自我体験「以前」のものと，自我体験「以後」の独我論的体験の双方を，想定したのである。

　自己をより深く理解しようという試み——もしくはその挫折——が自我体験の呼び水となり，自己と同じ深さで他者を理解しようという試み——もしくはその挫折——が独我論的体験を往々にして誘い込むにいたる。しかも，自己と他者をより深く理解しようという試みには終着駅はなく，原理的には死の間際まで続くはずの営みであろう[注64]。これが，自我体験も独我論的体験も，その現われや生起したと回想される年齢が8〜11歳前後の前思春期に初発体験のピークがあるとはいえ，かくも多様であるゆえんではないだろうか（ただし，いかに多様であっても，自己の自明性の破れという記述的現象的キーワードによって，自我体験・独我論的体験は，独自の体験領域・研究領域として，画定され得るのであるが）。

3　万人を納得させる発達理論の困難

　本書でも第7章の事例として取り上げた麻生は，かつて他のところで，発達心理学で子どもの他者理解を研究することは，自分の靴紐を引っ張って自分を引き上げようとするようなものかもしれないと論じたことがある（麻生，1980）。自身の暗黙の他者理解に応じてしか，子どもという他者の他者理解についての研究はできないからである。しかも，「多型分岐発達モデル」と「終わりなき階梯モデル」の意味するところは，心理学者や発達研究者であっても，暗黙の自己‐他者理解がお互いにかなり違っていることが予想されるということだろう。それゆえ，万人を納得させる自己‐他者理解の発達理論が成立することは，はなはだしく困難であると思わざるを得ないのである。

　万人を納得させる自己‐他者理解の発達論が成立困難であるならば，たとえ，本研究でとったような体験の条件分析という方法ではない，何か外部的な観察実験に基づく「説明」というに値する方法が見いだされたとしても，それだけでは万人を納得させるような「体験」説明のための発達的理論は，いぜんとして成立困難と言わなけれ

注64　実際，本研究では扱うことができなかったが，「体験」発生のもう1つのピークが，死に直面する年齢であるというのも，可能性のあることではないだろうか。ただし，子どもの体験が，常識的日常性の世界へ参入する際の困難にあるとすると，こちらは常識的日常性の世界から退場することの困難にあるということになるかもしれない。

ばならない。発達論のための将来展望としては厳しいようだが，発達論的アプローチにはこれだけの原理的困難が控えているということは，認識しておいたほうがよいであろう（なお，本研究では「モデル」を理論以前の考え方の枠組みという意味で用いているので，こう言ったからといって自己撞着に陥るわけではない）。この認識を欠いたままで発達論的アプローチを試みても，筆者自身の過去の自我体験研究にもそのような傾向があったように，「体験」とは何であるかの十分な解明なしに，文学的表現に依存した擬似説明に訴えて終わることになってしまいかねない。

とりわけ，心しなければならないことは，「常識的日常世界の自明性にいったん亀裂が走っても，それを克服してより高次の，〈私＝私〉の自己同一性が形成され，常識的日常世界が回復してより豊かになることが発達である」といった克服型発達観に，無自覚裡に訴えないようにすることだろう。

4　どのような発達理論が可能か

では，そもそも「体験」に関する発達理論は——多型分岐モデルや終わりなき階梯モデルといった，理論以前の発達観の域を超えては——不可能なのだろうか。すでに述べたように，個別事例について個性記述的にその体験構造を明らかにし，比較的方法によって類型化を試み，事例間に意味上の発達連関を想定するという，一般的説明ではなく個別理解の方法を積み重ねるならば，決して不可能ではないと考えられる。現に，図8-8（p.212）として，各体験事例の間の意味的論理的な発達連関なるものが描き出され，これに関して次のような解説が加えられている——。「平屋と2階建てと3階建ての図面の比較検討は，これら三者を『類型』として把握したうえで，その間に，『1階建て→2階建て→3階建て』という順序での意味的論理的な構造連関の洞察をもたらす。発達連関とは，さらに，『最初に1階建てが建設され，次に2階建て，最後に3階建てが建てられたのかもしれない』と，実際の建築順序について仮説を立てることである」。ただ，注意すべきことは，たとえ順序についての仮説ができたとしても，それは発達の記述になっても発達を理解したことにはならないことである。1階から2階，3階と組み立てていく「工法」の認識が，理解には必要なのである。

第9章の1節「自我形成論と主体変様的論理」では，そのような，「工法」の候補として，自我体験研究の方法論的概念として導入済みの「主体変様」を，いかにして自我体験（の一部）が生じてどのように展開するかの原理として応用したのだった。また，同じく第9章の2節でも，「体験」の記述的現象的諸特徴のダイナミックな相互作用の結果，世界観が展開するという理解の方法を試みた。将来，質量ともより

いっそうのテクストデータをもとにして個性記述を重ねることにより，体験「発達」の原理の理解にいたることは，不可能ではないと思われる。ただし，その場合でも「理解」が一般法則に基づく「説明」とは以って非なることの自覚は言うまでもないだろう。

なお，次の3・4節で病理，特にアスペルガー症候群と独我論的体験の比較に基づいて，もう一度，発達の問題をふり返ることにしたい。

3節　哲学的存在論的な解明と思想史・宗教・精神病理との関わり

ここで哲学的存在論的な解明とは，序章で紹介したシュピーゲルベルグ (Spiegelberg, 1964) のいう「体験の存在論的解釈」に当たる。もっとも，体験の存在論的解釈ということでシュピーゲルベルグが何を意味しようとしたのかは彼の論文からは明らかでないので，ここでは，①「体験」に出現した，自己の自明性の破れを表現する言明の概念的哲学的解明，②「体験」が自己の自明性の破れだとして，自明性の彼方では自己はどのような存在の仕方をしているかの探求，というように2つに分けて考えることとする。次いで，思想史，宗教，精神病理との関わりについて，簡潔に展望を述べていく。

1　自我体験の問いの概念的哲学的解明

自我体験の概念的参照軸については，第6章3節2で，「意識の超難問」と「自己認識のアポリア」という2つの候補を挙げておいた。哲学的にみて，前者は存在論的な問題であるのに対し，後者は認識論的問題ということができる。前者については，意識科学のトピックスの1つとしてロバーツの問題提起を紹介したが，詳しい議論の紹介はまだなので，ここで紹介しておきたい（なお，哲学的議論は好きではないという読者は，次の3節2へと進んでも，本書の理解には差しさわりはない）。

念のため，ロバーツ (Roberts, 1998) の問題提起を，もう一度掲げておく。

たとえいわゆる意識の「難問」——すなわち，いったい全体なぜ主観的経験というものが脳から生じるのか——を解くことができたとしても，より巨大で根本的な問題が残ってしまう。「いったいなぜ私はある特定の個人の脳に生じる主観的経験をのみ経験できるのか？」言い換えれば，「なぜある特定の意識する個人がたまたま私なのか？」という問題である。

この問題に対する，彼の詳しい議論は，以下の通りである。

終章　概括と展望—自明性の彼方へ—

①まず，私の出現の原因は，現に私である「T.S.ロバーツ」(読者は各自，自分の名前に置き換えて読むよう勧告されている) の両親の卵子と精子の対合による特定のDNAパターンの生成であるという，現代科学の生命観を正しいと前提する。ここで，「T.S.ロバーツ」のDNAパターンが生成する時，何かの偶然でいくつかのヌクレオチドが置き換わってしまったとする。置き換えられたヌクレオチドの数が多いほど，生まれてくる「T.S.ロバーツ」は，現在の「T.S.ロバーツ」とは異なる身体的心理的特徴を備えるだろう。ここで，いったいどれだけの置き換えが生じれば，「T.S.ロバーツ」は他人であって私でなくなってしまうか，という問いを立ててみよう。この問いに対して，たとえば31,536個といった特定の置き換えの数をもって答えるのは不合理に思える。唯一不合理でない回答は，「100％置き換えられてもまだ『T.S.ロバーツ』である」というものだろう。すると，そこから神秘的な結論が導き出される。「T.S.ロバーツ」のDNAパターンが100％変わってもまだ「T.S.ロバーツ」は私だと主張することは，私の出現の原因は特定のDNAパターンの生成ではない，と主張することだからである。これは，前提となった現代科学の生命観の否定であろう。

②次に，私が「T.S.ロバーツ」として生まれたことは偶然である，と考えてみよう。この偶然説もまた，多くの人々が暗黙裡に受け入れている死生観なのである。が，いったいどのような意味での偶然か？　ルーレットで27赤の目が偶然出た，という意味での偶然か？　けれども，ルーレットでは，27赤という事象が生起する以前から，ホイールと球は存在したのだから，その直前にこれら道具の位置と運動を計測して27赤という結果を予測することも，原理的に可能であろう。してみると，私が「T.S.ロバーツ」として生まれることはルーレットで27赤の目が出るのと同様の意味で偶然である，と主張することは，27赤の目のところに，それまで存在していなかった球が突如として偶然出現した，と主張するのと同様の不合理となろう。

③ちなみに，この問いに対して，「そんなことが問題になるのは，それは，たまたま，『T.S.ロバーツ』が私だからである」と答えたとしても，論点先取の虚偽になってしまう。このような論点先取的な答えは，超難問に面して少なからぬ人々が，無意識的に取る態度であろう。まさに，この，「たまたま」という事態が問題なのだから。このような答えは，つまるところ，②の偶然説に帰着してしまうだろう。

④DNA説も偶然説も不合理を生じるとするならば，超難問は無意味な問題，似非問題である，という立場が出てこよう。その1つに，「私」などというものは存

在しない,錯覚にすぎない,という説がある。しかしながら,錯覚だとわかったとしても,私が「T.S.ロバーツ」であるという「錯覚」自体を消すことはできない以上,なぜそのような錯覚があるのかの説明をしなければならなくなる。「私」を「私という錯覚」に置き換えたとしても,超難問が難問でなくなるわけではない。

　ロバーツは超難問の有意味さを説くことによって,それが,現代の科学的生命観・意識観への挑戦であることを強調するのみで,何らかの解決への試みを示しているわけではない。そこで,彼がこの問題に関して徹底した考察を試みている唯一人と評価する哲学者ネーゲル（Nagel, 1986）の議論をも紹介したいところであるが,ネーゲルの議論はロバーツのそれとは異なり「意識科学」ではなく「哲学」としてなされているため,哲学とは一線を画すことをたてまえとした本書では,紹介を差し控えることにする。筆者なりのかいつまんだネーゲル紹介は,渡辺（2002b, p.120f）を参照してほしい。

　なお,哲学的に定式化された意識の超難問の論理・哲学的有意味性に対する反駁が,さらに三浦（2002, 2003, 2007）によって展開されていることを附言しておきたい。論理・哲学的問題としては意識の超難問は無意味でも,自我体験という心理学的問題としては有意味だというのがその立場である（三浦,2004）。

　次に,「自己認識のアポリア」であるが,これについては第9章1節で詳しく述べているので,ここでは再論は省略する。意識の超難問にしても,自己認識のアポリアにしても,哲学的問題であって,もともと心理学書としての本書の範囲を越えるのであるが,心的現実としての自我体験の背後には,このような哲学的問題が潜んでいることを自覚しておくことは必要だろう。

2　自明性の彼方での自己のあり方の解明

　「自明性の彼方では自己はどのような存在の仕方をしているか」という存在論的な解明もまた,本来,哲学者との共同研究を通じてしか完遂できない課題だろう。けれども,心理学者単独の作業としてできないことがないでもない。それが,自己の自明性の亀裂から発して自明性の彼方での自己のあり方をめぐる世界観を展開している自発的事例を検討し,その展開がどのような意味的論理的な発達連関に基づいているかを明らかにすることである。それゆえ,第9章2節「自我体験・独我論的体験と世界観発展」では,いくつかの自伝的・半自伝的事例の世界観的発展を解明することを通じ,自明性の彼方での自己の存在様式を可能な限り明らかにすることに努めたのだった。その結果,「一者」と「唯一者」という,2つの存在様式の可能性を,かいま見るにいたったのだった。

終章　概括と展望―自明性の彼方へ―

　第8章で筆者は，自明性の亀裂とは，自明性の彼方の世界についての探求が可能であることを前提としない限り，文学的比喩として以外は意味をなさない概念であると述べておいた。第9章における探求の成果によって，少なくとも，「自明性の破れ」「亀裂」といった，本書を通じての鍵となる概念に，文学的比喩以上の意味を与えることができたと考えたい。もちろん，これらの概念の意味と論理を解き明かすのは，宗教学や形而上学の役目であって本書の範囲を越える。ただし，後に述べる「精神病理との関わり」の最後に，自明性の彼方と此方のよりわかりやすい「比喩的描写」を試みておいたので，参照されたい。

3　思想史との関わり

　「体験」の哲学的解明と密接な関係にあるものが，歴史的思想史的アプローチだろう。自我体験・独我論的体験は，これまでの思想史上にも出現し，哲学的，倫理的，宗教的な世界観形成に，何らかの役割を果たしてきたのだろうか。

　第3章では，ワイマール期の青年心理学において青年期における自我の発見がテーマ化されたのは，「個体発生は系統発生をくり返す」という生物学説の影響の下に，思想史から持ち込まれたもの，という推測に基づいて，デカルトの『省察』，パスカルの『パンセ』，古代インドの『ウパニシャッド』のいくつかの節を，自我体験の3類型と関連づけてみた。けれども，この思想史からの持ち込み仮説には，グールド（Gould, 1977）による状況証拠以上の確実な証拠が見いだせなかったこともあり，本書では充分展開するにいたらなかった。

　筆者はまた，他のところで，シュレーディンガーが体験に基づく自らの世界観形成の正当化のためにヴェーダーンダ哲学に訴えていることに示唆を得て，ウパニシャッド思想からヴェーダーンダ哲学への展開の出発点には，自我体験と通底する体験的なものがあったのではないかという推測を述べたことがある（渡辺，2002b）。これについても，筆者にとって専門外の領域であることに加え，そもそも古代の聖典の一節を本研究で扱った「体験事例」と同列に扱えるかは疑わしく，本書では正面から取り上げることを控えたのだった（巻末の補論4で示唆する程度にとどめた）。

　これらについては将来の思想史研究を待つほかないが，とりわけ，自我体験・独我論的体験という新たなる切り口をもって思想史的研究に取り組む研究者が出現することを期待したい。

4　宗教との関わり

　宗教を無視して思想史を語ることができない以上，思想史の課題はまた，宗教研究

の課題でもある。本書において筆者は,「体験」を「神秘体験」のような宗教の文脈で考察することを「異領域化」と呼び,努めて避けようとしてきたのだった。けれども,事例「エミリー」の考察を通じて,宗教と「体験」との関わりについて,ある別種の可能性が浮上してくるのを見るのである。つまり,宗教の文脈で「体験」を考察するという異領域化とは反対に,自我体験・独我論的体験の文脈で宗教を考察するという可能性である。

ここで事例「エミリー」をもう一度考察してみよう。 事例8-8 として引用した部分のみでは,この事例が半自伝的事例ともいうべき世界観展開を示していることは,十分には明らかにはならないからである。 事例8-8 での最後の文章「どんなことがあっても,この事実は隠しておかなければならない」に続く部分を, 事例8-8 ➕ として原作より引用しよう。

事例8-8 ➕ エミリー

――けれども,彼らがすでに知っているとしたら,(まだ幼児の王にむかって後見人がとる態度のように)ただ彼女にはかくしているだけだとしたら? そのばあいも,やはり知らないふりをして,出し抜くほかはない。／しかし,もし自分が神だったとしたら,水夫たちをみんな白ねずみに変えてしまったり,マーガレットを盲目にしてしまったり,誰かの怪我をなおしてやったり,こういうことを,神として実行すればいいではないか? どうしてかくしておかなくてはいけないのだ? 彼女はこんなことを本気で考えてみたわけではなかった。しかし本能的に,こうしたことの必要をつよく感じていたのである。もちろん不安もあった(たとえば,やりそこなって,奇跡を起こしそこなうこともある)。しかし,ただもうすこし大きくなりさえすれば,こういう事情を片づけるにも,はるかにうまくいくだろうという気持がつよかったのだ。自分でこうと決めたからには,変えるわけにはいかない。今のところは,神は袖の下にかくしておくほうが安全なのだった。(Hughes, 1929/1992 訳書, p.123)

これだけ取り出してみると子どもらしいファンタジーにも感じられるが,第8章で考察したように,まず,自己の独一性の自覚という形で,自己の個別的同一性に亀裂が生じ,次に,自己の根拠への問いという形で,自己の特定性に対する違和・疑問が生じる。ここまでが自我体験の範囲内であるが,それだけにとどまらず,類的存在としての自己の自明性を押し破って,自らを唯一なる「神」として自覚するという,独我論的展開がなされる。そしてさらに,客観的世界における特定の人間(エミリー)としても,「誰かの怪我をなおしてやったり」するような,特別な存在であることを自覚するのである。このように,唯一神としての自己の自覚が,人間としても(奇跡を起こすような)特別な存在であることの自覚をもたらすという,「化身教義」的な世界観展開は,宗教的創始者の誕生の物語としては決して珍しいものではなく,むし

ろ1つの類型とさえいえるのではないだろうか。

　もっとも，歴史上の宗教的創始者の人生初期に「体験」があったか否かを捜し求めるという，一種のパトグラフィー企ては，まず不可能といってよいであろう。けれども，現代という時代は，本研究でも言及したオウム真理教元信徒の例を引くまでもなく，日常的に「教祖」の誕生を見聞することのまれではない時代である。宗教人類学者らの協力が得られれば，「体験」の文脈で宗教を考察することによって，宗教心理学にある新しい切り口を加えることは，決して不可能ではないと思われるのである。

5　精神病理との関わり――妄想と自閉症スペクトラム
(1) 宗教的妄想と「体験」

　宗教との関わりについて言えることはまた，病理との関わりについても同様に言えることであろう。精神病理の文脈で「体験」を考察するという「異領域化」ではなく，逆に「体験」の文脈で，ある種の精神病理を考察しなおすこと，たとえば，事例「エミリー」的な「化身教義」は，宗教者の中に見いだせるばかりではなく，ある種の病理学的な妄想の中にも見いだせるものだろう。精神病理学文献は筆者の専門領域ではないので，適切な事例や文献を引くことはできないが，自分は唯一神の地上への転生であるとか救世主であるといった宗教的誇大妄想は，決して珍しい例とはいえないだろう。とりわけ，そのような事例は，宗教と精神病理の境界領域である宗教精神病理学の領域に，多く見いだせることが期待されるのである（たとえば，荻野，1981；宮本，1981参照）。

　そのような妄想は，それ自体を，「体験」として，類的自己の自明性の破れとしても，解釈することができるだろう。けれども，ここで，「体験」という文脈で考察し直したいことは，それらの，病理的といわれている妄想的世界観に先立って，事例「エミリー」におけるような世界観的展開が見いだせるか否かである。しかも，そのような検討を病理的事例について行うことは，宗教家のパトグラフィー的研究に比べると，決して難しいとはいえないのではないだろうか。この点でも，自我体験・独我論的体験という切り口に関心を持つ，精神病理学専門家の参加が待たれるのである。

(2) 自閉症スペクトラムの独我論的世界

　第5章1節1中の「病理としての独我論」という項目の下に，統合失調症圏と自閉性障害圏にそれぞれ属する「事例」が引用されている。その共通の内的体験構造の特徴は，類的存在としての自己の自明性の破れもしくは非成立にあることは疑えないところだろう。けれども，図10－2の階梯モデルに照らして見ると，同じ自明性の破れといっても，自己－他者理解の異なる水準にあるものとして定位されるかもしれな

い。これらの病理的体験と発達とが，どのように関係しあっているのかは，将来の専門家による考察を待ちたいが，自閉性障害圏との関係については，この問題に光をあてる資料が現れている。

自閉性障害圏（自閉症スペクトラム）の中でも軽症型のアスペルガー症候群とその類縁に限られると思われるが，1990年代以降，世界のさまざまな地域から自伝的著作が続々と出版され，その特異な体験世界がしだいに明らかになってきたからである（杉山，2008参照）。たとえば——

> 私の知らない人の顔は，みんな空っぽだった。ということはつまり，うちの家族以外はほとんど誰も，顔を持っていなかった。私は，あの顔のない顔たちも，実は，私の知っている人たちと同じ人間なのだということに，まだ気づいていなかったのである。／顔のない顔たちは，家具と同じで，中身がなかった。だから，家具と同じように，部屋の付属品なのだと思っていた。……（Gerland, 1997）

また，事例5-3として引用したニキも，他のところで，「見えないものは，ない」「クラスメートは教室の備品だと思っていた」「『社長』は終業時間がきたらパッと消える」と述べている。同じくアスペルガー症候群と思われる藤家もまた，「〔私が死ねば〕世界が消えて『終了』の文字が出る」と，ニキらとの対談で語っている（ニキ・藤家，2004）。これらの体験世界は，本書で特徴づけた独我論的体験事例の典型ともいえるのである。

とりわけ，藤家の次の回想は，事例8-7「円筒世界」との類縁を考えさせられる。

> 私はシルバニア・ファミリーのおもちゃを持っていたのですが，あれは動物のお人形たちを手で動かして遊びます。私は，自分が生きている世界もそういうものだと捉えています。ただ，見渡しても私たちを動かす大きな手は見えませんし，手で動かしていたらぶつかってしまうと思ったので，この世界を大きな巨人が上から覗いていて，とても高性能のコントローラーで私たちを動かしているのだと思っていました。そして，他の人は巨人がいることを知らないけれども私は知っている，うふふ，私って魔女かも，でも悪いことをしないから白い魔女かも，って思っていました。（ニキ・藤家，2004）

この例では，自己も「私たち」の一員なので，類的自己の自明性の破れは完全ではないように見える。けれども，「上から覗く大きな巨人」と自己との間で自他の対称性が破れているし，自己を「魔女かも」と疑うにいたるところでは，事例「エミリー」に類似の，自己特別視の萌芽も見られる。もしも，「私という魔女」は「大きな巨人」の手先かもしれないといった，何らかの自己と巨人の同一視の方向へと進行したなら

ば，事例「エミリー」との共通性は，ますますはっきりしたであろう。
　けれども，そのような方向へ向かわないというところに，自閉性障害圏の独我論的世界観の特徴があるように思われる。事例「エミリー」で自己特別視が働いたのは，直前に自我体験があったからであろう。一方，自閉性障害圏の独我論的世界は，自我体験の前提となる自己形成・内省的自己意識の成立以前に位置しているように思われるのである。

(3) 自閉症と原発性独我論――入れ子細工構造

　第8章では，自我体験とは独立して生じ，年齢的にもより早期に回想が定位される傾向のある一群の独我論的体験を，原発性の独我論的体験（原発性独我論）と呼んだ。また，同じく第8章で指摘した一群の独我論的体験の特徴として，「作り物」の他人や世界を見つめる自分を，さらに上から超越的な視線が見つめるという，「入れ子細工」の構造を指摘しておいたのだった。入れ子細工構造は，これまでは独立して取り上げてこなかったが，実はかなりの頻度で独我論的体験中に見いだされるものである。第5章で，「事例番号」として取り上げた13例の独我論的体験事例を，改めて考察し直しても，入れ子細工的要素の認められる例は，事例番号41，2，34，52，20，4，11（掲載順）と，実に過半数を数えるのである。特に事例番号52は自閉性障害圏の事例との類似性が強いので，再掲しておく。

> **事例番号52 再**
> 　自分が誰かにためされてるような気がしてたから，そのためしている誰かが私のためにこの世界をつくって，自分を観さつしている。／だから私がいかない所までつくる必要ないし，行ったらつくっていくんだって感じてた……のかな。

　他方，第8章2節1で特徴づけた，「自我体験の発展としての独我論的体験」には，そのような入れ子細工構造は認められないのである。

(4) 自閉症，統合失調症，「体験」の統合的理解へ向けて

　以上の，「原発性独我論的体験」と，「自閉性障害圏の独我論的世界」との類似性をもとに，発達論的に「体験」を捉え直すための手がかりも，異常心理学・精神病理学の領域にはないではない。
　バロン－コーエン（Baron-Cohen, 1988）は，生存に必要な脳の適応過程として，対象の動きを機械的な環境と社会的な環境という2つの領域に特化して認識する方策があるとした。前者の認識は素朴物理学（folk physics），後者の認識は素朴心理学（folk psychology）と呼ぶ。素朴心理学は通常，生後12か月までには出現するが，自閉性障害圏の子どもではこれが生じにくく，年齢とともに素朴物理学のみの特異な認

知領域が発達する。

レンプ（Rempp, 1992）の，隣接現実（Nebenrealität）の説によると，人は発達の過程で2つの現実を生きる。すなわち，まず，自分中心の世界の中で育ち，思春期にいたる経過の中で，客観的で他者と共感しあえる世界の中へと移行する。レンプは，成人ではあくまで後者が主たる世界となるので，これを主現実（Hauptrealität）と名づけた。一方，前者も幼児やある種の人にとっては重要な現実的作用をもたらすため，隣接現実と称した。その上で統合失調症患者は，いったん主現実の世界を獲得しながら隣接現実への退行を余儀なくされる事態，自閉症障害は，さまざまな認知障害などを持つために生涯にわたって隣接現実の中で成長する状態とみなした。

これらの諸説をもとに，広沢ら（2008）は，アスペルガー症候群の場合，素朴物理学優位という認知様式が，「患者を隣接現実という存在様式に留まらせ，そのなかで外界の情報を folk physics の認知様式で取り入れ続け，徐々に間主観性とは別様の『自我』構造，つまり隣接現実内自我構造を発達させることが推測される」（p.161）と述べている。

ちなみに，レンプが，病理的体験とは独立に，自我体験に当たる体験について以下のように述べていることは興味深い。

> 自己中心的な段階から脱する歩みは，おおくの大人がまだこれを思い出すことができる発達の一歩である。およそ三，四歳の子どもが，なぜ彼自身がまさにこの子どもとして，あるきまった家族のあるきまった名前をもち，あるきまった状況でこの世界にいるのか，なぜ「ぼく」はほんとうに「ぼく」なのかと考えるとき，この子どもはプトレマイオス的天動説的世界観から自分の人格をおおくの他のひとたちのもとでのひとりとして発見するコペルニクス的世界観への歩みをなしとげている。（Rempp, 1992 訳書，p.137）

原資料が挙げられていないのが残念だが，本書での調査に照らしても，また，ナイサー（Neisser, 1988）のいう私秘的自己が4，5歳以後に形成されると考えられることからも，子どもによっては，3，4歳での自我体験もあり得ないことではないだろう。ただし，本書第7章での考察にもあるように，自我体験とは，天動説的世界（＝主観的世界）からコペルニクス的世界（＝客観的世界）への転換を単に示すものではない。内省的自己意識が発達して，いったん克服したはずの主観的世界が再発見され，客観的世界との矛盾が意識されるようになることで生じるのである。

以上の精神病理学からの知見をもふまえれば，次のような仮説が出てくるだろう。

自我体験・独我論的体験とは，子どもが大人になるための「通過儀礼」である自明性の世界への参入に際して覚えた困難が，記憶にとどめられたものである。中でも，

原発性の独我論的体験は，類的存在としての自己が成立する以前の体験世界の記憶が，自明性の世界の中の違和としてとどめられたものと考えられる。一方，自閉性障害圏の独我論的世界観は，自明性の世界への参入を拒まれたか，そもそも自明性の世界の何らかの非成立を示唆しているのかもしれない。

こうしてみると，自明性の世界は決して堅牢ではない。意外に脆いところがある。統合失調症の体験世界が，自明性以前の体験世界への「還帰」と見なせることは，これまでにも示唆してきたところである。「定型発達」の中でさえ，自明性の世界がしばしば破れることは，本書が一貫して追求してきたところである。なぜならば，主観的世界と客観的世界との間の矛盾とは，そもそも解くことができず，忘れるか，それとも忘れないで「謎」として秘め続けるかの，2つの選択肢しかない問題だからだ。

(5) 自明性の彼方と此方

以上の考察をもとにすれば，第9章2節で解明に取り組んだ，「自明性の彼方での自己のあり方」についても，新たな角度からその意味を照らし出すことができる。より正確に言えば，よりわかりやすい比喩を使うことで，形而上学の匂いを払拭することができる。すなわち——

先ほどの，シルバニア・ファミリーのおもちゃに例えるならば，自明性の彼方での自己のあり方の選択肢の1つである「唯一者」という存在様式は，「上から覗く大きな巨人とは，実は，私のことだったのだ！」と自覚した状態である。

もう1つの選択肢である「一者」という存在様式は，「私を含めて一人ひとりが，実は，上から覗く大きな巨人だったのだ！」と自覚した状態である……。

4節　時代精神としての自我体験・独我論的体験

最後になったが，なぜこのような書物が書かれなければならなかったかという，その「必然性」について述べておきたい。ここで必然性というのは，個人的な動機や研究史の流れといったことではなく，時代の暗黙の要請といったことを意味する。

個人的な動機については，質的研究におけるその明示化の重要性とともに，序章ですでに強調しておいたのだった。最初，筆者自身の「体験」は，「個人的例外的」と思われた。けれども，自発的事例との偶然遭遇が重なるにつれ，とりわけ調査を開始して以来，「体験」の予想外の拡がりに直面して，もはや個人的例外的とは考えられなくなったのだった。加えて，調査の途上で筆者は，「体験」は，現代という時代に固有とまではいかなくとも，少なくとも増加しているのではないかという実感を抱い

たのだった。もしこの実感に何らかの根拠があるのであれば，自我体験・独我論的体験の研究というものがこの時期に出現したということもいわば時代の必然であって，本書もある意味，時代精神の顕現でもある，ということになるかもしれない。

　筆者に，自我体験・独我論的体験を，現代という時代に特徴的な現象として捉えるための実証的データの持ち合せがあるわけではない。第3章から第5章にかけて，特定集団における「体験」の想起率を明らかにするための方法論を示しておいたので，体験が増えているか否かを実証することは，不可能ではないであろう。20年おきぐらいに，同一の手続きでなるべく同質の集団を選んで再調査をしてみるのである。けれども，今，そのような準備がない以上，ここでは，「体験」が実際に現代に特徴的であるとして，その背景と考えられる社会的文化的歴史的要因を指摘することで，「体験」が増えていても不思議ではないことのいわば状況証拠とすることとしよう。そのような状況証拠を挙げることができれば，それがまた，次なる世代の実証的な「体験」研究を促すことにもつながるだろう。

1　自我体験が浮上してきた時代背景

　まず，自我体験についてであるが，筆者は，これまで何度か言及したオウム真理教元信徒の事例に関連して，自我体験の問いの中でも「自己の根拠への問い」の浮上について，比較的まとまった時代背景論を展開しているので（渡辺・中村，1998，p.132ff），これを要約しよう。

(1) 第一の時代背景——高度情報化社会

　たとえば，第2章でも第7章でも引用した 事例2-7 では，15歳の時に，生命の起源をテーマにしたテレビ番組を見て，今，ここに生を受けたという偶然性への驚きの念が湧き起こり，それが考えるという使命を自覚させたという体験が語られている。また，第2章と第7章で引用した 事例2-10 では，テレビで外国の情勢を見ていて，「自分はなぜ日本に生まれたのだろう」と思い，考えれば考えるほど不安になった，という体験が語られている。

　すなわち，情報化文明のもたらしたものは，以前とは比較にならないほどの飛躍的な視野拡大である。しかもそれは，一部の知識人に限られず，大人にさえも限られない。子どもの視野といえば，昔なら，裏山の頂から見下ろした町の景観がせいぜいだっただろう。ところが今では，映像ニュースを通じ，地球の裏側の惨事も瞬時にして目の当たりにできるし，テレビ番組が35億年にわたる生命進化を疑似体験させてくれる。パスカルの言う「無限の時空の不安とめまい」を，子どもであっても，いや，実人生の経験の少ない子どもであればなおのこと，深く感じることができるのである。

第7章での議論をくり返すならば、「今まで閉じ込められていた身近な生活世界では、自分の視点の主観性に気づくことはなかった。それが、突然の客観的鳥瞰的視点の獲得によって、主観的世界と客観的世界との矛盾が生じ、それが自我体験となって現れた」と解釈することができるのである。ここに、高度情報化文明が、自我体験の時代背景となり得る根拠の1つがあるのではないだろうか。

(2) 第二の時代背景——高密度管理社会

現代の高密度管理社会では、あらゆる方面で均質化が進み（とりわけ学校社会で著しい）、若者はアイデンティティの発見に困難をきたしやすいと考えられる。かつては疑いようもなく、武士の子は武士の子で商人の子は商人の子であり、女の子は女の子で男の子は男の子であり、あるいは家名を背負い、あるいは村の鎮守の氏子であり、共同体と分かちがたく結びついていた。「もし自分が他の人間として生まれたなら」といった想像力が働く余地がなかっただろうし、あったとしても単なる願望の域を出なかったであろう。

ところが現代の子どもたちは、同じような家に育ち同じような学校に同じような服を着て通い、しかも共同体に有機的な形で結びついているわけでもない。ばらばらで互いに見分けのつかない、ガンジス川の真砂のような存在なのである。

> 事例10-1 （19歳 女）
> 2歳後半くらいから、どうして今、こうしているんだろう。などと考えていました。……／自分が住んでいる家にしても、どうしてＣ県のＣ市のこのマンションなのだろう。他にもたくさんマンションはあるし、このマンションの中にも同じ間取りの家はたくさんあるのに、どうして9階のこの位置なのだろう、と考えながら毎日幼稚園から帰って来ていました（あらゆることをそういうふうに考えていた[注65]）。

同じようなたくさんのマンション。同じマンションの中にある同じ間取りのたくさんの家。それなのに、どうしてよりによって9階のこの位置なのだろう……。2歳後半という自己年齢推定はおくとしても、これでは「私はいったい誰なのだろう」という疑問が起こるのも無理はない。この例が、オウム真理教元信徒の幼い頃の体験（ 事例0-6 ）とそっくりなことに注意してほしい。

まとめるならば、時代背景の「高度情報化社会」は、第7章5節に挙げた、自我体験（自己の根拠への問い）の内的構造連関の5つの特徴中（p.178の図7－3参照）、②の「客観的鳥瞰的視点の獲得」に関連があるかもしれない。また、「高密度管理社

注65 この事例は、 事例7-7 が抽出されたのと同じ未整理の調査データフィールドからのものであり、渡辺・中村（1998）に初出した。

会」は，同じく5つの特徴中③の「主我（視点）と客我との関係が，必然的な関係ではなく偶然的な関係として感じられること」に関連する可能性がある。第7章では，これに①「客我を対象化する主我（視点）の存在をも体験可能な内省的自己意識の発達」と⑤「類的存在としての自己の成立」を要件として合わせたうえで，④「主我（視点）を中心とした主観的世界と，自己が客我として他者と共に並存している客観的世界とが，何らか矛盾して感じられること」が，「自己の根拠への問い」としての自我体験の生起条件であると考えたのだった。

①や⑤はそれほど時代の変化の影響を受けるとは考えられないので，やはり，現代という時代は，②と③を通じて自我体験の生起に影響を与えている，という仮説が成り立つのではないだろうか。

2 独我論的体験が浮上してきた時代的背景

本書では独我論的体験の時代背景についても，何度か言及してきた。筆者が，独我論的体験研究に踏み切る以前にすでに，自己の独我論的体験をも，何らかの「時代精神」の兆しではないかと感じ始めていたことについては，序章でも述べた。その後，自我体験の調査の中で少なからぬ数の独我論的体験事例に出会った経験をふまえ，筆者は，独我論の時代が近づいている，といった趣旨の主張をするようになった（渡辺，1996c）。1999年に発表した評論（渡辺，1999b）の中でも，酒鬼薔薇事件という名で知られる少年犯罪にふれた後，「21世紀の後半には隠れ独我論者の大量潜伏の事実が明るみに出て社会に衝撃を与えるだろう」と予測している。この評論ではまた，「意識科学でも独我論がはやる時代が来るかもしれない。なにしろ，他人の脳をいくら調べ回しても他人の意識はみつからないが，私の意識が存在する事だけは確実なのだから」（p.161）と論じた。

筆者は，この評論に手を加えて，2002年に出版した『〈私の死〉の謎』（渡辺，2002b）の序章としているが，そこでは，大学生への調査は独我論的体験が6％に達するという（本書第5章でも取り上げた）調査結果を紹介した後，さらに次のように論じている。

> 古墳時代や平安時代にも，百人に数人くらいの割合で，子どもの頃に独我論的な体験をする人がいたのだろうか。奈良時代や室町時代にも，この薬学部の女子学生（引用者注： 事例8-6 のこと）のような「隠れ独我論者」が世の片隅に息づいていたのだろうか。今となっては答えようのない問題だ。けれども私は，いろいろな状況からして，現代という時代は独我論的体験や独我論者への，「淘汰圧」が弱まった時代だと考えている。

生活の厳しかった時代，人と人とが共同体意識によって緊密に結ばれていた時代では，独我論的な思いは浮上するやたちまち忘れ去られただろうし，そうしなければそもそも生き残れなかっただろう。ところが現代では，生身の人間関係が希薄になるのとひきかえに，子どもの頃から，ファミコンゲームやパソコンゲーム，インターネットの世界と，疑似現実を現実として生きることが可能になった。中年になるまで「ひきこもったまま」の人々も増えた。他人はすべてロボットだと信じたまま大人になっても，ハインラインの小説の主人公のようには「淘汰」されずにすむかもしれないのだ。（渡辺，2002b）

　そして，「来るべき時代のための心理学は，……もしそれが精神病理的な体験でないのならば，正常な発達過程の一階梯であることを明らかにし，独我論とはひどい考えちがいではなくて，他のより常識的な世界観と等しく，論理的に可能な世界観的分岐の１つなのだということを，説明できなければならない」と結んでいる。

　以上の考察をへて，現在では筆者は，独我論的体験が浮上しても不思議ではない社会的諸要因を，以下のように考えている。

(1) 剥き出しの他者との出会い

　社会学のリースマンは，『孤独な群衆（*The Lonely Crowd*）』(Riesmam,1950) において，前近代の伝統志向型人間から，近代市民社会の内部志向型人間へ，さらに現代大衆社会における他人志向型人間への推移を論じている。この三段階的推移の理論をふまえるならば，「他人」が見知らぬ他者（よそ者）のみを意味し，親しい他者が身内を形成するという，伝統的共同体的社会にあっては，類的存在としての自己の自明性は，破れようがなかったと考えられる。また，内面化された超越的価値によって内部を律する内部志向型人間にあっても，類的存在としての自己の自明性は，各人に共有される超越的価値の普遍性によって保証されていたであろう。これに対して大衆社会では私たちは，身内対よそ者といった伝統的な意味合いを剥ぎ取られ，しかも超越的価値を共有するわけでもない，いわば剥き出しの「他者」に向かい合うのである。これが，独我論的体験浮上の最も一般的な歴史的社会的条件であると考えられる。

(2) 自然科学的世界観と人間機械論

　「他人は機械のようなものではないか」と疑う独我論的懐疑は，人間は機械のようなものではないかという人間機械論と，その背景としての近代自然科学的世界観を，前提とするであろう。古代中世のように，自然界の諸物にプネウマ（霊物）が宿り，人間をも動かすといった自然観では（高橋，1999参照），独我論的懐疑が浮上することは困難であっただろう。他人が自分と同様の魂のようなものを備えていない限り，自分と同様の運動をすることの説明がつかないからである。高橋によれば，「デカルト革命」が，中世的プネウマ的人間観＝自然観にとどめを刺し，機械論的な（動物観

を含む）自然観と，内面的意識を備えた存在としての人間観への分裂を促したのだという。このように動物の運動が機械として説明可能ならば，このような説明を人間にまで拡張しようという人間機械論がやがて登場するのは避けられなかった。その際，自己意識の明証性からして，自分だけは例外とする可能性も出てくるであろう。独我論的世界観の条件となる文化的な背景は，すでに整っていたのである（村上，1981 も参照）。

(3) ロボットが身近になることの影響

17～18世紀に動物機械説や人間機械論が台頭した，その発想の基には，ゼンマイ時計の発達やカラクリ人形の流行があったと考えられる（たとえば，竹下，2001参照）。デカルトの著作にも，道行く人を眺めて帽子の下には自動機械が隠れているのではないかと疑ってみる場面や，人体の運動をゼンマイ時計に喩えるくだりが出てくる（野田，1967参照）。そして，17世紀のゼンマイ人形は，現代ではロボットとして飛躍的に進化した。ここで，本研究で取り上げてきた独我論的体験のテクストの中に，「ロボット」という語がしばしば表れるのは，そのような時代背景の影響ではないかと考えてみることもできよう。日本においても，『鉄腕アトム』『鉄人28号』など，ロボットを主人公とするマンガが，太平洋戦争後の早い時期から流行をみせ，「ロボット」という言葉が一般に普及したと考えられる。

具体的な光景や出来事を伴うエピソードではなく，漠然と「何かを考えた」といった記憶が記憶として定着することが，思念をイメージ化したキーワードなしには難しいことを思うとき，ロボットというキーワードの果たした役割は，独我論的体験の記憶への定着において，決して小さくはないであろう。ちなみに本研究で引用した事例中，「ロボット」の語が出現しているのは5例であったが，本研究で用いた質問紙調査の質問項目には「ロボット」の語は含まれていないことと，5例中で自発例が3例を占めたことを付け加えておきたい。

手塚ワールドではロボットは人間と同様の心を持つのであるが，言うまでもなくこれは現実離れしている。現実に人型のロボットが，AIBO（アイボ），ASIMO（アシモ）といった愛称をつけられて登場し，家事ロボットやペットロボットが実用化される日も遠くないと思わせるまでの「進化」を始めたのは，21世紀に入ってからのことであった。ここで，筆者はある懸念を抱くのである。

幼い子どもは，ペットロボットや家事ロボットを，人間同様に「心がある」と思うかもしれない。ところがある日，心ない大人によってロボットには「本当は」心がないことを教えられるだろう。するとその時，深刻な疑いが持ち上がらないだろうか。「ロボットに心がないなら，他の人々にも心はないのではないか？」と。これは，独

我論的体験を増加させる一因になるかもしれないのである。「ロボットが養育環境に介在することの他者理解発達への影響」という研究課題が，発達心理学において注目される日が，近い将来には来るのではないだろうか。

ちなみに，幼児とペットロボットのコミュニケーションに関する研究が，日本でも麻生（2003）のグループで進行中という状況をふまえると，この研究課題にはより具体的なプランを与えることができるかもしれない。麻生らの実験の中で「ペットロボットには心がある」と答えた幼児の群に，10年ほど後に追跡調査を行うのである。[注66] なお，他に注目すべき現在進行中の研究として，ロボットとのコミュニケーションを自閉症児の療育に役立てようという試みがあるが（小嶋ら，2008），いまだ海のものとも山のものともつかないので，論評は控えておく。

(4) インターネットひきこもりと「淘汰圧」の低下

中年になるまでひきこもったままインターネットが唯一の現実社会との関わりとなっているような人が増加してきた。そのため，他人はすべてロボットだゾンビだと信じたまま大人になっても，「淘汰」されずにすむかもしれない。実際，第5章でインターネット掲示板からの独我論的体験の例を紹介したが，インターネット掲示板の使用時間の長短でグループ分けをして，独我論的体験の多寡を比較するといった工夫で，この仮説は検証可能なものになるだろう。

ところが，そのように独我論的体験者・独我論者への「淘汰圧」が弱まることが予測される一方，現代社会では，他の時代に比べて，対人関係の技能が比較にならないほど重視されるという現実がある。たとえば，滝川（2004）によると，多少は関係性の発達に遅れがあっても，昔だったら，一徹で変わり者だが腕のよい職人や，人づきあいが悪くても黙々と働く農夫や学者といったように，生きる場所がたくさんあった。ところが現代は，「社会性」が絶対的価値となったため，社会性の発達に遅れをとるような個人が，アスペルガー症候群という「障害」としてあぶり出されたのかもしれない，と言う。近年，唐突に注目を浴びるようになった社会不安障害（SAD）にして

注66 麻生らの研究では，多くの幼児がロボットとコミュニケーションをし，また，ロボットに心的概念を帰属させている。とりわけ興味深いのは，ロボットは生きていない（生きものではなく機械である）が心がある，と答える幼児の存在である（藤崎ら，2007）。これらの研究は，多数の人々がロボットに心があることを受け入れる「鉄腕アトム型社会」が，いつかは到来することを示唆するだろう。そもそも，ロボットに心があるか否かは，とどのつまりは「二人称的」に判断する他にない（石川，2006 も参照）。ちなみに，筆者による一人称的・二人称的・三人称的という「心」の概念の3分類によれば，「コミュニケーション可能な存在」というのが二人称的な心の定義となる（渡辺，1994b）。

なお，鉄腕アトム型社会が近づけば，独我論的体験の代表的メタファーとしての「他人はロボット」という表現も，効力を失う日がくるだろう。その場合，すでに心の哲学で「ゾンビ仮説」（水本，2004参照）といった文脈で使われている「ゾンビ」が，「ロボット」に取って代わるかもしれない。

も，同様のことがいえよう。ハレ（Harré, 1997）は，アスペルガー症候群に限らず，注意欠陥多動性障害（ADHD）など，昔は障害とみなされなかったものが，疾患名をつけられ医学的研究の対象となるという，医療化（medicalization）の時代が現代であるという。

このような流れが拡大するならば，そのうち，中年ひきこもりの隠れた原因として「独我論的体験」が突然脚光を浴び，「隠れ独我論者」の存在があぶり出され，「DSM-x版」の中のいくつかの障害と関係づけられたあげく，「独我論的体験障害」といった新たな「病名」をつけられ，特効薬が大々的に宣伝されて薬物治療の対象となるという日が来るかもしれない。その際，本研究で開発した独我論的体験調査法を基に，隠れ独我論者をあぶり出すためのスクリーニング法が開発され，筆者にとってははなはだ不本意な使われ方をするかもしれない。[注67]

以上，いささか無謀かもしれないが，自我体験・独我論的体験が時代精神の顕現であるという可能性について述べてきた。「体験」が時代精神の顕現であるならば，本書のような研究が出現したこと自体が，また，時代精神の現れであろう。さらに言えば，本研究が非西欧文明圏のこの日本において，いわば「国産品」として現れたこともまた，この時代精神の，国境を越えた普遍性を証するものではないだろうか。上記に独我論的体験浮上の要因として挙げた4つの項目は，西洋文明に固有というより地球規模の（グローバルな）現象としての現代文明に固有というべきだからである。

5節 おわりに

最後になったが，心理学の中から，自我体験・独我論的体験というテーマに関心を持ち，挑戦する人々が，だんだんと現れてくることを願ってやまない。

この終章において筆者は，哲学や宗教や病理との関わりを説く一方で，発達論的アプローチに潜む原理的困難を強調してきた。読者はあるいは，「体験」研究の三段階中の「枝」の部分で心理学研究の中心を成すはずの発達論的アプローチに関して，本

注67 「人を殺してみたかった」といった不条理な少年犯罪を耳にする昨今であるが（たとえば，大渕，2000等参照），そのうち，「独我論者としての自己を確立するため」といった理由での無差別殺人事件が起こり，それがきっかけとなって隠れ独我論者の存在が世間に察知されるという，悪いシナリオが実現してしまうことを筆者は懸念するものである。ちなみに，加藤（2008）も，現代社会はアスペルガー障害を持つなどの「マージナルマン」が，インターネットなどを通じて社会参加しやすくなった一方，「社会から要求される対人関係能力のハードルが高くなり，事例化するアスペルガー障害が増えた」と，現代社会の二重性を指摘している。

書が積極的になっていないという印象を受けたかもしれない。「心の理論」や自閉性障害児研究をバネとして発展してきている発達研究との本格的なすり合わせを期待した読者にとっては，いささか肩透かしだったかもしれない。それは，これまでの「体験」研究が，「いかに」に焦点をあてる発達論を念頭に置きすぎるあまり，「何が」の解明をおろそかにしたまま，擬似説明の迷路に迷い込む傾向のあったことを，(筆者自身の研究を含めて) 反省してのことなのだ。

「自我意識の確立の体験」「内なる自己との出会い」といった自我体験への特徴づけや，「幼児的自己中心性への退行」といった独我論的体験への説明は，まさに，自我・自己という未知なるものをあたかも既知であるかのように前提しているがゆえに，適切ではない。これに対して，本書の戦略は，記述的現象的立場を徹底し，「既知だったはずのことが未知になる」という「自明性の破れ」をキーワードとして，体験の特徴づけにいたったところにある。さらに，構造図解的方法を借りて，自明性の破れを体験の内的構造として同定せんと試みたところにある。その結果，「体験」を「自明性の亀裂」として，体験の内的構造の変化として位置づける，自己−他者理解の階梯モデル (図10−2) にいたったのだった。

このモデルは，「体験」研究への，生涯発達心理学的アプローチを拓くものであろう。とりわけ，事例7-2 (p.166) から示唆されるように，死に直面しての「体験」生起といった，死生学上の新たな研究領域を切り拓く可能性を秘めていよう。死とは，私たちが，いや応なく向き合わなければならない「自明性の彼方」だからである。

また，くり返し指摘した，万人を納得させる発達的な理論を構築することの困難は，個性記述的方法を充実させて類型化に進むという方向に，発達的アプローチの進むべき道があることを示唆するものであろう。本書でも，第9章で見るように自伝的・半自伝的事例の検討という形で，この方面へと一歩を踏み出したのであるが，「自伝的事例＝公刊されたテクスト」という制約の下ではデータに限界があり，「試論」的なものにならざるを得なかった。将来は，インタヴュー法など多様な方法を取り入れて，よりぶ厚い記述を目指すべきだろう。その際，特に独我論的体験事例の場合，いかにして適切なインタヴュー協力者を見つけるかが問題になるが，本研究からはあえて外した哲学研究者をターゲットとするのも一方法だろう。語られる体験が「学説」の正当化に使われている可能性を十分に考慮して解釈を進めなければならないことは，もちろんであるが。

そしてまた，もしも「体験」が増加しつつあるという筆者の直観にいくばくかの信憑性があったならば，将来はそのような適切なインタヴュー協力者を見つけることも，しだいに容易になり，事例が増えればそれはまた，多様な研究法の開発を促進すると

いう，正のスパイラルが期待されるのである。
　自明性の彼方／此方への探求は，まだ始まったばかりである。

補 論

補論 1 (p.19) 本書での哲学に対する関わり方

本書での哲学に対する関わり方を，暗黙の参照軸としての哲学，参照軸を概念的に明示化するはたらきとしての哲学，哲学者の言説のテクスト化，研究成果を哲学や思想史の理解に役立てようという見通し，の4つにまとめて記しておく。

1 暗黙の参照軸としての哲学

これは，研究を暗黙裡に方向づける研究者の「素養」「教養」に関わる問題であり，客観主義的実証主義的研究にとっては暗黙裡のままであったほうがよくても，質的研究にとっては「決定にいたる軌跡」を残すためにも開示しておくことが適切と思われる。筆者は学部を哲学専攻で終え，また，現在も，心理学専門家としてのもう1つの研究テーマを「心理学の哲学」としているなど（渡辺, 1999a, 2002a），哲学圏に専門ならぬ教養の足場を置くと言ってよいだろう。従って，序章1節に引用した高石のように臨床心理に足場をおく場合とは，おのずと研究の方向性や構造化の仕方が異なってくることがあり得る。研究の方向性は研究対象固有の特徴に基づいてのみ決まるのではなく，関心相関的にしか定まらないからである。このような筆者の背景は，たとえば「独我論的体験」という命名にも，無意識裡に反映している可能性がある。背景的素養が異なれば，テクストから受けるある種の心理的印象を言い表すのに，別の名を選んだかもしれない。

ちなみに，日本における独我論的体験の組織的調査は，厳密に言えば本書が最初というわけではない。篠原（1996）による卒業論文では，小学校から中学校にかけて「にせもの思想」を持ったことのある11名の知人大学生への非形式的な面接調査事例を紹介しているが，本書での基準からみて，多くは独我論的体験に数えることができる。ただし，背景的素養が違うため，これを「にせもの思想」と名づけたと思われるのである。

また別の問題として，哲学から心理学へと輸入されることに伴って「独我論」の本来の哲学史上の意味が，変化してしまうことも避けられないだろう。したがって，本来ならばカッコつきで，「『独我論』的体験」と表記するのが望ましかったかもしれない。本研究では，煩雑さをさけるためと，「独我論」の言葉が現在では一般でも用い

られているという事情を考慮して，そのままとしたのだった．ちなみに，「独我論」の語が一般でも用いられている例として，20世紀末に神戸で起きた児童連続殺傷事件（「酒鬼薔薇事件」という名でも知られる）をめぐる言説を挙げておきたい．犯人とされる当時14歳の少年の精神鑑定書に「『他我の否定』すなわち虚無的独我論も本件非行の遂行を容易にする一因を構成している」（「少年A」の父母，1999より）という一節が見られるのである．

なお，「独我論的体験」には，最終的に第8章で，テクスト・データのみの考察に基づき，本来の哲学的含意とは独立の心理学的な定義と特徴づけがなされることになる．いわば，軒先を借りておいて別の家を建てたのである．

2 参照軸を概念的に明示化するはたらきとしての哲学

独我論的体験の場合，ともあれ最初に「独我論的体験」という哲学由来の名を付けることができたということは，体験事例を抽出し考察するにあたって，「哲学で言う独我論を連想させるような思念やそれに伴う感情」といった参照が可能であったことを意味する．これに対して自我体験の場合，独我論的体験におけるような概念的参照軸を，出発点で見いだすことができなかった．これが，自我体験研究が独我論的体験研究に比べ，出発点においてすでに他の研究者による蓄積が利用できたという意味でより進展していたにもかかわらず，高石（2004b）も指摘するように肝心の「自我体験」の意味が多義的で混乱していて概念的に不明瞭であり，しばしば雲をつかむ思いをしなければならなかった原因と考えられるのである．

それゆえ，筆者は本研究の途次にあって，自我体験事例の分類・構造の考察に役に立つような，概念的参照軸を求めようと努めたのだった．それが第3章での，思想史上の原典による自我体験の3タイプ分けという作業仮説となり，それがさらに第6章では，現代の意識研究における「意識の超難問」と，自己研究の認識論的問題としての「自己認識のアポリア」へと発展していく．これらの概念的参照軸を明確化していくことは，シュピーゲルベルグが「哲学的に求められる」とする，「体験の注意深い現象学的考察」を深めるのに必須のことであった．

3 哲学者の言説のテクスト化

本文でも触れていることであるが，自我体験・独我論的体験を，考えすぎたあげくの哲学者の妄説のようなものではなく，「普通」の人々の間の体験として見いだすというのが，本研究の一貫した姿勢である．それゆえ，哲学者のエッセイ類からは「事例テクスト」としての引用は避けることを原則とし，質問紙調査対象からも，哲学科

の専門学生は外してある。このような原則にもかかわらず，哲学者の著作からの事例テクスト的な引用が必要になる場合があった。そのような場合，理由を明記したうえで引用した。学問的背景や歴史的文脈からテクストが切り離されてしまうのではないかという問題も生じるが，それは文芸作品や精神医学的文献からの引用についても言えることで，哲学者の著作に固有の問題でもないと考えた。

　ディルタイ（Dilthey, 1898）は，詩人の作品を作者自身よりも深く理解すべきことを説いたが，これは，作品が生まれた時代の意義は，後世から見たほうがより深く認識できる場合があることに基づいている。同じように，自我体験・独我論的体験という文脈に拠る私たちのほうが，そのような文脈の認識されていなかった時代の作者の自己認識よりも，体験解釈に関してより深い，と言い得る場合もあるのではないだろうか。

4　研究成果を哲学や思想史の理解に役立てようという見通し

　これは，シュピーゲルベルグが描き出した自我体験研究の4つの局面の中の，③「体験の存在論的解釈」に関わる部分である。本来ならば哲学者の仕事であるが，自我体験・独我論的体験の研究の全体像を描き出すためには，言及せざるを得なかった。すなわち，本書の中心をなす「根」と「幹」の部分の後の「枝」の部分である第9章と終章で，哲学や思想史の理解に関する，筆者なりの解釈を提起することとした。あくまで「試論」的なものであって，「根」や「幹」の部分と同水準の専門性を保証できるわけではないことを，あらかじめ断っておく。

補論 2 (p.78) 調査 I の結果の因子分析

　自我体験の下位分類に関する仮説の妥当性を検討するため，欠損値のあるデータを除いた 333 名のデータについて因子分析を行った。「はい」「いいえ」回答の間の質的な連続性を仮定した 2 値データであるので，各項目間の四分相関係数を算出し，これに基づいた因子分析（主因子法バリマックス回転）による分類を試みた。スクリー基準により 3 因子，固有値 1 以上の基準により 5 因子が抽出されたが，解釈上最も妥当と思われる 4 因子を採用した。4 因子解による各項目の因子負荷量を補論表 1 の右欄に示した。抽出された 4 つの因子をそれぞれ，因子 1「自己の根拠への問い」，因子 2「自己の独一性の自覚」，因子 3「主我と客我の分離」，因子 4「独我論的懐疑」と解釈した。このうち，因子 2 は作業仮説の類型 A（驚き）と，因子 3 は類型 C（いぶかり）とほぼ対応した。因子 1 は類型 B・C・A の 3 類型に共通する因子であるが，類型 B（問い）が過半を占める。最後の因子 4 は，これら類型と対応づけることが困難であった。

　この結果を通して作業仮説の 3 類型を見直すと，表 3－3 (p.76) で見るように，A，B，C の 3 類型がそのまま別々の因子に対応するのではないことがわかる。すなわち，因子 2 = 類型 A（驚き），因子 3 = 類型 C（いぶかり）とほぼ対応するが，因子 1 は 3 類型に共通する因子となっている。すなわち，共通の因子に近いものとして「自己の根拠への問い」が抽出され，しかも，この因子に属する 9 項目のうち 6 項目までが類型 B（問い）に帰属されたので，類型 B が共通因子に最も近く位置することになる。なお，因子 4 に分類された項目 08 と 12 は，予備調査項目にはもともとなかった項目であるが，予備調査への回答として出現した自由記述を参考に追加したものである。自我体験に伴う懐疑，孤立，不安の要素が分凝したものと解されよう。

　このように，予備調査における作業仮説であった 3 類型が，本調査の因子分析で 4 因子となったとはいえ，作業仮説と因子分析に基づく分類結果がある程度まで関連づけられたので，自我体験と判定されたすべての事例を，回答記述の際に「はい」の答えによって選択された項目が属する因子のもとに分類することとした。その結果が，表 3－3 中に記載されている事例数（初発事例，最印象事例）である。因子 4 は 2 項目に対して 28 例（第 5 章での「再判定」の結果，やや減少することになるのであるが，大勢には影響がないと思われるため，ここではそのまま記した。次章の調査 II においても同様の事態が生じているが，同様に対処した），因子 1 は 10 項目に対して 87 例と，期待度数を上回る事例が分類されており，各因子の事例数の比には有意差が認められた（$\chi^2 (3, N=140) = 29.49, p < .01$）。

補論

補論表1　質問項目への回答の因子分析の結果

項　目	肯定回答数	F1	F2	F3	F4
因子1「自己の根拠への問い」					
19. 自分は本当は存在しないのではないか，と思って不安になったことがある。	77	**.84**	−.02	.29	.14
18. なぜ私は私なのか，不思議に思ったことがある。	185	**.84**	.33	.10	.00
15. 私はなぜ生まれたのか，不思議に思ったことがある。	221	**.82**	.01	.10	.14
04. 私はいったいどこから来たのだろうかと，考えたことがある。	176	**.72**	−.02	−.11	.41
02. 自分はいったい何者なのか分からなくなったことがある。	231	**.71**	.09	.40	.17
13. 果てしない時間と空間の中で，なぜ，いま，ここにいるのか？　と考えたことがある。	233	**.67**	.35	−.03	.27
16. ほんとうの自分とは何か，ということを考えたことがある。	280	**.64**	.51	.45	−.14
01. この世界はなぜあるのか，と考えたことがある。	218	**.57**	.21	.05	.49
07. いま，夢の中にいるのかもしれないと思って，不安になったことがある。	123	**.51**	−.03	.28	.00
17. なぜ，他の国や他の時代に生まれずこの国のこの時代に生まれたのか，不思議に思ったことがある。	191	**.43**	.30	−.28	.38
因子2「自己の独一性の自覚」					
11. 生きているというだけで，私にはかけがえのない価値がある，と思ったことがある。	185	−.01	**.76**	−.19	.11
06. ある日，ふと，「自分は人間だ」とか，「自分というものが存在している」といったことを，強く感じたことがある。	195	.28	**.71**	.17	.32
14. 自分は他の誰でもない自分なのだ，ということを強く感じたことがある。	219	.12	**.69**	.21	−.06
05. 宇宙は巨大で人間はちっぽけだが，その巨大な宇宙について考えることのできる人間は偉大である，と思ったことがある。	81	.05	**.68**	.08	.00
因子3「主我と客我の分離」					
09. 鏡に映る自分とか，人の目に見える自分，人にそう思われている自分といったものは，本当の自分ではない，と思ったことがある。	201	.03	.07	**.70**	−.01
03. 私と他人とは島のように切り離されていて，他人のことは決して分からない，と思ったことがある。	169	.13	.02	**.63**	.22
10. 自分のことを考えたり観察したりしていると，自分が観察されている自己と観察している自己に分裂して感じられる，と思ったことがある。	139	.19	.11	**.60**	.19
因子4「独我論的懐疑」					
12. 他人も自分と同じようにものを考えたり感じたりするのだろうかとか，私だけが本当に生きていて他人はみんな機械のようなものではないかとか，と思ったことがある。	100	.11	−.04	.21	**.83**
08. 私が死ねば世界も消滅するのではないか，とか，見えない先は無になっているのではないか，といったことを考えたことがある。	99	.23	.16	.29	**.61**
寄与率		35.9	10.5	8.5	6.9
累積寄与率		35.9	46.4	54.9	61.8

277

因子分析を分類の原理とするのであれば，本来は，質問項目を正しく理解し得たと考えられる自我体験者103名についてのみ行うべきであるという考え方もあるが，人数が少なすぎるうえ，非体験者であっても項目を正しく理解した結果，異質さを感じて「いいえ」回答をした場合もあると考えると，体験者のみを因子分析の対象とする根拠も絶対的なものではない。また，質的研究の立場からは，複数の熟達した分類判定者による（第5章の独我論的体験分類におけるような）直観的分類が妥当と思われるが，そのための分類基準を事前に見いだすのは困難と思われた。それが，高石（1989a）の方法を踏襲して実施した因子分析の結果を，分類に利用した理由である。ただし，この，数量的方法による分類は，個々の事例の質的考察によって裏づけられねば妥当性のあるものにはならないだろう。これについて，調査Ⅰの共同研究者である小松（2004）は，「質問項目の因子分析から得られた四つの因子は，さまざまな自由記述を読んだ印象からも，自我体験を分類する典型的なパターンとして素直に認めることができそうである。同じタイプに属する体験は十分に似ているし，違うタイプに属する体験は十分に異なっている」（p.169）と評している。すなわち，自我体験を知悉した研究者が「読む」ことによって質的に分類した結果と，因子分析の結果は，おおむね一致したのである。

補論3 (p.91) 調査Ⅱの詳細

1節 目的

　調査Ⅰを土台とし，その結果の再現性を検討しつつ，さらなる資料を収集して自我体験の実態解明を進める目的で，調査Ⅱが行われた。ただし，漫然と再現を試みるのではなく，下記の点に留意した。

1　質問紙の改変
(1) 4つの下位側面を網羅的に発掘するには
　調査Ⅰでは，19項目からなる自我体験質問項目の回答結果の分析によって自我体験を4つの下位側面に分類したうえで，下位側面相互間に「自己の根拠への問い」→「自己の独一性の自覚」，および，「自己の根拠への問い」→「主我と客我の分離」という，意味的論理的な連関（心理−論理）を，主としてある側面から他の側面への移行例の質的考察によって想定した。すなわち，「自己の根拠への問い」が「自我体験群」の「中核」であって「自己の独一性の自覚」「主我と客我の分離」は派生態，残る「独我論的懐疑」はやや離れたところに位置する，という構造が示唆されたのだった。

　しかしながら，調査Ⅰで用いた質問紙は，19項目中の初発体験と最印象体験について自由記述させるという方法であった。したがって，たとえば初発体験が下位側面「自己の根拠への問い」で最印象体験が「自己の独一性の自覚」であるという体験者の場合，他に下位側面「主我と客我の分離」や「独我論的懐疑」に体験があったとしても，自由記述として現れないといったことが生じ得る。4側面の体験を網羅的に発掘するには限界があった。

(2) 下位側面の間の体験順序を明らかに
　調査Ⅱでは，この4側面に質問紙の各1頁を割り当て，各側面につき初発体験を記述させることとした。これによって，各側面ごとの回想率を確定でき，また，複数の側面を体験している体験者については，複数の側面の間の時間的な体験順序をも明らかにできることが期待された。

　また，各側面に4項目を配し，回答者は側面ごとに同じ頁にまとめられた4項目を参照することによって各側面へのまとまったイメージを得られ，回答が正確になることも期待された。

2　調査協力者の増加と多様化

　調査協力者（調査対象者）を増やし，大学生以外にも拡げることにより，より普遍的な結果をも目指した。

3　判定基準の精緻化

　調査Ⅱにおいても，調査Ⅰと同じ判定基準を用い，同一の判定者が判定にあたることにより，判定結果の再現性を検討するが，それと共に，4つの下位側面それぞれについて，①判定の具体例，②除外例，③判定の根拠となったテクスト事例中の表現の明示化，を判定基準に加えることによって，より精緻な判定基準の作成を図った。高石（2004b）は，調査Ⅰのもととなった論文（渡辺・小松, 1999）で用いた自我体験判定基準について，「渡辺・小松氏の，自由記述から自我体験の有無を判定する五つの基準は，判定の具体的例文を添えれば一定の客観性を保証できるだろう」と評している。本章での判定基準の精緻化は，高石のこの期待にさらに応えるものとなることが期待されるのである（本文第4章2節を参照のこと）。

　以上の留意点があったとはいえ，基本的には調査Ⅰを踏襲した補足的な調査である。

2節　方法

1　自我体験質問紙

　「1．自己の根拠への問い」（以下，「問い」と略記），「2．自己の独一性の自覚」（同，「自覚」と略記），「3．主我と客我の分離」（同，「分離」と略記），「4．独我論的懐疑」（同，「懐疑」と略記）という，渡辺・小松（1999）の言う4つの「下位側面」を，それぞれ4つの「類型」とみなし，類型ごとに体験記述を求める質問紙を作成し，「自我体験質問紙第2版」と称した（表4－1，p.92を参照）。

　なお，「下位側面」とは因子分析を前提とした名称なので，因子分析を用いない以後の研究では，「類型」に統一することとした。各類型には4項目を配し，体験の有無を「はっきりある」：5点から，「全くない」：1点までの5段階で評定させた。1項目でも5点か4点の回答がある場合は，体験時期の記入（年齢を表示する線分上へのチェック）と，内容についての自由記述を求めた。項目の選定には，調査Ⅰの質問項目と結果の自由記述を参照した。

2 自我体験の判定

自由記述事例について，調査Ⅰと同じ判定者2名が，自我体験とみなすことができる事例を2点，できない事例を0点，どちらとも判定できない事例を1点とすることにより，独立に判定した。判定基準は第4章のものに準拠し，自我体験の定義をも参照した（表4−2, p.95を参照）。両判定者の合計点を「判定得点」とし，3点以上を自我体験事例とみなした。

3 調査協力者

理科系T大学（74名），文科系のA大学（145名）とW大学（90名），専門学校（105名）の学生計414名（男95名,女319名）。教養心理学の授業時に実施した。

3節 結果

有効回答414名について，合計130例の自由記述事例を，自我体験事例として判定した。2名の判定者間の得点の一致率は82.4％であった。

今回の一致率が調査Ⅰの一致率93.0％と比べ低い理由として，次のことが考えられる。調査Ⅰの質問紙では自由記述欄が19個の質問項目欄とは別頁に配されていたのに対し，本調査での「質問紙第2版」（表4−1）は類型ごと4項目を並べた直下に自由記述を求めるという形式であった。そのため，自由記述欄のすぐ上に置かれた項目へのチェックをもって記述に代用させるという，「上記のように悩んだ際，出すようになった結論がこれである。判っている筈なのだが，まだ悩むこともあるが」といった，記述としての独立性のない例が頻発し，貧困で曖昧な記述例が多くなってしまった。それが，判定に困難をもたらす一因になったと思われる。ただし，不一致が1点以内という「不完全一致率」に限れば一致率は99.8％に高まることからして，このような事情は大きな不一致を招かなかったといえよう。

以下，体験の出現頻度，初発体験年齢，各類型の体験順序，の順に結果を分析する。なお，自我体験判定基準の精緻化と，移行事例の考察については，本文第4章を参照していただきたい。

1 体験の出現頻度

ここでは，調査Ⅱの結果を，必要があれば調査Ⅰの結果とも比較しつつ，提示する。補論表2に「1類型以上の体験者」（以下，単に「体験者」と表記）の数と，類型ご

との体験事例数を，大学生群と専門学校生群に分けて掲げた。なお，調査Ⅰのデータも比較のために並べた（調査Ⅰデータでは，初発体験と最印象体験が同じ類型（下位側面）の場合は1個に数えてある）。本調査では「体験者」は87名（男子24名，女子63名）となった（2類型以上の重複体験者27名を含む）。これは，全体の21.0％（男子25.3％，女子19.7％）が体験していることになる。なお，性差は認められなかった。調査Ⅰでも性差がみられなかったこととあわせ考え，以下の分析・考察は原則として性別を無視して行うこととする。

以下に補論表2を見ながら主な結果を記す。

①調査Ⅱでの大学生群と専門学校生群の比較では，体験者数の比率（％）および4つの類型の事例出現数の比率（％）のことごとくで，大学生群が有意に高い結果となった。大学生群と専門学校生群とは異質である可能性がある（両群の結果の相違が，両群の母集団における異質性を表すのか，それとも調査の場の異質性を表すのか，といった問題については，本文第4章2節2を参照）。したがって，全員が大学生である調査Ⅰとの定量的比較は，調査Ⅱ中の大学生群との間で行うのが適当と思われた。それゆえこの両大学生群の差異を，体験者数比率および各類型出現率ごとに，補論表2の最右列にχ^2値で記した（調査Ⅱのデータに複数類型体験者が含まれている以上，両群の類型出現率パターンどうしの比較は困難なので，各類型ごとの出現率比較にとどめた）。

②大学生群体験者数の比率は27.2％となり，これは調査Ⅰと差がない。

③類型1（問い）では調査Ⅰが，類型2（自覚），類型4（懐疑）では調査Ⅱの出

補論表2 類型ごとの自我体験事例数の比較

	自我体験事例数（出現率％）				調査Ⅰ (N=345)	調査Ⅱの大学生群と調査Ⅰの差 (χ^2値)
	調査Ⅱ (N=414)					
	全体	大学生群 (N=309)	専門学校生群 (N=105)	両群の差 |p| [a]		
「体験者」数	87 (21.0)	84 (27.2)	3 (2.9)	0.000 ***	103 (29.9)	1.091
類型1（問い）	48 (11.6)	45 (14.6)	3 (2.9)	0.001 **	80 (24.0)	9.150 **
類型2（自覚）	20 (4.8)	20 (6.5)	0 (0.0)	0.006 **	9 (2.7)	5.281 *
類型3（分離）	15 (3.6)	15 (4.9)	0 (0.0)	0.028 *	15 (4.5)	0.044
類型4（懐疑）	37 (8.9)	37 (12.0)	0 (0.0)	0.003 **	26 (7.8)	3.144 †

群間の出現率の差をカイ二乗値など統計量で表した。なお，出現率（％）とは常に，その群の標本数（N）に対する事例数の比率である。また，「体験者」とは1類型以上の体験を報告した調査対象者のことである。一般に体験者数は4類型の合計より少なくなる。
a：両群（大学生群と専門学校生群）の差 \|p\| は，Fisher直接確率計算法による確率値（両側）
*** $p<.001$, ** $p<.01$, * $p<.05$, † $0.05 \leq p<0.1$

補　論

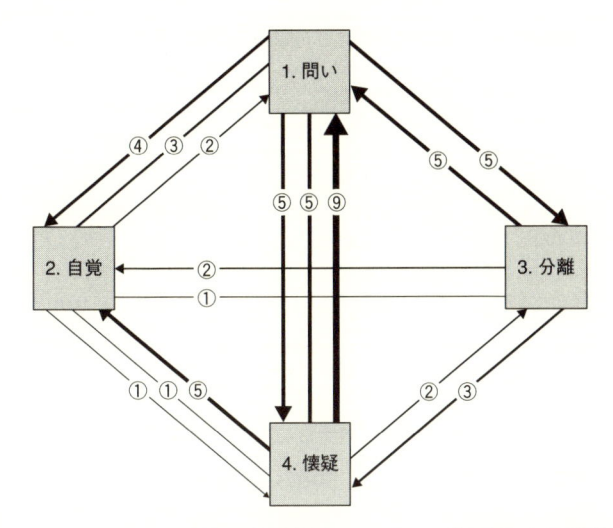

補論図1　同一人において別個の体験事例として生じた類型間の時間的順序関係
矢印のついていない線分は「同時」を表す。○の中の数字は，矢印（線分）で結ばれて「ペア」を形成した関係の数を表し，線分の太さとも対応する。問いは「自己の根拠への問い」，自覚は「自己の独一性の自覚」，分離は「主我と客我の分離」，懐疑は「独我論的懐疑」の略称。

現率が有意に上回った。類型1は調査Ⅰでは10もの質問項目を含む一方，調査Ⅱでは4項目のみに減少し，逆に類型4では調査Ⅰで2項目が調査Ⅱで4項目に増加するという項目数の変動が，影響していると考えられる。すなわち，項目数が多いほど，回想誘発力も高まるのである。一方，調査Ⅰ，Ⅱとも同じ4項目であった類型2がⅡで出現比率を増やしていることについては，調査Ⅰでは「初発項目」「最印象項目」のみピックアップして自由記述させるという方法を用いているので，類型2はこの方法ではもれやすく，調査Ⅱの方法ですくい上げられた，とする説明が可能である。このことは補論図1の考察で，複数類型体験者の場合，類型2が時間的に後発の体験になりやすいという知見が得られたことと合致する。
　このように，部分的に調査Ⅰの結果が再現され，相違点も質問紙の改変によるものとして説明可能なので，自我体験の出現頻度には，ある程度再現性があるといえよう。

2　初発体験年齢

　補論表3に，初発したと回想された年齢を掲げた。なお調査Ⅱでは，複数類型体験者については時期の早いほうの類型のみ算入した。複数の類型が同時期になる重複例については（9名で2つの類型が同時期），そのままそれぞれの類型に算入した。ま

補論表3　「体験者」および各類型ごとの初発年齢の比較

	調査Ⅱ (N=414)			調査Ⅰ (N=345)	調査Ⅱと調査Ⅰの差 (t値)
	全体	大学生群 (N=309)	専門学校生群 (N=105)		
「体験者」	11.0 (87; 3.74)	11.0 (84; 3.76)	11.7 (3; 3.79)	9.39 (95; 3.09)	3.24 **
類型1（問い）	11.3 (38; 2.89)	11.3 (35; 2.87)	11.7 (3; 3.79)	9.8 (60; 3.30)	2.282 *
類型2（自覚）	12.7 (13; 4.87)	12.7 (13; 4.87)	(0)	9.0 (6; 2.28)	1.750 †
類型3（分離）	12.4 (13; 4.27)	12.4 (13; 4.27)	(0)	10.0 (7; 4.05)	1.211
類型4（懐疑）	10.0 (32; 3.66)	10.0 (32; 3.66)	(0)	8.18 (22; 2.00)	2.118 *

数値は初発年齢の平均値（人数；標準偏差）。調査Ⅰの年齢は第3章の表3−4での換算方式によった。
** $p<.01$, * $p<.05$, † $0.05<p<0.1$　ウェルチの検定（両側）による

た，調査Ⅰデータは表3−4 (p.88) のもとになった年齢換算値をそのまま用いたもので，「初発体験」のみを掲げてある。補論表2の場合にならい，類型ごとの比較を基本とした。

調査Ⅱの「体験者」について大学生群と専門学校生群を比べると初発年齢に有意な差がないので（$t(85)=0.29$，ウェルチの検定，両側），前節（出現頻度）の場合とは方針を変え，両群を込みにした調査Ⅱの結果と，調査Ⅰとの比較を行う。まず，調査Ⅱの体験者初発年齢平均11.0歳は，調査Ⅰの9.39歳より有意に高い。各類型ごとの比較でも，すべての類型で調査Ⅱが高年齢となっている。自我体験の出現頻度に比べて，想起された初発年齢については再現性があまりないという結果になったが，調査ⅠとⅡとで年齢の記入法が異なるという，調査方法の違いの影響も考えられる。

なお，調査Ⅰで類型1，2，3をまとめて類型4（懐疑）と対比すると，類型4の初発年齢平均が有意に低くなったことは表3−4でも述べた。調査Ⅱでも，同様の比較を行うと類型4が有意に低くなり，調査Ⅰでの結果が再現された（数量的処理に関心のある読者のために説明すると，4類型間の年齢比較を行うため，同じ1人の人の中での複数の体験類型が同時期になる重複例を除く78例（類型1：31例，類型2：9例，類型3：12例，類型4：26例）について分散分析したところ，類型間に有意な差は見られなかった（$F(3,74)=1.689$）。そこで，類型4（$M=10.0$; $SD=3.66$）と他の類型をまとめたもの（$M=11.5$; $SD=3.65$）を比較してみたところ，有意差（$t(76)=2.190$, $p<.05$, 両側）が認められたのである）。

以上まとめるならば，調査Ⅰに比べ調査Ⅱでは，初発体験年齢が1歳半ほど高くなっており，前者では8〜10歳の児童期〜前思春期が中心で，後者では10〜12歳という前思春期〜思春期初期が中心という結果であった。ただし，類型4（懐疑）のみが他に比べて年齢が低いという構造については，再現されたと言うことができよう。

3 各類型の体験順序

本質問紙（自我体験質問紙第2版）の特徴の1つは，複数類型体験者における体験順序が明らかにできるところにある。2類型以上の複数類型体験者全27名について，類型間の時間的順序が明らかになった39ペアの順序関係を図示してみたところ，類型相互間の著しい特徴をつかむにはデータ不足であることがわかる。そこで，調査Iでの，初発体験と最印象体験とで体験類型が異なっているという「複数体験者」を抽出し，「初発体験→最印象体験」というペアとしてデータに加えてみたところ，補論図1のようになった。依然として著しい特徴は見いだせず，少なくとも類型1（問い）が「自我体験群」の「中核」であって他は派生態という意味的連関構造モデル（図3－4）を，独立の体験相互間の時間的順序として支持するような結果は，この方法では得られなかった。むしろ類型4（懐疑）との関係で，「問い」は後になる傾向が見られたのである。

補論 4 (p.219) インド心理学からの手がかり

　第9章1節の土台となった論文では（渡辺，2005），「ここで，インド心理学に手がかりを求めよう」として，インド思想に関する長い解説が次に挿入されている。しかしながら，インドの古典文献は専門家であってさえも解釈が難しく，門外の筆者としては専門性を保証することが困難であるため，本書では補論として紹介するにとどめておく。専門家の批判教示を仰ぎたいところである。

　――ここで，インド心理学に手がかりを求めよう。黒田（2002）が引用しているブハートナーガール（Bhatnagar）の説は，これだけでは漠然としているが，インド思想史の主流とされるヴェーダーンタ学派におけるアートマン（ātman）思想の展開の文脈においてみれば，自己認識論にとっての含意がはっきりするであろう（以下の記述は，ヴェーダーンタ全般については中村（1962，1980），服部（1979）に，その心理学的意義はパランジュペ（Paranjpe，1989，1998）に基づいた。特にパランジュペ（1998）は，心理学思想，心理学的概念の，東西・近古比較にあたっての，解釈学的反省をふまえていて参考になる。ウパニシャッドの引用は佐保田（1979）の訳を，ミュラー（Müller，1879/1962），ヒューム（Hume，1931），ラル（Lal，1974）の各英訳を参照して平易に改めた）。

　アートマンとはサンスクリットでもともと「自己」を意味する語である。アートマンの認識をめぐっては，パランジュペ（Paranjpe，1998，p.39）によれば，インド思想の源流に位置する「ウパニシャッド」にすでに，「自己認識のアポリア」に言及したと解し得る部分がいくつかある。たとえば，「それが牛である」「それが馬である」というように「アートマン」を示すよう求められて，賢者ヤージニャヴァルキャは，「貴方は見るという作用の［主体たる］見る者を見ることはできません。貴方は聞くという作用の［主体たる］聞く者を聞くことはできません。貴方は考えるという作用の［主体たる］考える者を考えることはできません。貴方は識るという作用の［主体たる］識る者を識ることはできません。それが貴方のアートマンです」（Bṛhadāraṇyaka Upanishad Ⅲ.4.2）と答えるのである。

　アートマンは，その認識が哲学的宗教的にきわめて重要とされたことから，「真の自己」という意味が与えられている。そのアートマンが（認識の主体である以上）認識できないのであれば，どうしたらよいのだろうか。ここでアートマン思想は，「梵我一如」の思想と合流する。梵とはサンスクリット語でブラフマン（Brahman），宇宙の根本原理を意味し，梵我一如（brahmā-ātmatā）の思想とは，「真の自己（＝

アートマン）に目覚めれば自分と宇宙精神（＝ブラフマン）とはもともとひとつであることがわかる」といったような意味である。

　もともと，ヴェーダーンタ学派の思想は，聖典ヴェーダの解釈をめぐって展開したきわめて古いものであるが，時代がくだるにしたがってヨーガの行法体系と一体化し，梵我一如を理屈としてだけでなく事実として体験する境地に達することが，学問修行の目的となっていく。次に引用するのは，近代の代表的なヨーガ行者ラーマクリシュナ（Ramakrishna, 1834-1886年）が，無分別三昧という瞑想の最高の境地について語った言葉である。「宇宙は消滅した。空間それ自体がもはやない。はじめのうちは，思想の影が精神の暗い深みの中に浮かんでいた。やがてこれもとけ去り，後には我の意識の単調な鼓動が残った。それも止まった。魂はアートマンの中に没した。二元論は消えた——ことばを超え，思想を超えて，二なき一，ブラフマンに到達した」（奈良, 1983, p.125より）。

　このように，「真の自己」を認識するとは，とりもなおさず「真の自己」に成ることなのである。これはまさしく主体変様的認識である。——おおよそこういったことが，黒田が本来，インド心理学に託して言うべきことであったと思われる。

文　献

天谷祐子（1997a）．「自分」というものへの気づき　名古屋大学大学院教育学研究科教育心理学論集, **26**, 32-36.
天谷祐子（1997b）．「自分」というものへの気づきはいつ頃なのか？　日本発達心理学会第8回大会発表論文集, 138.
天谷祐子（2002）．「私」への「なぜ」という問いについて―面接法による自我体験の報告から　発達心理学研究, **13**, 221-231.
天谷祐子（2004a）．中学生の自我体験を探る　渡辺恒夫・高石恭子（編），〈私〉という謎―自我体験の心理学　新曜社　pp.153-164.
天谷祐子（2004b）．質問紙調査による「私」への「なぜ」という問い―自我体験の検討　発達心理学研究, **15**, 356-365.
天谷祐子（2005）．自己意識と自我体験―「私」への「なぜ」という問い　パーソナリティ研究, **13**, 197-207.
麻生　武（1980）．子供の他者理解―新しい視点から　心理学評論, **23**, 135-162.
麻生　武（1996a）．私たちの起源―発達心理学　佐々木正人（編）心理学のすすめ　筑摩書房　pp.25-50.
麻生　武（1996b）．子どもと夢　岩波書店
麻生　武（2003）．他者としてのロボット　発達（ミネルヴァ書房）, **95**, 71-78.
Baron-Cohen, S.（1988）. An assessment of violence in a young man with Asperger syndrome. *Journal of Child Psychology and Psychiatry*, **29**, 351-360.
Blankenburg, V. W.（1971）. *Der Verlust der Natürlichen Selbstverständlichkeit: Ein Beitrag zur Psychopathologie Symptomarmer Schizophrenien*. Stuttgart: Ferdinand Enke Verlag. ブランケンブルク／木村　敏・岡本　進・島　弘嗣（訳）（1978）自明性の喪失　みすず書房
Blos, P.（1962）. *On Adolescence: A Psychoanalytic Interpretation*. New York: The Free Press of Glencoe. ブロス／野沢栄司（訳）（1971）．青年期の精神医学　誠信書房
Bower, T. G. R.（1977）. *A Primer of Infant Development*. San Francisco: WH Freeman. バウアー／岡本夏木・野村庄吾・岩田純一・伊藤典子（訳）（1980）．乳児期　ミネルヴァ書房
Broughton, J. M.（1978）. Development of concepts of self, mind, reality and knowledge. *New Directions for Child Development*, **1**, 75-100.
Broughton, J. M.（1981）. The devided self in adolescence. *Human Development*, **24**, 13-32.
Bühler, C.（1923/1926）. *Das Seelenleben der Jugendlichen*. 3 Aufl. Stuttgart-Hohenheim :Fisher Verlag. ビューラー／原田　茂（訳）（1969）．青年の精神生活　協同出版
Chalmers D.（1994）. Facing up to the problem of consciousness. In S. R. Hameroff, A. W. Kaszniak, & A. C. Scott（eds.）, *Toward a Science of Consciousness: The First Tucson Discussions and Debates*. Cambridge, MA: The MIT Press. pp.5-28.
Dennett, D. C.（1978）. Beliefs about beliefs. *Behavioral and Brain Science*, **1**, 568-570.
Dennett, D. C.（1996）. *Kinds of Minds*. New York: Basic Books. デネット／土屋　俊（訳）（1997）．心はどこにあるのか　草思社
Dilthey, W.（1894）. *Ideen über eine beschreibende und zergliedernde Psychologie*. ディルタイ／丸山高司（訳）（2003）．記述的分析的心理学　ディルタイ全集　第3巻　法政大学出版局　pp.637-756.
Dilthey, W.（1898）. *Über vergleichende Psychologie: Beiträge zum Studium der Individualität*. ディルタイ／三木　博（訳）（2003）．比較心理学―個性の研究　ディルタイ全集　第3巻　法政大学出版

局　pp.757-842.
Dilthey, W.（1900）．*Die Entstehung der Hermeneutik.* ディルタイ／外山和子（訳）（2003）．解釈学の誕生　ディルタイ全集　第3巻　法政大学出版局　pp.843-872.
土居健郎（1967）．精神分析　創元社
Eccles, J. C.（1970）．*Facing Reality: Philosophical Adventures by a Brain Scientist.* New York & Heidelberg: Springer Verlag. エックルス／鈴木二郎・宇野昌人（訳）（1981）．脳と実在―脳研究者の哲学的冒険　紀伊國屋書店
Erikson, E.（1959）．*Identity and the life cycle: selected papers/ life cycle.* New York: International University Press. エリクソン／小此木啓吾（訳）（1973）．自我同一性　誠信書房
Everitt, B. S.（1977）．*The Analysis of Contingency Tables.* London: Chapman and Hall. エヴェリット／山内光哉（監訳）（1980）．質的データの解析　新曜社
Flick, U.（1995）．*Qualitative Forschung.* Rowohlt Taschenbuch Verlag. フリック／小田博志・山本則子・春日 常・宮地尚子（訳）（2002）．質的研究入門―人間科学のための方法論　春秋社
Freud, S.（1905/1922）．*Drei Abhandlungen zur Sexualitheorie, 5Aufl.* Vienna: Verlag Franz Deuticke. フロイト／懸田克躬（訳）（1953）．性に関する三つの論文　フロイト選集5　日本教文社　pp.7-170.
Fromm, E.（1941）．*Escape from Freedom.* New York: Rhinehalt & Company. フロム／日高六郎（訳）（1956）．自由からの逃走　創元社
藤縄　昭（1981）．非定型精神病―症状―一般論　懸田克躬・大熊輝雄・島薗安雄・高橋　良・保崎秀夫（編）　現代精神医学大系　第12巻　境界例・非定型精神病　中山書店　pp.185-203.
藤崎亜由子・藤井洋之・岡田美智男・麻生　武（2005）．ロボットの内と外からみた「こころ」　ヒューマンインターフェース学会論文誌, **7**（1），113-120.
藤崎亜由子・倉田直美・麻生　武（2007）．幼児はロボット犬をどう理解するか―発話型ロボットと行動型ロボットの比較から　発達心理学研究, **18**, 67-77.
Gallagher, W.（1996）．*I. D.: how heredity and experience make you who you are.* New York: Random House. ギャラハー／幸田敦子（訳）（1998）．なぜ私は「私」なのか―パーソナリティの研究　河出書房新社
Gerland, G.（1997）．*A real person.* London: Souvenir Press. グニラ・ガーランド／ニキ・リンコ（訳）（2000）．ずっと「普通」になりたかった。花風社
Giorgi, A.（2004）．Personal communication.
Goethe, J. V.（1932）．*Werke, V., Festausgabe zum 100 jahrigen Bestehen des Bibliographischen Instituts.* Leipzig: Meyers Klassiker-Ausgaben. ゲーテ／相良守峯（訳）（1958）．ファウスト第二部　岩波書店
Gould. S. J.（1977）．*Ontology and Phylogeny.* Cambridge, MA: The Belknap Press of Harvard University Press. グールド／仁木帝都・渡辺正隆（訳）（1987）．個体発生と系統発生　工作舎
埴谷雄高（1976）．死霊　講談社
Harding, D, E.（1972/1981）．On Having No Head. In D. R. Hofstadter, & D. C. Dennett（eds.），*The Mind's I.* New York: Basic Books. ハーディング（著）ホフスタッター・デネット（編）／坂本百大（監訳）永井　均（訳）（1984）．頭のない私　マインズ・アイ（上）　TBSブリタニカ　pp. 32-43.
Harré, R.（1997）．*Cognitive Science: A Philosophical Introduction.* London: Sage.
波多野完治（編）（1965）．ピアジェの発達心理学　国土社
針貝邦生（2000）．ヴェーダからウパニシャッドへ　清水書院
服部正明（1979）．古代インドの神秘思想　講談社
Heinlein, R. A.（1959）．They. In R. A. Heinlein(eds.), *The Unpleasant Profession of Jonathan Hoag.* London: Gnome Press. ハインライン／福島正美（訳）（1982）．かれら（輪廻の蛇　所収）　早川書房
広沢郁子・広沢正孝・市川宏伸（2008）．小児統合失調症とアスペルガー症候群　精神科治療学, **23**,

155-163.
Hobson, R. P. (1993). *Autism and the development of mind.* Hove: Lawrence Erlbaum Associates. ホブソン／木下孝司（監訳）(2000)．自閉症と心の発達　学苑社
Holloway, I., & Wheeler, S. (1996). *Qualitative Research for Nurses.* Malden: Blackwell Science. ハラウェイ＆ホィーラー／野口美和子（監訳）(2000)．ナースのための質的研究入門　医学書院
細谷恒夫（編）(1980)．ブレンターノ，フッサール　世界の名著62　中央公論社
Hughes, R. (1929/1992). *A High Wind in Jamaica.* London: Chatto & Windus Vintage, Random House. リチャード・ヒューズ／小野寺健（訳）(2003)．ジャマイカの烈風　晶文社
Hume, R. E. (trans.) (1931). *Thirteen Principal Upanishads.* 2nd ed. London: Oxford University Press.
稲垣足穂（1973）．兜率上生　稲垣足穂大全　第4巻　現代思潮社　pp.352-360.
石垣寿郎（1994）．論理実証主義の歴史と思想　現代思想10　科学論　岩波書店　pp.35-96.
石上玄一郎（1977）．輪廻と転生　人文書院
石川幹人（2006）．心と認知の情報学—ロボットをつくる・人間を知る　勁草書房
石川勇一（2001）．無遠近法的体験をめぐる統合と退行の心理療法過程—階層的発達論の視点から　トランスパーソナル心理学　精神医学，**1**, 40-47.
James, W. (1892/1961). *Psychology, The Briefer Course.* New York: Harper Torchbooks. ジェームズ／今田恵（訳）(1939)．心理学　上巻　岩波書店
Jaspers, K. (1913/1959). *Allgemeine Psychopathologie.* Berlin: Springer-Verlag. ヤスペルス／内村祐之・西丸四方・島崎敏樹・岡田敬蔵（訳）(1953-56)．精神病理学総論（全3巻）　岩波書店
Jennings, H.S. (1930). *The Biological Basis of Human Nature.* New York: W.W. Norton.
Jung. C. G. (1963). *Memories, Dreams, Reflections.* New York: Pantheon Books. ユング／河合隼雄 他（訳）(1972)．ユング自伝I　みすず書房
梶田叡一（1978）．自己意識の心理学　東京大学出版会
梶田叡一（1998）．意識としての自己　金子書房
加藤敏（2008）．アスペルガー障害における「言語世界への入場」，「現実との接触」—診断学的および精神病理学的検討　精神科治療学，**23**（2），199-211.
金沢創（1999）．他者の心は存在するか　金子書房
金沢創（2004）．ぼくたちの住んでいたもう一つの世界　渡辺恒夫・高石恭子（編）〈私〉という謎—自我体験の心理学　新曜社　pp.103-127.
神沢利子（1991）．銀のほのおの国　改訂版　福音館書店
木村敏（1970/1978）．自覚の精神病理　紀伊國屋書店
木村敏（1972）．人と人との間　紀伊國屋書店
木村敏（1973）．異常の構造　講談社
木村敏（1982）．時間と自己　中央公論社
木下康仁（2003）．グラウンデッド・セオリー・アプローチの実践—質的研究への誘い　弘文堂
北村晴朗（1965）．自我の心理　誠信書房
小嶋秀樹・仲川こころ・安田有里子（2008）．ロボットに媒介されたコミュニケーションによる自閉症療育　情報処理，**49**（1），36-42
小松栄一（2004）．自我体験—沈思のディスコース　渡辺恒夫・高石恭子（編）〈私〉という謎—自我体験の心理学　新曜社　pp.165-184.
Kuhn, T. S. (1977). *The Essential Tension: Selected Studies in Scientific Tradition and Change.* Chicago: Universty of Chicago Press. クーン／安孫子誠也・佐野正博（訳）(1998)．科学革命における本質的緊張　みすず書房
栗本薫（1998）．グイン・サーガ　第60巻　早川書房
Kuroda, M. (1980). *Three types of science: nomothetic, idiographic, and "idiomodific".* Paper presented at "XXIIth World Congress of Psychology", Leiptig, DDR.
黒田正典（2002）．東洋と西洋—主体変様的認識　渡辺恒夫・村田純一・高橋澪子（編）　心理学の哲学　北大路書房　pp.273-303.

Lal, P. (trans.) (1974). *The Bṛhadāraṇyaka Upanishad.* Calcutta: Writers Workshop Publication.
Lem, S. (1971). *Doskonala Proznia.* Warszawa: Czytelnik. レム／沼野充義・工藤幸雄・長谷見一雄（訳）(1989). 完全な真空　国書刊行会
前田専學（2000). インド哲学へのいざない―ヴェーダとウパニシャッド　日本放送出版協会
前田陽一（編訳）(1966). パスカル　世界の名著24　中央公論社
Martin, J., & Sugarman, J. (2001). Interpreting human kinds: Beginning of a hermeneutic psychology. *Theory & Psychology,* **11** (2), 193-207.
Martin, J., & Tompson, J. (1997). Between scientism and relativism: Phenomenology, hermeneutics and the new realism in psychology. *Theory & Psychology,* **7** (5), 629-652.
丸山高司（1985). 人間科学の方法論争　勁草書房
Marx, K. H. (1844). *Ökonomisch-philosophische Manuskripte aus dem Jahre 1844; Karl Marx Friedrich Engels historisch-kritische Gesamtausgabe,* im Auftrage des Marx-Engels-Instituts, Moscau, Hrsg. v. V. Adoratskij, Erste Abteilung, Bd. 3. Berlin: Mark-Engels-Verlag G.M.B.H. マルクス／城塚　登・田中吉六（訳）(1964). 経済学・哲学草稿　岩波書店
Maslow, A. H. (1962). *Toward a Psychology of Being.* 2nd ed. New York: Van Nostrand Rheinhold. マズロー／上田吉一（訳）(1998). 完全なる人間―魂のめざすもの（第2版）　誠信書房
増田みず子（1986). 麦笛　福武書店
Matthews, G. B. (1994). *The Philosophy of Childhood.* Cambridge, MA: Harvard University Press. マシュー／倉光　修・梨木香歩（訳）(1997). 哲学と子ども　新曜社
松村康平・西平直喜（編）(1962). 青年心理学　朝倉書店
松尾　正・宮本初音（1995). 分裂病者現象はいかにしてその存在論的真理を暴露しうるのか　福岡行動医誌, **3** (1), 28-53.
May, R. (1958). Contributions to the existensialist psychotherapy. In R. May, E. Angel, & H. F. Ellenberger (eds.), *Existence.* New York: Basic Books. pp.42-103. メイ（著）エンジェル・エレンバーガー（編）／伊東　博・浅野　満・古屋健二（訳）(1977). 実存的サイコセラピィの貢献実存―心理学と精神医学の新しい視点　岩崎学術出版社　pp.54-150.
Mead, G. H. (1934). *Mind, Self & Society: from the standpoint of a social behaviorist.* Chicago: University of Chicago Press. ミード／稲葉三千男・滝沢正樹・中野　収（訳）(1973). 精神・自我・社会　青木書店
Merleau-Ponty, M. (1948). *Phénoménologie de la perception.* Paris: Editions Gallimard. メルロー・ポンティ／中島盛夫（訳）(1982). 知覚の現象学　法政大学出版局
三浦俊彦（2002). 意識の超難問の論理分析　科学哲学, **35** (2), 69-81.
三浦俊彦（2003). 論理サバイバル　二見書房
三浦俊彦（2004). 書評「〈私〉という謎　渡辺恒夫・高石恭子（編著）」読売新聞2004年5月30日朝刊
三浦俊彦（2007). 多宇宙と輪廻転生　青土社
宮川知彰（1955). 青年心理学―現代心理学大系6　共立出版
宮本忠雄（1981). 教祖のパトグラフィー　懸田克躬・大熊輝雄・島薗安雄・高橋　良・保崎秀夫（編）現代精神医学体系25　文化と精神医学　中山書店　pp.191-200.
宮内勝典・高橋英利（1999). 日本社会がオウムを生んだ　河出書房新社
水本正晴（2004). 心の哲学―概念分析と形而上学　石川幹人・渡辺恒夫（編）入門マインドサイエンスの思想　新曜社　pp.117-198.
Müller, F. M. (trans.) (1879/1962). *The Upanishads.* Part2. New York: Dover Publications.
村上陽一郎（1981). 近代科学と聖俗革命　新曜社
永井　均（1986).〈私〉のメタフィジックス　勁草書房
永井　均（1998). 独我論　広松　渉・子安宣邦・三島憲一・宮本久雄・佐々木　力・野家啓一・末木文美士（編）岩波哲学・思想事典　岩波書店　p.1176.
長井真理（1991). 内省の構造―精神病理学的考察　岩波書店

Nagel, T. (1986). *The View from Nowhere.* New Yord: Oxford University Press.
中島　梓（栗本　薫）(1992). アマゾネスのように　集英社
中村　元 (1962). ヴェーダーンタ哲学の発展　岩波書店
中村　元 (1980). 自己の探求　青土社
中村　元 (1986). 自我と無我　平楽堂書店
奈良康明 (1983). ラーマクリシュナ　人類の知的遺産 53　講談社
Neisser, U. (1988). Five kinds of self-knowledge. *Philosophical Psychology*, 1, 35-59.
Neisser, U. (1993). The self perceived. In U. Neisser (ed.), *The perceived self: Ecological and interpersonal sources of self-knowledge.* Cambridge: Campridge University Press. pp.3-21.
ニキ・リンコ (2000). 訳者あとがき　グニラ・ガーランド（著）ずっと「普通」になりたかった　花風社　pp.281-286.
ニキ・リンコ・藤家寛子 (2004). 自閉っ子，こういう風にできてます！　花風社
西田幾多郎 (1950/1979). 善の研究　岩波書店
西平　直 (1998). 魂のアイデンティティ　金子書房
西平直喜・久世敏雄（編）(1988). 青年心理学ハンドブック　福村出版
西村州衛男 (1978). 思春期の心理 3　自我体験の考察　中井久夫・山中康裕（編）思春期の精神病理と治療　岩崎学術出版社　pp.255-285.
西村州衛男 (2004). 自我体験とは　渡辺恒夫・高石恭子（編）〈私〉という謎―自我体験の心理学　新曜社　pp.17-42.
野田又夫（編訳）(1967). デカルト　世界の名著 27　中央公論
野家啓一 (2001). 解説―「木村人間学」の成立現場　木村敏著作集 1　弘文堂　pp.411-421.
荻野恒一 (1981). 神秘主義と精神病理　懸田克躬・大熊輝雄・島薗安雄・高橋　良・保崎秀夫（編）現代精神医学体系 25　文化と精神医学　中山書店　pp.183-190.
小口律一・堀　一郎（監修）(1973). 宗教学辞典　平凡社
小倉　清 (1996). 子どもの心　慶応義塾出版会
大渕憲一 (2000). 攻撃と暴力　丸善
大森荘蔵 (1964). 物としての人間と心としての人間　青海純一・石本　新・大森荘蔵・沢田允茂・吉田夏彦（編）科学時代の哲学 2―人間と社会　培風館　pp.9-29.
大野篤一郎・丸山高司（編）(2003). ディルタイ全集　第 3 巻　法政大学出版局
大槻春彦 (1958). 解説　バークリ（著）人知原理論　岩波書店　pp.221-258.
岡田康伸 (1992). 神秘体験　氏原　寛・小川捷之・東山紘久・村瀬孝雄・山中康裕（編）心理臨床大事典　培風館　pp.1076-1077.
岡本夏木 (1985). ことばと発達　岩波書店
岡本祐子 (1997). 中年からのアイデンティティ発達の心理学　ナカニシヤ出版
沖永宜司 (2007). 心の形而上学　創文社
Paranjpe, A. C. (1989). A personality theory according to Vedanta. In A. C. Paranjpe, D. Y. F. Ho, & R. W. Rieber (eds.), *Asian Contributions to Psychology.* New York: Praeger. pp.185- 213.
Paranjpe, A. C. (1998). *Self and Identity in Modern Psychology and Indian Thought.* New York: Plenum Press.
Piaget, J. (1967). *La construction du réel chez l'enfant.* Lausanne: Delachaux et Niestlé.
Polanyi, M. (1956). *The tacit dimension.* London: Routledge & Kegan Paul. ポラニー／佐藤敬三（訳）(1980). 暗黙知の次元　紀伊國屋書店
Radhakrishnan (Ed. & trans.) (1953). *The Principal Upaniṣads.* UK: George Allen & Unwin.
Rempp, R. (1992). *Vom Verlust der Fahigkeit, sich selbst zu betrachten: Eine entwicklungspsychologische Erklarung der schizophrenie und des Autismus.* Bern: Verlag Hans Huber. レンプ／高梨愛子・山本　晃（訳）(2005). 自分自身をみる能力の喪失について―統合失調症と自閉症の発達心理学による説明　星和書店
Riesman, D. (1950). *The Lonely Crowd.* Chicago: The University of Chicago Press. リースマン／加藤秀

俊（訳）(1964). 孤独な群衆　みすず書房
Roberts, T. S. (1998). Beyond the hard problem. *Toward a Science of Consciousness 1998 Tucson.* Ⅲ, 966.
Rümke, H. C. (1958). Die klinische Differenzierung innerhalb der Gruppe der Schizophrenien. *Nervenarzt*, 29, 49-53.
佐保田鶴治（1979）. ウパニシャッド　平河出版社
西條剛央（2003）.「構造構成的質的心理学」の構築　質的心理学研究, 2, 164-186.
西條剛央（2005a）. 構造構成主義とは何か─次世代人間科学の原理　北大路書房
西條剛央（2005b）. 質的研究論文執筆の一般技法─関心相関的構成法　質的心理学研究, 4, 186-200.
Sandelowski, M. (1986). The problem of rigor in qualitative research. *Advances in Nursing Science*, 8, 27-37.
Sartre, J. P. (1943). *L'être et le néant*. Paris: Gallimard. サルトル／松波信三郎（訳）(1956). 存在と無　人文書院
Sartre, J. P. (1947). *Baudelaire*. Paris: Gallimard. サルトル／白井浩司（訳）(1952). ボードレール　人文書院
Schrödinger, E. (1958). *Mind and Matter*. Cambridge: Cambridge University Press. シュレーディンガー／中村量空（訳）(1987). 精神と物質　工作舎
Schrödinger, E. (1985). *Mein Leben, Meine Weltansicht*. Paul Zsolnay Verlag, シュレーディンガー／橋本芳契（監訳）(1987). わが世界観「自伝」　共立出版
Sechehaye, M. A.（1950）. *Journal d'une Schizophrène: Auto-observation d'une Schizophrène pendant le traitement Psychothérapique*. Paris: Press Universitaire de France. セシエー／村上　仁・平野　恵（訳）(1955). 分裂病の少女の手記　みすず書房
芹沢俊介（1995）. ウオッチ論潮　朝日新聞6月28日夕刊
島崎敏樹（1976）. 人格の病　みすず書房
篠原祥子（1996）. にせもの思想─非現実世界の仮想による現実の認識　早稲田大学教育学部卒業論文（未公刊）
Shoemaker, S., & Swinburn, R. (1984). *Personal Identity*. Oxford: Basil. スインバーン＆シューメーカー／寺中平治（訳）(1986). 人格の同一性　産業図書
「少年A」の父母（1999）.「少年A」この子を生んで─悔恨の手記　文藝春秋
Smedslund, J. (1991). The pseudoempirical in psychology and the case for psychologic. *Psychological Inquiry*, 2 (4), 325-338.
Spiegelberg, H. (1964). On the 'I-am-me' experience in childhood and adolescence. *Review of Existential Psychology and Psychiatry*, 4, 3-21.
Spiegelberg, H. (1972). *Phenomenology in Psychology and Psychiatry: A Historical Introduction*. Evanston: Northwestern University Press.
Spranger, E. (1924/1953). *Psychologie des Jugendalters*. 19 Aufl. Heidelberg: Quelle & Meyer Verlag. シュプランガー／土井竹治（訳）(1973). 青年の心理　五月書房
Stirner, M. (1842). *Der Einzige und Sein Eigentum Zweite Auf*. Verlag von Otto Wigand. マックス・シュティルナー／片岡啓治（訳）(1968). 唯一者とその所有　現代思潮社
Subbotsky, E. V. (1996). *The Child as a Cartesian Thinker: Children's Reasoning about Metaphysical Aspects of Reality*. UK: Psychology Press.
杉山登志郎（2008）. 高機能広汎性発達障害の精神病理　精神科治療学, 23 (2), 183-190.
田畑洋子（1986）."お前は誰だ！"の答を求めて　ある登校拒否女子高生の自我体験　心理臨床学研究, 2 (2), 8-19.
高橋英利（1996）. オウムからの帰還　草思社
高橋澪子（1999）. 心の科学史─西洋心理学の源流と実験心理学の誕生　東北大学出版会
高井弘哉（2004a）. 発達心理学から見た自我体験　渡辺恒夫・高石恭子（編）〈私〉という謎─自我体験の心理学　新曜社　pp.195-213.

高井弘哉（2004b）．紙上シンポジウムへの補足とコメント―指定討論2　渡辺恒夫・高石恭子（編）〈私〉という謎―自我体験の心理学　新曜社　pp.190-193.
高石恭子（1988a）．青年期の自我発達と自我体験について　京都大学教育学部紀要, **34**, 210-220.
高石恭子（1988b）．風景構成法から見た前青年期の心理的特徴について　京都大学教育学部心理教育相談室紀要, **15**, 242-248.
高石恭子（1989a）．初期及び中期青年期の女子における自我体験の様相　京都大学学生懇話室紀要, **19**, 29-41.
高石恭子（1989b）．子どもが〈私〉と出会うとき　飛ぶ教室32号（秋季号）光村図書出版　pp.12-15.
高石恭子（1995）．自我体験　岩田純一・浜田寿美男・矢野喜夫・落合正行・松沢哲郎・山口俊郎（編）発達心理学辞典　ミネルヴァ書房　p.245.
高石恭子（2003）．青年後期から若い成人期に想起された自我体験の考察―大学生への調査を基に　甲南大学学生相談室紀要, **11**, 23-34.
高石恭子（2004a）．子どもが〈私〉と出会うとき　渡辺恒夫・高石恭子（編）〈私〉という謎―自我体験の心理学　新曜社　pp.43-72.
高石恭子（2004b）．紙上シンポジウムへの補足とコメント―指定討論1　渡辺恒夫・高石恭子（編）〈私〉という謎―自我体験の心理学　新曜社　pp.185-190.
高石恭子（2005）．個人的通信による
竹下節子（2001）．からくり人形の夢―人間・機械・近代ヨーロッパ　岩波書店
滝川一廣（2004）．「こころ」の本質はなにか　ちくま新書
田中美知太郎（編）（1980）．プロティノス　ポルピュリオス　プロクロス（世界の名著81）中央公論
Teo, T.（2005）．*The critique of psychology: From Kant to postcolonial theory.* New York: Springer.
塚本正明（編）（2003）．ディルタイ全集　第2巻　法政大学出版局
津留　宏（1965）．青年の心理①　自己を育てる　大日本図書
鶴田一郎（2003）．「サルになった男」間直之助―主体変様的方法の実践者　人間性心理学研究, **21**, 27-36.
牛島義友（1954）．牛島青年心理学　光文社
Von Wright, G. H.（1971）．*Explanation and Understanding.* New York: Cornell University Press. フォン・ウリクト／丸山高司（訳）（1984）．説明と理解　産業図書
渡辺恒夫（1991）．迷宮のエロスと文明―流動するジェンダー・自我・他者　新曜社
渡辺恒夫（1992a）．対自的自己意識の研究（1）　日本心理学会第56回大会発表論文集, 164.
渡辺恒夫（1992b）．自我の発見とは何か―自我体験の調査と考察　東邦大学教養紀要, **24**, 25-50.
渡辺恒夫（1994a）．青年期以前の独我論的体験に関する一考察―独我論者は対人違和か？　イマーゴ　Vol.5　3月号　青土社　pp.114-120.
渡辺恒夫（1994b）．心理学のメタサイエンス　序説　心理学評論, **37**, 164-191.
渡辺恒夫（1995a）．再論　自我の発見とは何か―その意義と方法論的問題　東邦大学教養紀要, **27**, 63-85.
渡辺恒夫（1995b）．自我の発見とはいつごろのことか　日本教育心理学会第37回総会発表論文集, 477.
渡辺恒夫（1996a）．人間科学のメタサイエンスとしての世界観の発達心理学　科学基礎論研究, **23**, 65-71.
渡辺恒夫（1996b）．自我体験質問紙作成への予備的調査　東邦大学教養紀要, **28**, 83-99.
渡辺恒夫（1996c）．輪廻転生を考える―死生学のかなたへ　講談社
Watanabe, T.（1999）．*Psychological and philosophical considerations of the "Harder Problem of Consciousness".* Paper presented at "Toward a Science of Consciousness - Fundamental Approaches: Tokyo'99", Tokyo, Japan.
渡辺恒夫（1999a）．心理学の哲学―その意義と課題　理論心理学研究, **1**, 17-29.

渡辺恒夫（1999b）．死生観　死生観のパラダイム転換　集英社新書編集部（編）21世紀大予測　集英社　pp.158-161.
渡辺恒夫（2000）．子どもが〈意識の超難問〉に出会うとき　東邦大学教養紀要，**32**, 12-36.
渡辺恒夫（2001）．学生の想起する独我論的体験の調査と考察　日本発達心理学会第12回大会（鳴門市）ポスター発表
渡辺恒夫（2002a）．心理学の哲学とは何か　渡辺恒夫・村田純一・高橋澪子（編）心理学の哲学　北大路書房　pp.3-20.
渡辺恒夫（2002b）．〈私の死〉の謎―世界観の心理学で独我を超える　ナカニシヤ出版
渡辺恒夫（2002c）．自我体験の類型，判定基準，およびアイデンティティとの関係　東邦大学教養紀要，**34**, 9-25.
Watanabe, T.（2004）. Studies of "I-experience" in Japan. *General Education Review, Toho University*, **36**, 15-21.
渡辺恒夫（2004）．〈自我の発見〉の再発見　渡辺恒夫・高石恭子（編）〈私〉という謎―自我体験の心理学　新曜社　pp.131-152.
渡辺恒夫（2005）．自我体験と主体変様的アプローチ　人間性心理学研究，**23**, 1-12.
渡辺恒夫（2008a）．独我論的体験とは何か―自発的事例に基づく自我体験との統合的理解　質的心理学研究，**7**, 138-156.
渡辺恒夫（2008b）．構造構成主義か独我論的体験研究か　構造構成主義研究，**2**, 111-133.
渡辺恒夫・天谷祐子・小松栄一・西村州衛男・高石恭子・高井弘弥（1999）．自我体験（Ich-Erlebnis）研究の再生と展開―「私とは何か」の問いを心理学で問うために　日本発達心理学会第10回大会ラウンドテーブル
渡辺恒夫・金沢創（2005）．想起された〈独我論的な体験とファンタジー〉の3次元構造―独我論の心理学研究へ向けて　質的心理学研究，**4**, 115-135.
渡辺恒夫・小松栄一（1999）．自我体験：自己意識発達研究の新たなる地平　発達心理学研究，**10**, 11-22.
渡辺恒夫・中村雅彦（1998）．オカルト流行の深層社会心理―科学文明の中の生と死　ナカニシヤ出版
渡辺恒夫・高石恭子（編）（2004）．〈私〉という謎―自我体験の心理学　新曜社
Willig, C.（2001）. *Introducing Qualitative Research in Psychology: Adventures in Theory and Method*. Buckingham: Open University Press. ウィリッグ／上淵　寿・大家まゆみ・小松孝至（訳）（2003）．心理学のための質的研究法入門　培風館
やまだようこ（2002）．現場心理学における質的データからのモデル構成プロセス―「この世とあの世」イメージ画の図象モデルを基に　質的心理学研究，**1**, 107-128.
吉松和哉（1988）．分裂病体験をめぐって―特に超越的他者の出現および宗教的体験との異動　吉松和哉（編）分裂病の精神病理と治療1　星和書店　pp.57-84.
養老孟司（1989）．唯脳論　青土社

詳細目次

はしがき　　*i*
凡例　　*iv*
目次　　*v*

序章　研究の目的と方法　　*1*
1節　研究の目的　　*1*
 1　自我体験の実例　　*2*
 2　独我論的体験の実例　　*2*
 3　研究の基本的特徴　　*2*
 4　研究の4段階の中の「根」と「幹」　　*4*
2節　研究の動機――偶発的な出会いと個人的経験　　*6*
 1　自我体験研究のきっかけ　　*6*
 2　独我論的体験研究のきっかけ　　*7*
 3　認識関心――個人的経験の役割　　*9*
  異領域化と退行論的説明／認識関心としての個人的経験／質的研究法における個人的経験の役割／本研究の依拠する認識論における個人的経験の意義／自己体験の実例
 4　認識関心――社会的歴史的状況　　*13*
3節　方法の問題――本研究の方法論についての反省　　*14*
 1　方法論的探求における外部的要因と内部的要因　　*14*
 2　研究方法――質的研究　　*15*
 3　方法論――理解と解釈　　*16*
 4　テクストの一人称的読み　　*17*
 5　科学と哲学の境界設定　　*18*
 6　要約　　*19*
4節　本研究の構成と研究方法上のその他の問題　　*20*
 1　研究問題の構成と研究の流れ　　*20*
 2　研究方法上のその他の問題　　*20*
  共同研究者の採用／回想誘発的質問紙法と自発的事例研究／図解の多用――構造図解的方法
 3　本書の概観　　*23*

第1章　予備的考察――自我の発見から自我体験へ――　　*25*
1節　思想史上の自我の発見――デカルト・パスカル・「ウパニシャッド」　　*26*
 1　デカルトとパスカル　　*26*
 2　ウパニシャッド　　*27*
2節　心理学における自己・自己意識研究　　*28*
3節　シャルロッテ・ビューラーの「自我体験」　　*29*
4節　自我体験の諸様相――いぶかり・問い・驚き　　*30*
 1　自我体験の特徴　　*30*
 2　自我体験と自己同一性　　*32*

3　自同律の不快　*32*
　　4　自我体験構造の表と裏　*33*
　5節　調査への展望と用語法　*35*

第2章　探索的調査　*39*
1節　問題――自我体験をよみがえらせるには　*39*
2節　方法――自己の起源についての4つの文章より　*41*
　　1　質問紙　*41*
　　2　調査の実施　*42*
3節　結果　*42*
　　1　問1の分析　*42*
　　2　問3の分布　*43*
　　3　問4および問2（自由記述）の分析と自我体験判定　*43*
　　4　「体験群」と「非体験群」の間の，問1への回答の違い　*44*
　　5　自我体験判定の問題点――明確ではない判定基準　*44*
4節　事例の分析と考察――体験のタイプ・年齢・きっかけ・解決　*45*
　　1　自我体験のタイプ　*45*
　　　タイプⅠ：「自同律の不快」的な問い／タイプⅡ：「なぜ他の人間ではないのか」の問い／タイプⅢ：時と場所への問い／タイプⅣ：その他
　　2　自我体験と境界例　*47*
　　3　自我体験のきっかけ　*49*
　　　漠然たる観想・観照／死への思い／人間関係の葛藤／出生の特異さ／受精や出生の仕組みについて習うこと／視野の急激な拡大
　　4　体験初発年齢　*52*
　　5　解決への試み　*53*
　　　超越的解決／自然主義的解決／実践的解決／未解決
5節　課題と展望　*57*
　　1　質問紙の構成　*58*
　　2　判定基準と判定方法の確立　*58*
6節　要約　*59*

第3章　調査Ⅰ―自我体験の全体像を解明する―　*61*
1節　問題――自我体験研究史　*61*
　　1　事例「ルディ・デリウス」再見　*61*
　　2　日本における自我体験研究の復興　*64*
　　3　調査の方針　*67*
　　　自我体験の仮定義――「自己の自明性への違和・懐疑」／予備調査――自我体験の3タイプ／本調査の質問紙――「回想誘発的質問紙法」／調査結果／判定基準の作成／数量的観点からの分析／内容的観点からの分析
2節　方法――思想史上の原典をも参考にして　*69*
　　1　質問紙の作成　*69*
　　2　回答方法　*72*
　　3　調査協力者と調査の実施　*72*
3節　結果――自我体験の判定基準など　*72*
　　1　自我体験の判定基準　*73*
　　2　自我体験の初発時期　*75*

3　体験の状況ときっかけ　75
　　4　事例の分類結果　78
　4節　事例の考察——問い・自覚・分離・懐疑　78
　　1　下位側面1：自己の根拠への問い　78
　　2　下位側面2：自己の独一性の自覚　82
　　3　下位側面3：主我と客我の分離　84
　　4　下位側面4：独我論的懐疑　85
　5節　調査Ⅰにおける下位側面のまとめと自我体験の定義　87

第4章　調査Ⅱおよび，自我体験調査の総合的考察　91
　1節　調査Ⅱの概要と考察　91
　　1　方法　91
　　　質問紙の改定／調査対象者と手続き
　　2　結果および，調査Ⅰとの比較と考察　92
　　3　各類型の体験順序　93
　　4　移行事例の考察　93
　2節　自我体験判定基準の精緻化　94
　　1　4類型ごとの判定の具体例・除外例・基準との対応関係　95
　　　類型1（自己の根拠への問い）／類型2（自己の独一性の自覚）／類型3（主我と客我の分離）／類型4（独我論的懐疑）
　　2　残された問題——解釈学的循環と記述的現象的定義　98
　3節　自我体験調査の総合的考察と展望　99
　　1　自我体験群の記述的現象的定義と特徴づけ　99
　　　自我体験／独我論的体験／自我体験群
　　2　自我体験には準普遍性があること　100
　　3　自我体験は青年心理には限定されないこと　101
　　4　自我体験のきっかけ　102
　　5　3つの調査の要約と展望　103

第5章　独我論的な体験とファンタジーの調査研究　105
　1節　本章の趣旨・方法・目的　106
　　1　哲学・精神病理と独我論的体験　106
　　　哲学としての独我論／病理としての独我論——統合失調症か自閉症か
　　2　心理学的テーマ化の可能性　111
　　　自発的事例との遭遇／自己体験
　　3　先行研究からの方法論的示唆　114
　　　自我体験調査／マズローの至高経験の研究と黒田の主体変様的方法／やまだの「現場心理学のモデル構成」
　　4　本章の出発点・構成・目的　116
　　　出発点——究極の現場としての自身の体験／構成と目的
　2節　データの組織的抽出のフィールド　118
　　1　フィールドⅠ　118
　　2　フィールドⅡ　118
　　3　フィールドⅢ　118
　　4　調査の成果，および方法論的な示唆　119
　　　独我論的体験が自我体験から独立した／尺度化のための質問紙法から，回想誘発的質問紙法と

　　　　質的分類法へ／事例の判定基準の作成について／「判定」とは何をしているのか
　3節　データの抽出とモデル構成　*122*
　　1　方法　*122*
　　2　データの抽出　*122*
　　3　モデルの作成　*123*
　　4　全事例の分類とモデルの改良　*123*
　　5　分類軸の説明　*124*
　　　　次元①：他者への疑い－世界への疑い／次元②：俯瞰する－俯瞰される／次元③：哲学的－ファンタジー的
　　6　評定方法　*127*
　　　　二項対立か連続軸か／評定方法
　　7　結果　*129*
　4節　独我論的体験調査の考察　*130*
　　1　データ抽出法の開発　*130*
　　　　判定基準について／事例の組織的収集法と質問紙調査
　　2　構造モデルの提起とその意義　*132*
　　　　いろいろな研究課題の開拓／連続軸における独我論的体験の理解／新たなる視点の可能性
　5節　独我論的体験研究の意義　*135*

第6章　自我体験調査の展開と展望　*139*
　1節　方法論的進展　*140*
　　1　事例収集法　*140*
　　2　事例判定法　*140*
　2節　体験報告率と初発年齢，きっかけ　*141*
　　1　体験報告率　*141*
　　2　初発したと回想された年齢　*143*
　　3　体験のきっかけ　*143*
　3節　体験の構造と概念的参照軸　*145*
　　1　自我体験の分類　*145*
　　2　自我体験の2つの概念的参照軸　*147*
　　　　意識の超難問／自己認識のアポリア／概念的参照軸は2つか3つか／概念的参照軸は定義ではないこと
　4節　発達論的意義——アイデンティティ論と自己研究　*151*
　　1　アイデンティティ論との関係　*151*
　　2　自己研究との関係　*152*
　5節　自我論から認知論へ　*154*
　　1　自我体験研究における関心の推移　*154*
　　2　自我体験を認識論的に捉える　*155*
　　3　自我論と認知論の間　*155*
　6節　自我体験と世界観形成　*157*

第7章　自発的事例に基づく自我体験の研究　*159*
　1節　自発的事例研究の方法論的問題　*160*
　　1　自発的事例の特徴　*161*
　　2　構造図解的方法　*161*
　　3　標本抽出上の問題　*162*

2節　文学者の報告する自我体験──『グイン・サーガ』・石上玄一郎・『銀のほのおの国』　163
　　1　フィクションと実体験──自己特殊視と内省的態度　163
　　2　人生の中の特別な曲り角　166
　　3　「きっかけがない」というきっかけ　167
　3節　自我体験と自然科学的な世界像──エックルスとスタニスワフ・レム　168
　　1　神経科学者エックルスの自我体験と世界観形成　168
　　2　スタニスワフ・レムと自然科学畑の世界観　170
　4節　心理学者における自我体験──「自己の根拠への問い」の認識構図　172
　　1　発達心理学者の語る自発的事例　172
　　2　自我体験研究者の自己体験　173
　　3　「自己の根拠への問い」の認識構図　175
　5節　本章のまとめ──内的体験構造と生起条件　177

第8章　独我論的体験と自我体験の統合的理解を目指して　181

　1節　はじめに　181
　　1　統合的理解とは何か　181
　　2　現象的記述的水準での比較　182
　　3　独我論的体験の自発例　182
　　4　本章の構成　183
　2節　調査研究の統合への手がかり　183
　　1　自我体験の発展としての独我論的体験　183
　　2　自我体験以前の独我論的体験　185
　　3　「原発性」独我論的体験　188
　3節　自発的事例に基づく直接比較と考察　189
　　1　代表例とは何か　189
　　2　搦め手からの接近──「アリ」という共通キーワード　190
　　3　中間例の考察　192
　　4　構造図解的方法による研究誘発例の位置づけ　193
　　5　独我論的体験の哲学的ではない「心理学的」特徴づけ　195
　4節　自明性概念に基づく記述的定義　197
　　1　木村敏の「常識的日常性の原理」　197
　　2　「体験」の記述の現象的定義　200
　5節　同時的構造連関を例解する事例　201
　　1　「神」であることに自覚めた少女エミリー　202
　　2　エミリーの自我体験と独我論的体験の図解　204
　　3　物理学者シュレーディンガーの自我体験　206
　　4　シュレーディンガーの独我論的体験と意識の唯一性の直観　207
　　5　シュレーディンガーの自我体験と独我論的体験の図解　210
　　6　事例「エミリー」と「シュレーディンガー」に共通する構造　210
　6節　種々の「体験」相互間の発達的構造連関　211

第9章　自我形成と世界観発展──2つの試論──　215

　1節　自我形成論と主体変様的論理　216
　　1　事例「ルディ・デリウス」再考──なぜ「私」は実体化されるのか　216
　　2　自己認識のアポリアと主体変様的論理　218
　　　「自己の根拠への問い」→「主我と客我の分離」／「自己の根拠への問い」→「自己の独一性

　　　　の自覚」
　　3　主体変様的自己創成　*222*
2節　自我体験・独我論的体験と世界観発展　*224*
　　1　はじめに——方法の問題　*224*
　　2　時間的意味での自己の個別的同一性の否定へ　*225*
　　　　神経科学者エックルスの自我体験と世界観形成／幻想作家稲垣足穂の随筆／元オウム真理教信徒の回想，再考／「体験」の諸特徴相互間のダイナミズム
　　3　類的自己の自明性の破れへ——事例「エミリー」再考　*230*
　　4　事例「シュレーディンガー」の世界観の展開　*232*
　　　　独我論的体験と自我体験の共存から梵我一如へ／事例「W.T」との比較／「体験」の諸特徴相互間のダイナミズム
　　5　存在論的解明への展望——一者と唯一者　*237*

終章　概括と展望—自明性の彼方へ—　*239*
1節　本研究の概括　*239*
　　1　第一段階の目標——本研究の「根」　*239*
　　2　第二段階の目標——本研究の「幹」　*241*
　　3　本研究の「枝」と終章の趣旨　*243*
2節　発達論への展望　*243*
　　1　単線型発達観から多型分岐型発達観へ　*246*
　　2　発達の標準的な到達点への反省　*250*
　　3　万人を納得させる発達理論の困難　*252*
　　4　どのような発達理論が可能か　*253*
3節　哲学的存在論的な解明と思想史・宗教・精神病理との関わり　*254*
　　1　自我体験の問いの概念的哲学的解明　*254*
　　2　自明性の彼方での自己のあり方の解明　*256*
　　3　思想史との関わり　*257*
　　4　宗教との関わり　*257*
　　5　精神病理との関わり——妄想と自閉症スペクトラム　*259*
　　　　宗教的妄想と「体験」／自閉症スペクトラムの独我論的世界／自閉症と原発性独我論——入れ子細工構造／自閉症，統合失調症，「体験」の統合的理解へ向けて／自明性の彼方と此方
4節　時代精神としての自我体験・独我論的体験　*263*
　　1　自我体験が浮上してきた時代背景　*264*
　　　　第一の時代背景——高度情報化社会／第二の時代背景——高密度管理社会
　　2　独我論的体験が浮上してきた時代的背景　*266*
　　　　剥き出しの他者との出会い／自然科学的世界観と人間機械論／ロボットが身近になることの影響／インターネットひきこもりと「淘汰圧」の低下
5節　おわりに　*270*

補論1　（p.19）　**本書での哲学に対する関わり方**　*273*
　　1　暗黙の参照軸としての哲学　*273*
　　2　参照軸を概念的に明示化するはたらきとしての哲学　*274*
　　3　哲学者の言説のテクスト化　*274*
　　4　研究成果を哲学や思想史の理解に役立てようという見通し　*275*

補論2　（p.78）　**調査Ⅰの結果の因子分析**　*276*

補論3（p.91）　調査Ⅱの詳細　279
1節　目的　279
　1　質問紙の改変　279
　　　4つの下位側面を網羅的に発掘するには／下位側面の間の体験順序を明らかに
　2　調査協力者の増加と多様化　280
　3　判定基準の精緻化　280
2節　方法　280
　1　自我体験質問紙　280
　2　自我体験の判定　281
　3　調査協力者　281
3節　結果　281
　1　体験の出現頻度　281
　2　初発体験年齢　283
　3　各類型の体験順序　285

補論4（p.219）　インド心理学からの手がかり　286

文献　289
あとがき―上から覗く巨人の目―　305
English Title and Abstract　309

あとがき
―上から覗く巨人の目―

　「はしがき」にも書いたが，本書は，2007年度に提出した学位論文『〈自我体験〉および〈独我論的な体験とファンタジー〉の調査研究』が元になっている。
　本書にまとめるにあたって，元の論文よりも読みやすくしたのはもちろんであるが，他に，論文審査過程でのやりとりにヒントを得て，自閉症スペクトラムの中のアスペルガー症候群の人々のテクストを，独我論的体験という観点から考察する一節を加えておいた（終章3節5「精神病理との関わり――妄想と自閉症スペクトラム」）。
　独我論的な哲学者ヴィトゲンシュタインの学説をアスペルガー症候群を手がかりとして解明する試みはあるが[*1]，本書のこの一節での試みは，アスペルガー症候群の体験世界を，「定型発達」と思われる人々から提供された事例によって構築された自明性の破れの構造内部に位置づけることである。Medicalisation（医療化）とは逆向きの企てである。今後，このような試みが発展することを期待したい[*2]。
　それにしても，本書のような，日本の心理学界からも発達研究からも，あらぬ方を向いているとしか思われないようなものが，よく学位論文として受け入れられたものである。ひょっとしたらこれも独我論の時代が近いという兆しなのかもしれない，とも思わないでもない。お世話になった審査員の方々には，心より感謝申し上げたい。
　発達研究との関連で一言すれば，本研究が形をなしていく過程で，哲学にも造詣の深い複数の発達研究者から，おおよそ次のような批評を受けたことがある。
　――自我体験・独我論的体験を研究する意義はわかる。そこから逆に，間主観性の根元を反省的に捉え返せるからだ。けれどもそこからやるべきことは，間主観性の構成を探求することではなかったのか。ところがあなたの研究では，間主観性の世界を自明性の世界と置いて，自明性の破れ目からその彼方の世界を論じようとしている。自明性がいかに成立するのかにこそ，真の問題があるというのに……。
　私もまた，一見自明なる間主観性の世界の成り立ちにこそ，真の問題があることを認めたい。けれども，このままではそれは，背理を含んだ，そえゆえ解決不可能な問題になってしまうのではないかと懸念するのだ。
　なぜならば，自明性の内部にあって自明性の成立を解き明かそうとするのは，自分の髪を掴んで自分を引っ張りあげようとするようなものだからだ。
　自明性の成立を問うためには，自明性の世界の此方からと彼方からの，両方の視点

を必要とする。そのような視点の置き方，問題の立て方を，哲学史に学んで「超越論的」ということができよう。「超越的」では彼方に行ってしまうだけだが，「此方」の成り立ちを論じるために「彼方」に視座を設定するのだから，超越「論」的ということになるのである。

そのような超越論的構図のメタファーとして活用できそうな例が，本書で増補したアスペルガー症候群の事例の中にはある。

「……この世界を大きな巨人が上から覗いていて，とても高性能のコントローラーで私たちを動かしているのだと思っていました。そして，他の人は巨人がいることを知らないけれども私は知っている，うふふ，私って魔女かも，……」（終章，p.260）

この著者によってシルバニア・ファミリーの模型の家にたとえられた世界の構造は，自明性の世界の内と外とに同時に視座を置いた超越論的認識の構造そのものではないだろうか。模型の家の内部とそこに住む人々が，自明性の「此方」を形成する。家の壁にはところどころ裂け目が開いている。本書で自我体験・独我論的体験の現象的定義のキーワードとしたこの「自明性の裂け目」からかいま見た「彼方」の世界での自己の存在様式について，自伝的事例を元に第9章では論じたのだった。これは，壁の裂け目から覗き見て，巨人の正体についてあれこれ思いめぐらせるのに等しいだろう。

なにやら尋常でない例を持ち出したと思われるかもしれないが，このような入れ子細工としての世界とは，本書に登場する独我論的体験には普遍的といってもよい構造なのである。

そもそも，巻末補論でも触れたが，独我論的体験調査は，本書での試みが最初，というわけではない。篠原による卒業論文（「にせもの思想—非現実世界の仮想による現実の認識」早稲田大学教育学部卒業論文，1996年　未公刊）があるからだ。公刊物からの引用を原則とした本文では引用できなかったので，あとがきの場を借りて紹介するならば，「小学5年の頃……家の二階で，ふとこう思った。『自分はもしかしてどこか別の星から，地球を観察するために送り込まれている者なのかもしれない。……』同じ頃，このような事も思った。『身の周りの人達は，本当は実在などしないのかもしれない。私が見ているものは，どこかから与えられた幻影なのではないか』」。同時に彼女は，自分は「病気」なのではないかと不安になった。ところが大学で聞き込みを始めてみて，これはそう特異な体験でもないのだ，という印象を得るにいたったのだった。

「『～なのではないか？』という思い付きは，現実という認識の枠組みを構成してゆく時，逆に，すでにできあがって自明のものとなった枠組みが枠組みでしかないことに気付いた時，そのことを考えさせる『足場』としての機能を果たす」ことがある

と,このユニークな卒業論文は結ばれている。

　本書でもキーワードとした「自明」という語が,ここでも出現していることはさておいても,これまた,「現実」の彼方に足場を設定して現実の自明性を問うという,超越論的構図そのものではないだろうか。

　——やはり,自明性の成り立ちを問うには,自明性の世界を複数の可能な世界の中の1つの世界とみなす「大きな巨人」の目が必要なのではないか……。これが,本書をまとめながら私の考えてきたことであった。その意味で,本書は,自我体験・独我論的体験研究の,到達点ではなく出発点を示すものだろう。今後,このような問題意識をもって自我体験・独我論的体験に関心を寄せる人々が,発達・病理・教育・宗教人類学など多様な領域に現れることを期待したい。

　なお,「巨人」の正体を論じるのは心理学ではなく哲学に属するので本書では扱えなかったが,『〈私の死〉の謎—世界観の心理学で独我を超える』(ナカニシヤ出版,2002年)で詳しく論じておいたので,そちらを参照されたい。もっとも,本書のほうが哲学的・思想的もしくは世界観的に,前進している部分もないではない。第9章2節で,自明性の破れ目を覗いて「巨人」の正体に思いいたるまでの世界観展開を,「破れ目」の複数のタイプのダイナミックな相互作用として理解するという方法論を示したことと,「巨人」に「唯一者」や「一者」といった名前がついたことである。

　最後になったが,本書の出版を快諾された北大路書房の関一明社長と,編集でお世話になった柏原隆宏氏に御礼申し上げたい。

　なお,私の私的サイト「幻想実験室&おもしろ死生学」のURLを記しておく。

http://homepage1.nifty.com/t-watanabe/

このサイトでは,電子版「時代精神としての自我体験・独我論的体験—精神史的な展望」を読むことができる。もともと,本書の終章4節の原型をなす論文であって,自我体験・独我論的体験の精神史的な位置づけの試論として書かれたが,長大になりすぎるのと,学位論文を逸脱した部分があることを慮って,収録を控えたものである。併せ読んでいただければ幸いである。

2009年2月
渡辺　恒夫

＊1　石坂好樹 (2003a). Asperger 症候群の認識形式について——Wittgenstein の著作を足がかりにして——第一部 Wittgenstein は Asperger 症候群か　児童青年精神医学とその近接領域 **44**, 231-251.
　　石坂好樹 (2003b). Asperger 症候群の認識形式について——Wittgenstein の著作を足がかりに

して——第二部 Wittgenstein の著作の検討　児童青年精神医学とその近接領域 **44**,252-275.

* 2　最近，自閉症者の世界を，哲学史上の学説になぞらえて説明する著作が出たが（東條　恵『自閉症スペクトラムものがたり——「心の理論」の不調を知るために』考古堂，2006 年），唯物論が観念論よりも歴史的に進歩しているかのような 19 世紀的偏見にとらわれて，初歩的な哲学史の誤りを犯しているのが惜しまれる。この著者は，自分の内と外とが区別され，また人と物とが区別されている常識の世界を「唯物論」とみなし，自閉症スペクトラム者の「観念論」に対比させているが，内-外を区別するのは唯物論ではなく実在論だし，人-物を区別するのは，二元論だろう。本書の図 8 - 6 に描かれたような常識的日常性の世界は，二元論的実在論であって唯物論ではない。

English Title and Abstract

On the "I-experience" and "Solipsistic Experience": Beyond the Self-evidentness of My Self

WATANABE, Tsuneo[*]

Abstract:

This study elucidates two neglected experiences: the "I-experience" and the "solipsistic experience and fantasy" (hereafter, the "solipsistic experience"). The "I-experience" (known as the "Ich-Erlebnis" in the original German) is described by Ch. Bühler (1923) as the "discovery of self in adolescence". In the first four chapters, I review key aspects and findings of this research project. Questionnaires were distributed to 988 students in order to evoke recollections of the I-experience, rather than to elicit data for quantitative analysis. Two raters independently examined these reports, and classified them into I-experiences and other experiences, according to the "assessment manual of I-experience". Approximately one quarter of the total sample provided recollections of at least one I-experience. First-time I-experiences tended to occur between the ages of 8 and 11 years of age. These responses served as the basis for my descriptive definition of the I-experience. In chapter 5, I review cases of "solipsistic experiences". A total of 6.1% of the sample reported at least one such experience. Based on the three-dimensional model constructed in this chapter, I offer a descriptive definition of the solipsistic experience. In the second half of this study, I focus on "spontaneous cases", written materials collected outside of the structure of this research. An integration between interpretations of the I-experience and those of the solipsistic experience emerged from examining these 15 spontaneous cases in the context of Kimura's concept of the "self-evidentness of one's own self". Both the I-experience and the solipsistic experiences refer to a disruption in the self-evidentness of my self. In an I-experience, the disruption is in the self-evidentness of my individual identity. In a solipsistic experience, the disruption is in the "self-evidentness of my self as a 'species being'". The epilogue develops from the discussion of the implications of these concepts for developmental psychology. I propose that understanding the self and others constitutes an infinite process that might occasionally result in a disruption in the self-evidentness of the self and others.

[*] Professor
Laboratory of Psychology, Department of Environmental Science, Faculty of Science
Toho University
Miyama 2-2-1 Funabashi, Chiba-prefecture 274-8510
E-mail: psychotw@env.sci.toho-u.ac.jp

【著者紹介】

渡辺恒夫（わたなべ・つねお）
1970年　京都大学文学部卒
現　在　東邦大学理学部生命圏環境科学科教授　博士（学術）
主　著　トランス・ジェンダーの文化　勁草書房　1989年
　　　　迷宮のエロスと文明　新曜社　1992年
　　　　輪廻転生を考える　講談社　1996年
　　　　〈私の死〉の謎　ナカニシヤ出版　2002年
　　　　心理学の哲学（共編）　北大路書房　2002年
　　　　〈私〉という謎（共編）　新曜社　2004年

自我体験と独我論的体験
―自明性の彼方へ―

2009年5月10日　初版第1刷印刷	定価はカバーに表示
2009年5月20日　初版第1刷発行	してあります。

著　者　渡辺恒夫
発行所　（株）北大路書房
〒603-8303　京都市北区紫野十二坊町12-8
電　話　(075) 431-0361(代)
Ｆ Ａ Ｘ　(075) 431-9393
振　替　01050-4-2083

Ⓒ2009　　　　　　　　印刷／製本　モリモト印刷(株)
検印省略　落丁・乱丁はお取り替えいたします。
ISBN978-4-7628-2680-1　Printed in Japan